ATLAS geográfico

sm

Proyecto editorial y dirección: Esther Carrión Fernández.

Autores: Antonio Zárate Martín,
José Sánchez Sánchez.

Coordinación cartográfica: Esther Carrión Fernández.

Cartografía, diseño y maquetación: ALTA PRESS.

Revisión: M.ª Isabel Marín Marín.

Índices: Jaime González - Arnao Fuster.

Fotografía: J. M. Navia, AGE FOTOSTOCK, Javier Calbet, AISA, FIRO-FOTO, F. López Aranguren, Sonsoles Prada, INDEX, SIPA-PRESS, Archivo SM, Yolanda Álvarez, J. M. Ruiz, Paca Arceo, J. L. González, I. Saqué, N. Sheik Valverde, PRISMA.

Diseño de cubierta: Estudio SM.

ISBN: 84-348-4114-2 / Depósito legal: M-16336-1995 / Impreso en España-Printed in Spain
Melsa - Ctra. de Fuenlabrada a Pinto, km 21,8 - Pinto (Madrid)

PRÓLOGO

Este Atlas pretende contribuir a un mejor conocimiento de la realidad espacial de nuestro mundo, tanto en sus elementos naturales como en sus fenómenos de carácter social, cultural, político y económico.

A través de diferentes mapas, se recoge la imagen de un mundo complejo, cada vez más empequeñecido por la facilidad de los desplazamientos y difícil de entender por el volumen y la variedad de la información recibida. Nuestro mundo es una aldea global en la que nada de lo que sucede en cualquier lugar del planeta deja de afectar al resto. Sin embargo, los contrastes no sólo no desaparecen sino que se acentúan: hormigueros humanos y gigantescas metrópolis se oponen a desiertos demográficos, tierras ricas y fértiles bien cultivadas a formas de agricultura tradicionales de subsistencia, regiones de fuerte concentración industrial a espacios de ocio y turismo, sociedades opulentas a pueblos que apenas consiguen sobrevivir. A ello se añaden los problemas medioambientales derivados de un comportamiento despilfarrador, no respetuoso con el medio natural.

El Atlas se resuelve a base de grandes bloques de contenido donde a través de diferentes escalas, desde la planetaria a la continental, regional y local, se examinan hechos de naturaleza física, política, social y económica. La presentación de esos diferentes hechos se hace desde una visión global e integrada que permite su comparación y el establecimiento de relaciones entre ellos.

El Atlas se abre con planisferios que recogen los principales fenómenos físicos del planeta y se cierra con otros que muestran los aspectos humanos, sociales, culturales más significativos. Seis grandes capítulos se dedican a los continentes, con especial atención a Europa y, dentro de ella, a la Comunidad Económica. Otros dos capítulos se dedican a España: uno a aspectos generales y otro a las 17 Comunidades Autónomas.

En cada continente se parte de una presentación física y política para destacar a continuación elementos del clima (precipitaciones y temperaturas mediante mapas y climogramas de estaciones significativas), características de vegetación, componentes políticos y de índole económico-social, cultural o religioso que contribuyen a diferenciar y dar personalidad a cada continente. Se presta especial atención al aprovechamiento económico y organización del territorio. Las características demográficas se analizan a través de mapas de densidad, gráficos y pirámides de población de países representativos.

El interés por el análisis regional se pone de manifiesto en el estudio de casos y espacios significativos de los diferentes continentes. En el caso de Europa, este estudio se resuelve a través de un análisis específico de sus principales países y regiones.

España es objeto de una especial atención. Por un lado mapas y gráficos dan referencia de la situación y problemática general del país. Por otro, cada Comunidad Autónoma merece un tratamiento específico en el afán por destacar fenómenos espaciales representativos de cada una de ellas.

Creemos que la información recogida en este Atlas y su tratamiento cartográfico y gráfico puede constituir una valiosa herramienta de trabajo para profesores y alumnos de Geografía. Mapas climáticos, climogramas, localización de formaciones vegetales, distribución de efectivos demográficos, pirámides de población, representación de usos principales del suelo, de recursos naturales y de actividades económicas, así como indicadores socioeconómicos, culturales y políticos, son formas de aproximación a la realidad espacial y recursos procedimentales que han de facilitar la comprensión del mundo actual en su complejidad.

Por todo ello, deseamos que este Atlas sirva para fomentar actitudes de rigor crítico, curiosidad científica, valoración y conservación del patrimonio, tolerancia y solidaridad, en línea con los grandes objetivos de la enseñanza de la Geografía.

Antonio Zárate Martín
José Sánchez Sánchez

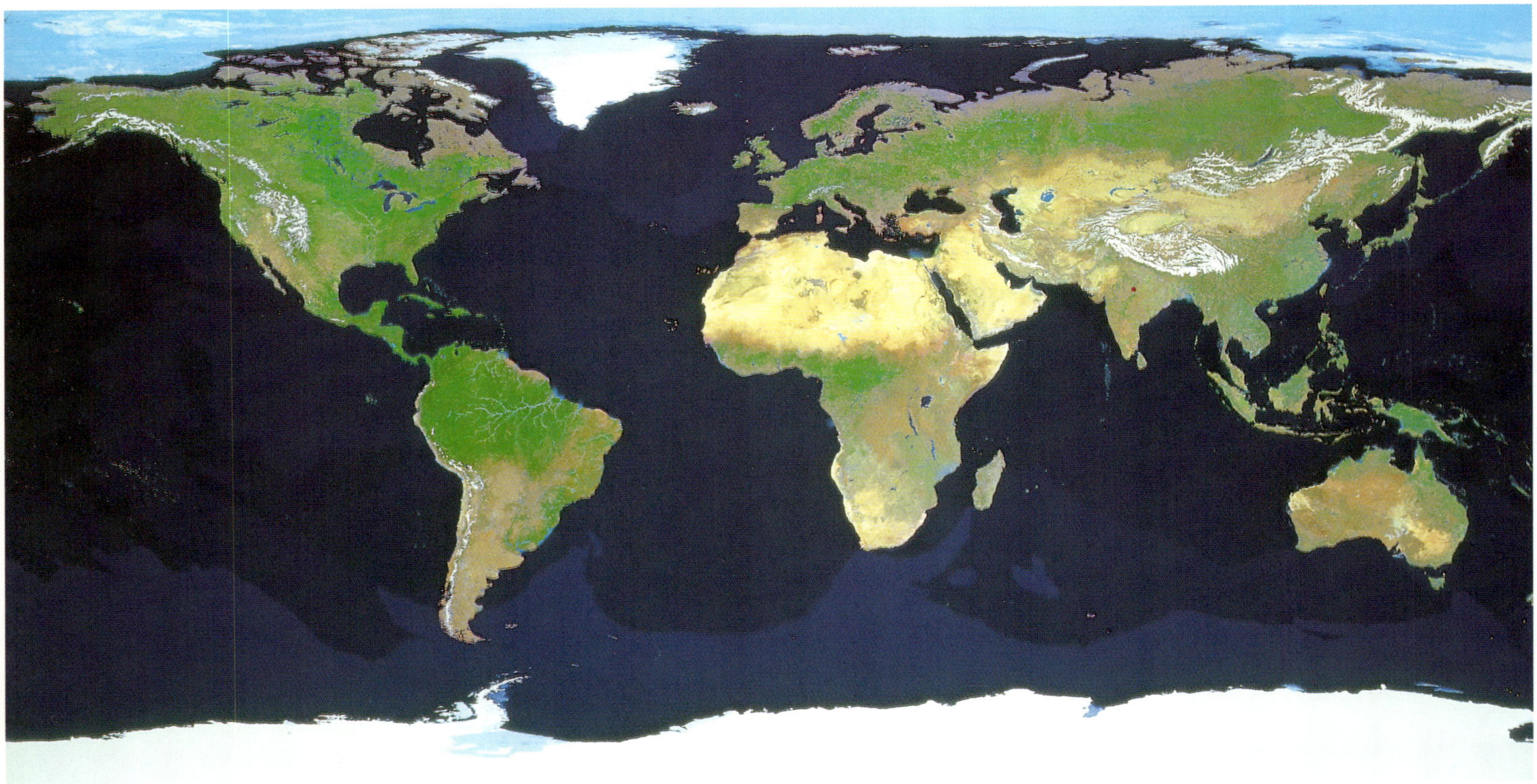

EL PLANETA TIERRA

La Tierra es un planeta del sistema solar. Está a 150 millones de km de distancia del Sol y de él recibe la luz y el calor.

La superficie del planeta es de 510 millones de km^2; está ocupada por seis masas continentales y cinco grandes cuencas oceánicas. Desde hace millones de años los continentes han ido cambiando de posición; hoy los identificamos con los nombres de Europa, Asia, América, África, Oceanía y Antártida. Los océanos cubren casi las tres cuartas partes de la Tierra, por eso se la denomina "Planeta Azul". Los grandes océanos son el Atlántico, el Pacífico, el Índico, el Glacial Ártico y el Glacial Antártico.

La Tierra está rodeada por una capa gaseosa, la atmósfera, que filtra las radiaciones solares y mantiene a la vez el calor de la superficie terrestre. La existencia de masas de aire de distinta naturaleza y su movilidad dan lugar a una gran variedad de climas y paisajes vegetales.

Los climas cálidos se sitúan entre los trópicos. La temperatura es elevada en todos ellos pero las lluvias varían de unos a otros. A los climas ecuatoriales que originan los densos bosques lluviosos se contraponen los climas de estepa árida y los de desierto que sólo permiten una escasa vegetación. Entre los trópicos y los círculos polares se desarrollan los diferentes climas templados: oceánico, continental y mediterráneo, con bosques de coníferas y frondosas, praderas y matorrales. En latitudes polares y altas montañas dominan los climas fríos que mantienen el suelo helado durante largo tiempo y dificultan el crecimiento de una densa vegetación.

SUPERFICIE DE LOS OCÉANOS

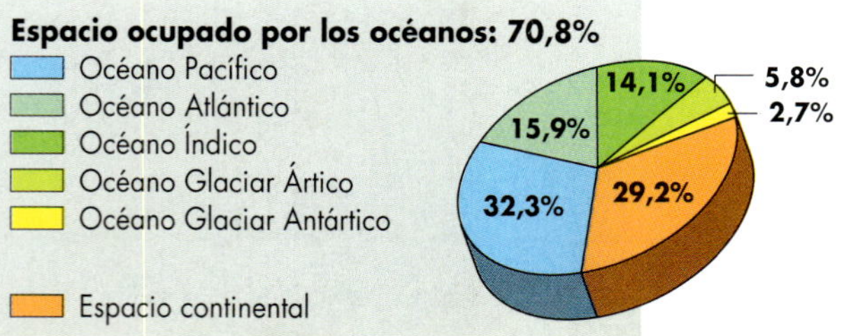

EXTENSIÓN DE LOS OCÉANOS (en miles de km²)

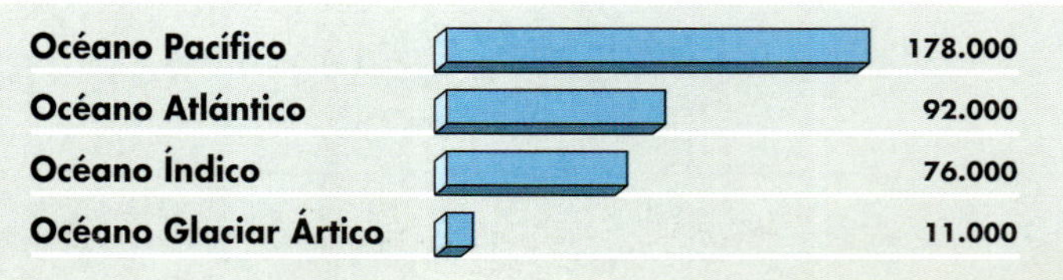

EXTENSIÓN DE LOS CONTINENTES (en miles de km²)

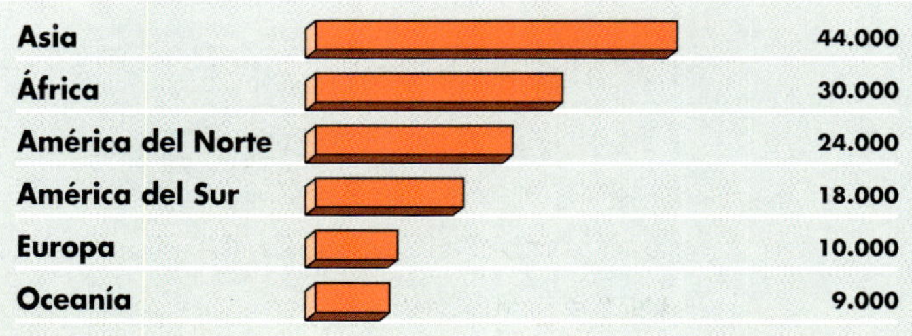

SUPERFICIE DE LOS CONTINENTES

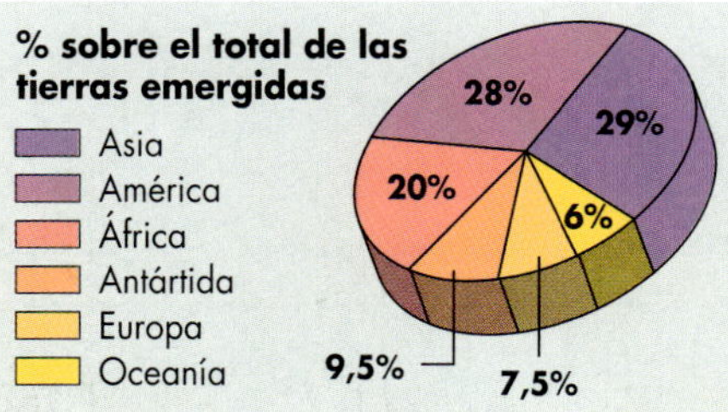

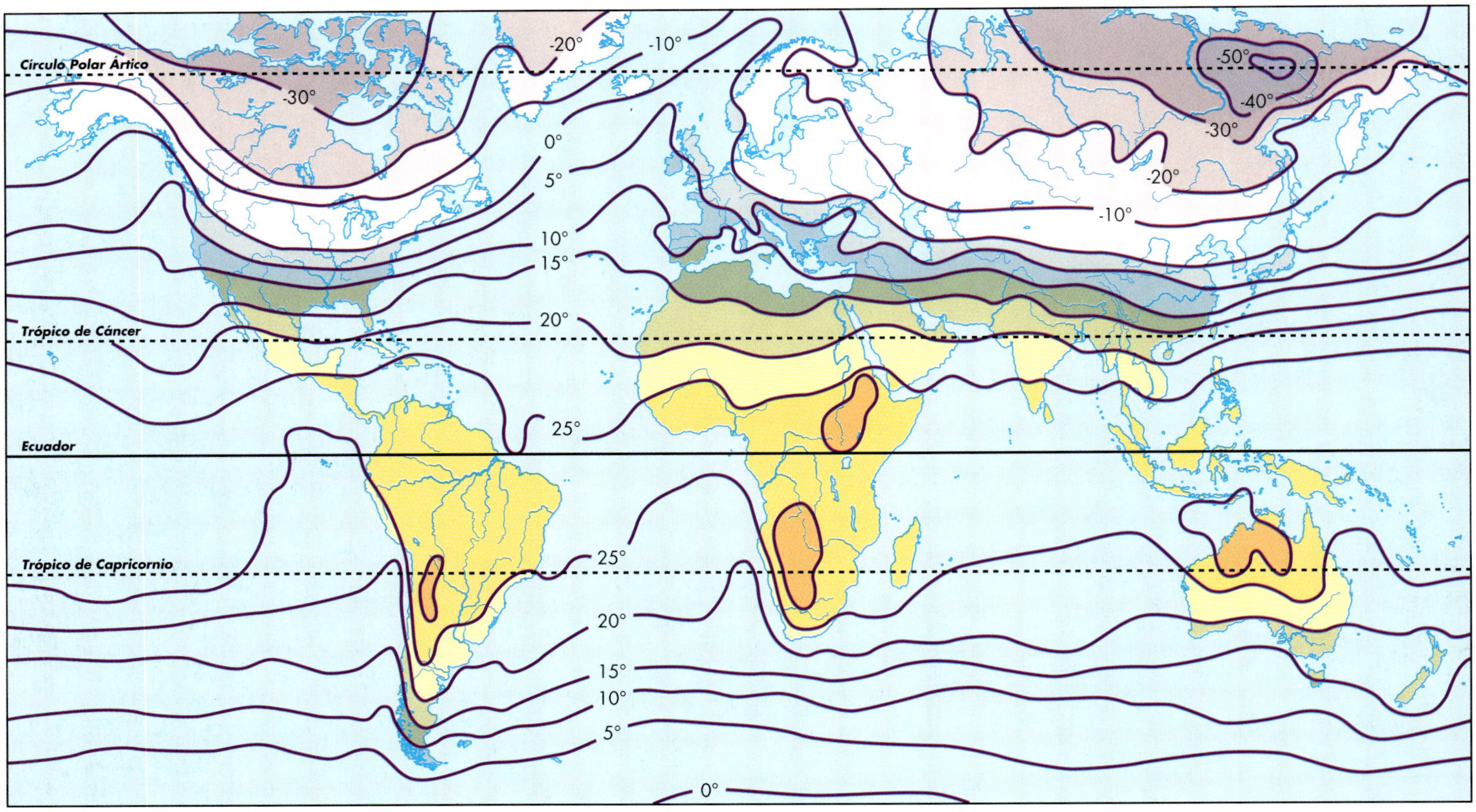

TEMPERATURAS MEDIAS MENSUALES EN ENERO (°C)

Isoterma
(temperatura al nivel del mar)

Menos de -50°	De 5° a 10°
De -50° a -40°	De10° a 15°
De -40° a -30°	De 15° a 20°
De -30° a -20°	De 20° a 25°
De -20° a -10°	De 25° a 30°
De -10° a 0°	De 30° a 35°
De 0° a 5°	Más de 35°

TEMPERATURAS MEDIAS MENSUALES EN JULIO (°C)

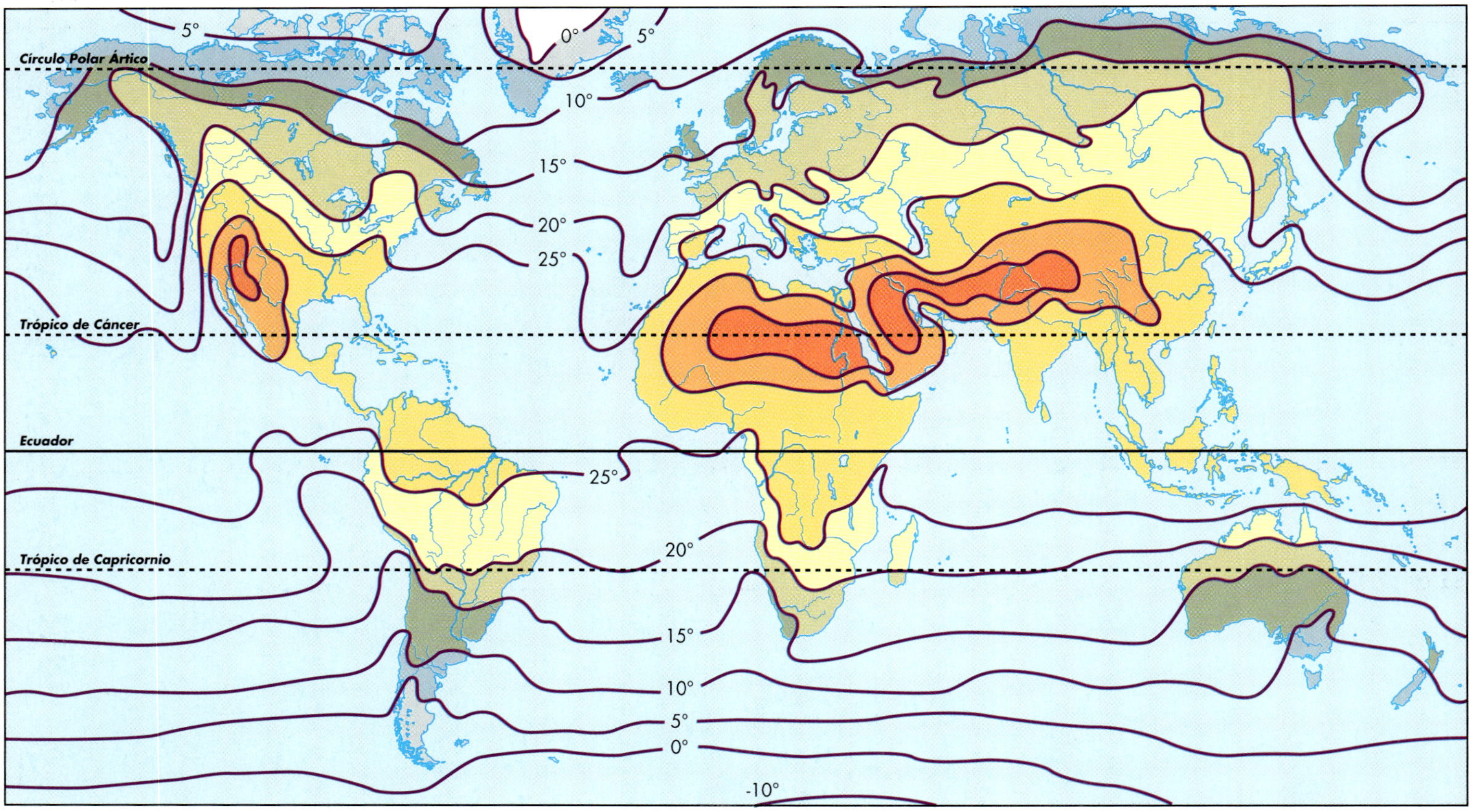

Escala (ecuatorial) **1: 170.000.000**

CLIMAS

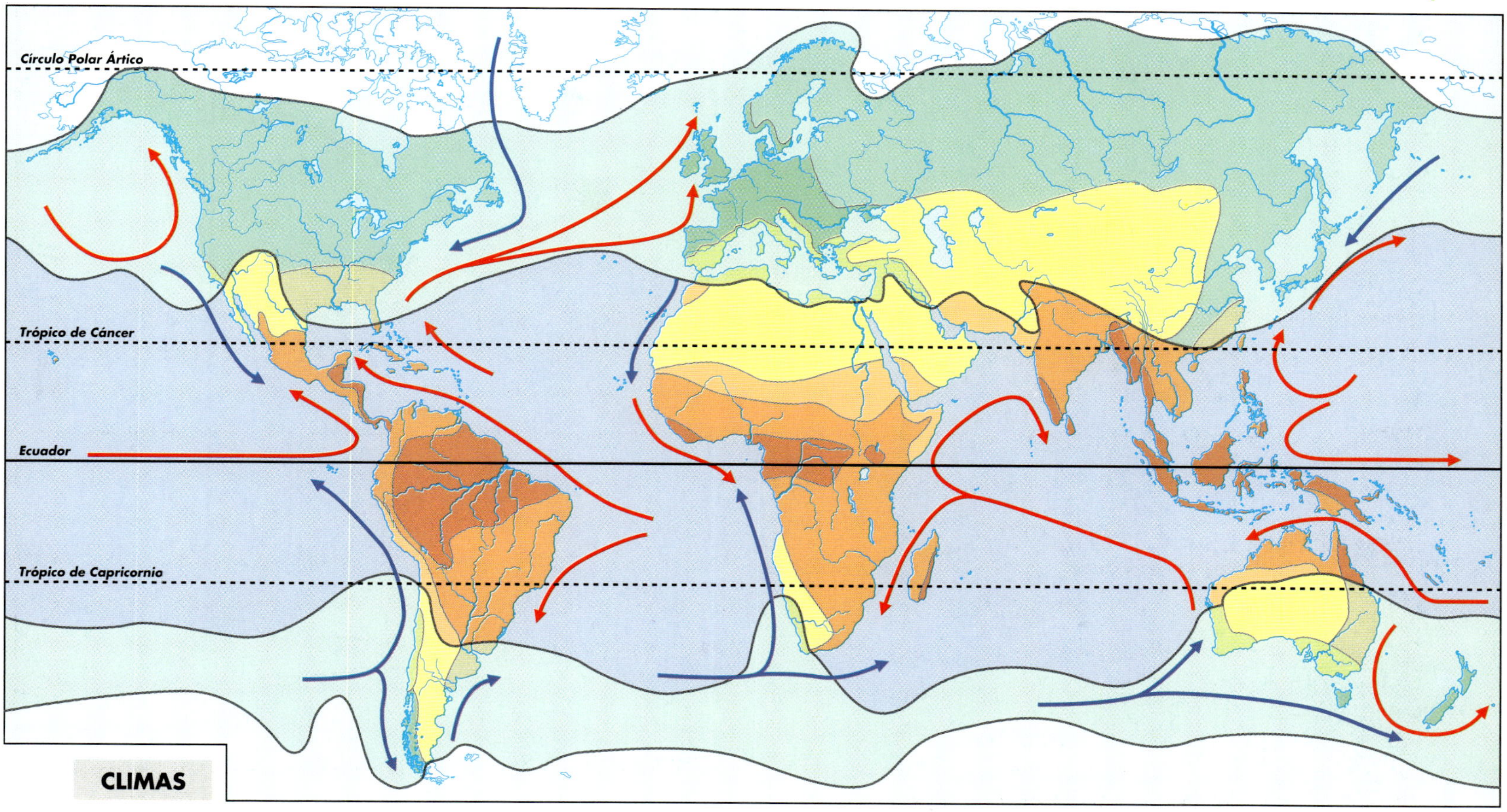

Cálidos:
- Desértico
- Tropical seco
- Tropical húmedo
- Ecuatorial

Templados:
- Oceánico
- Continental
- Mediterráneo
- Chino
- Desértico

Fríos:
- Zona climática fría
- Zona climática templada
- Zona climática cálida

Corrientes marinas cálidas

Corrientes marinas frías

Escala (ecuatorial) **1: 158.000.000**

PRECIPITACIONES ANUALES

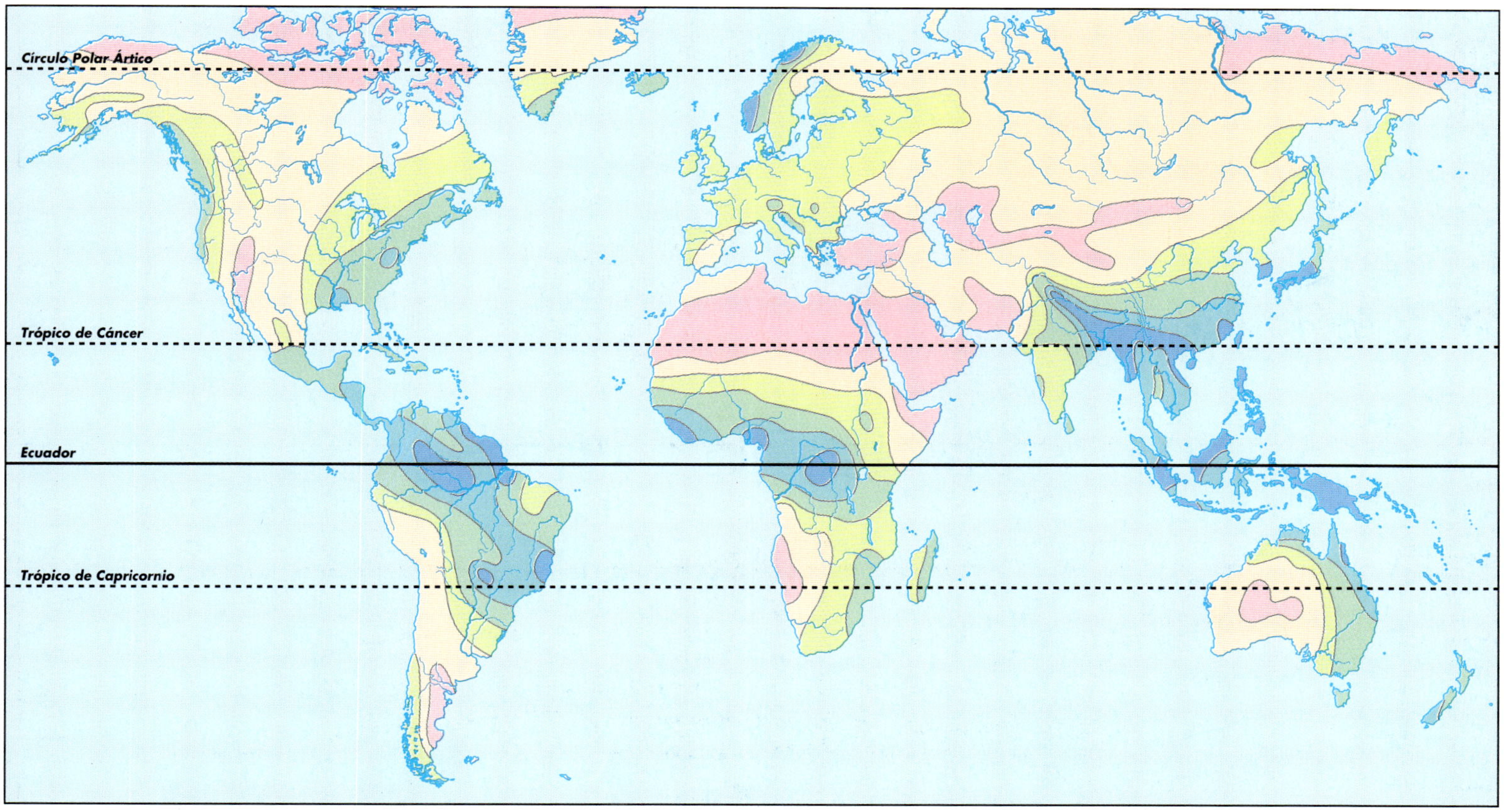

- Menos de 250 mm
- De 250 a 500 mm
- De 500 a 1.000 mm
- De 1.000 a 1.500 mm
- De 1.500 a 2.000 mm
- Más de 2.000 mm

Escala (ecuatorial) **1: 170.000.000**

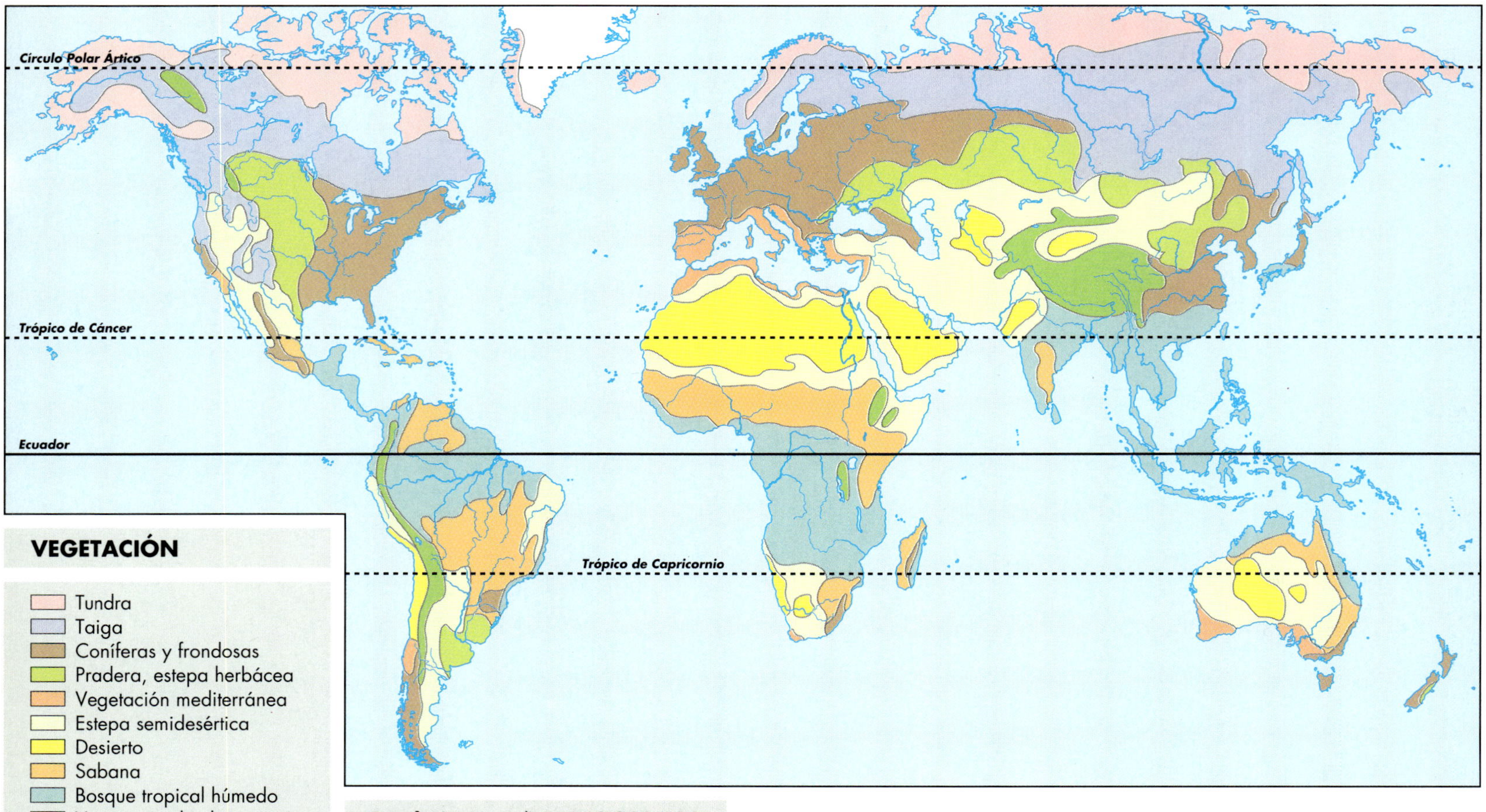

VEGETACIÓN

- Tundra
- Taiga
- Coníferas y frondosas
- Pradera, estepa herbácea
- Vegetación mediterránea
- Estepa semidesértica
- Desierto
- Sabana
- Bosque tropical húmedo
- Vegetación de alta montaña

Escala (ecuatorial) **1: 158.000.000**

BOSQUES TROPICALES

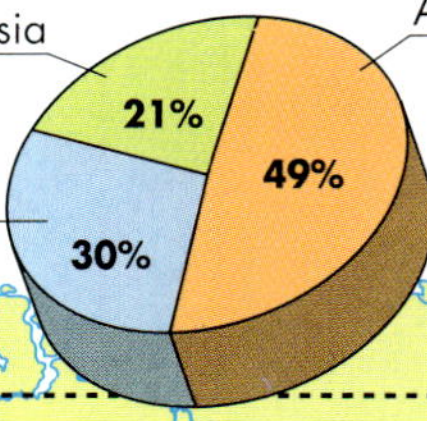

% de superficie deforestada de bosque tropical entre 1981 y 1990

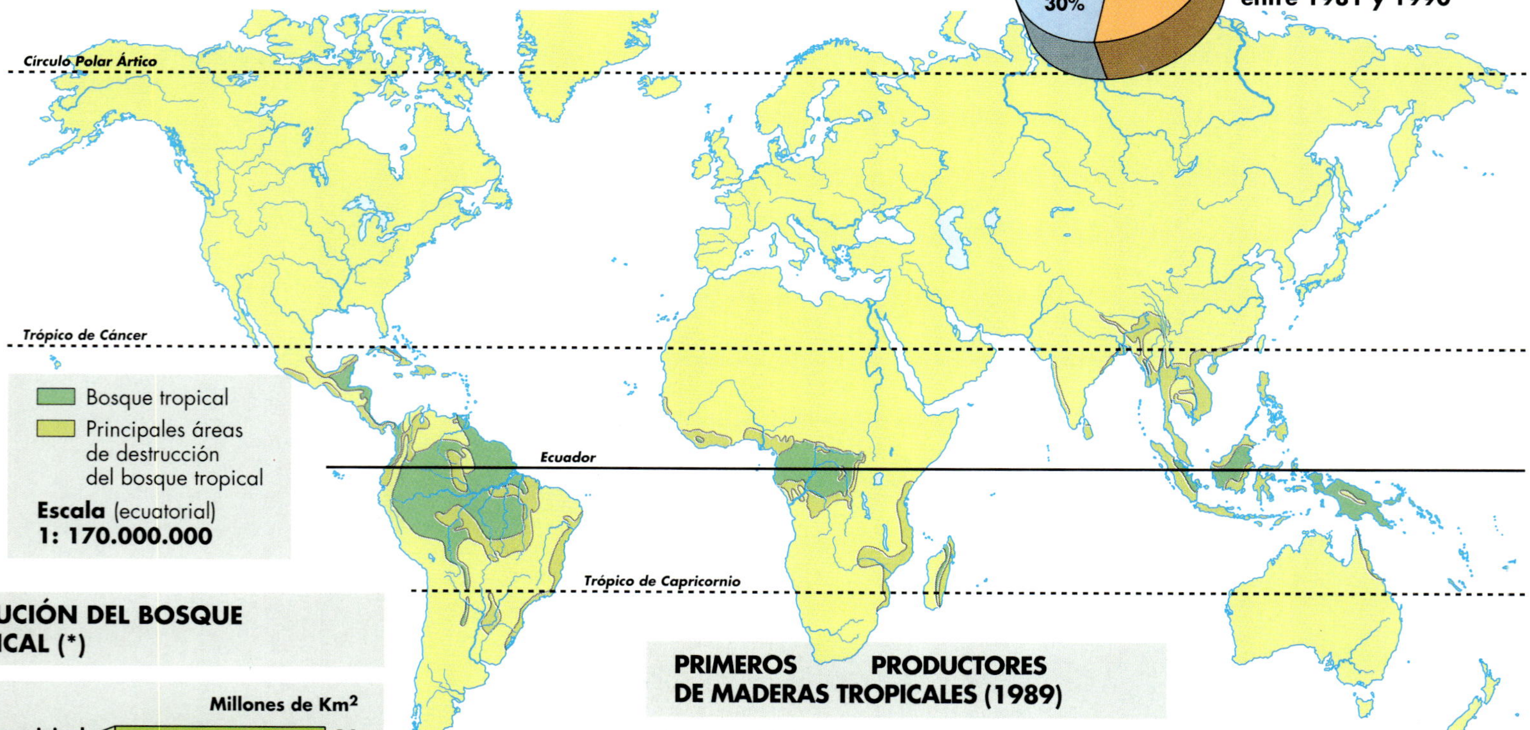

- Bosque tropical
- Principales áreas de destrucción del bosque tropical

Escala (ecuatorial) **1: 170.000.000**

EVOLUCIÓN DEL BOSQUE TROPICAL (*)

	Millones de Km^2
Extensión original	16
Extensión en 1991	8
Año 2000	5,3
Año 2030	4
Año 2040	3,2

(*) Suponiendo la tendencia actual de deforestación según UINC

PRIMEROS PRODUCTORES DE MADERAS TROPICALES (1989)

	Millones de m^3
INDIA	269
BRASIL	255
INDONESIA	176
NIGERIA	108
MALASIA	50
ETIOPÍA	40
TAILANDIA	39
FILIPINAS	38

EL AVANCE DEL DESIERTO

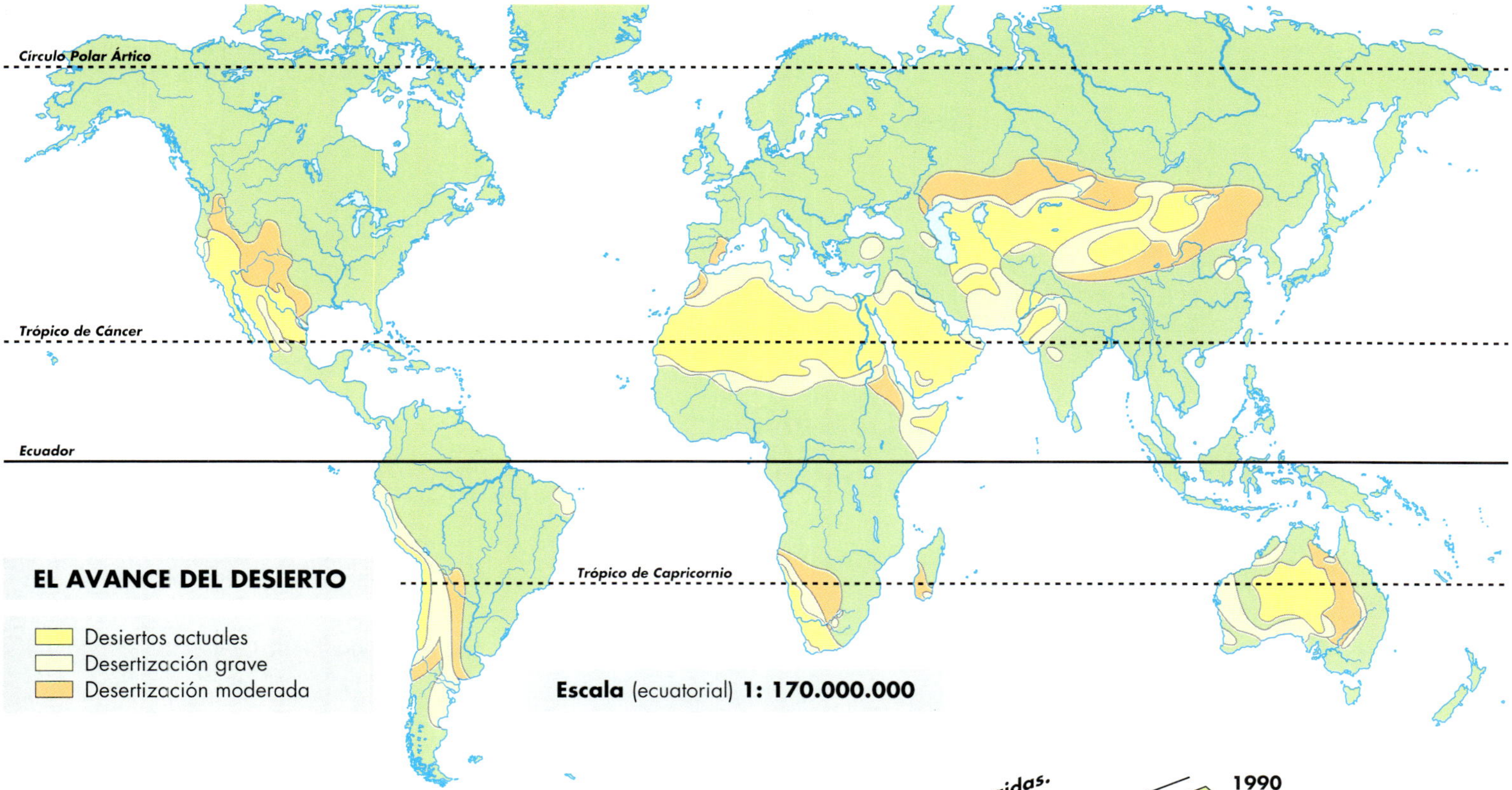

CAUSAS DE LA DEGRADACIÓN DE LOS SUELOS

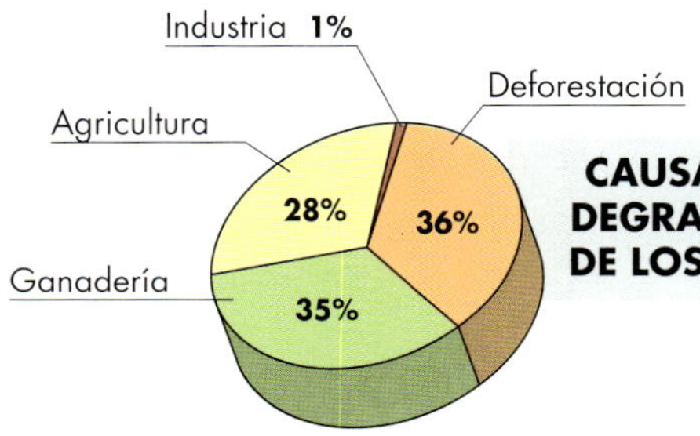

LOS CINCO PRIMEROS PAISES EUROPEOS EN LA PROTECCIÓN DEL MEDIO AMBIENTE

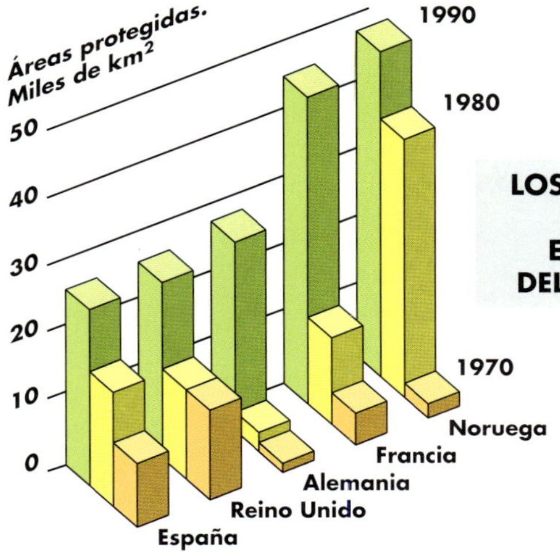

ESPACIOS NATURALES PROTEGIDOS (1991)

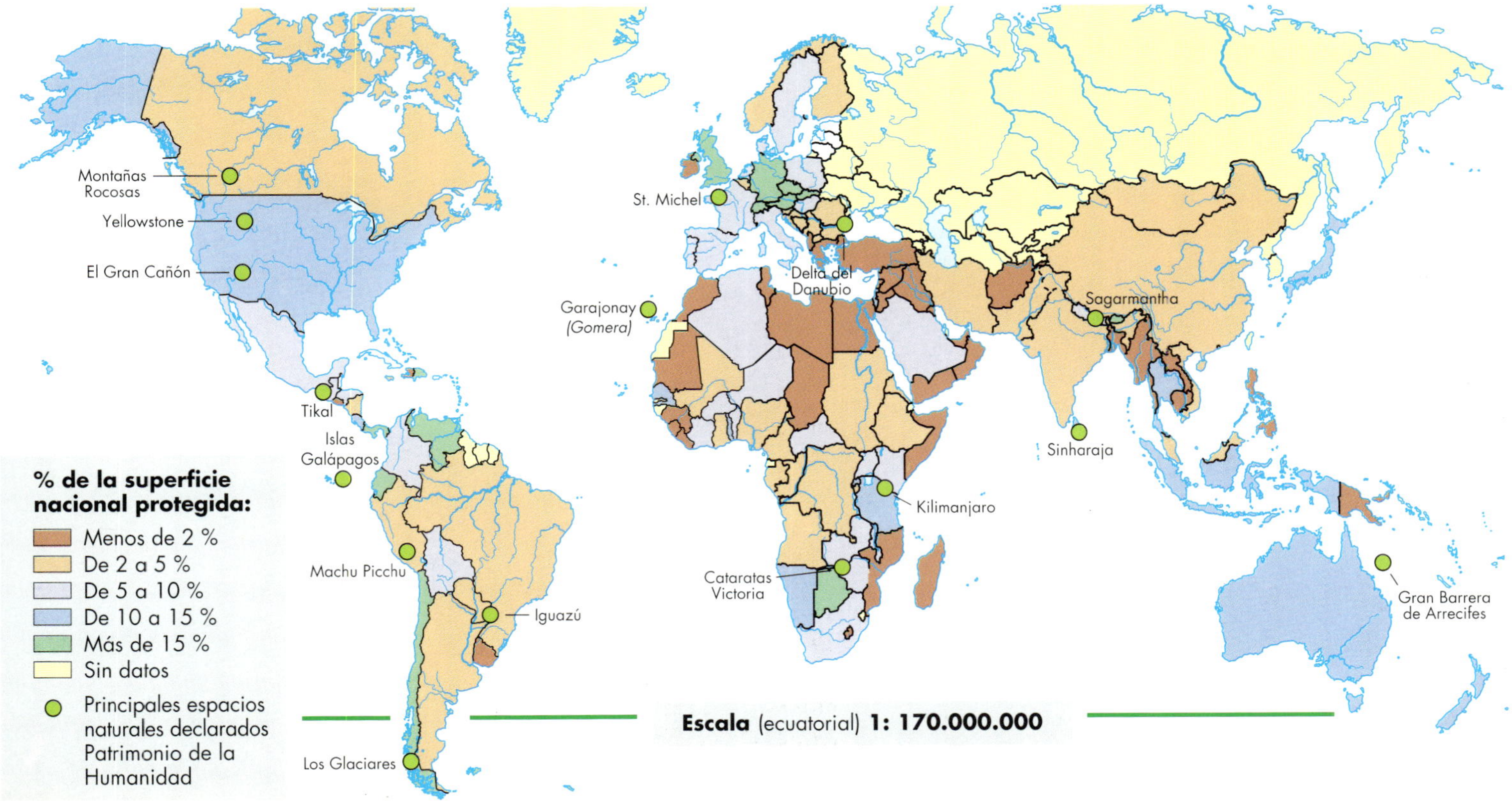

Escala 1: 37.000.000

ORGANIZACIONES INTERNACIONALES

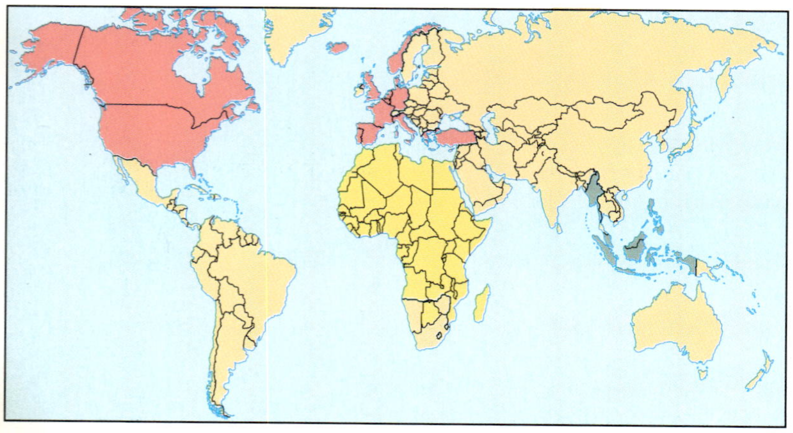

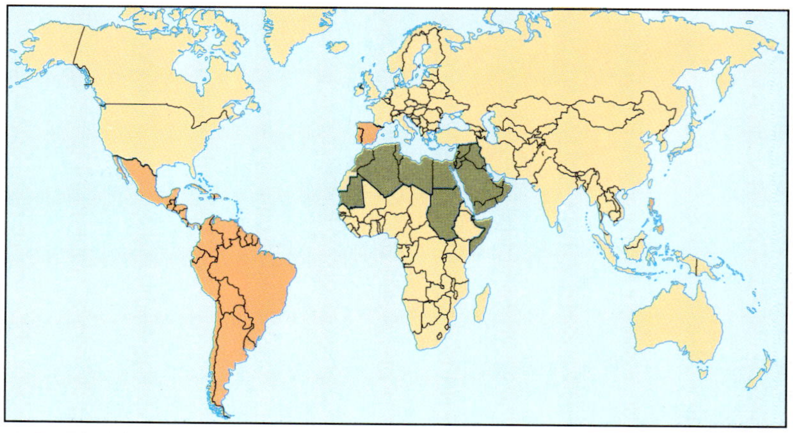

- Organización del Tratado del Atlántico Norte (O.T.A.N.)
- Organización de la Unidad Africana (O.U.A.)
- Asociación de Estados del Sudeste Asiático (A.S.E.A.N.)

- La Liga Árabe
- Comunidad de Estados Iberoamericanos

MUNDO
Político

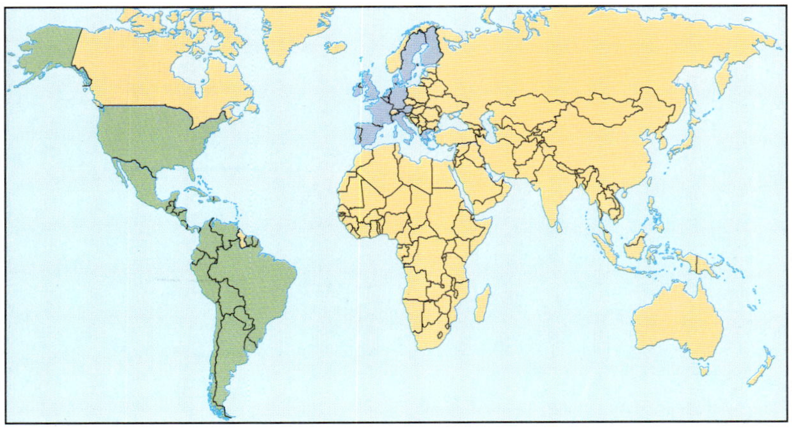

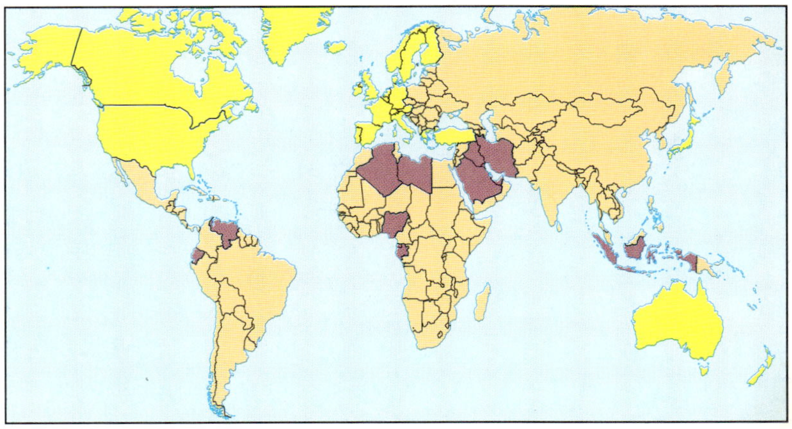

Unión Europea (U.E.)
Organización de Estados Americanos (O.E.A.)

Organización de Cooperación y Desarrollo Económico (O.C.D.E.)
Organización de Países Exportadores de Petróleo (O.P.E.P.)

Segovia.
Un alto porcentaje de la población española vive en ciudades nacidas hace siglos en enclaves naturales favorables.

ESPAÑA

España ocupa la mayor parte de la península ibérica. Se sitúa en el extremo suroccidental de Europa, entre el océano Atlántico y los mares Cantábrico y Mediterráneo.

El relieve de España está configurado por una gran Meseta Central, de 600 a 800 m de altura sobre el nivel del mar, atravesada por el Sistema Central y los Montes de Toledo; un reborde montañoso formado por el macizo Galaico-Leonés, la Cordillera Cantábrica, el Sistema Ibérico y Sierra Morena; dos depresiones exteriores: el Valle del Ebro y el Valle del Guadalquivir; la Cordillera Costero Catalana; y dos grandes cordilleras alpinas: los Pirineos y el Sistema Bético.

Además, España está integrada por dos ciudades en el norte de África, Ceuta y Melilla, las islas Baleares y las islas Canarias. El relieve de las Baleares es una prolongación del Sistema Bético, mientras que el de Canarias guarda relación con el zócalo africano y con fenómenos volcánicos.

Entre el Atlántico y el Mediterráneo, España presenta tres áreas climáticas y de paisaje principales: atlántica, de prados y bosques de frondosas; interior, semiárida y de gran variedad de formaciones vegetales, y mediterránea, cálida y de vegetación adaptada a la aridez.

La geografía y la historia explican la existencia de diferencias regionales que han cristalizado en 17 comunidades autónomas, con sus correspondientes instituciones de gobierno que se responsabilizan de su desarrollo socioeconómico y de la salvaguardia de sus tradiciones culturales.

La España húmeda. El Eume.
La España atlántica presenta un paisaje siempre verde en el que alternan prados y bosques.

Isla del Hierro.
La escasez de precipitaciones, el elevado número de días sin nubes y la suavidad de las temperaturas caracterizan el clima de las islas Canarias y determinan su paisaje.

ESPAÑA
Clima

TEMPERATURAS

Isoterma
(temperatura al nivel del mar)

- Menos de 2°
- De 2° a 4°
- De 4° a 6°
- De 6° a 8°
- De 8° a 10°
- De 10° a 12°
- De 12° a 15°
- De15° a 18°
- De18° a 20°
- De 20° a 22°
- De 22° a 24°
- De 24° a 26°
- De 26° a 29°
- Más de 29°

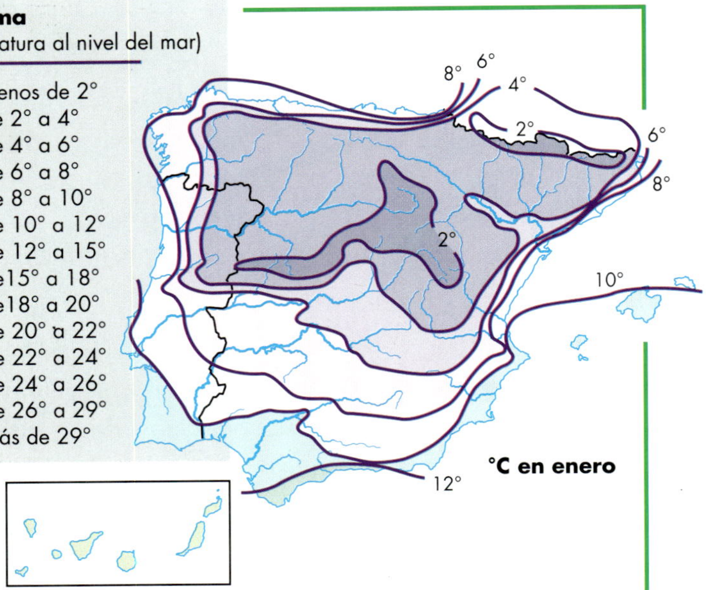

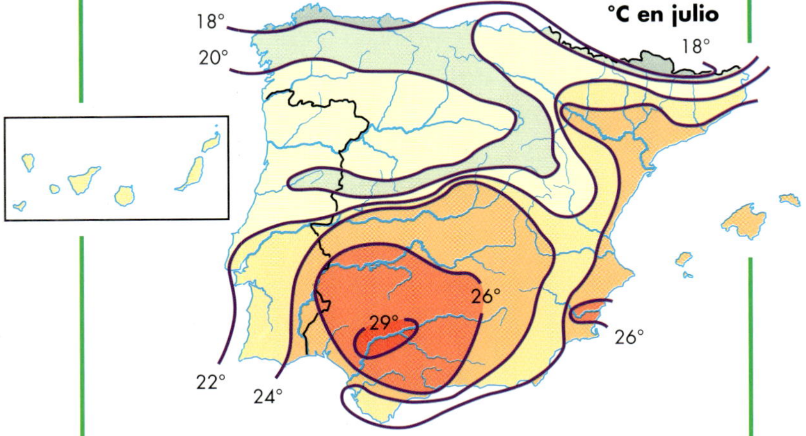

Escala 1: 16.000.000
0 200 400 km

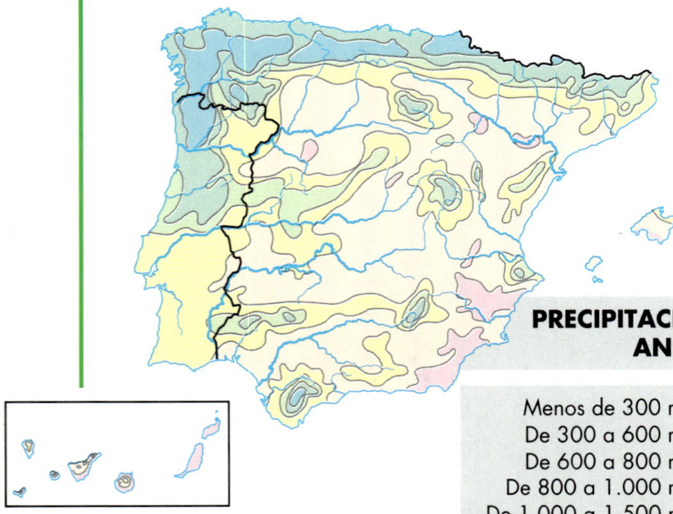

PRECIPITACIONES ANUALES

- Menos de 300 mm
- De 300 a 600 mm
- De 600 a 800 mm
- De 800 a 1.000 mm
- De 1.000 a 1.500 mm
- Más de 1.500 mm

Cantábrico
Bahía de Santander
Cabo de Ajo
Cabo Machichaco
Golfo de Vizcaya
Cabo Higuer
FRANCIA
Roncesvalles
Golfo de León
Cantábrica
Sª de Peña Labra
Peña Labra (2.006)
Sª de Aralar
Sª de Urbasa
Sª de Cantabria
Sª de Leyre
Pirineos
Monte Perdido (3.355)
Aneto (3.404)
ANDORRA
Cabo de Creus
Golfo de Rosas
Ampurias
Cabo Bagur
R. Ter
Sª de Guara
Sª del Cadí
Sª del Montsec
Sª del Montseny
Sª de Monserrat
Cordillera Costera Catalana
Sª del Montsant
R. Aragón
R. Ebro
R. Arga
R. Bidasoa
R. Oria
R. Nervión
R. Deva
R. Carrión
R. Pisuerga
R. Arlanzón
R. Arlanza
R. Esgueva
R. Duero
R. Eresma
R. Adaja
R. Duratón
R. Iregua
R. Cidacos
R. Gállego
R. Cinca
Noguera Ribagorzana
R. Noguera Pallaresa
R. Segre
R. Llobregat
Sª de la Demanda
Picos de Urbión
Sistema Ibérico
Depresión del Ebro
Sª del Moncayo
Sª de Alcubierre
R. Jalón
R. Huerva
R. Jiloca
R. Martín
R. Guadalope
Cabo Salou
Golfo de San Jorge
Cabo de Tortosa
Delta del Ebro
Cordillera Central
Sª de Guadarrama
Somosierra
Sª de Ayllón
Sª de Ávila
Peñalara (2.430)
R. Henares
R. Tajuña
R. Jarama
R. Manzanares
Emb. de Entrepeñas
Laguna de Gallocanta
Sª de Sant Just
Sª de Gúdar
Sª del Maestrazgo
R. Tajo
Serranía de Cuenca
Sª de Albarracín
Emb. de Buendía
Montes Universales
R. Turia
Sª de Jabalambre
R. Mijares
R. Alberche
Meseta Meridional
Mesa de Ocaña
Montes de Toledo
R. Cigüela
R. Záncara
Trasvase
Emb. de Alarcón
Sª de Utiel
Is. Columbretes
Golfo de Valencia
La Albufera
R. Cabriel
R. Júcar
Tajo-Segura
Sª de la Calderina
R. Guadiana
R. Azuer
R. Jabalón
Lagunas de Ruidera
Sª de Almadén
Sª de Alcudia
Sª Madrona
Sierra Morena
Sª de Alcaraz
R. Segura
Sª de Crevillente
Sª de Aitana
Aitana (1.558)
Cabo de San Antonio
Cabo de la Nao
Peñón de Ifach
Islas Baleares
Cabo Caballería
Cabo Formentor
Bahía de Alcudia
Sª de Alfabia
Menorca
Mallorca
Bahía de Palma
Cabo Salinas
I. Conejera
Cabrera
Ibiza
Formentera
R. Tajo
R. Guadalimar
Sª de Cazorla
Sª de Segura
Sª de Espuña
Subbética
R. Guadalentín
Sª de Almenara
Bahía de Alicante
Mar Menor
Cabo de Palos
Cabo Tiñoso
Golfo de Mazarrón
Cabo Cope
R. Guadalquivir
R. Guadalete
R. Guadajoz
Sª Mágina
R. Guadiana menor
Sª de las Estancias
R. Almanzora
R. Genil
Cordillera Penibética
Sª de Baza
Sª de los Filabres
Sª Nevada
Sª de Alhama
Mulhacén (3.482)
Sª de Gádor
Sª del Cabo de Gata
Golfo de Almería
Cabo de Gata
Ensenada de Málaga
Punta de Calaburras
Punta de Torrox
Cabo Sacratif
Mar Mediterráneo
ARGELIA
I. De Alborán (Esp.)
Melilla
metros
2.000
1.000
700
400
200
0
200
1.000
2.000
3.000
Fronteras internacionales
Límites de Comunidad
Límites provinciales
Proyección cónica
Escala 1: 3.800.000
0 50 100 km

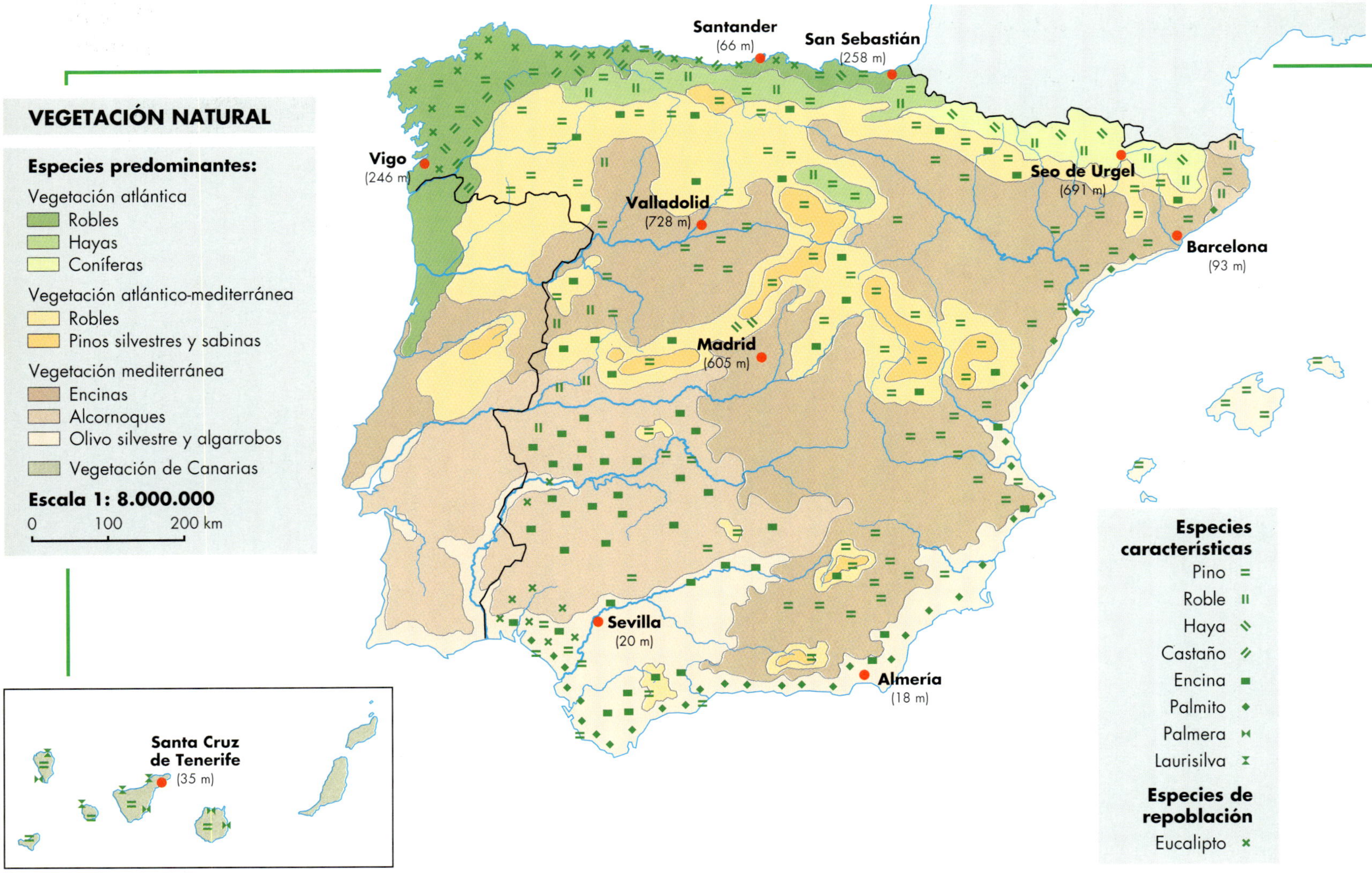

VIGO

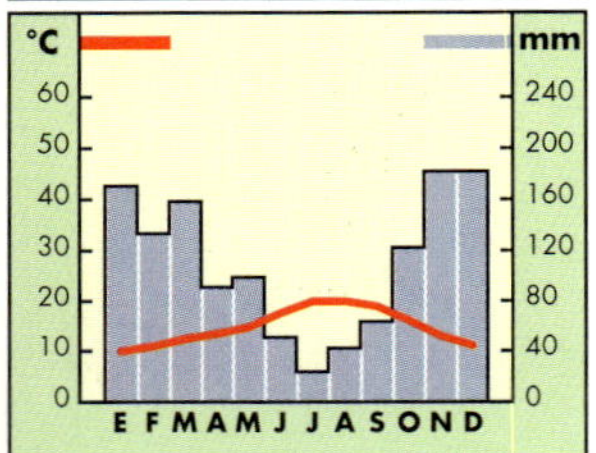

Temperatura media anual: 15 °C
Precipitación anual: 1.339 mm

SANTANDER

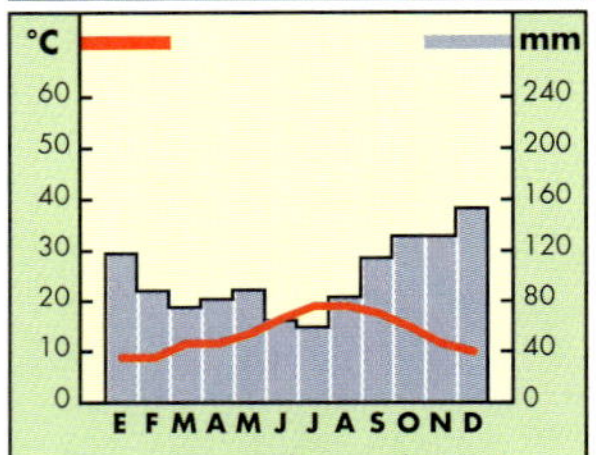

Temperatura media anual: 14 °C
Precipitación anual: 1.198 mm

SAN SEBASTIÁN

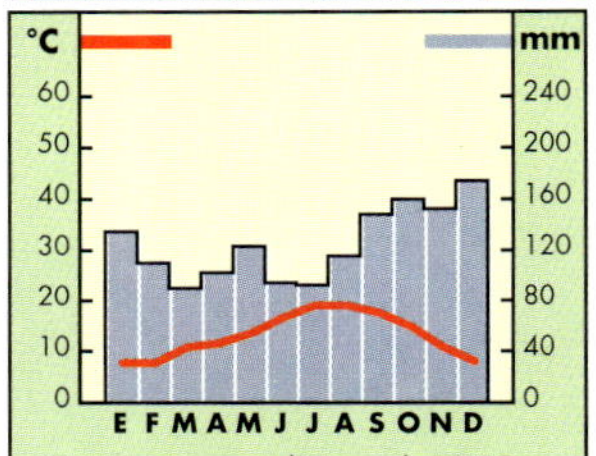

Temperatura media anual: 13 °C
Precipitación anual: 1.506 mm

SEO DE URGEL

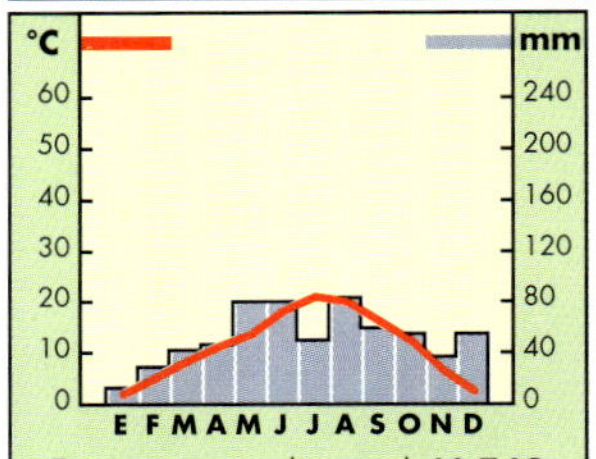

Temperatura media anual: 11,7 °C
Precipitación anual: 633 mm

BARCELONA

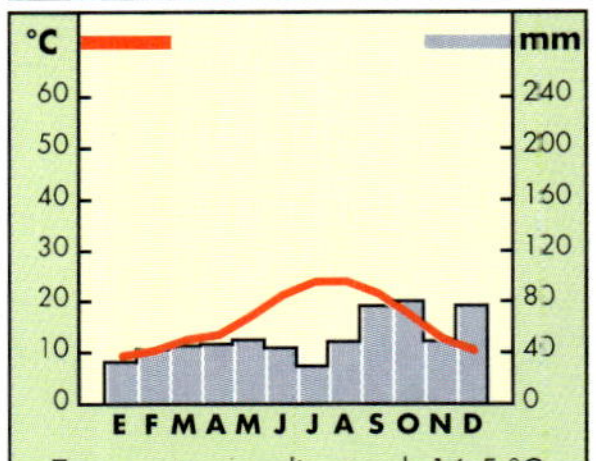

Temperatura media anual: 16,5 °C
Precipitación anual: 594 mm

VALLADOLID

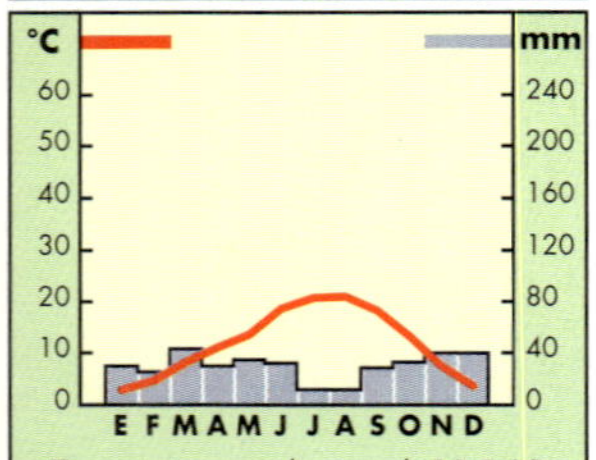

Temperatura media anual: 12,1 °C
Precipitación anual: 362 mm

MADRID

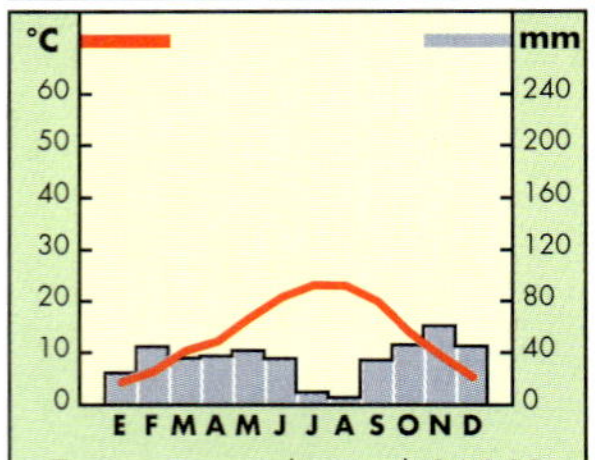

Temperatura media anual: 14,1 °C
Precipitación anual: 420 mm

ALMERÍA

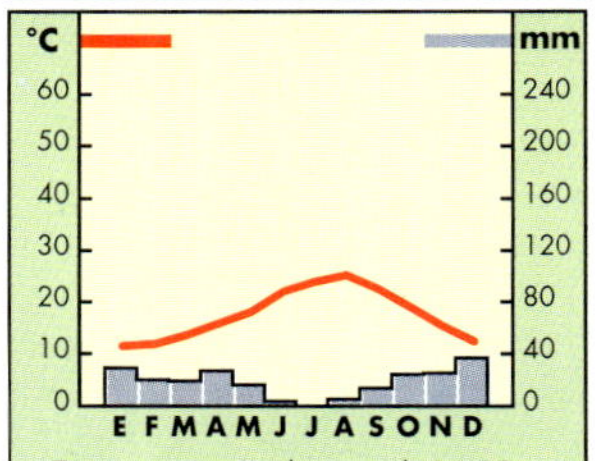

Temperatura media anual: 18 °C
Precipitación anual: 230 mm

SEVILLA

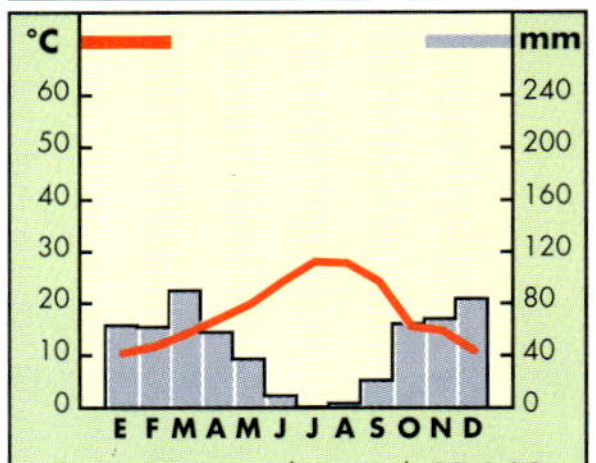

Temperatura media anual: 18,8 °C
Precipitación anual: 572 mm

SANTA CRUZ DE TENERIFE

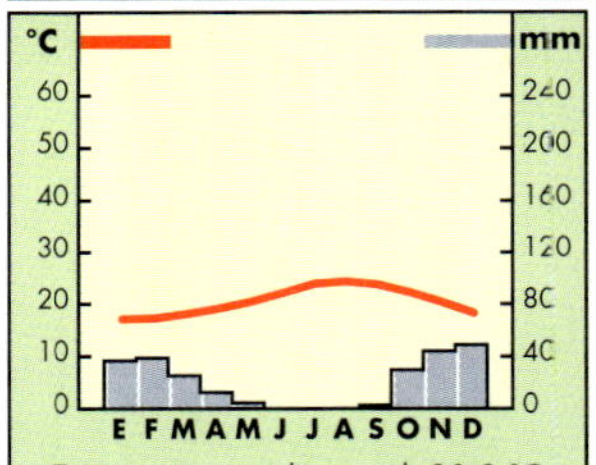

Temperatura media anual: 20,8 °C
Precipitación anual: 252 mm

	Temperatura (en grados centígrados)												Lluvia recogida (en milímetros)											
	E	F	M	A	M	J	J	A	S	O	N	D	E	F	M	A	M	J	J	A	S	O	N	D
Vigo	10	11	13	14	15	18	20	20	19	16	13	11	171	135	157	93	101	51	26	43	65	122	187	187
Santander	9	9	12	12	14	17	19	19	18	15	12	10	119	89	74	82	88	66	59	84	114	134	134	155
San Sebastián	8	8	11	12	14	17	19	19	18	15	11	8	137	108	90	102	122	96	95	117	149	161	153	177
Seo de Urgel	2,5	5,3	8,9	11,5	14,1	18,6	21,1	20,2	16,5	12,3	6,8	3	15	31	42	47	81	81	49	83	59	54	37	54
Barcelona	9,4	10,1	12,8	13,9	17,4	21,7	24,2	24,6	21,8	17,7	13,4	10,5	33	42	46	47	52	43	29	48	77	80	49	77
Valladolid	3,5	5,1	8,6	11,2	14,1	18,7	20,8	21,1	17,8	13	7,7	4,4	30	26	42	30	35	33	13	13	28	34	40	40
Madrid	4,8	6,6	10,4	12,2	17	20,8	23,5	23,3	20	14,3	9,8	5,8	25	43	37	38	41	37	9	6	36	44	61	43
Almería	11,7	12,2	14,1	16,1	18,4	22	24,7	25,3	23,4	19,3	15,6	12,8	31	21	20	28	17	4	0	5	15	26	27	36
Sevilla	10,4	11,9	14,6	17,2	19,9	24,8	27,9	27,8	24,8	15,8	15	11,3	64	62	93	59	38	9	1	4	22	66	70	84
Santa Cruz de Tenerife	17,4	17,5	18,2	19,2	20,4	22,4	24,2	24,7	24,1	22,7	20,5	18,4	36	39	27	13	6	0	0	0	3	31	45	51

SUPERFICIE ARBOLADA (por Comunidades Autónomas)

Com. Autónoma	% de la superficie total	Superficie total (miles de hectáreas)
ANDALUCÍA	20,7	8.726
ARAGÓN	20,2	4.765
ASTURIAS	34,4	1.056
CANTABRIA	32,8	528
CASTILLA-LA MANCHA	18,52	7.923
CASTILLA Y LEÓN	19,7	9.419
CATALUÑA	37,2	3.193
EXTREMADURA	29,5	4.160
GALICIA	39,3	2.943
MADRID	19,8	799
MURCIA	10,4	1.132
NAVARRA	29,2	1.042
PAÍS VASCO	50,7	726
LA RIOJA	18,4	503
COM. VALENCIANA	17,8	2.330
BALEARES	21,4	501
CANARIAS	13,8	724

EVOLUCIÓN DE LA SUPERFICIE AFECTADA POR LOS INCENDIOS

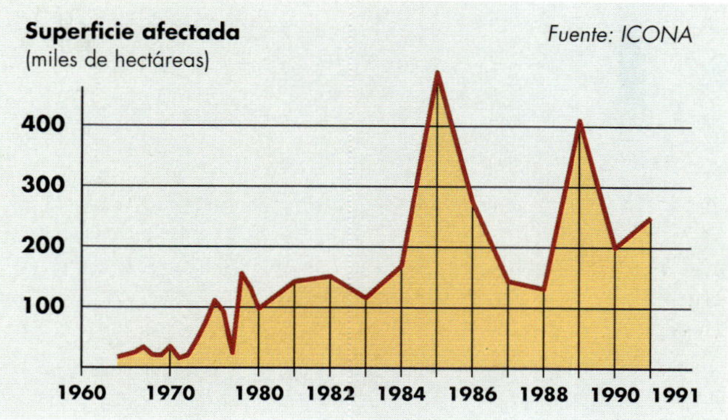

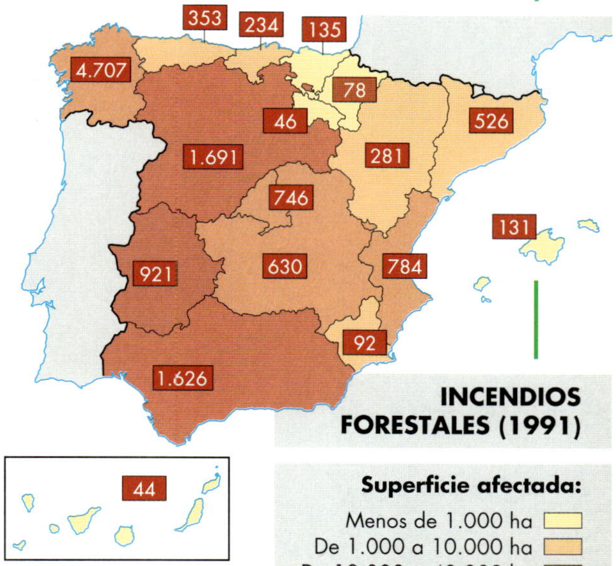

INCENDIOS FORESTALES (1991)

Superficie afectada:

- Menos de 1.000 ha
- De 1.000 a 10.000 ha
- De 10.000 a 40.000 ha
- Más de 40.000 ha

Nº de incendios 13.025*

(*) Total Nacional

LA EROSIÓN POR COMUNIDADES

- Erosión leve
- Erosión moderada
- Erosión grave

Grado de erosión de la superficie total de España:

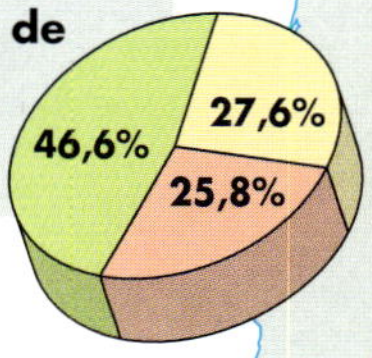

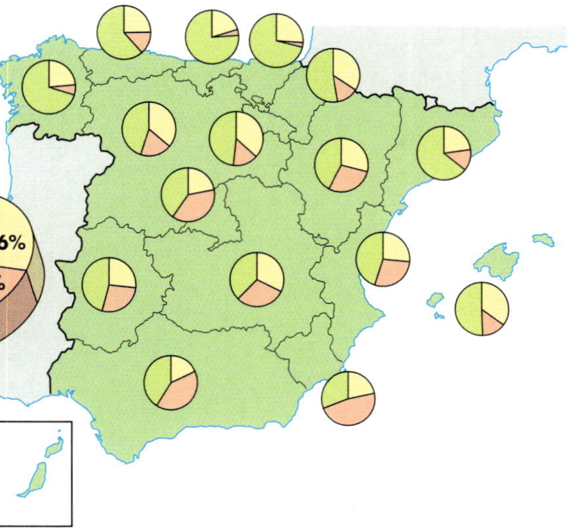

MEDIO AMBIENTE. CONSERVACIÓN/AGRESIÓN

- Parques Nacionales
- Parques Naturales
- Reservas integrales de interés científico
- Zonas húmedas

- Centrales térmicas
- Centrales nucleares
- Vertederos de residuos tóxicos
- Puntos de contaminación ambiental

Contaminación marina: Grave, Zonal, Local

- Animales en peligro de extinción
- Especies vegetales en retroceso

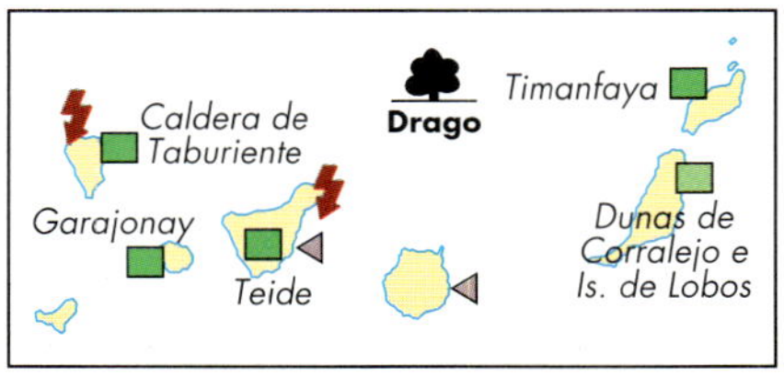

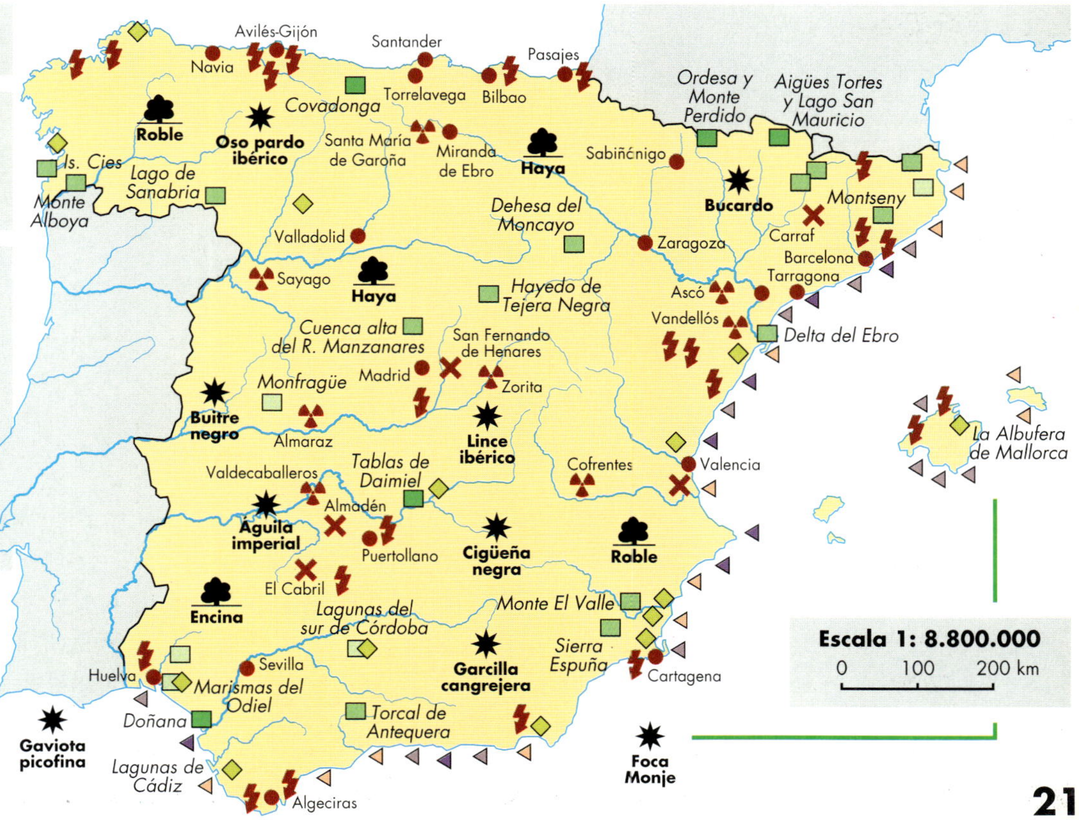

Escala 1: 8.800.000

0 100 200 km

PAÍS VASCO-EUSKADI
FRANCIA
CANTABRIA
VIZCAYA-BIZKAIA
San Sebastián-Donostia
GUIPÚZCOA-GIPUZCOA
La Coruña-A Coruña
LUGO
Oviedo
ASTURIAS
Santander
Bilbao
NAVARRA
LA CORUÑA-A CORUÑA
Lugo
Santiago de Compostela
GALICIA
LEÓN
León
PALENCIA
Vitoria-Gasteiz
Pamplona
ANDORRA
Pontevedra
PONTEVEDRA
CASTILLA Y LEÓN
BURGOS
Burgos
ÁLAVA-ARABA
Logroño
LA RIOJA
HUESCA
Huesca
ARAGÓN
LÉRIDA-LLEIDA
Gerona-Girona
GERONA-GIRONA
Orense-Ourense
ORENSE-OURENSE
Palencia
Valladolid
Zamora
ZAMORA
VALLADOLID
Soria
SORIA
ZARAGOZA
Zaragoza
Lérida-Lleida
Barcelona
BARCELONA
SEGOVIA
Segovia
CATALUÑA-CATALUNYA
Tarragona
TARRAGONA
Salamanca
SALAMANCA
Ávila
ÁVILA
MADRID
Madrid
GUADALAJARA
Guadalajara
TERUEL
Teruel
PORTUGAL
CASTELLÓN-CASTELLÓ
Castellón de La Plana-Castelló de La Plana
BALEARES-BALEARS
CÁCERES
Cáceres
TOLEDO
Toledo
Cuenca
CASTILLA-LA MANCHA
CUENCA
Valencia-València
Palma de Mallorca-Ciutat de Mallorca
Lisboa
Mérida
EXTREMADURA
Badajoz
BADAJOZ
Ciudad Real
CIUDAD REAL
Albacete
ALBACETE
VALENCIA-VALÉNCIA
ALICANTE-ALACANT
Alicante-Alacant
CÓRDOBA
Córdoba
JAÉN
Jaén
Murcia
MURCIA
COMUNIDAD VALENCIANA-COMUNITAT VALENCIANA
HUELVA
Huelva
SEVILLA
Sevilla
ANDALUCÍA
GRANADA
Granada
ALMERÍA
Almería
MÁLAGA
Málaga
Cádiz
CÁDIZ
Ceuta
CEUTA Y MELILLA
Melilla
MARRUECOS
SANTA CRUZ DE TENERIFE
CANARIAS
Santa Cruz de Tenerife
LAS PALMAS
Las Palmas
EL ESTADO ESPAÑOL
Fronteras internacionales
Límites de Comunidad
Límites provinciales
Núcleos de población:
Más de 1.000.000 de hab.
De 500.000 a 1.000.000 de hab.
De 200.000 a 500.000 hab.
De 100.000 a 200.000 hab.
De 50.000 a 100.000 hab.
Menos de 50.000 hab.
Capital de Estado
Capital de Comunidad
Escala 1: 6.500.000
0
100
200 km

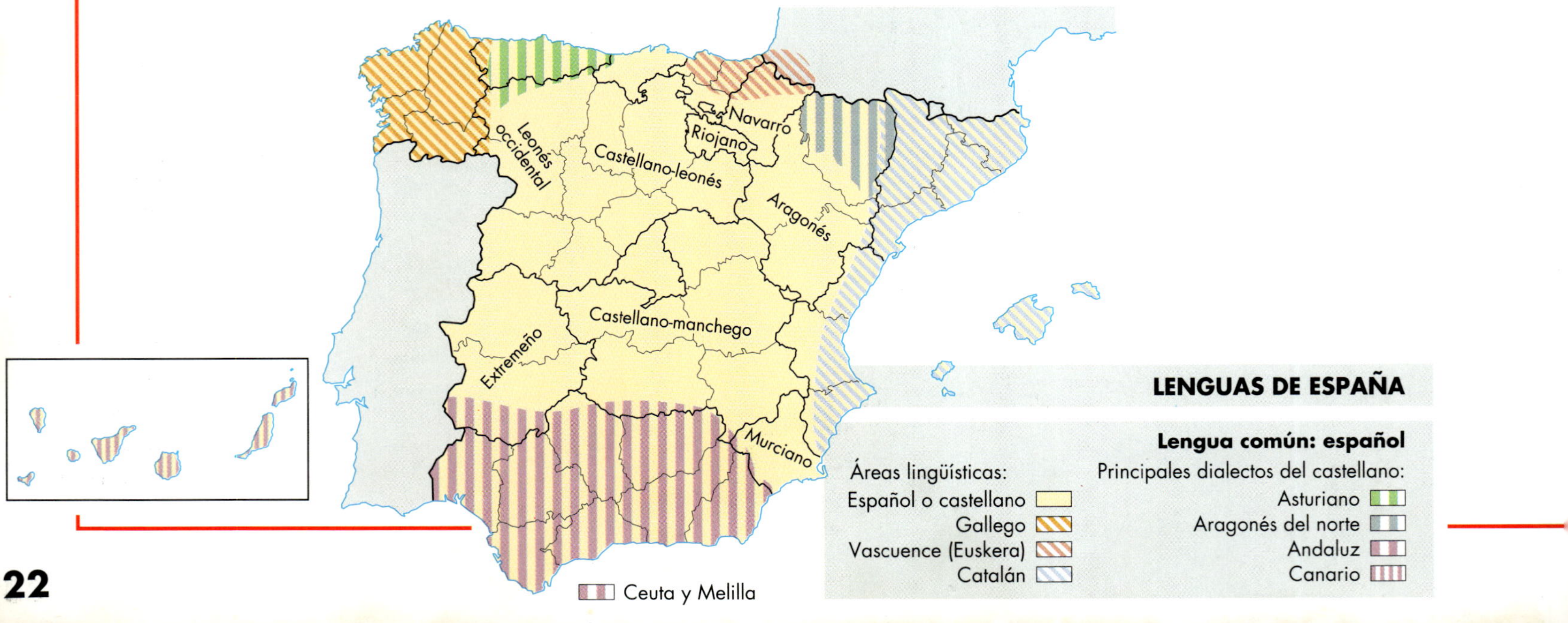
Navarro
Riojano
Leonés occidental
Castellano-leonés
Aragonés
Castellano-manchego
Extremeño
Murciano
LENGUAS DE ESPAÑA
Lengua común: español
Áreas lingüísticas:
Español o castellano
Gallego
Vascuence (Euskera)
Catalán
Principales dialectos del castellano:
Asturiano
Aragonés del norte
Andaluz
Canario
Ceuta y Melilla

ESPAÑA

Política y comunicaciones

CARRETERAS

- Autopistas
- Autovías
- Carreteras nacionales

Fuente: MOPT. D.G. de Carreteras

FERROCARRILES

- Vía única electrificada
- Vía doble electrificada
- Vía única sin electrificar
- Sólo mercancías
- Vía estrecha
- Línea de alta velocidad

Fuente: RENFE

AEROPUERTOS ESPAÑOLES

Tráfico de pasajeros en aeropuertos civiles en 1991:

- Menos de 200.000
- De 200.000 a 1 millón
- De 1 a 6 millones
- Más de 6 millones

Aeropuertos militares

Fuente: D.G. de Aviación Civil

Escala 1: 13.000.000

0 150 300 km

PRINCIPALES PUERTOS ESPAÑOLES

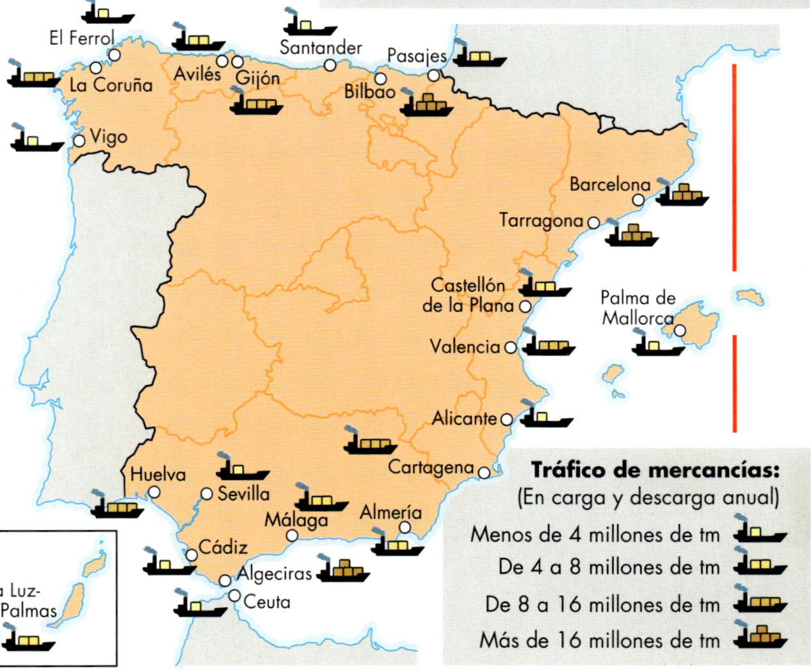

Tráfico de mercancías:
(En carga y descarga anual)

- Menos de 4 millones de tm
- De 4 a 8 millones de tm
- De 8 a 16 millones de tm
- Más de 16 millones de tm

DENSIDAD DE POBLACIÓN POR PROVINCIAS (1991)

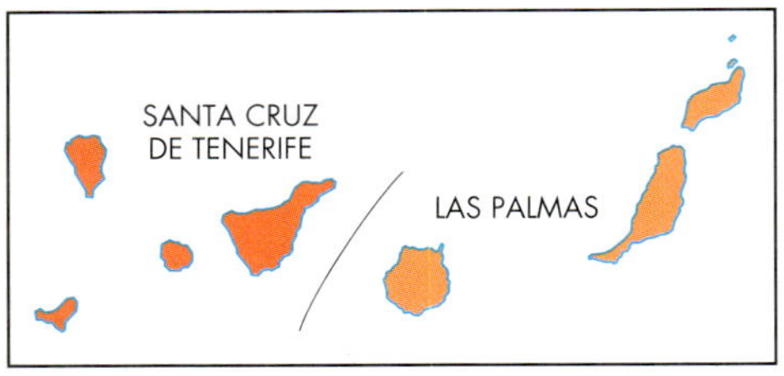

EVOLUCIÓN DE LA POBLACIÓN ESPAÑOLA

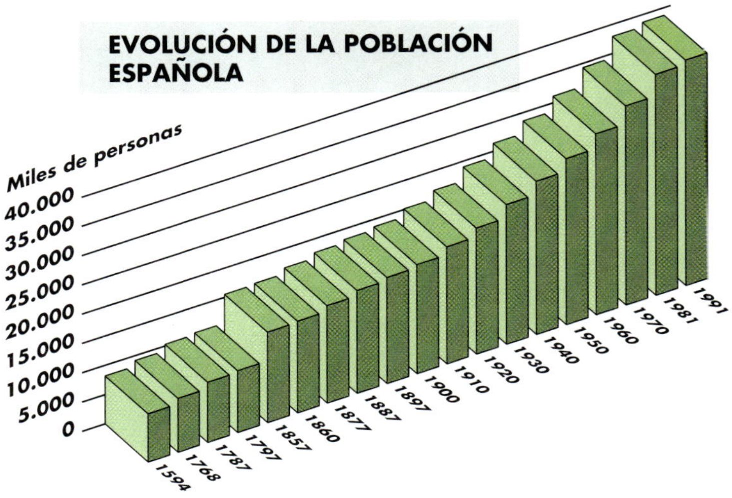

PIRÁMIDE DE LA POBLACIÓN ESPAÑOLA (1991)

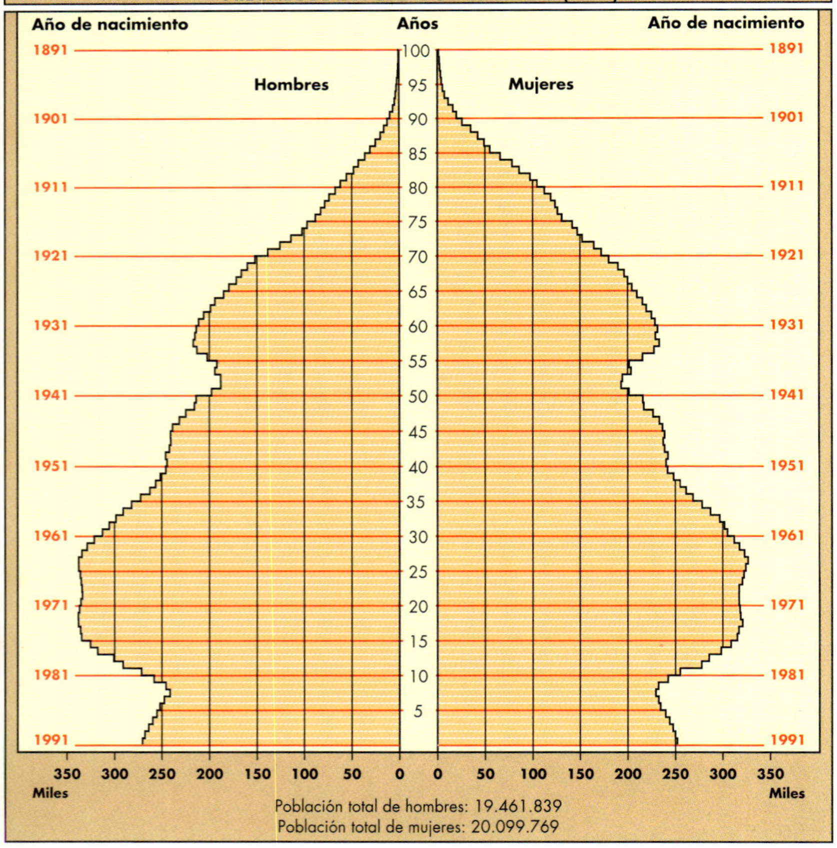

EVOLUCIÓN DE LA NATALIDAD Y LA MORTALIDAD

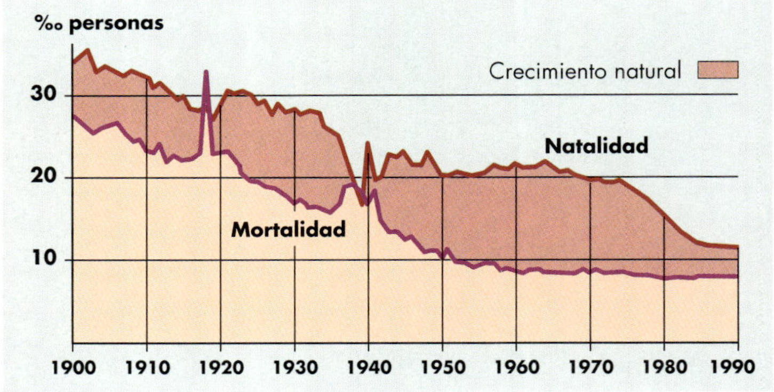

EVOLUCIÓN DE LA ESTRUCTURA DE LA POBLACIÓN POR GRUPOS DE EDAD

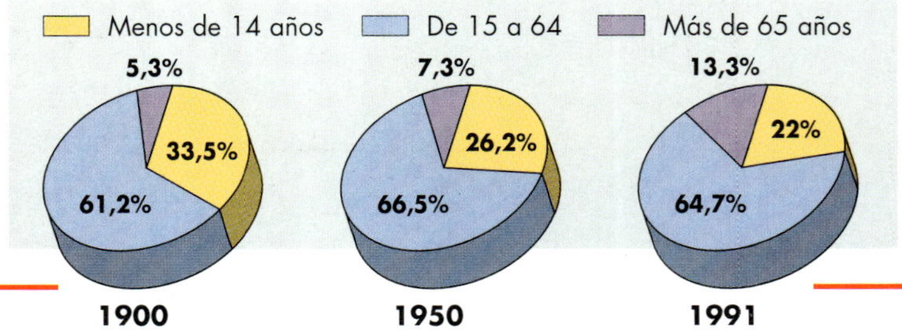

TASA DE ACTIVIDAD (1991)

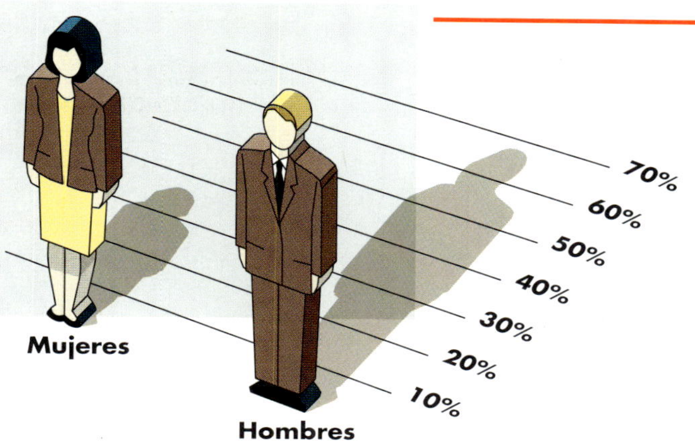

EVOLUCIÓN DEL PARO

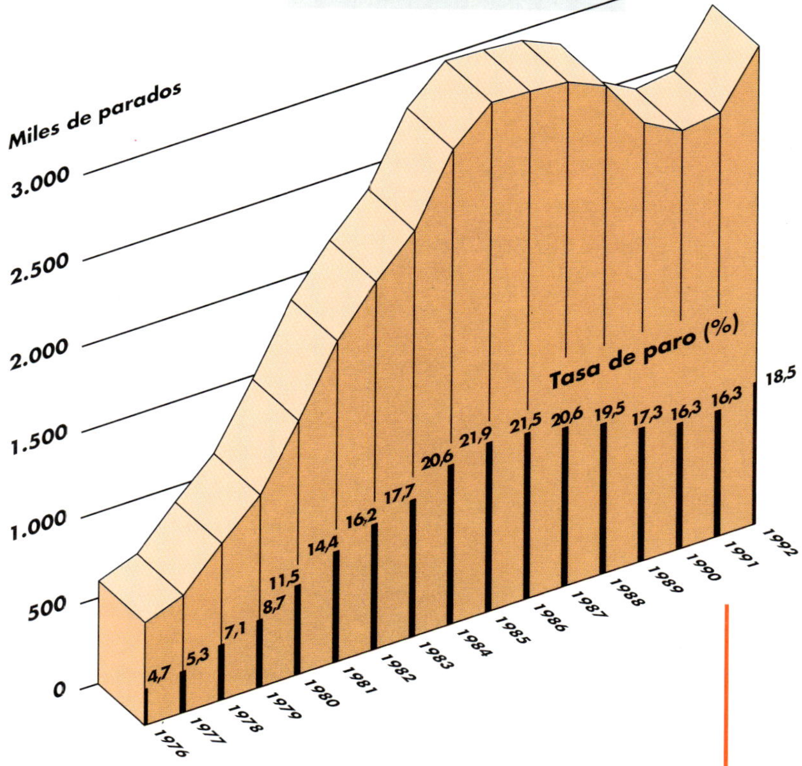

POBLACIÓN ACTIVA POR SECTORES (1991)

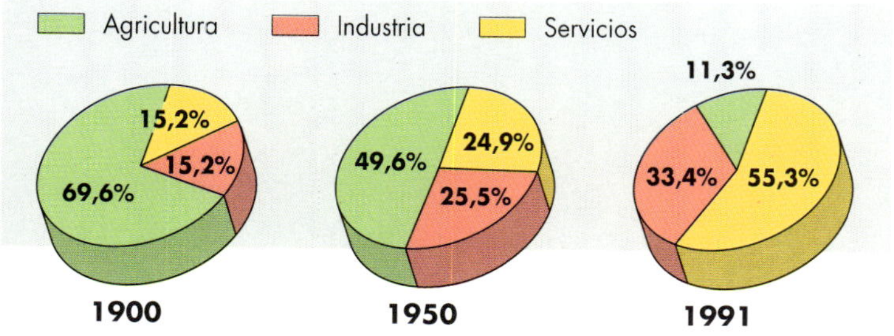

LA EMIGRACIÓN ESPAÑOLA

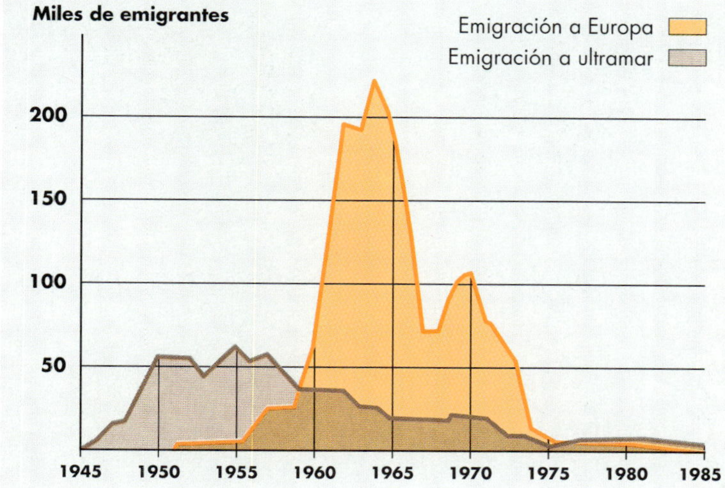

LA EMIGRACIÓN DENTRO DE ESPAÑA (de 1962 a 1975)

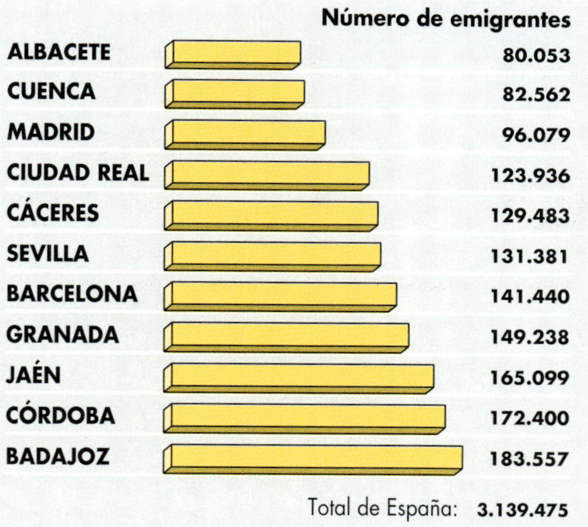

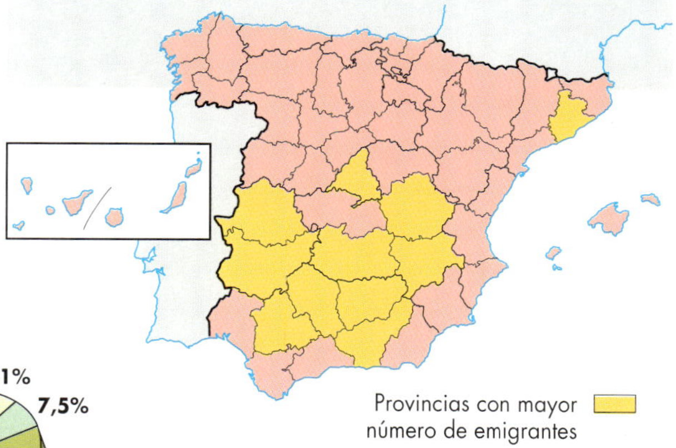

PROCEDENCIA DE LA INMIGRACIÓN EN ESPAÑA

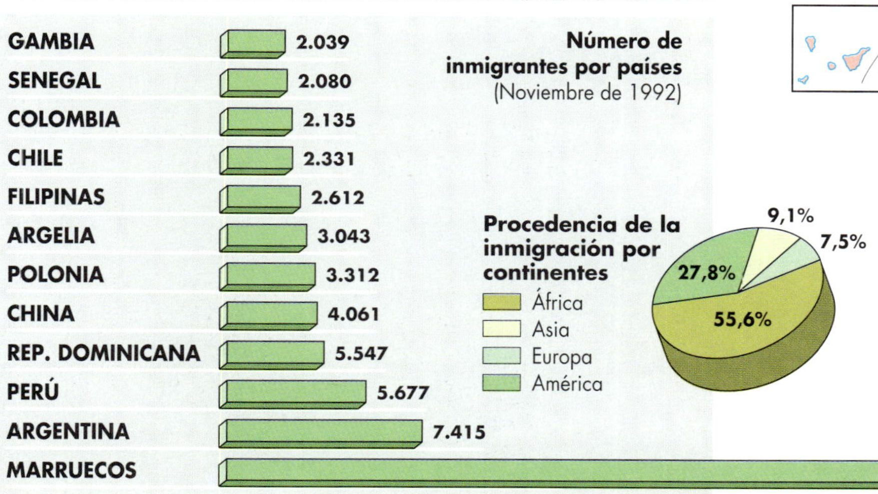

APROVECHAMIENTO AGRÍCOLA Y GANADERO

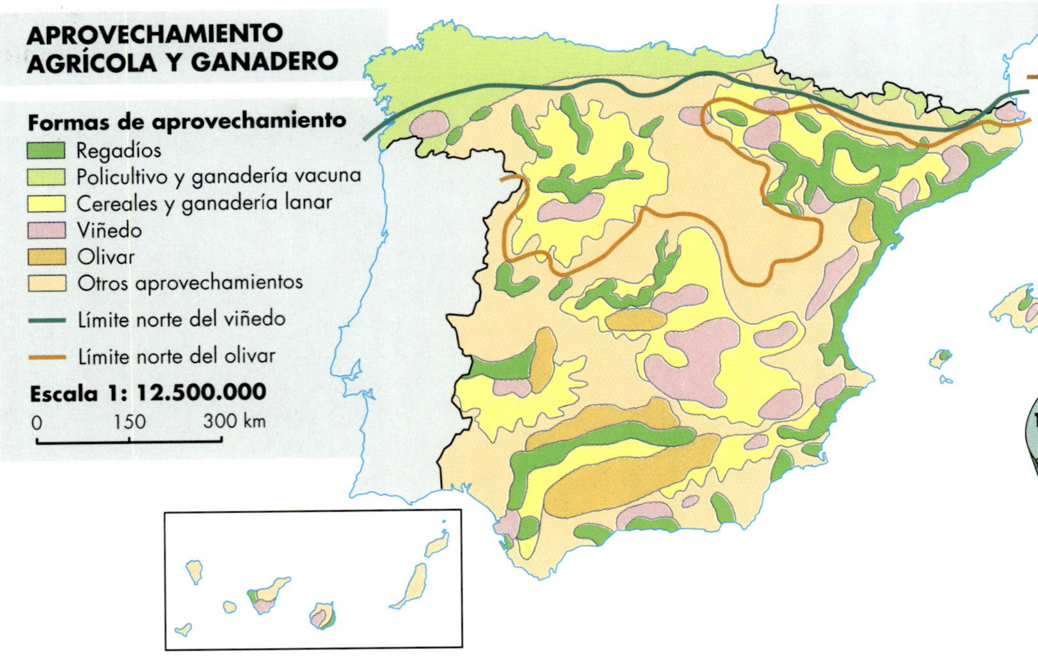

DISTRIBUCIÓN DE LA SUPERFICIE AGRÍCOLA ÚTIL

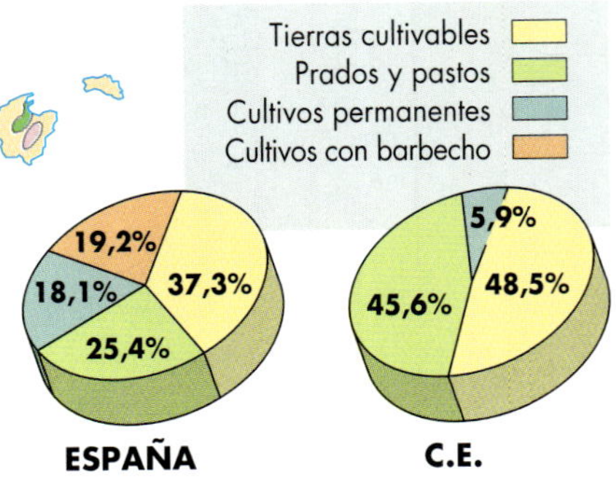

IMPORTANCIA DE LA PESCA POR REGIONES PESQUERAS (1990)

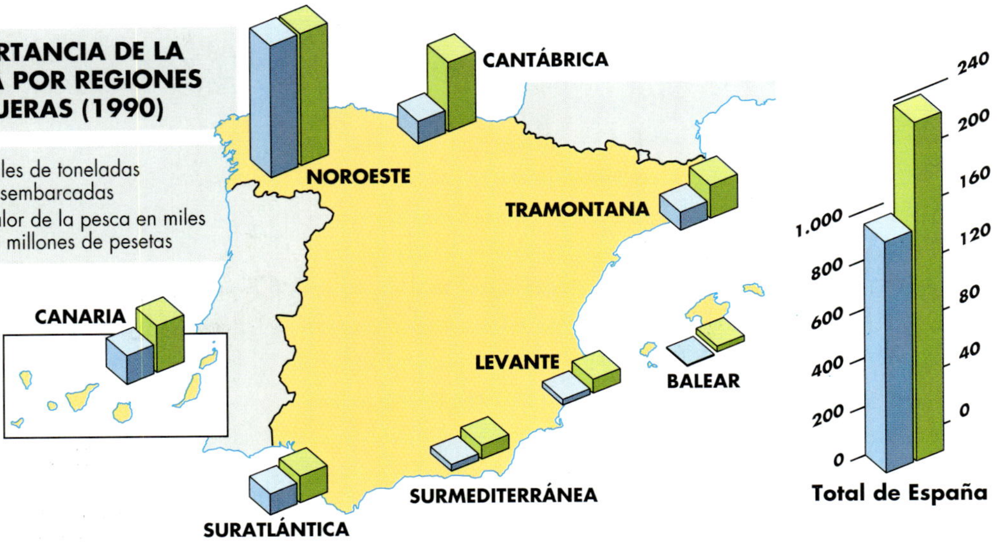

PRINCIPALES PROVINCIAS POR EL EMPLEO EN LA PESCA

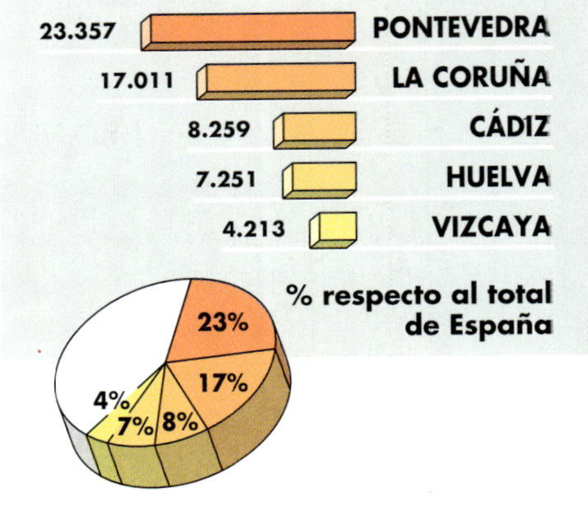

MINERÍA

ENERGÍA

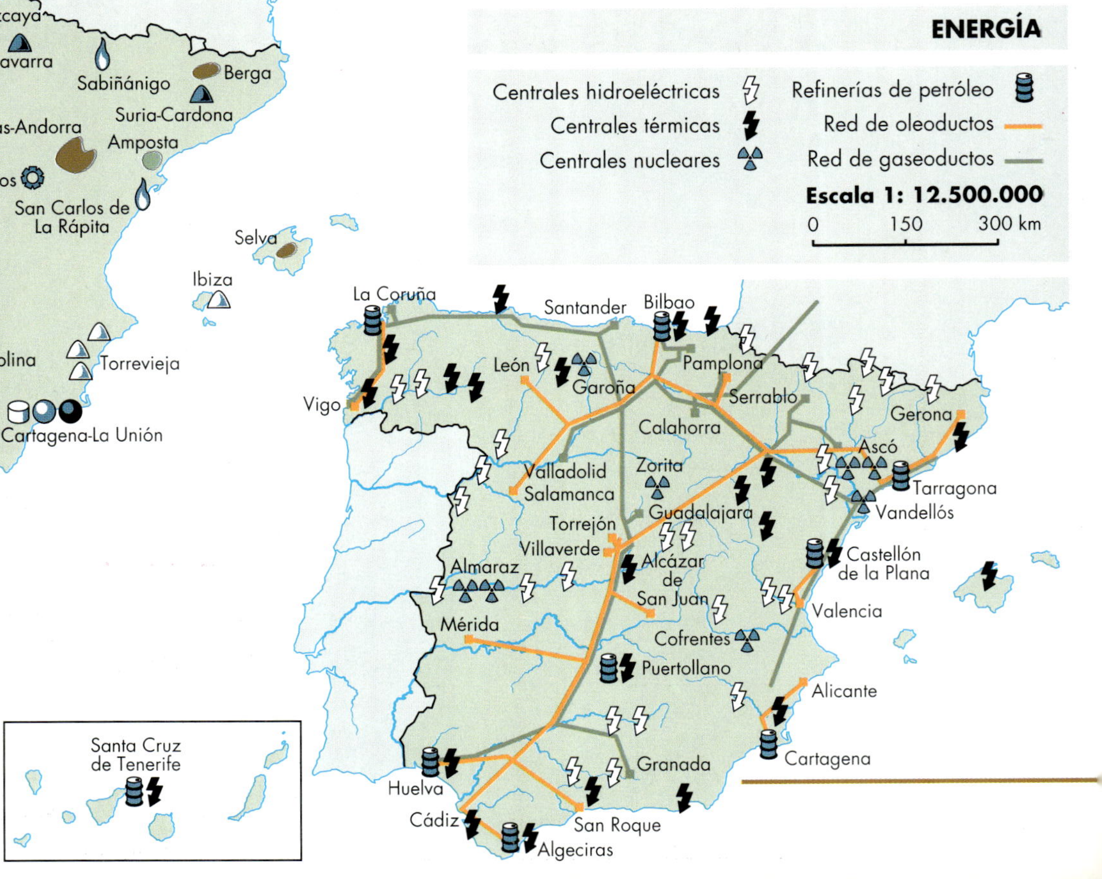

ESPAÑA
Actividades económicas

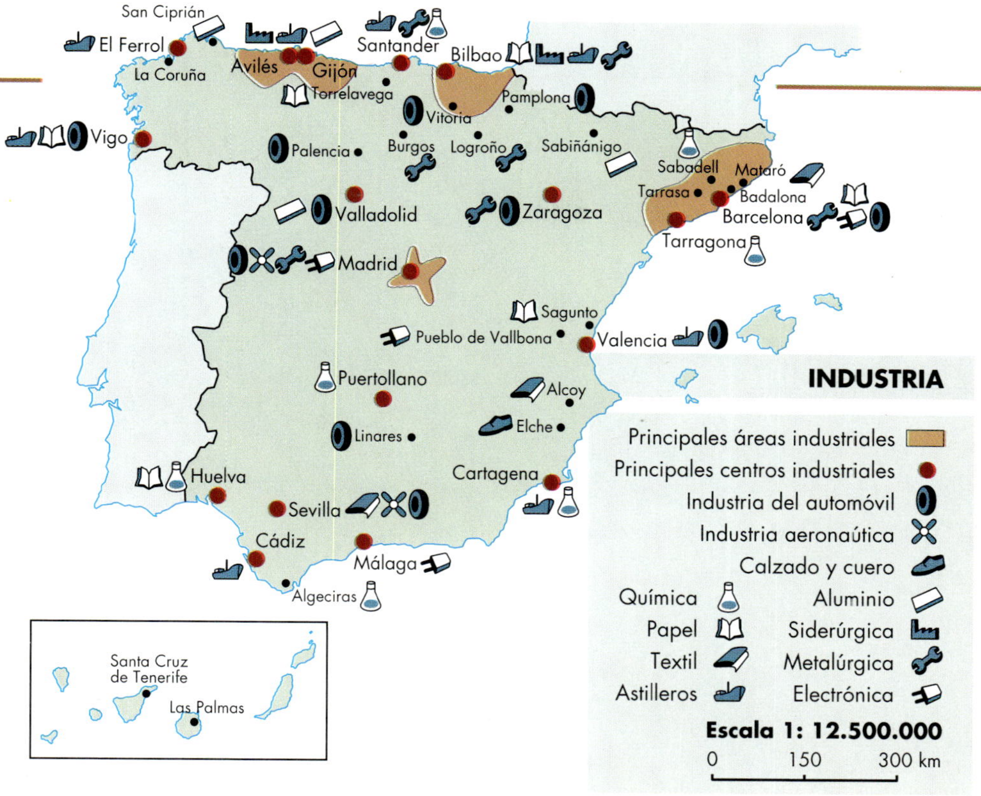

PRODUCCIÓN INDUSTRIAL (1989)

	% sobre el total nacional
ANDALUCÍA	8,23 %
ARAGÓN	4,07 %
ASTURIAS	3,61 %
BALEARES	1,14 %
CANARIAS	1,71 %
CANTABRIA	1,34 %
CASTILLA-LA MANCHA	3,44 %
CASTILLA Y LEÓN	6,5 %
CATALUÑA	25,94 %
COM. VALENCIANA	11,07 %
EXTREMADURA	1,29 %
GALICIA	5,41 %
MADRID	11,96 %
MURCIA	1,88 %
NAVARRA	2,38 %
PAÍS VASCO	8,95 %
LA RIOJA	0,93 %
CEUTA Y MELILLA	0,05 %

INGRESOS POR EL TURISMO (1989)

	Millones de pesetas	% respecto al total de España
SANTA CRUZ DE TENERIFE	203.098	4,18%
VALENCIA	204.548	4,21%
GERONA	210.264	4,33%
LAS PALMAS	223.367	4,60%
ALICANTE	257.241	5,30%
MÁLAGA	301.543	6,21%
BARCELONA	469.989	9,69%
BALEARES	605.100	12,47%
MADRID	746.065	15,38%

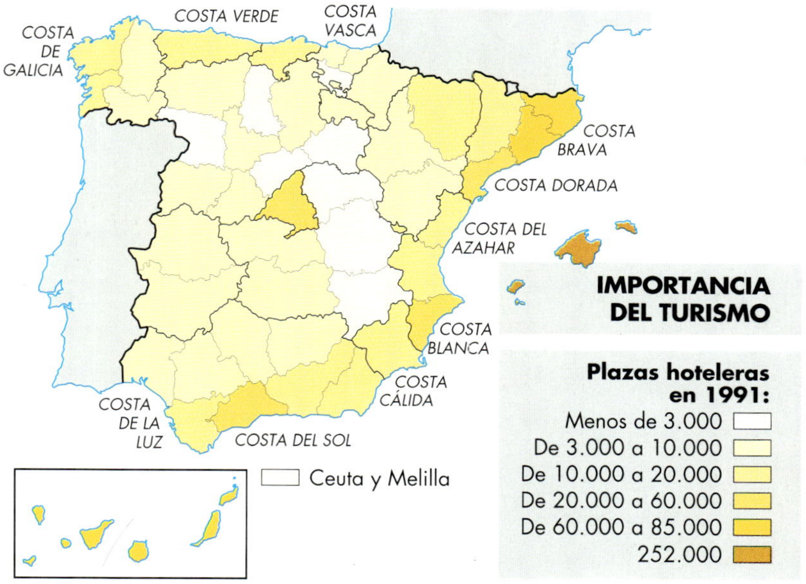

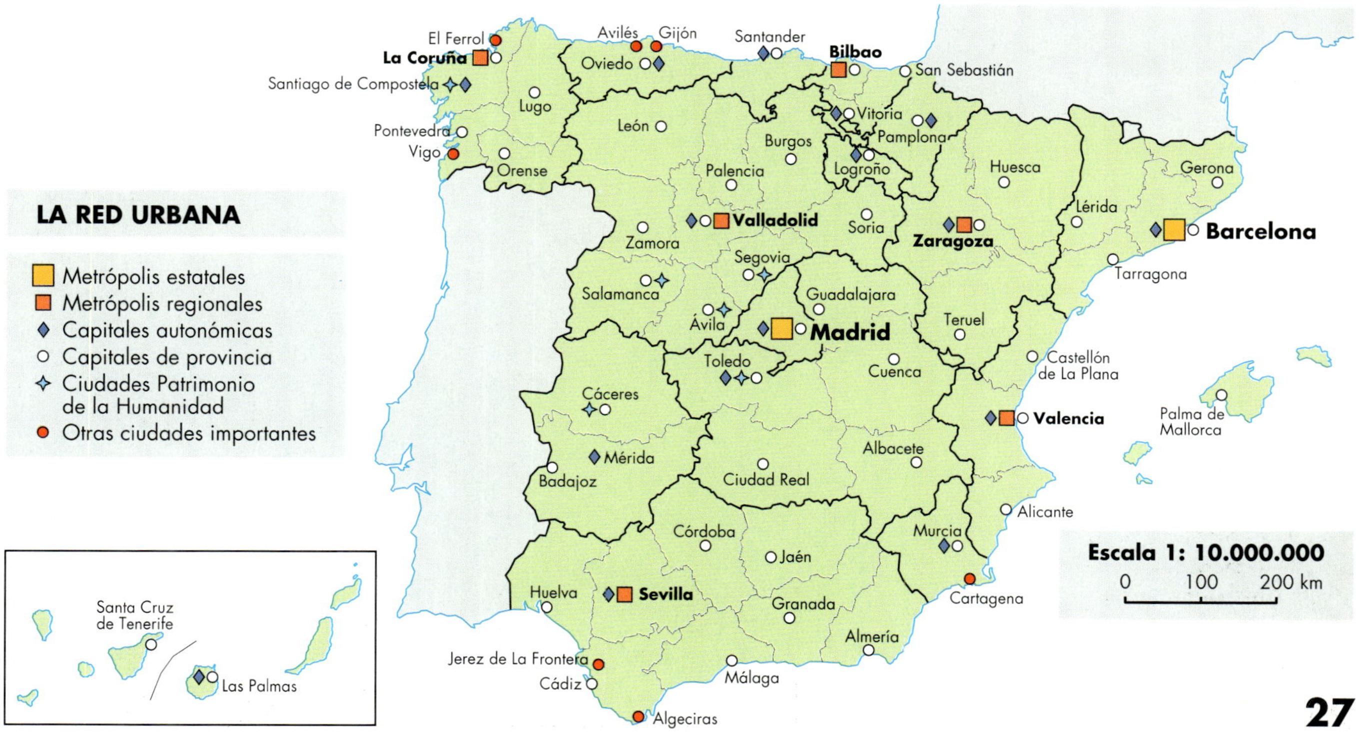

DENSIDAD DE POBLACIÓN POR COMUNIDADES (1991)

PARO POR COMUNIDADES (1991)

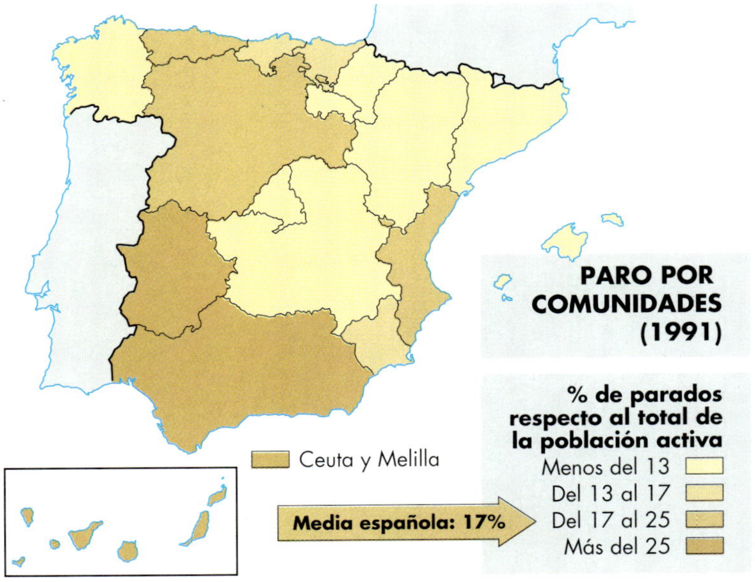

POBLACIÓN OCUPADA POR SECTORES DE ACTIVIDAD ECONÓMICA (1990)

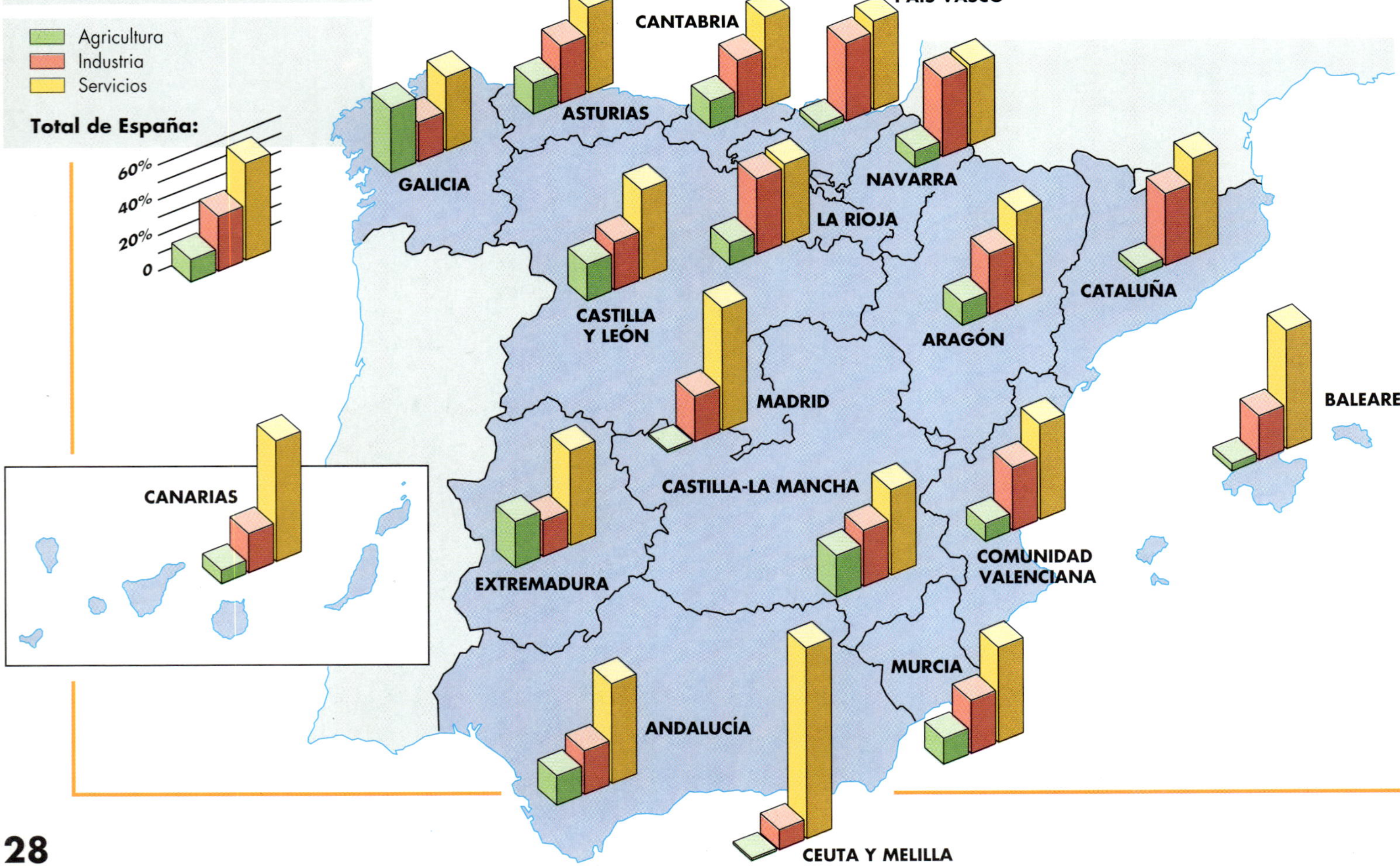

PRODUCTO INTERIOR BRUTO (1989)

RENTA PER CAPITA RESPECTO A LA MEDIA NACIONAL (1989)

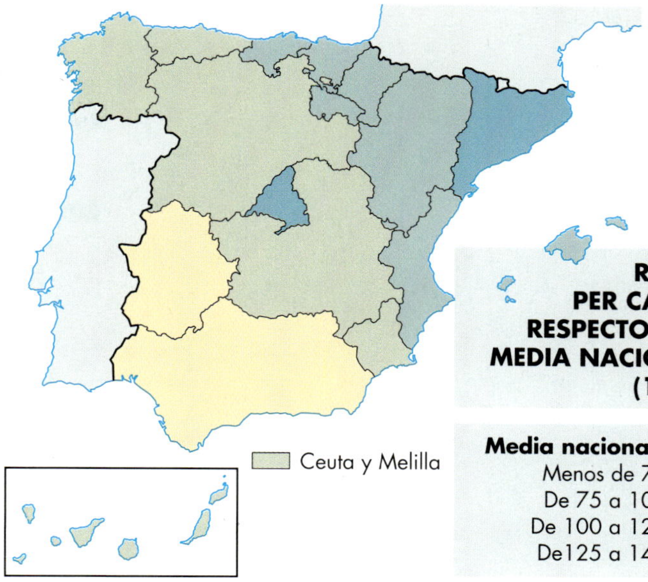

AGRICULTURA Y PESCA (1989)

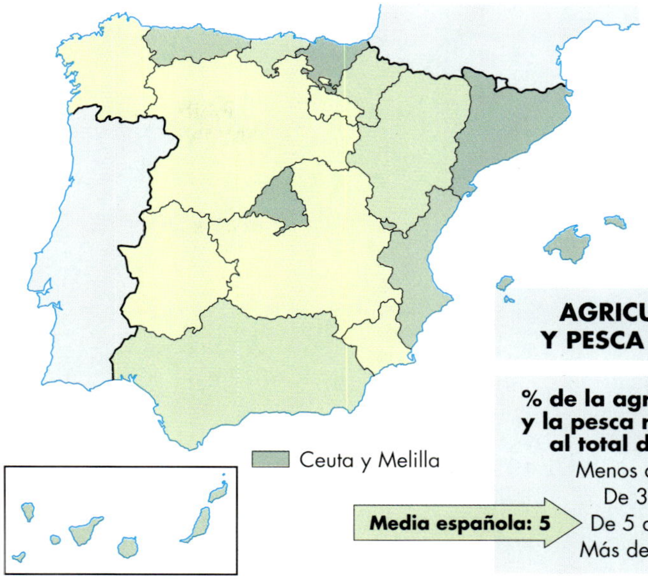

SERVICIOS (1989)

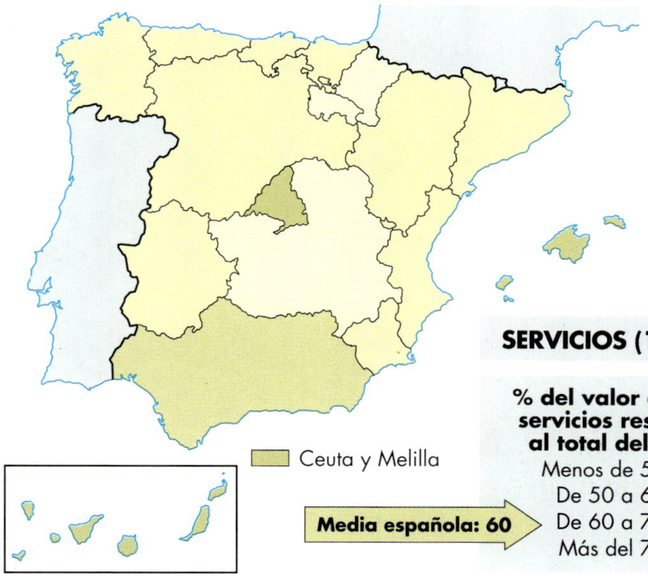

PRODUCTO INTERIOR BRUTO (1989)

	Millones de pts
CATALUÑA	8.874.863
MADRID	7.314.210
ANDALUCÍA	5.800.683
COM. VALENCIANA	4.818.759
PAÍS VASCO	2.762.231
CASTILLA Y LEÓN	2.726.405
GALICIA	2.696.293
CANARIAS	1.762.332
ARAGÓN	1.556.526
CASTILLA-LA MANCHA	1.551.702
ASTURIAS	1.245.584
BALEARES	1.234.138
MURCIA	1.039.109
EXTREMADURA	830.896
NAVARRA	688.821
CANTABRIA	593.183
LA RIOJA	336.336
CEUTA Y MELILLA	114.056

Total: 45.946.127

RENTA FAMILIAR PER CAPITA DISPONIBLE (1991)

CATALUÑA	1.360.599
BALEARES	1.360.227
LA RIOJA	1.263.220
COM. VALENCIANA	1.198.334
MADRID	1.198.273
NAVARRA	1.194.224
ARAGÓN	1.172.816
PAÍS VASCO	1.104.583
ASTURIAS	1.060.693
CANTABRIA	1.051.680
CASTILLA Y LEÓN	1.041.752
GALICIA	1.028.935
MURCIA	1.020.819
CANARIAS	1.002.196
CASTILLA-LA MANCHA	961.738
ANDALUCÍA	906.659
CEUTA Y MELILLA	861.281
EXTREMADURA	843.084
Media del Estado	1.107.812 pts

Elantxobe. Vizcaya

En la España cantábrica, la costa montañosa, con abrigos resguardados, ha favorecido los emplazamientos pesqueros y el desarrollo de las actividades relacionadas con el mar

Paisaje de montaña, Caín en los Picos de Europa

La altura y el relieve condicionan el aprovechamiento de la montaña. Hoy, actividades de turismo y ocio suceden a las formas de vida tradicionales

Pueblo turístico. Benidorm

El espectacular desarrollo del turismo de playa ha transformado los paisajes tradicionales del litoral español, provocando en ocasiones daños irreversibles en el medio ambiente

Meseta sur. La Mancha. Mota del Cuervo

En la meseta castellana dominan paisajes agrarios asociados al cultivo de cereales, vid y olivo, y a una ganadería ovina tradicional

ESPAÑA

Superficie: 504.782 km²
Población (1991): 39.561.608 hab.
Densidad de población: 76,6 hab./km²
Población urbana: 78%
Capital: Madrid
Lenguas oficiales: Castellano o español (Estado) Catalán, gallego, valenciano, vasco (Comunidades Autónomas)
Forma de gobierno: Monarquía parlamentaria
Composición de las Cortes (Parlamento): Dos cámaras. Congreso: 350 diputados
Senado: 256 senadores
Organización territorial del Estado: 17 Comunidades Autónomas
Organizaciones internacionales (miembro de): C.E., Consejo de Europa, O.C.D.E., O.N.U., O.T.A.N.

COMPOSICIÓN DE LAS CORTES GENERALES (1993)

CONGRESO DE LOS DIPUTADOS (Total 350)

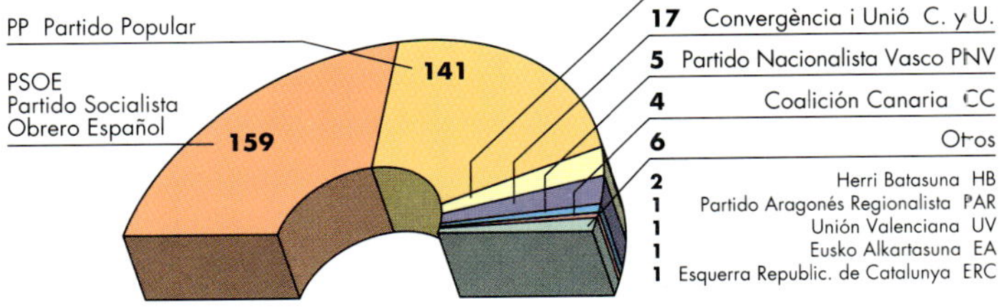

SENADO (Total 256)

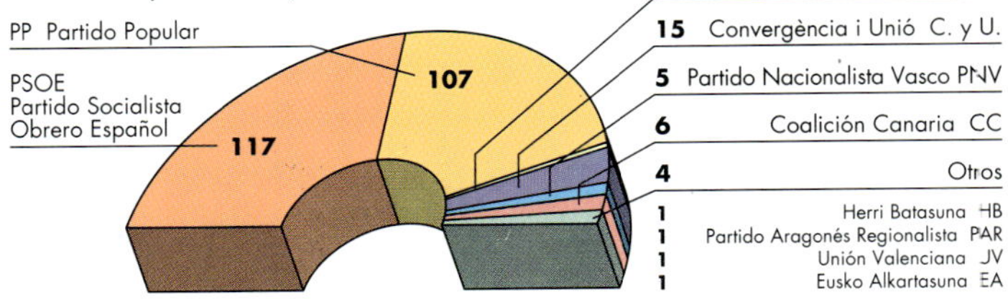

ANDALUCÍA

Superficie:	**87.268 km²**
Población (1991):	**6.859.958 hab.**
Densidad (1991):	**78 hab./km²**
Capital:	**Sevilla**

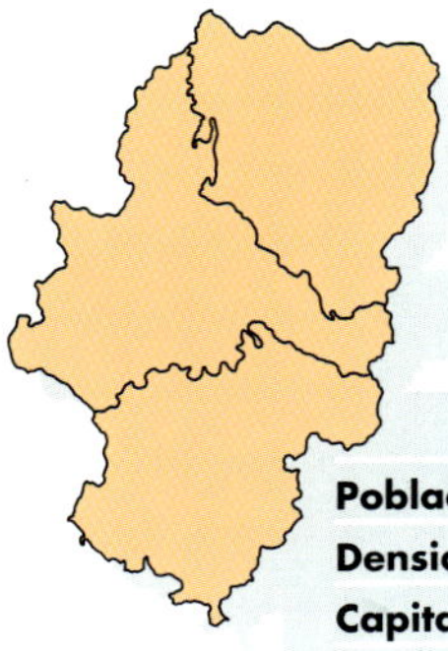

ARAGÓN

Superficie:	**47.650 km²**
Población (1991):	**1.178.521 hab.**
Densidad (1991):	**24,7 hab./km²**
Capital:	**Zaragoza**

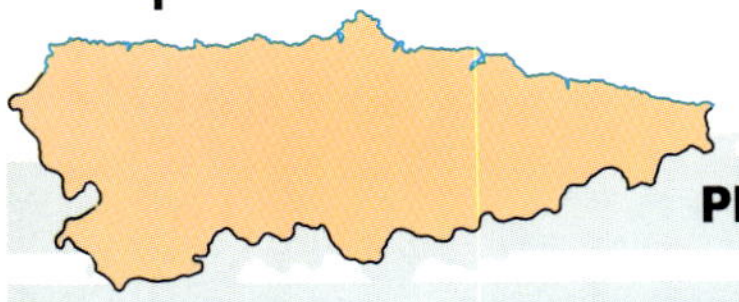

PRINCIPADO DE ASTURIAS

Superficie:	**10.565 km²**
Población (1991):	**1.091.093 hab.**
Densidad (1991):	**103 hab./km²**
Capital:	**Oviedo**

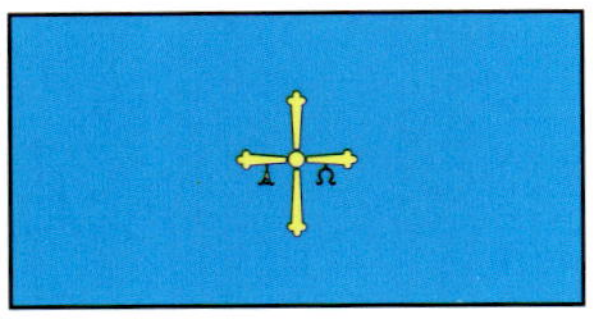

CANTABRIA

Superficie:	**5.289 km²**
Población (1991):	**523.633 hab.**
Densidad (1991):	**99 hab./km²**
Capital:	**Santander**

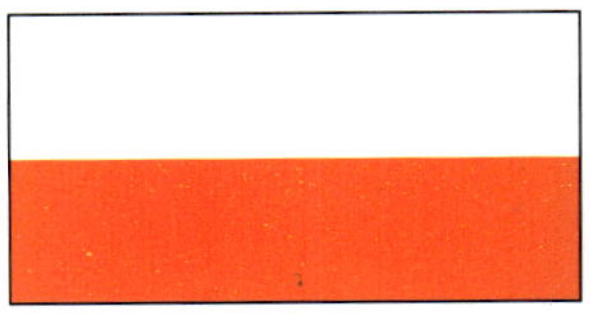

CASTILLA Y LEÓN

Superficie:	**94.193 km²**
Población (1991):	**2.537.483 hab.**
Densidad (1991):	**27 hab./km²**
Capital:	**Valladolid**

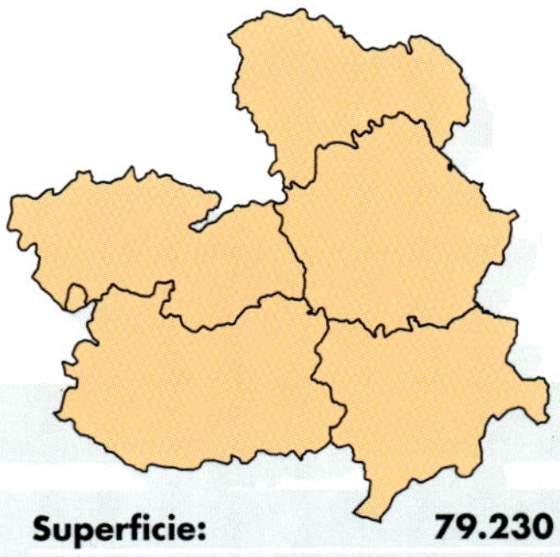

CASTILLA-LA MANCHA

Superficie:	**79.230 km²**
Población (1991):	**1.539.431 hab.**
Densidad (1991):	**19,4 hab./km²**
Capital:	**Toledo**

CATALUÑA

Superficie:	**31.930 km²**
Población (1991):	**5.959.929 hab.**
Densidad (1991):	**186,6 hab./km²**
Capital:	**Barcelona**

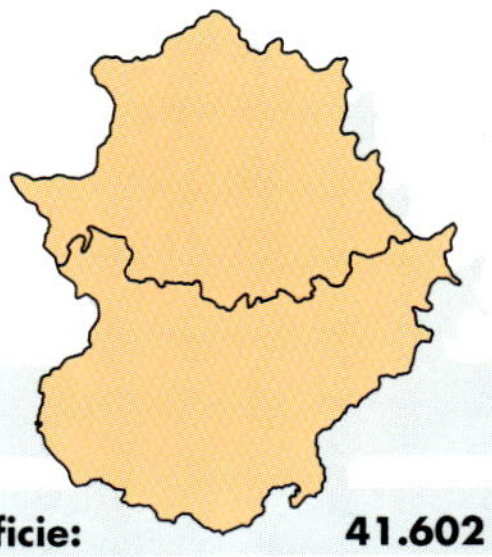

EXTREMADURA

Superficie:	**41.602 km²**
Población (1991):	**1.050.490 hab.**
Densidad (1991):	**25 hab./km²**
Capital:	**Mérida**

COMUNIDADES AUTÓNOMAS

GALICIA

Superficie:	**29.434 km²**
Población (1991):	**2.709.743 hab.**
Densidad (1991):	**92 hab./km²**
Capital:	**Santiago de Compostela**

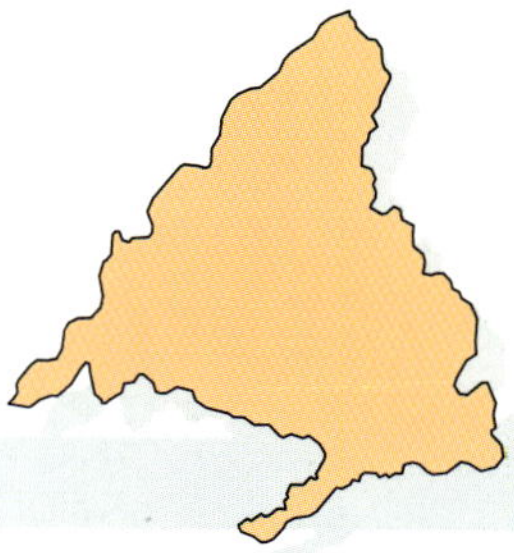

MADRID

Superficie:	**7.995 km²**
Población (1991):	**4.845.851 hab.**
Densidad (1991):	**606 hab./km²**
Capital:	**Madrid**

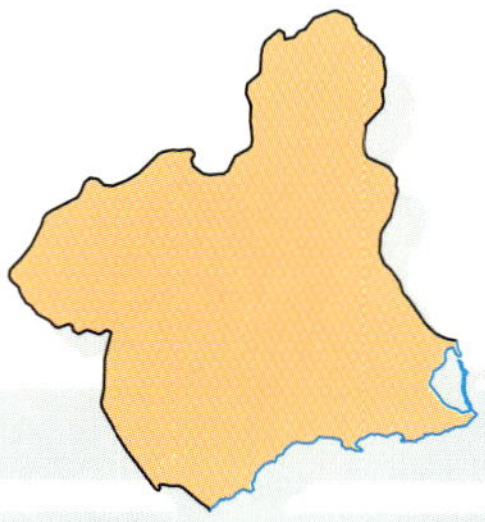

MURCIA

Superficie:	**11.317 km²**
Población (1991):	**1.032.275 hab.**
Densidad (1991):	**91 hab./km²**
Capital:	**Murcia**

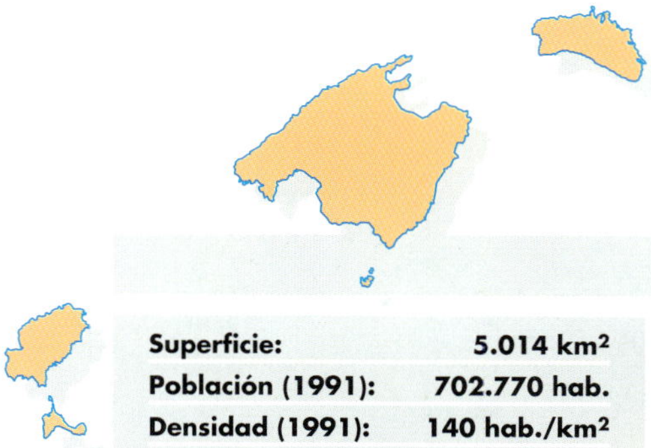

BALEARES

Superficie:	**5.014 km²**
Población (1991):	**702.770 hab.**
Densidad (1991):	**140 hab./km²**
Capital:	**Palma de Mallorca**

COMUNIDAD FORAL DE NAVARRA

Superficie:	**10.421 km²**
Población (1991):	**516.333 hab.**
Densidad (1991):	**49 hab./km²**
Capital:	**Pamplona-Iruña**

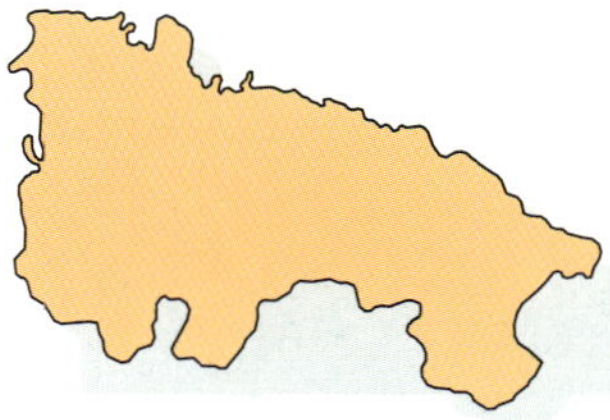

LA RIOJA

Superficie:	**5.034 km²**
Población (1991):	**261.634 hab.**
Densidad (1991):	**52 hab./km²**
Capital:	**Logroño**

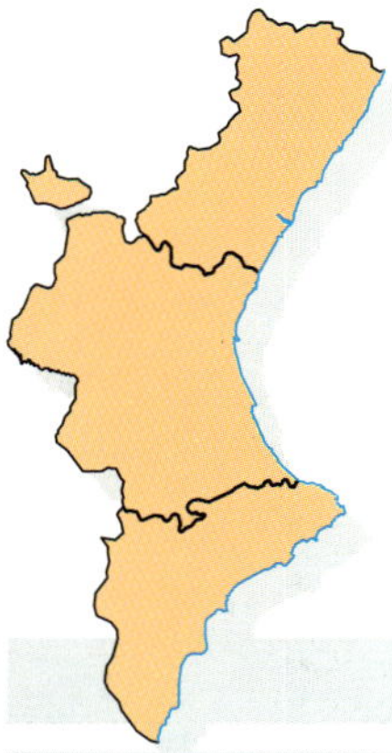

COMUNIDAD VALENCIANA

Superficie:	**23.505 km²**
Población (1991):	**3.831.197 hab.**
Densidad (1991):	**163 hab./km²**
Capital:	**Valencia**

PAÍS VASCO

Superficie:	**7.261 km²**
Población (1991):	**2.073.415 hab.**
Densidad (1991):	**285 hab./km²**
Capital:	**Vitoria-Gasteiz**

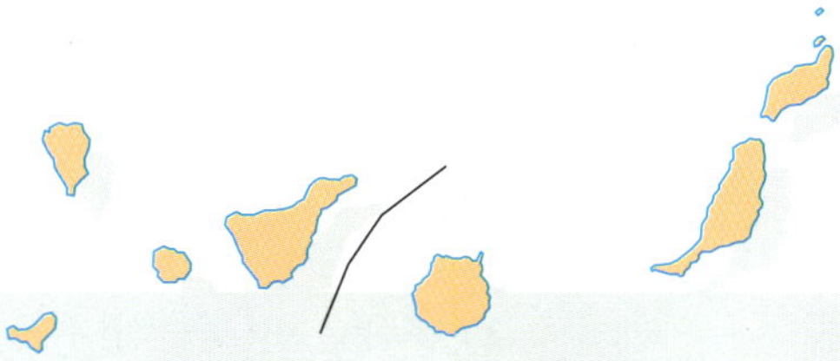

CANARIAS

Superficie:	**7.242 km²**
Población (1991):	**1.456.474 hab.**
Densidad (1991):	**201 hab./km²**
Capital:	**Las Palmas de Gran Canaria***

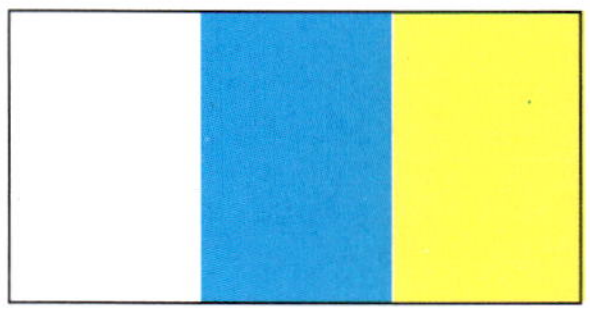

(*)Capitalidad alternativa con Santa Cruz de Tenerife.

CEUTA

Superficie:	**18 km²**
Población (1991):	**68.288 hab.**
Densidad (1991):	**3.793 h./km²**

MELILLA

Superficie:	**14 km²**
Población (1991):	**56.497 hab.**
Densidad (1991):	**4.035 h./km²**

ANDALUCÍA-CEUTA Y MELILLA
Físico-Político

ANDALUCÍA
Población

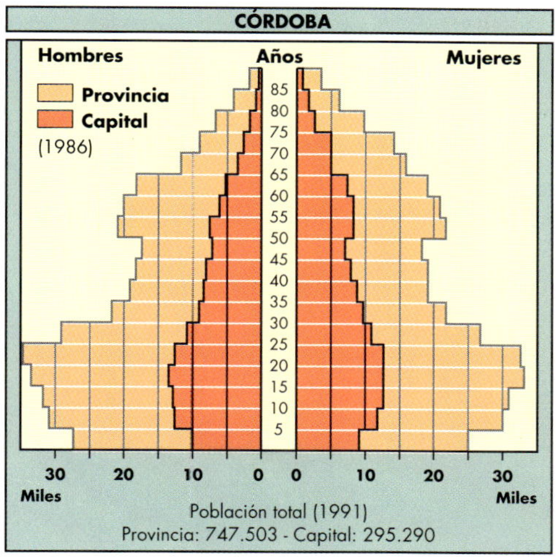

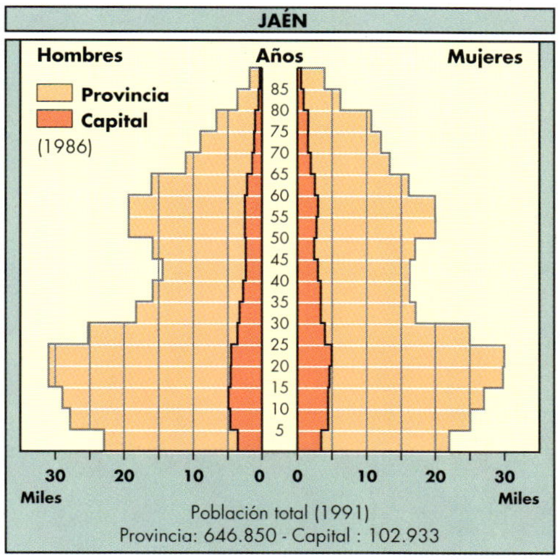

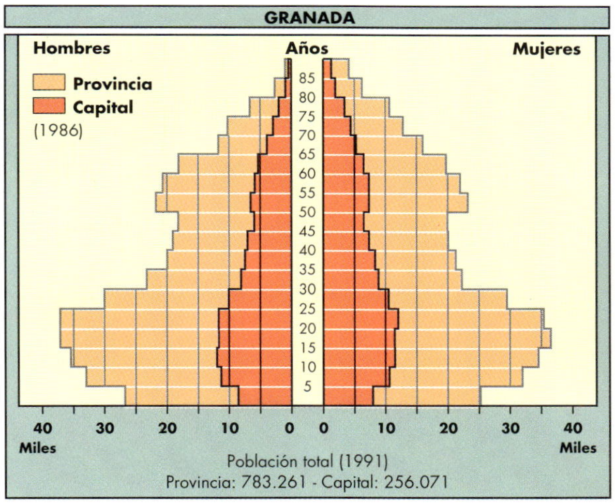

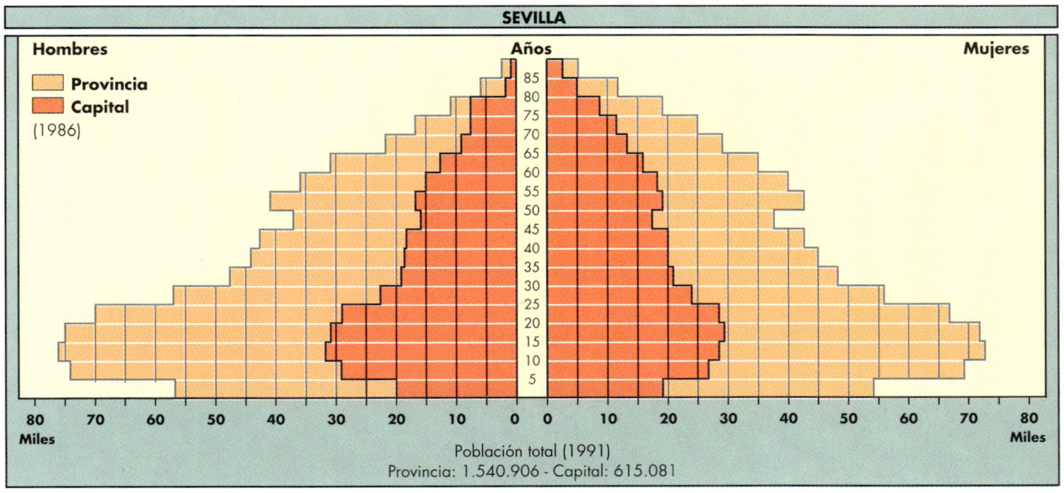

CEUTA Y MELILLA
Población

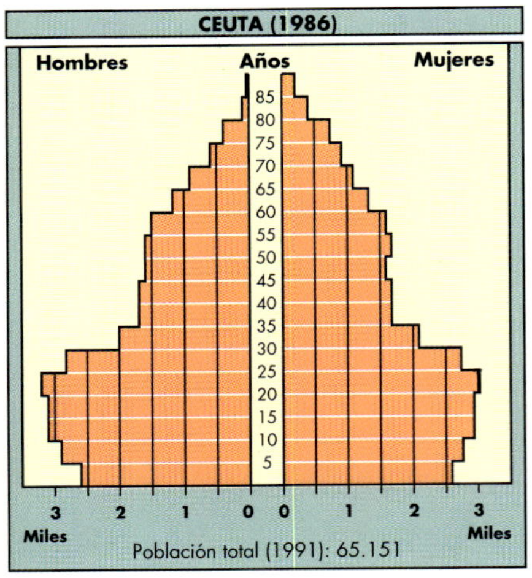

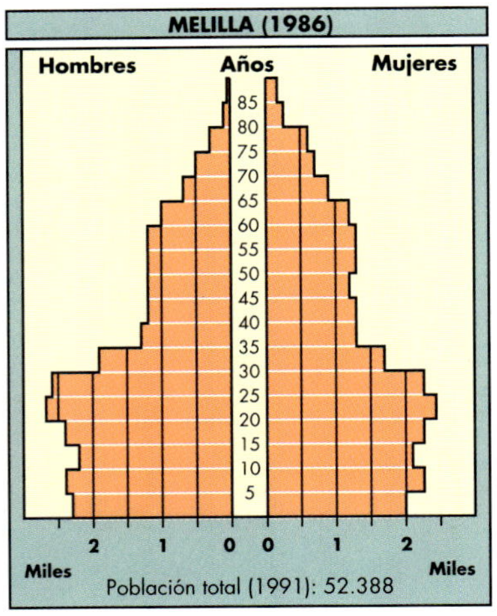

POBLACIÓN ACTIVA POR SECTORES (1991)

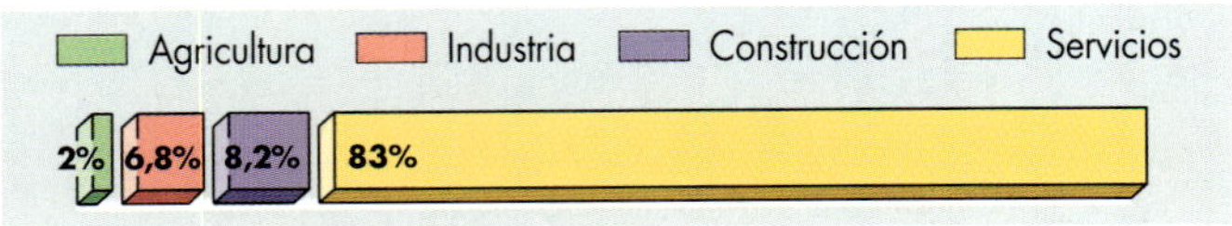

ANDALUCÍA
Población

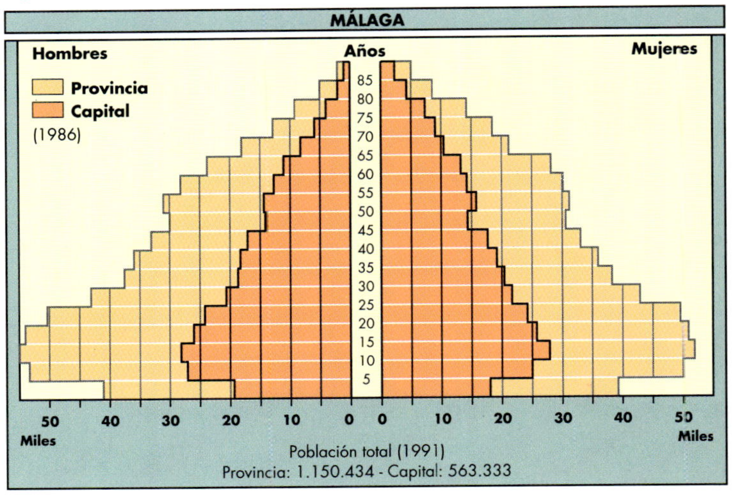

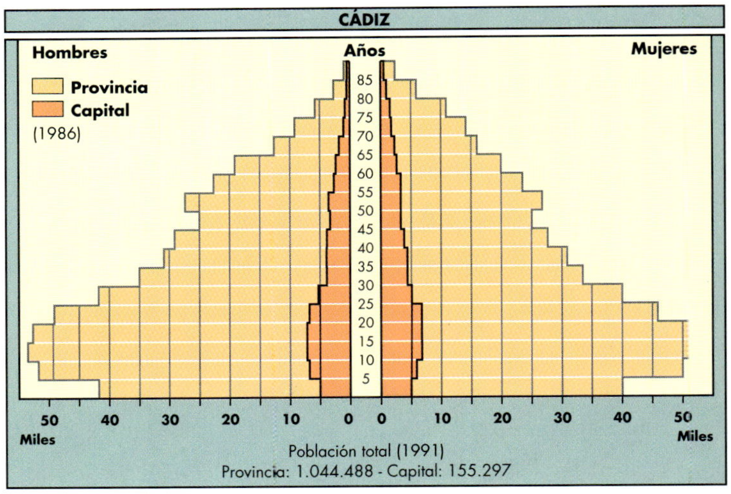

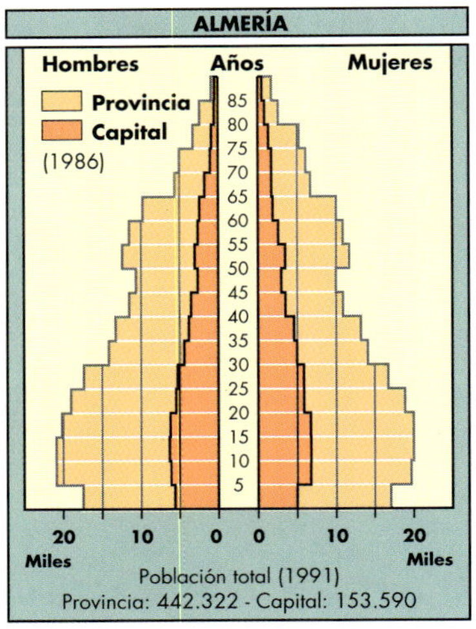

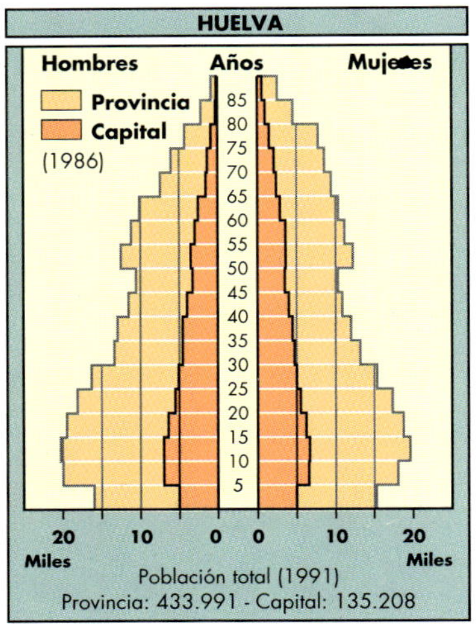

DENSIDAD DE POBLACIÓN POR PARTIDOS JUDICIALES (1991)

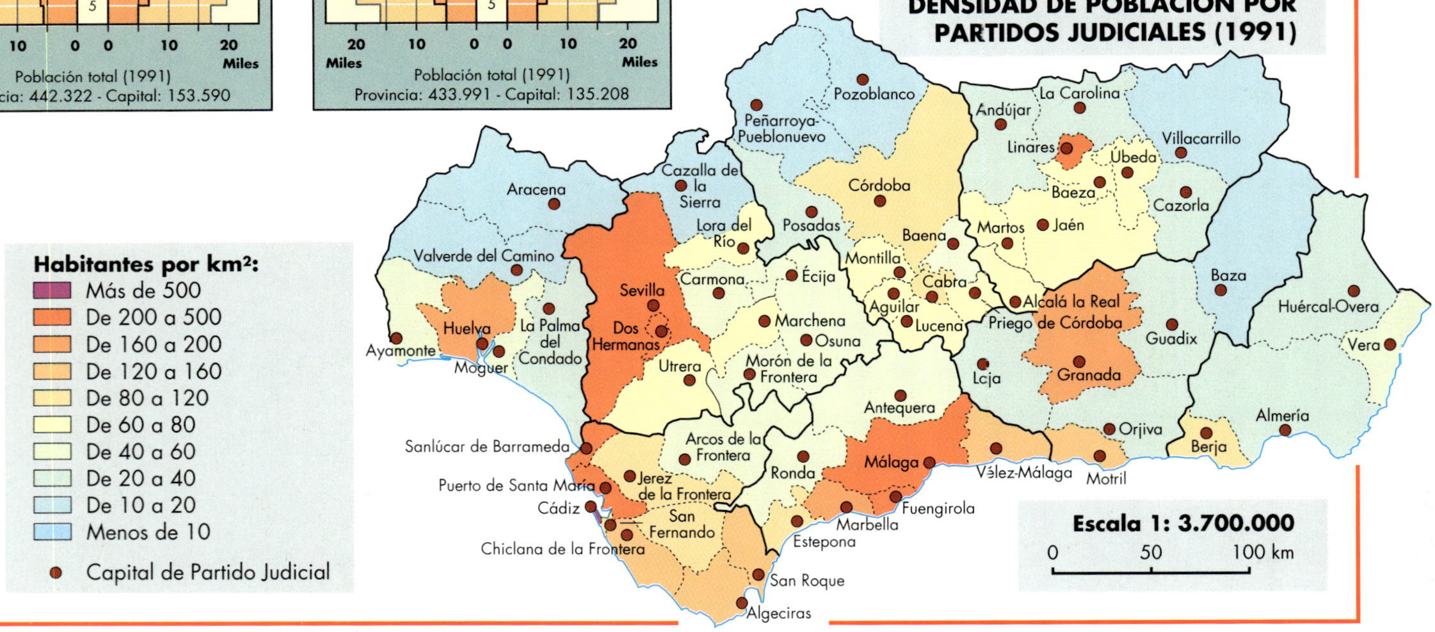

POBLACIÓN ACTIVA POR SECTORES (1991)

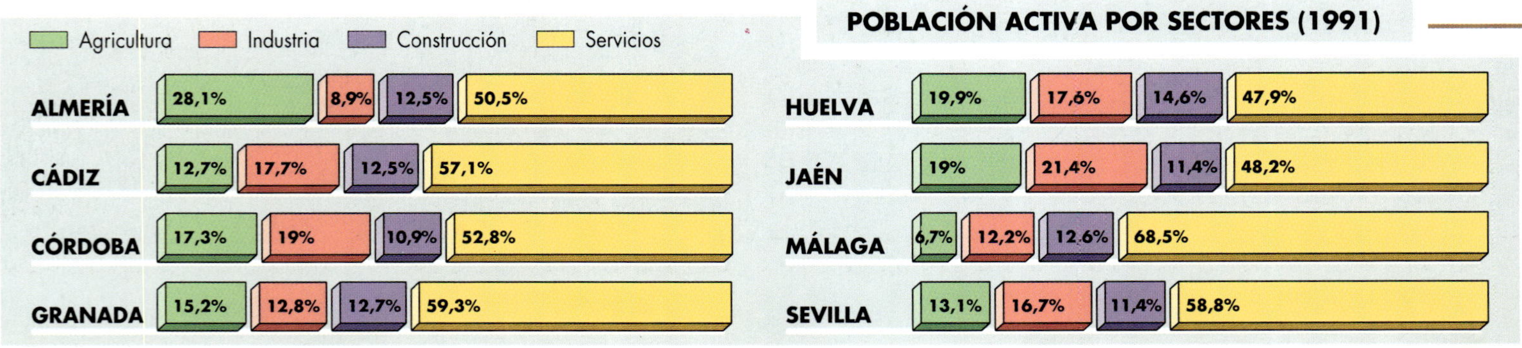

ANDALUCÍA
Actividades económicas

PRINCIPALES USOS DEL SUELO

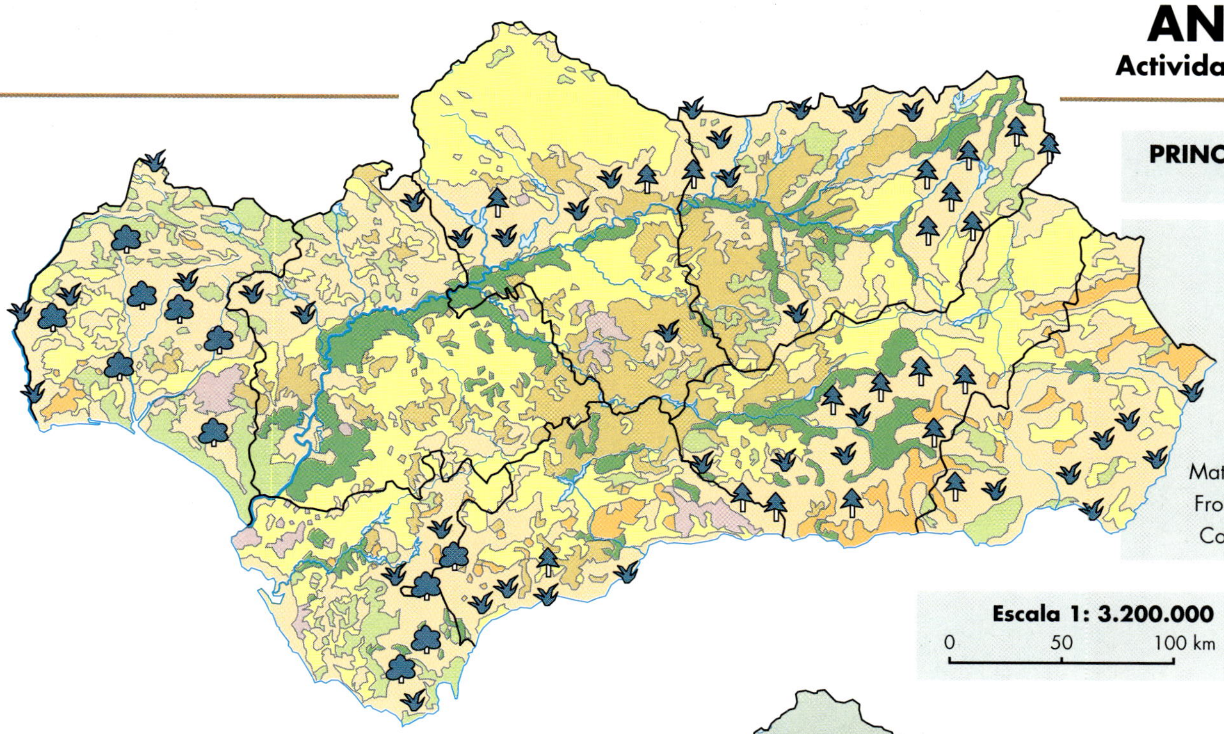

Regadío
Cereales
Frutales
Olivar
Viñedo
Praderas
Superficie no labrada
Matorrales
Frondosas
Coníferas

Escala 1: 3.200.000
0 50 100 km

MINERÍA, INDUSTRIA Y ENERGÍA

Principales áreas industriales
Energía térmica
Energía hidroeléctrica
Minería
Metalúrgica
Química
Textil y cuero
Alimentación
Vinícola
Materiales de construcción
Madera y muebles
Industria aeronaútica
Industria naval

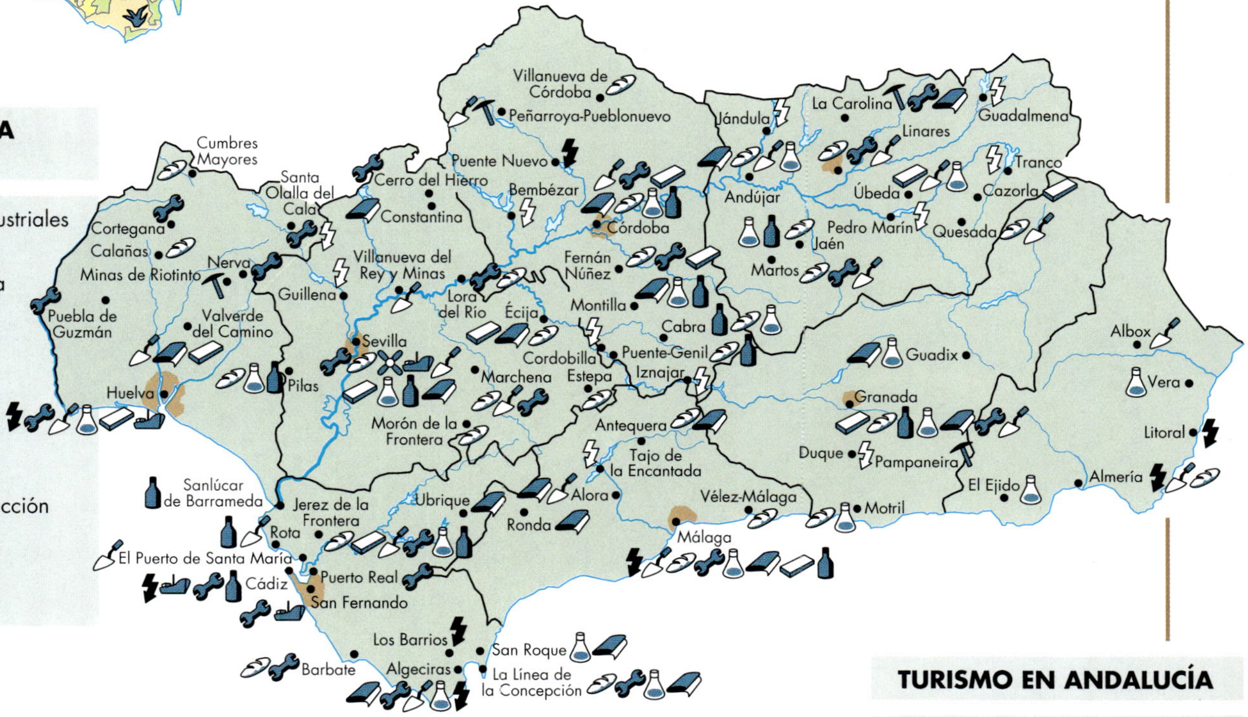

TURISMO EN ANDALUCÍA

Número de pernoctaciones durante el año 1991:

DESARROLLO TURÍSTICO DE LA COSTA

Espacios naturales protegidos:
Parques Nacionales
Parques Naturales
Reservas Nacionales

Aeropuertos
Puertos deportivos
Paradores de turismo
Estaciones de esquí

Núcleos turísticos:
De 100 a 1.000 plazas de alojamiento
De 1.000 a 5.000 plazas de alojamiento
De 5.000 a 10.000 plazas de alojamiento
Más de 10.000 plazas de alojamiento

ARAGÓN

Físico-Político

POBLACIÓN ACTIVA POR SECTORES (1991)

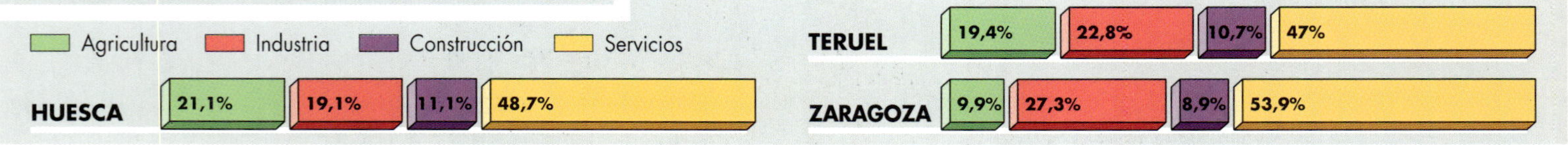

ARAGÓN
Población

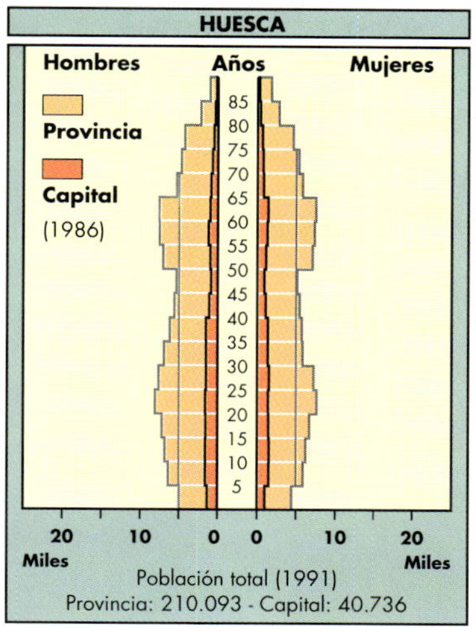

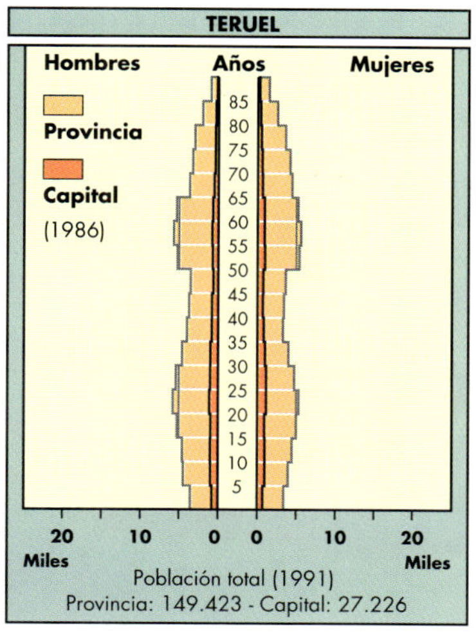

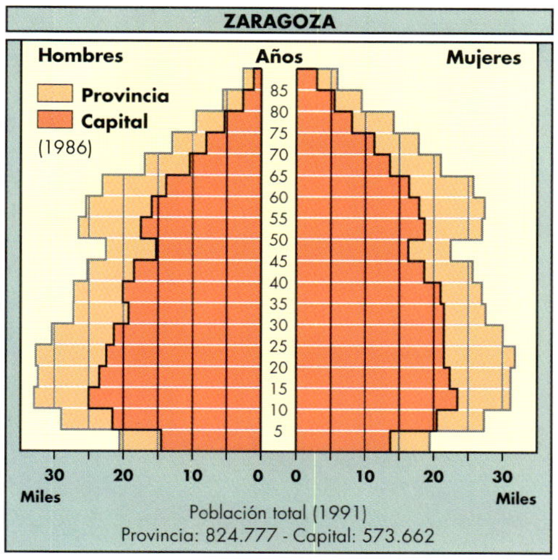

DENSIDAD DE POBLACIÓN POR PARTIDOS JUDICIALES

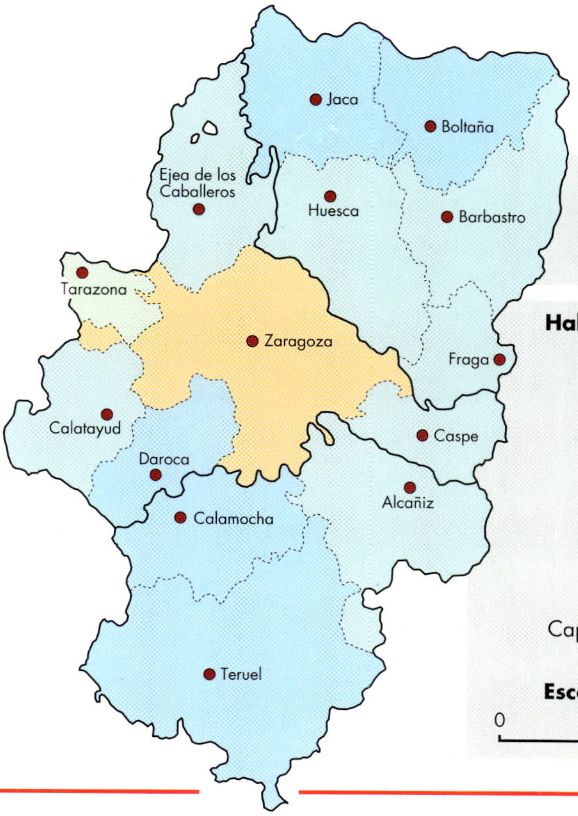

Habitantes por km²:

- Más de 500
- De 200 a 500
- De 160 a 200
- De 120 a 160
- De 80 a 120
- De 60 a 80
- De 40 a 60
- De 20 a 40
- De 10 a 20
- Menos de 10

Capital de Partido Judicial

Escala 1: 3.200.000

0 50 100 km

Actividades económicas

MINERÍA, INDUSTRIA Y ENERGÍA

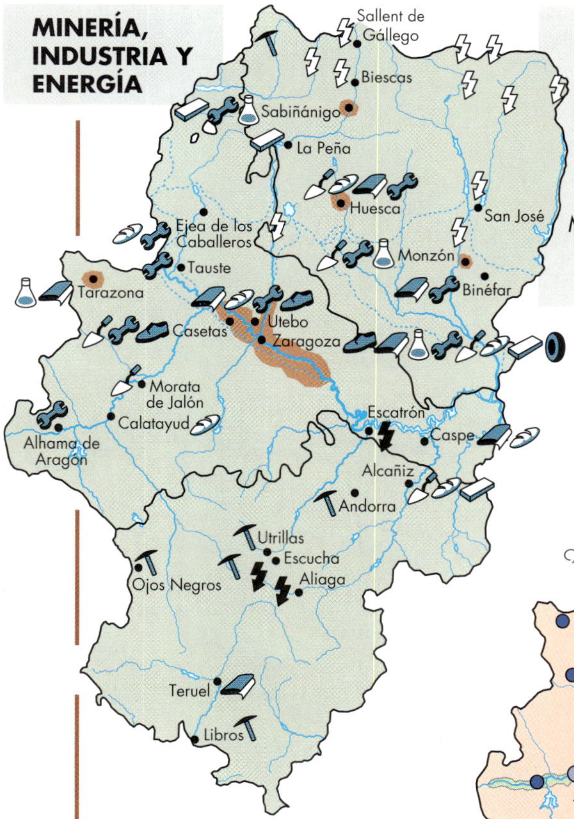

- Principales áreas industriales
- Energía térmica
- Energía hidroeléctrica
- Minería
- Alimentación
- Calzado
- Metalúrgica
- Textiles
- Química
- Madera y mueble
- Materiales de construcción
- Industria del automóvil

Escala 1: 3.200.000

0 50 100 km

PRINCIPALES USOS DEL SUELO

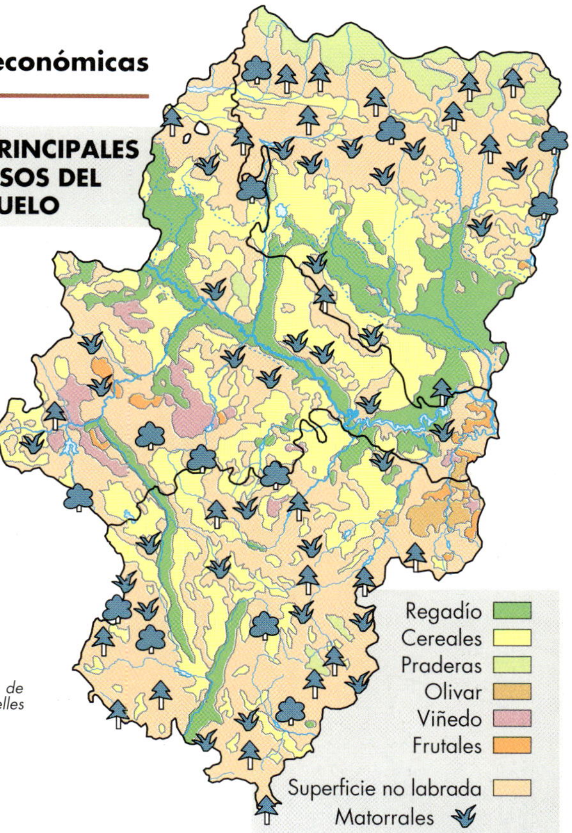

- Regadío
- Cereales
- Praderas
- Olivar
- Viñedo
- Frutales
- Superficie no labrada
- Matorrales
- Frondosas
- Coníferas

APROVECHAMIENTO DEL AGUA. ENERGÍA HIDROELÉCTRICA Y REGADÍO

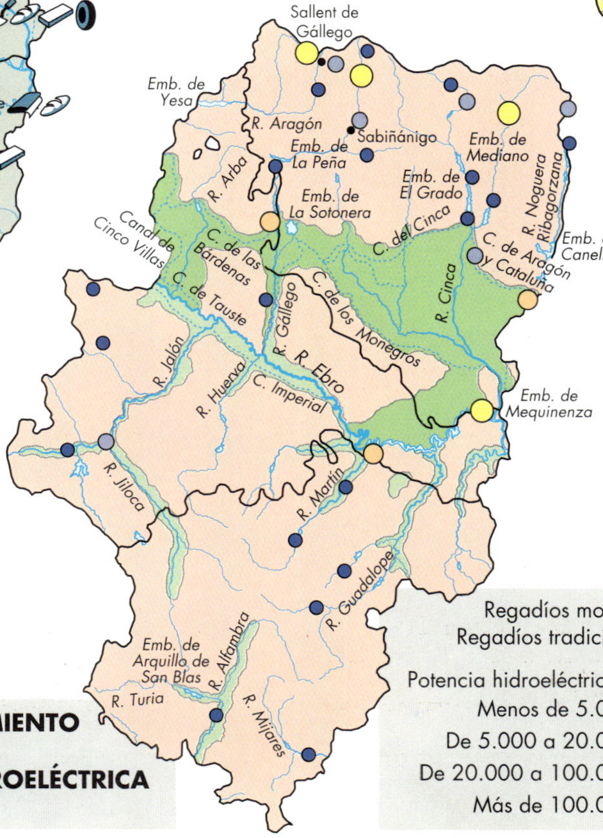

- Regadíos modernos
- Regadíos tradicionales

Potencia hidroeléctrica instalada:

- Menos de 5.000 kw
- De 5.000 a 20.000 kw
- De 20.000 a 100.000 kw
- Más de 100.000 kw

PRINCIPADO DE ASTURIAS
Físico-Político

Fronteras internacionales	Núcleos de población:
Límites de Comunidad	Más de 1.000.000 de hab.
Límites provinciales	De 100.000 a 1.000.000 de hab.
Carreteras principales	De 50.000 a 100.000 hab.
	De 10.000 a 50.000 hab.
	Menos de 10.000 hab.

Proyección cónica

Escala 1: 1.500.000

0 25 50 km

Población

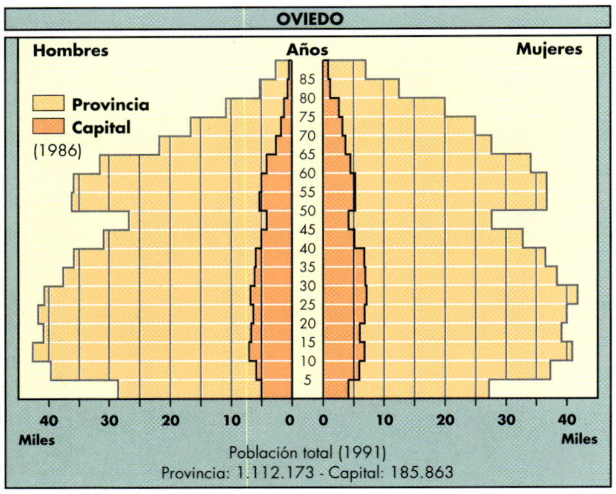

Población total (1991)
Provincia: 1.112.173 - Capital: 185.863

DENSIDAD DE POBLACIÓN POR PARTIDOS JUDICIALES

Escala 1: 2.300.000
0 25 50 km

Habitantes por km²:
- Más de 500
- De 200 a 500
- De 160 a 200
- De 120 a 160
- De 80 a 120
- De 60 a 80
- De 40 a 60
- De 20 a 40
- De 10 a 20
- Menos de 10

Capital de Partido Judicial

PRINCIPALES USOS DEL SUELO

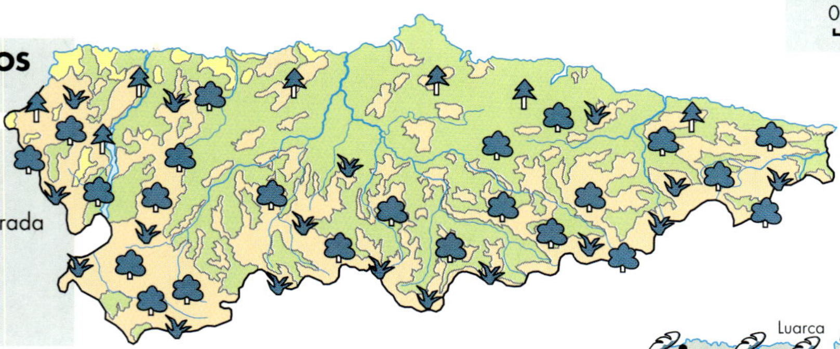

- Cereales
- Praderas
- Superficie no labrada
- Matorrales
- Frondosas
- Coníferas

Actividades económicas

MINERÍA, INDUSTRIA Y ENERGÍA

- Principales áreas industriales
- Energía hidroeléctrica
- Energía térmica
- Alimentación
- Química
- Textil y cuero
- Minería
- Materiales de construcción
- Madera y mueble

MINERÍA DEL CARBÓN E INDUSTRIAS DE BASE

Escala 1: 2.000.000
0 25 50 km

- Cuencas carboníferas
- Siderurgia y metalurgia de base
- Minas
- Astilleros

% de producción de carbón respecto del total asturiano:

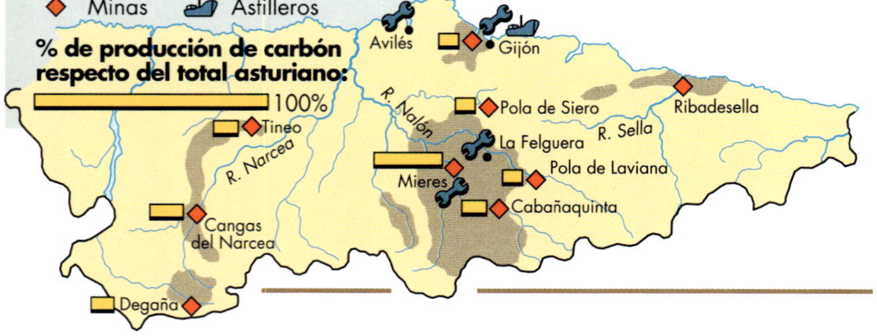

POBLACIÓN ACTIVA POR SECTORES (1991)

Agricultura · Industria · Construcción · Servicios

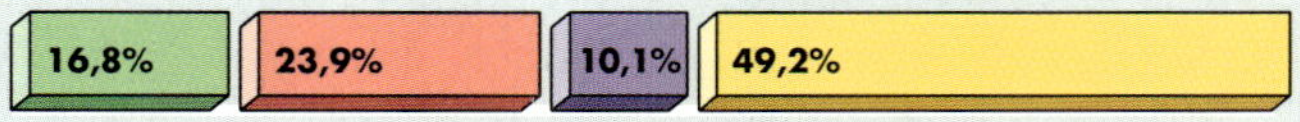

CANTABRIA
Físico-Político

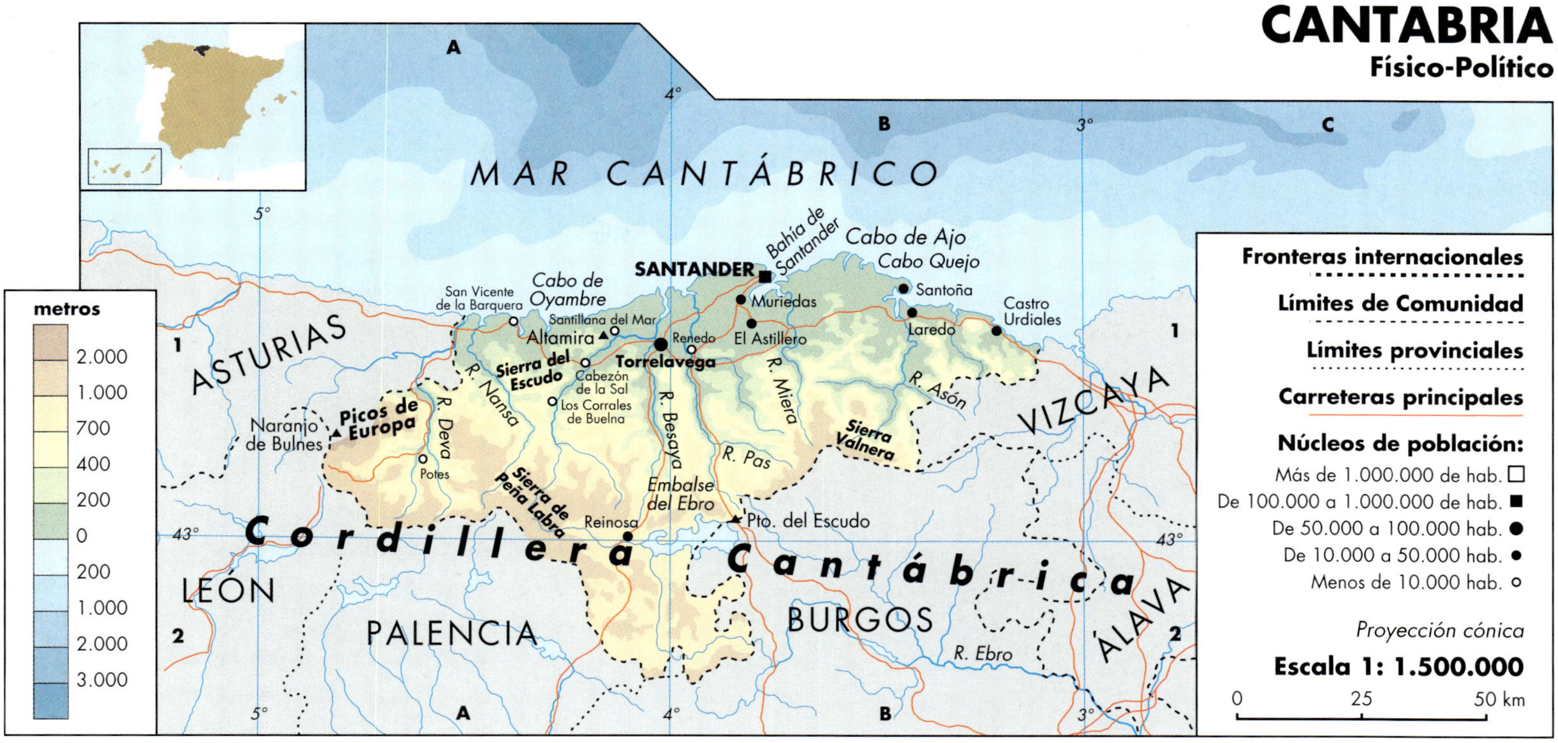

Población

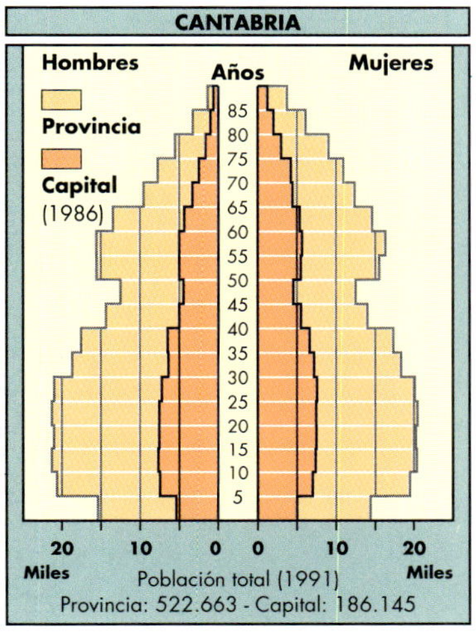

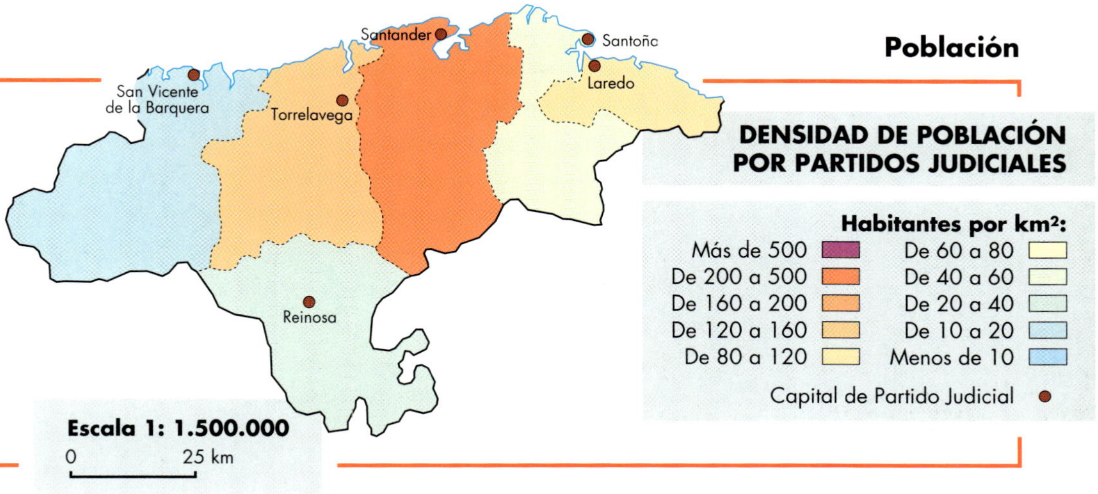

Actividades económicas

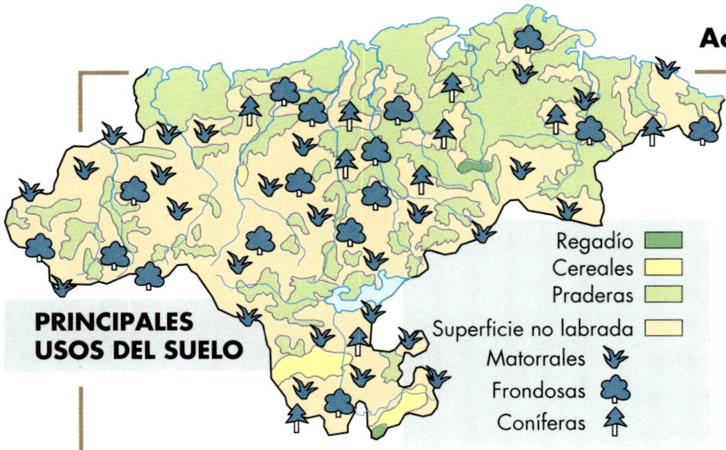

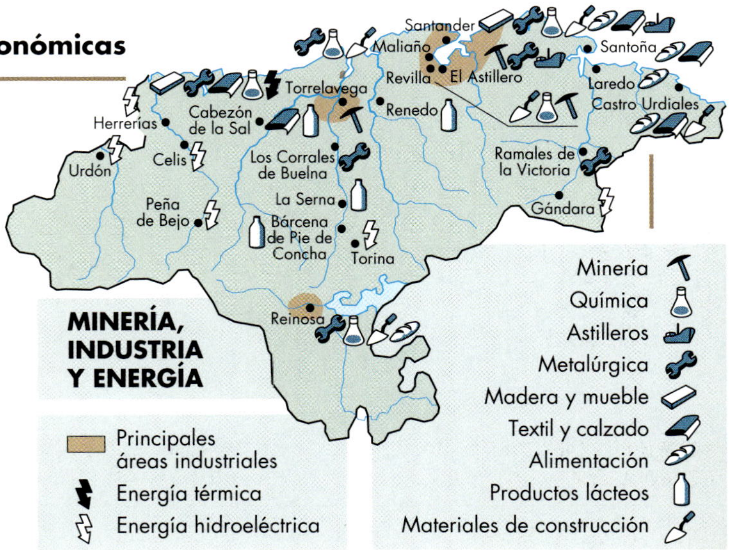

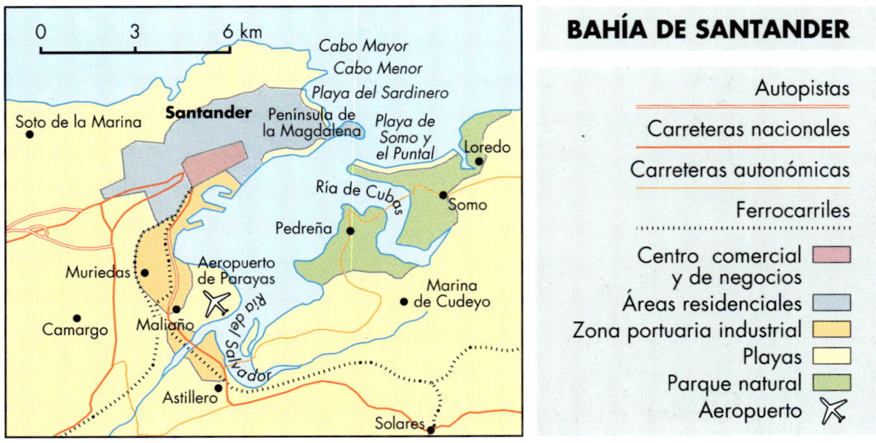

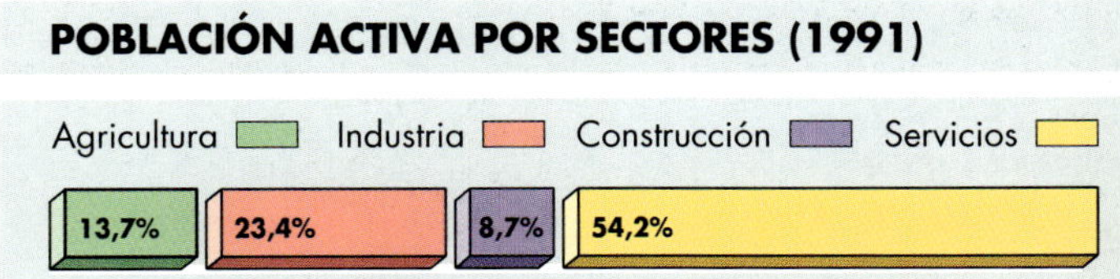

CASTILLA Y LEÓN
Físico-Político

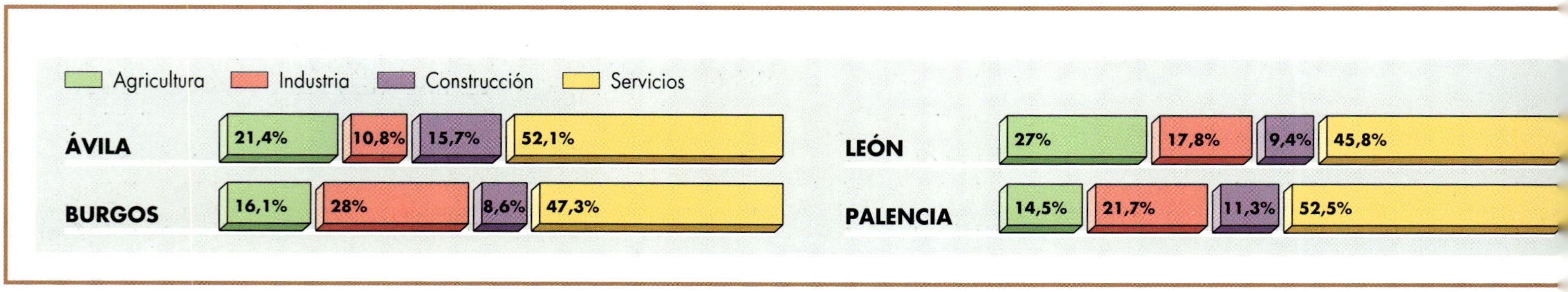

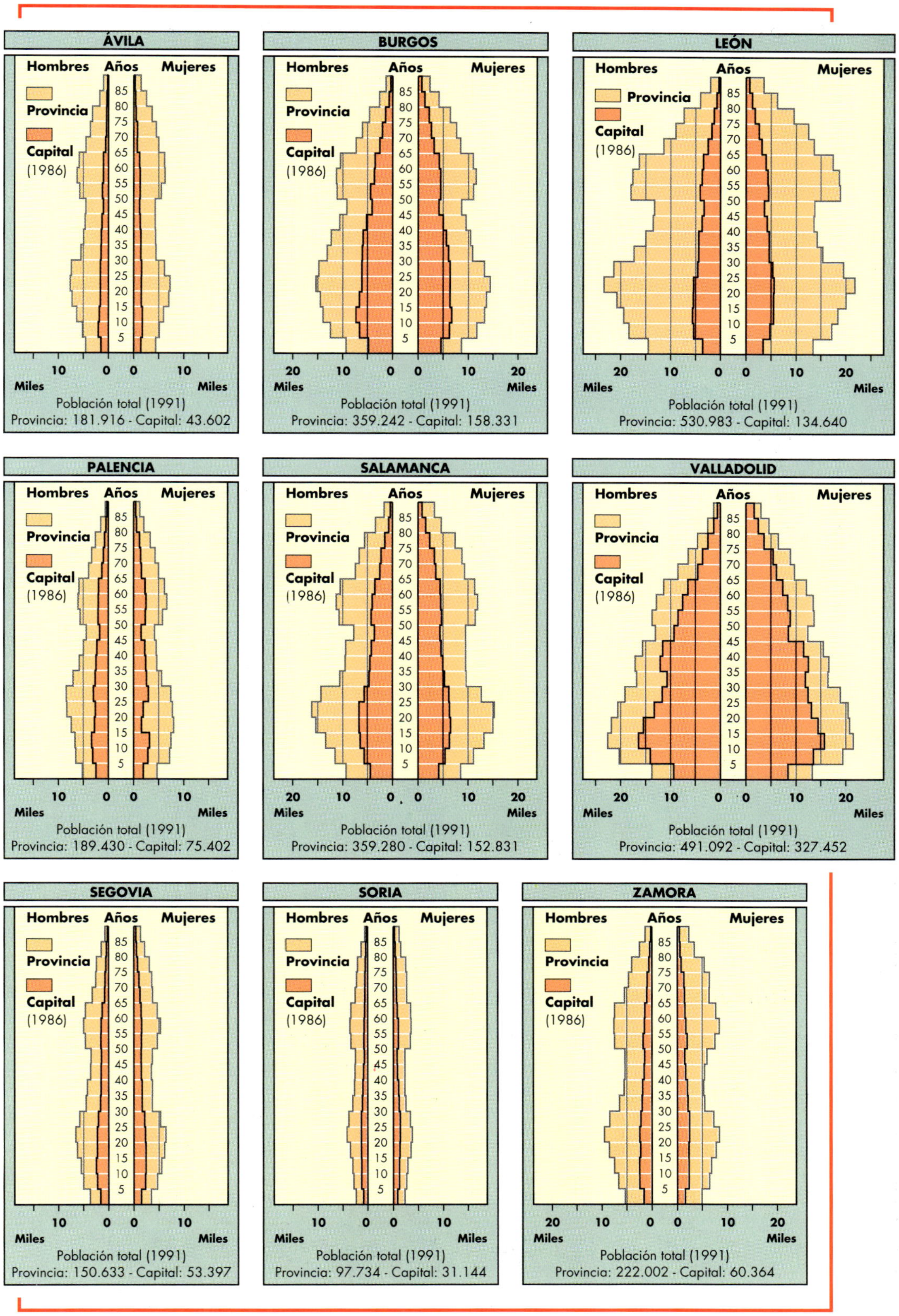

Actividades económicas

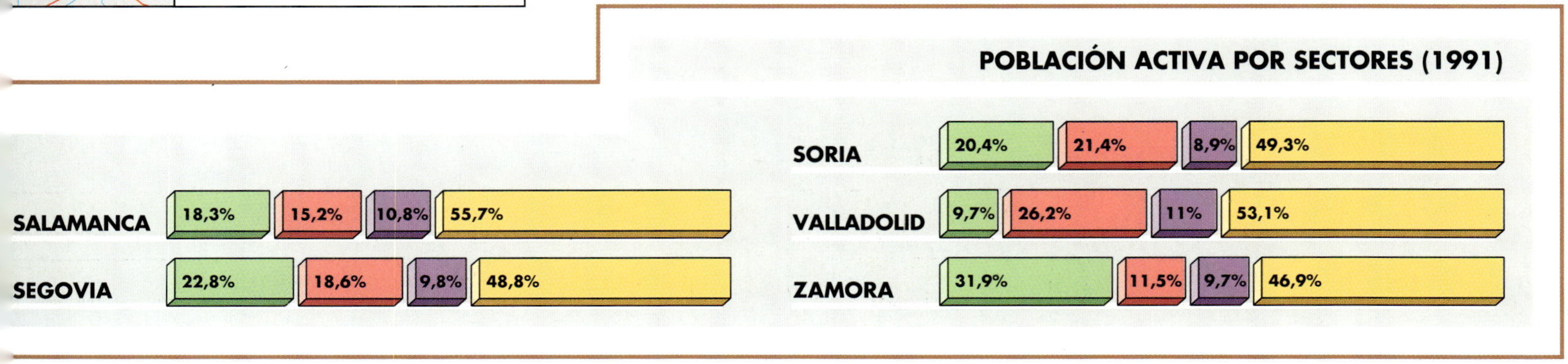

CASTILLA-LA MANCHA
Físico-Político

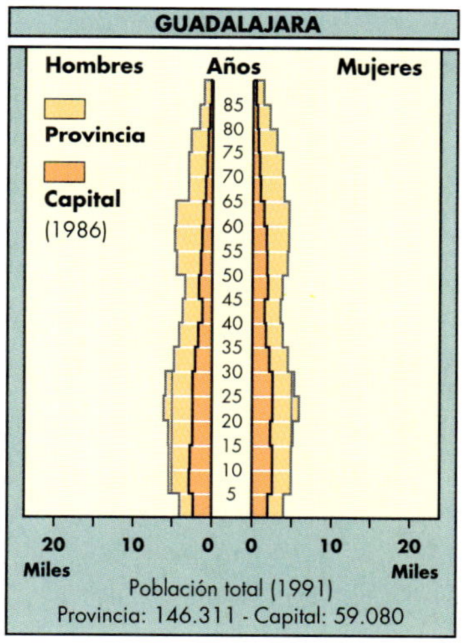

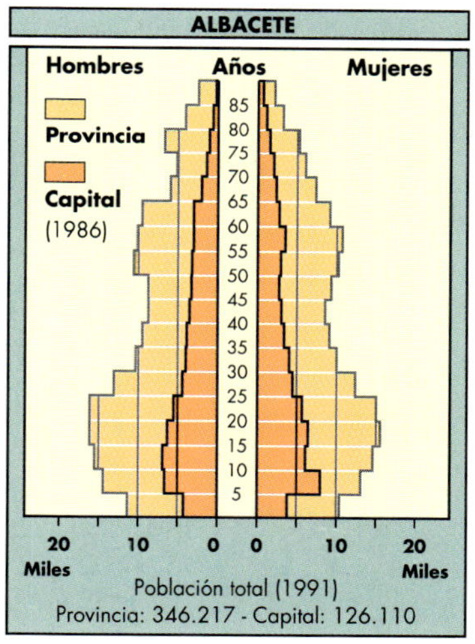

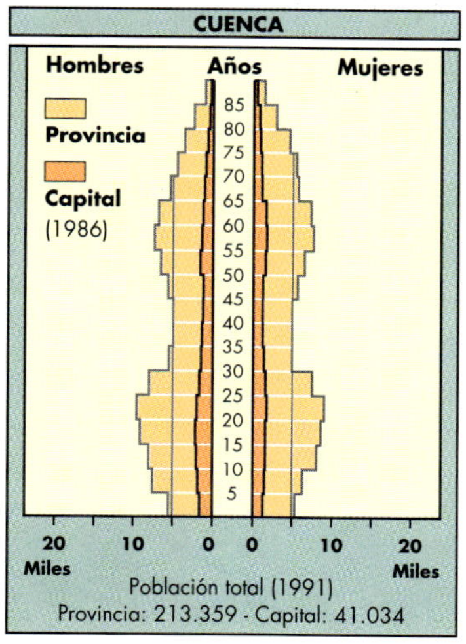

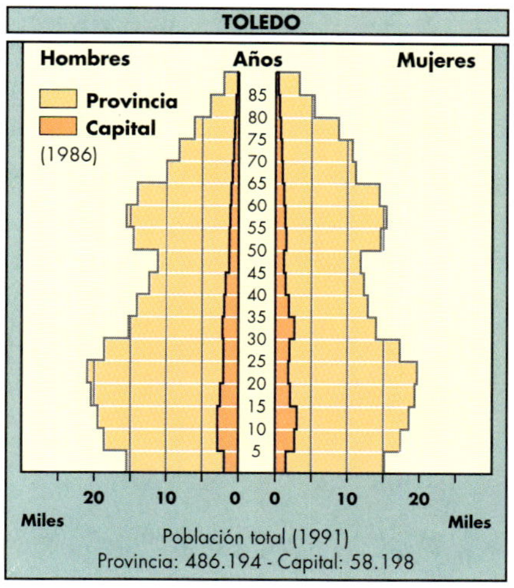

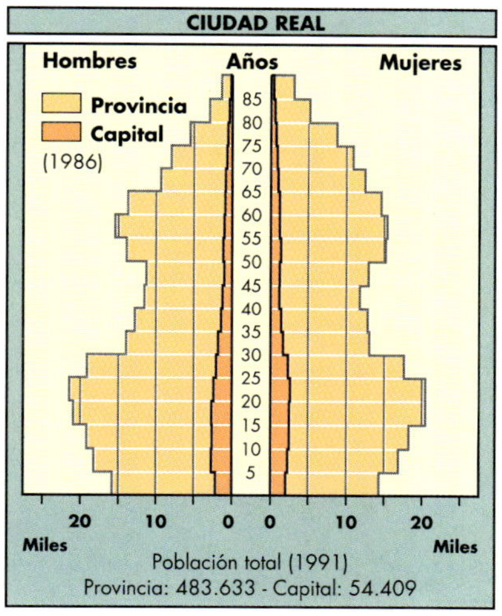

DENSIDAD DE POBLACIÓN POR PARTIDOS JUDICIALES (1991)

Habitantes por km²:

- Más de 500
- De 200 a 500
- De 160 a 200
- De 120 a 160
- De 80 a 120
- De 60 a 80
- De 40 a 60
- De 20 a 40
- De 10 a 20
- Menos de 10

● Capital de Partido Judicial

Escala 1: 3.000.000

0 25 50 km

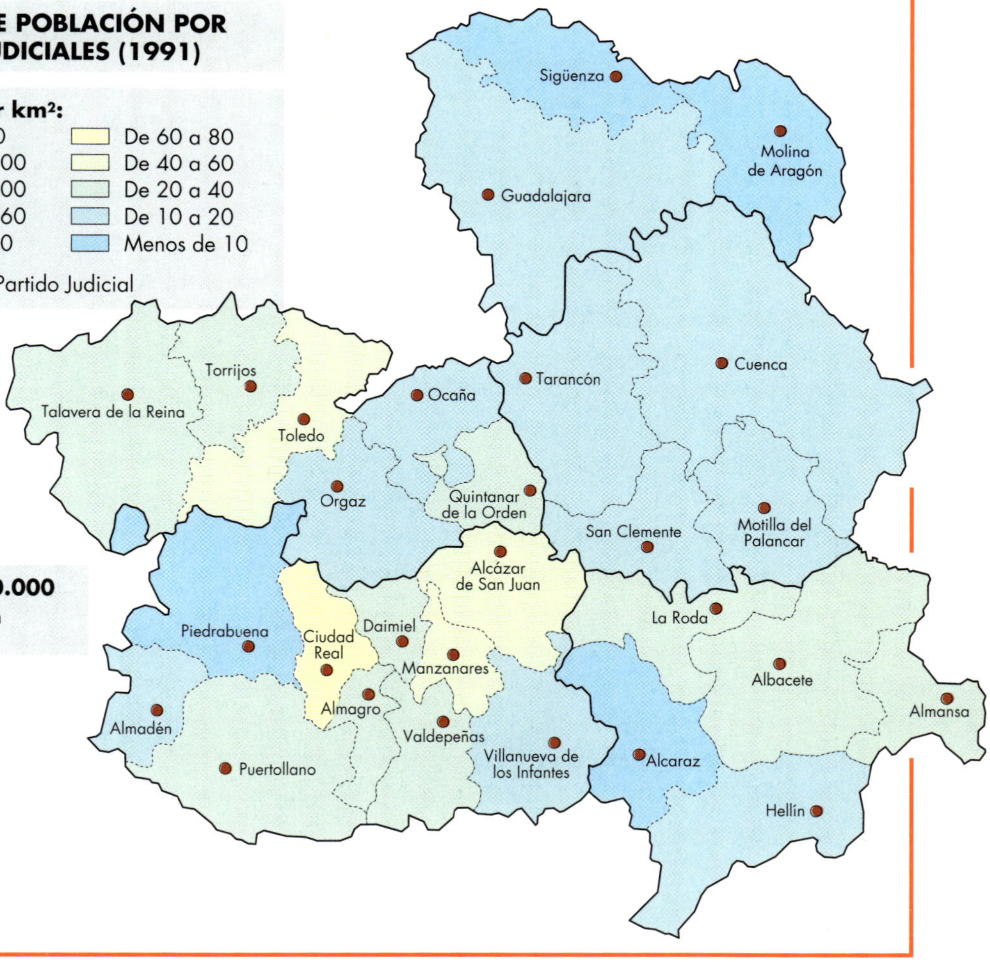

CASTILLA Y LEÓN
Población

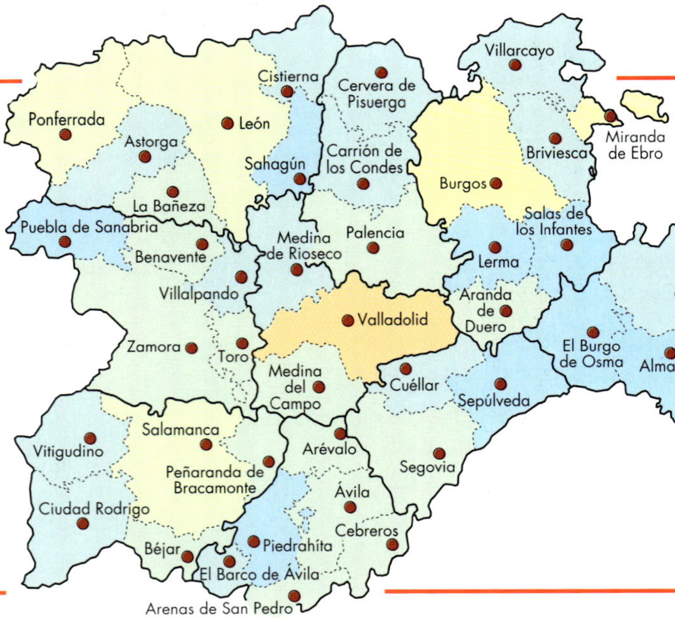

DENSIDAD DE POBLACIÓN POR PARTIDOS JUDICIALES (1991)

Habitantes por km²:

- Más de 500
- De 200 a 500
- De 160 a 200
- De 120 a 160
- De 80 a 120
- De 60 a 80
- De 40 a 60
- De 20 a 40
- De 10 a 20
- Menos de 10

Capital de Partido Judicial

Escala 1: 4.200.000

0 50 100 km

Actividades económicas

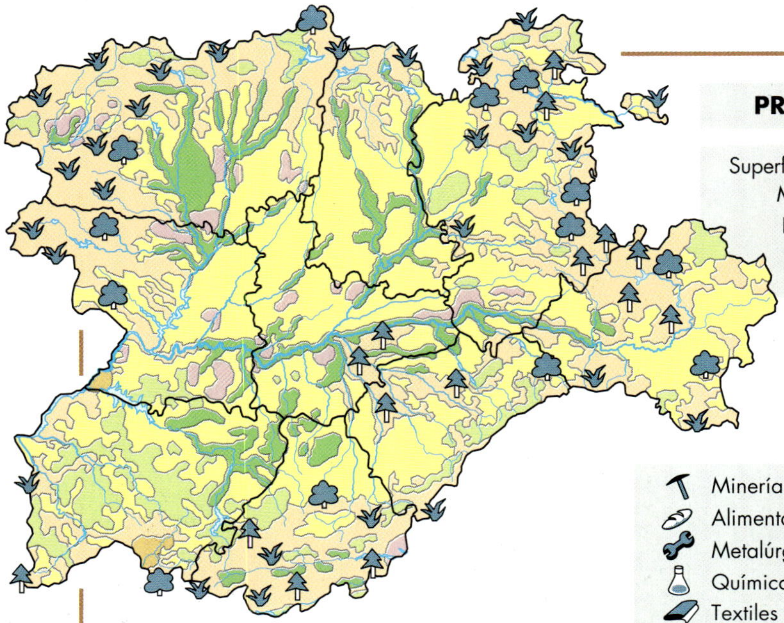

PRINCIPALES USOS DEL SUELO

- Superficie no labrada
- Matorrales
- Frondosas
- Coníferas
- Regadío
- Cereales
- Praderas
- Olivar
- Viñedo

Escala 1: 4.200.000

0 50 100 km

MINERÍA, INDUSTRIA Y ENERGÍA

- Principales áreas industriales
- Energía hidroeléctrica
- Energía térmica
- Energía nuclear

- Minería
- Alimentación
- Metalúrgica
- Química
- Textiles
- Madera y mueble
- Materiales de construcción
- Industria del automóvil

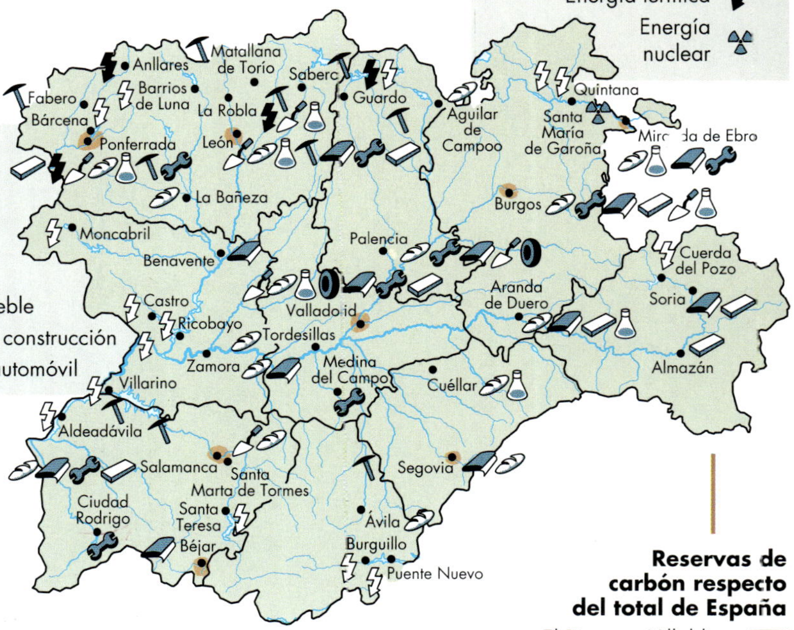

MINERÍA DEL CARBÓN EN CASTILLA Y LEÓN

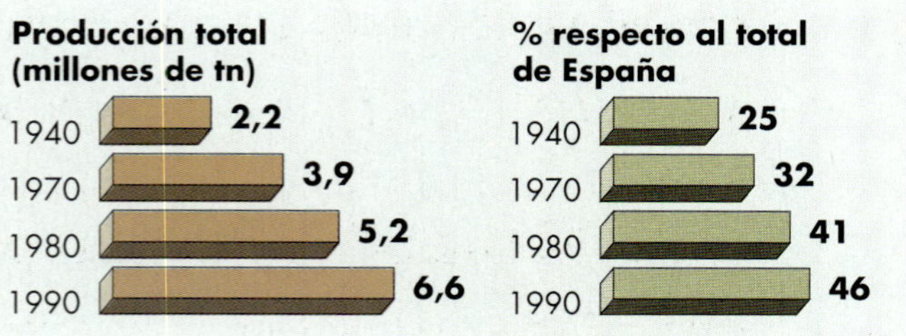

Reservas de carbón respecto del total de España

- El Bierzo y Villablino
- Norte de León
- Guardo-Barruelo
- Resto de España

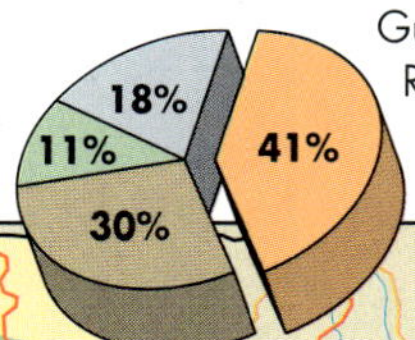

- Autopistas
- Carreteras nacionales
- Carreteras autonómicas
- Ferrocarriles

Cuencas carboníferas:
- El Bierzo y Villablino
- Norte de León
- Guardo-Barruelo

- Centrales térmicas
- Minas principales

CASTILLA-LA MANCHA

Actividades económicas

PRINCIPALES USOS DEL SUELO

- Regadío
- Cereales
- Praderas
- Olivar
- Viñedo
- Superficie no labrada
  - Matorrales
  - Frondosas
  - Coníferas

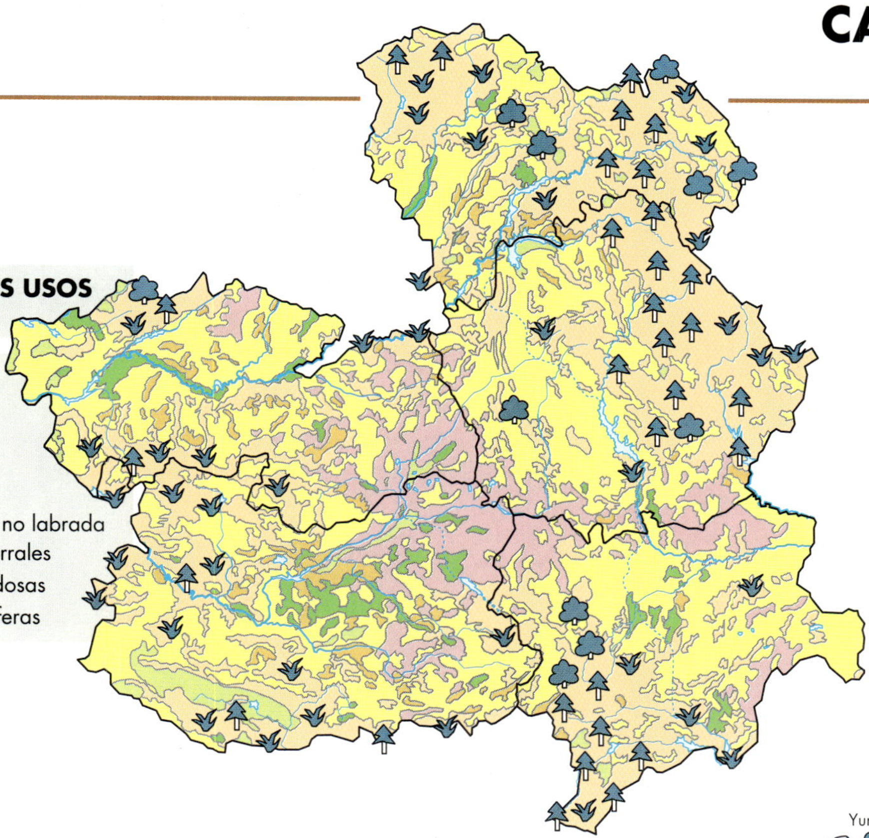

Escala 1: 3.400.000

0 50 100 km

MINERÍA, INDUSTRIA Y ENERGÍA

- Principales áreas industriales
- Energía térmica
- Energía hidroeléctrica
- Energía nuclear
- Materiales de construcción
- Madera y mueble
- Alimentación
- Vinícola
- Metalúrgica
- Química
- Textiles
- Calzado
- Minería

ESPACIOS NATURALES

Espacios naturales protegidos:

- Parques Nacionales
- Parques Naturales
- Reservas Nacionales

Parajes de interés:

- Paisaje singular
- Zona de montaña
- Nacimiento de río

Áreas cinegéticas:

- Ciervo
- Perdiz

POBLACIÓN ACTIVA POR SECTORES (1991)

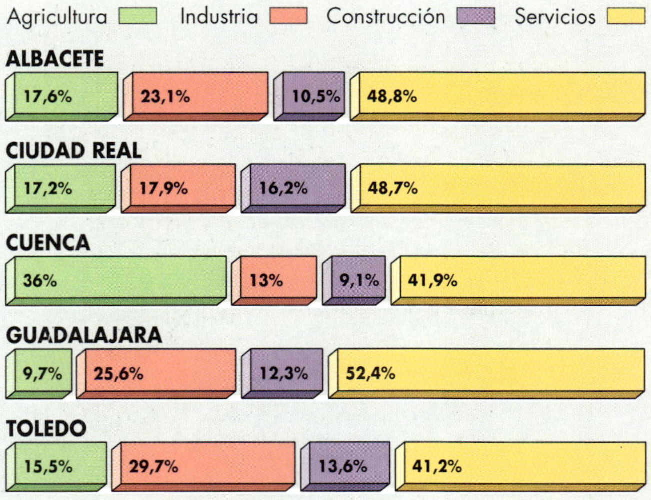

CATALUÑA
Físico-Político

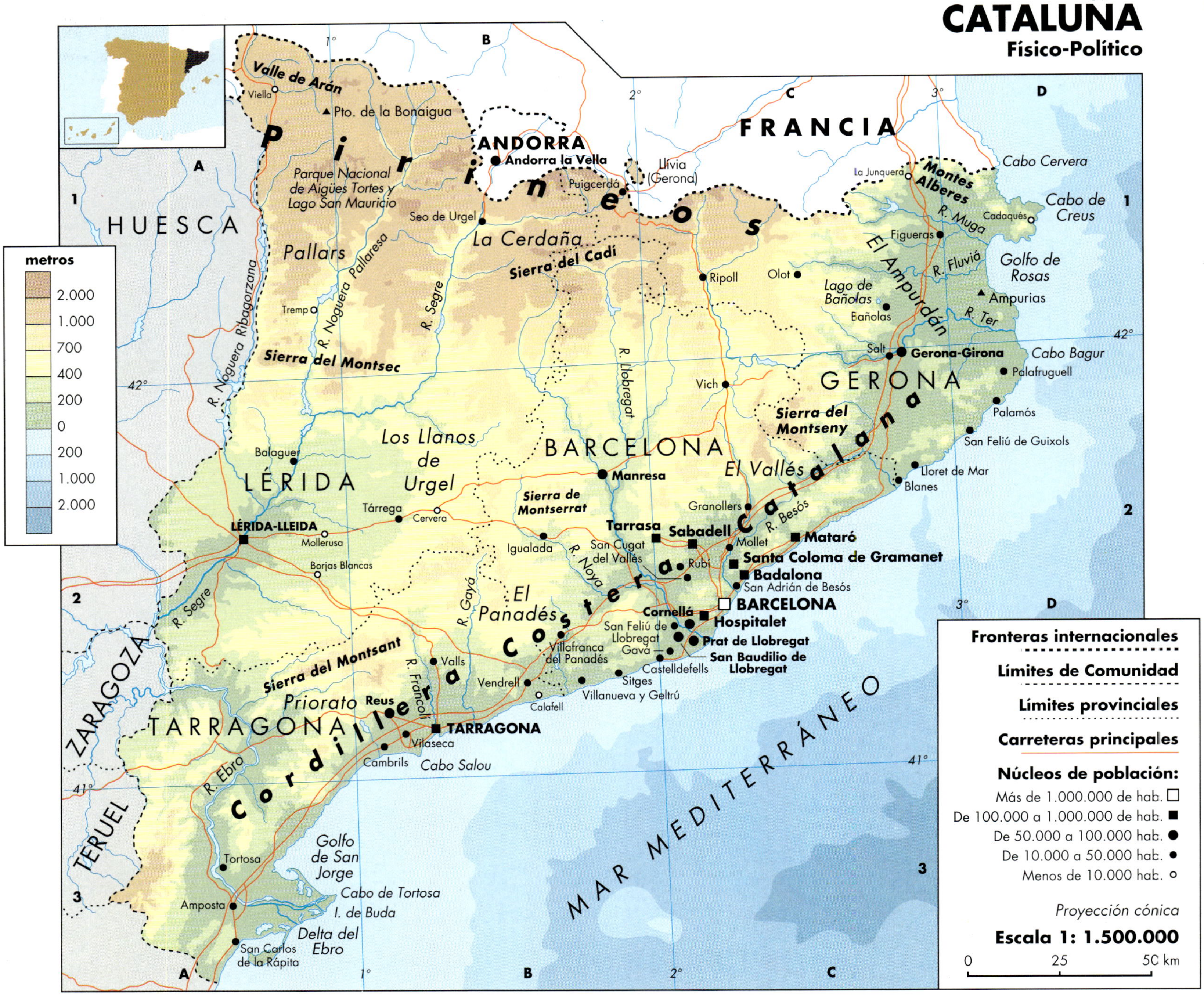

El área metropolitana de Barcelona comparada con el total de Cataluña

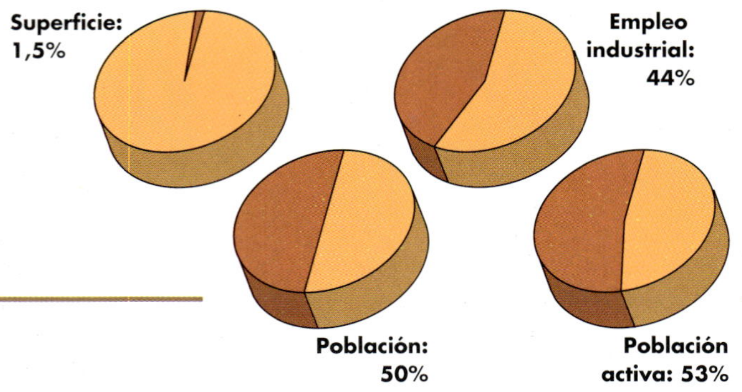

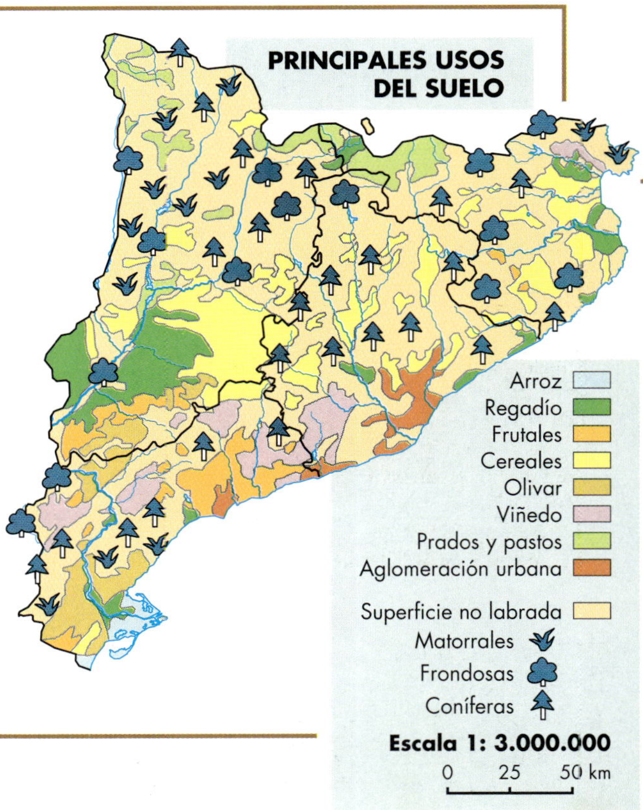

CATALUÑA
Población

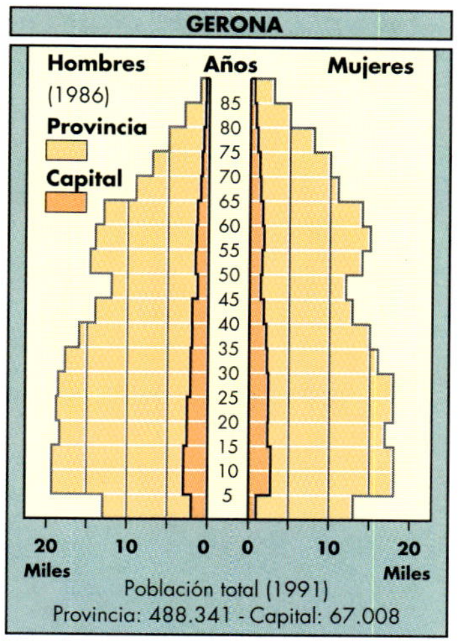

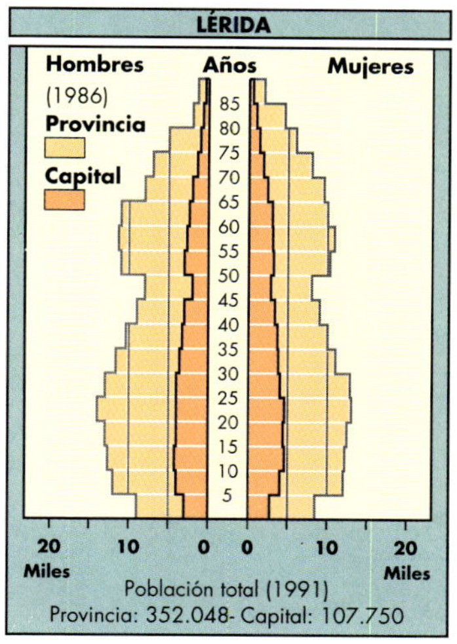

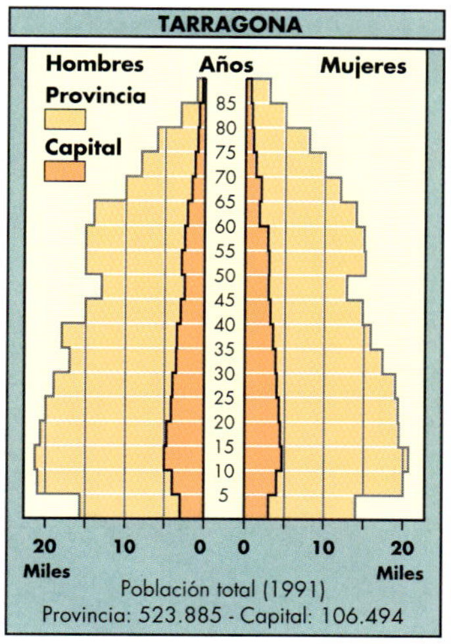

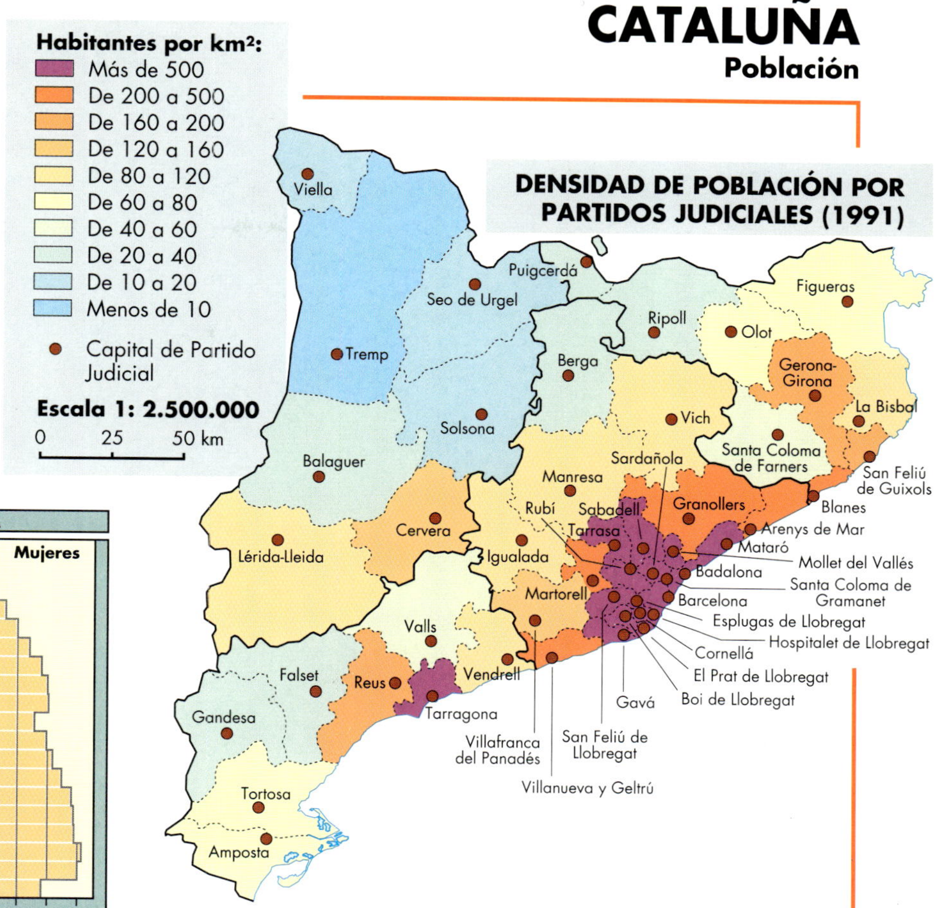

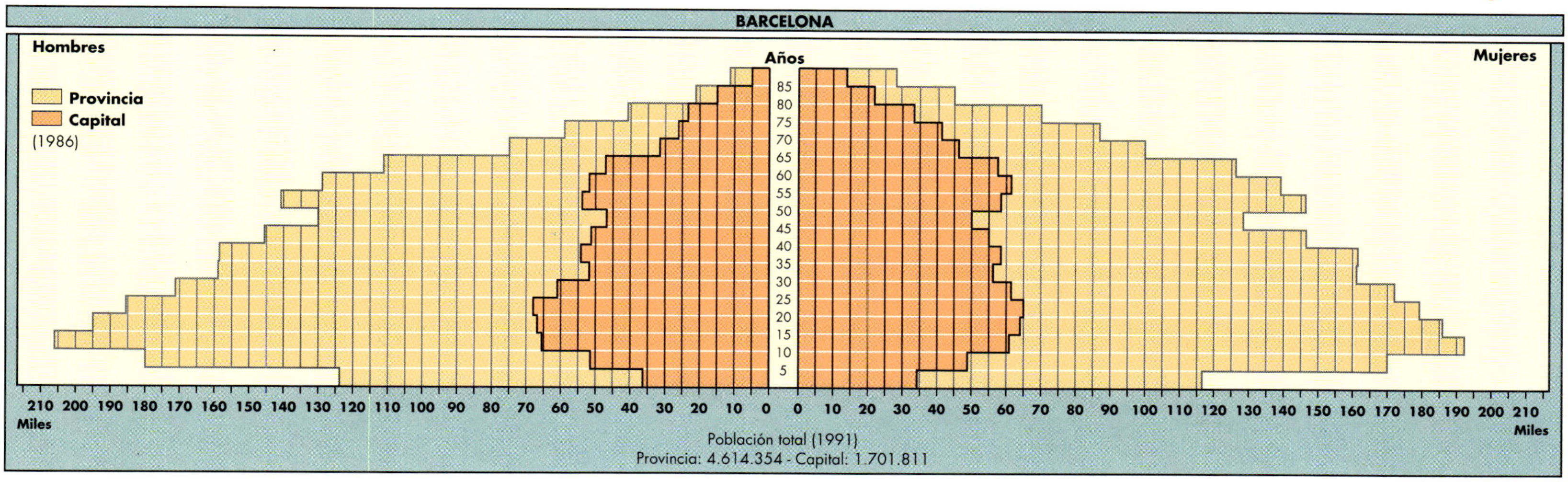

POBLACIÓN ACTIVA POR SECTORES (1991)

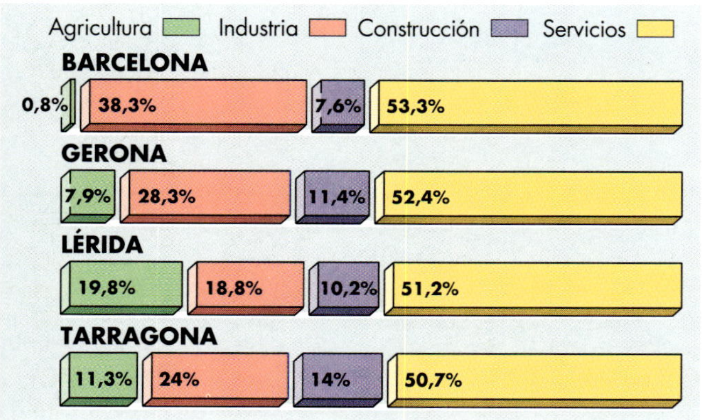

Actividades económicas

MINERÍA, INDUSTRIA Y ENERGÍA

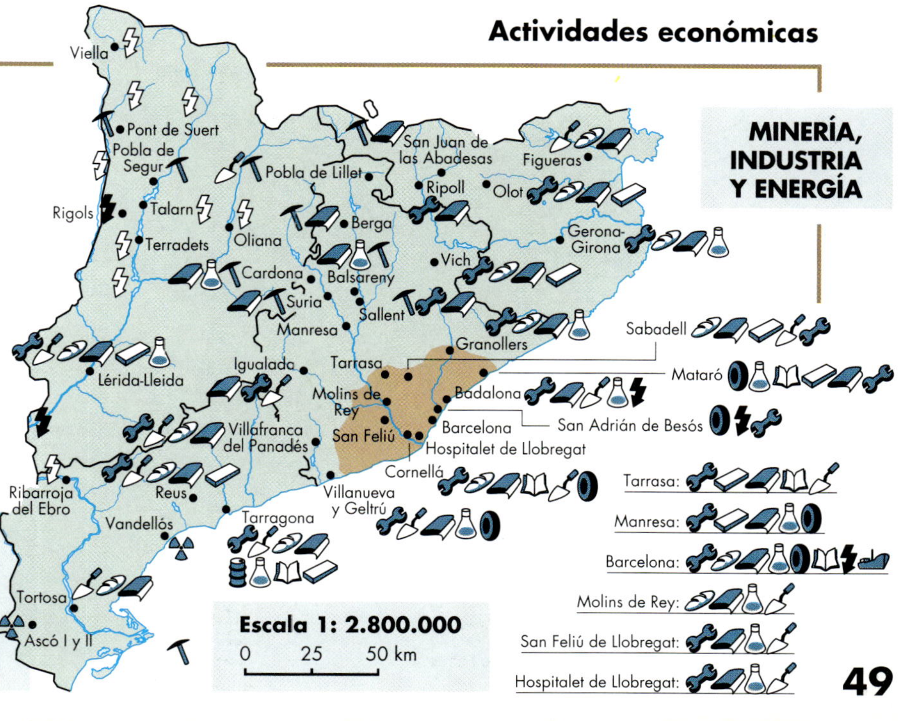

EXTREMADURA
Físico-Político

EMBALSES DE EXTREMADURA Y VEGAS DEL GUADIANA

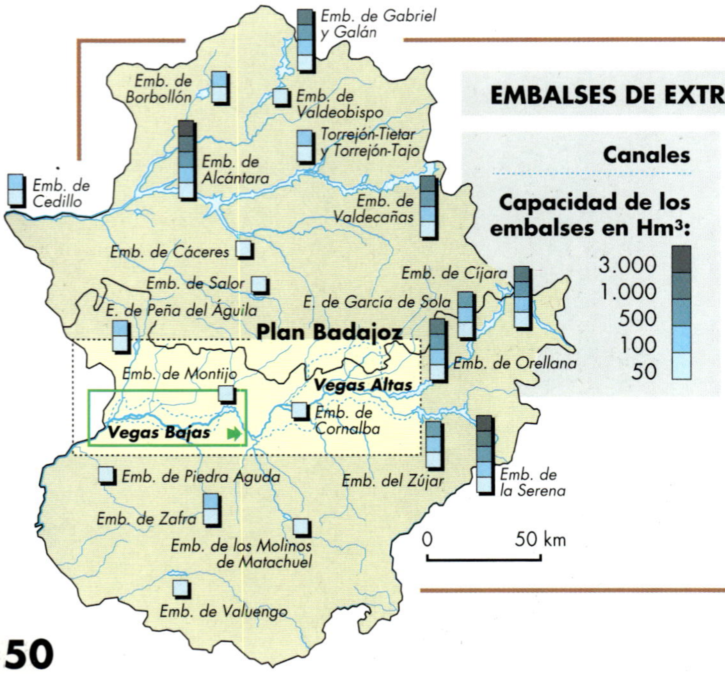

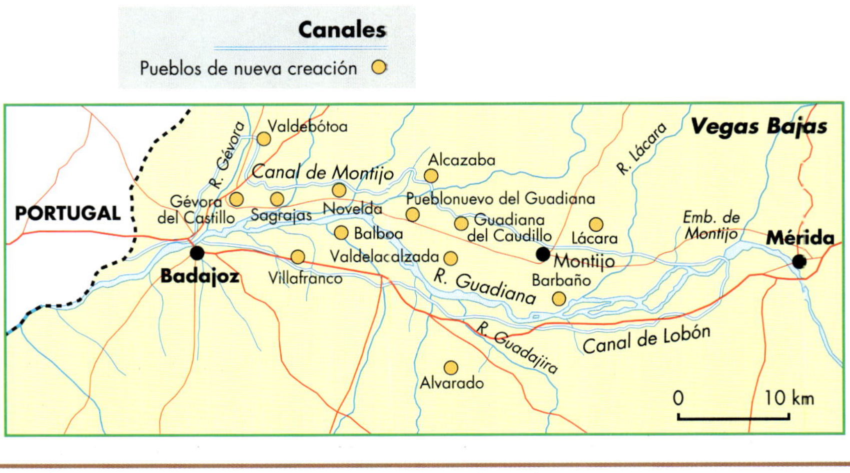

EXTREMADURA

Población

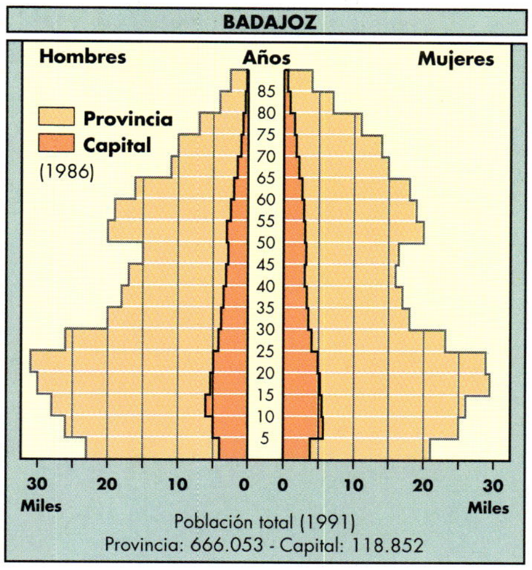

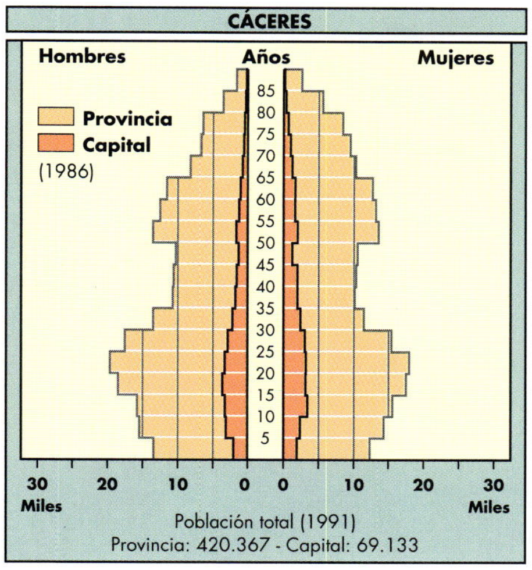

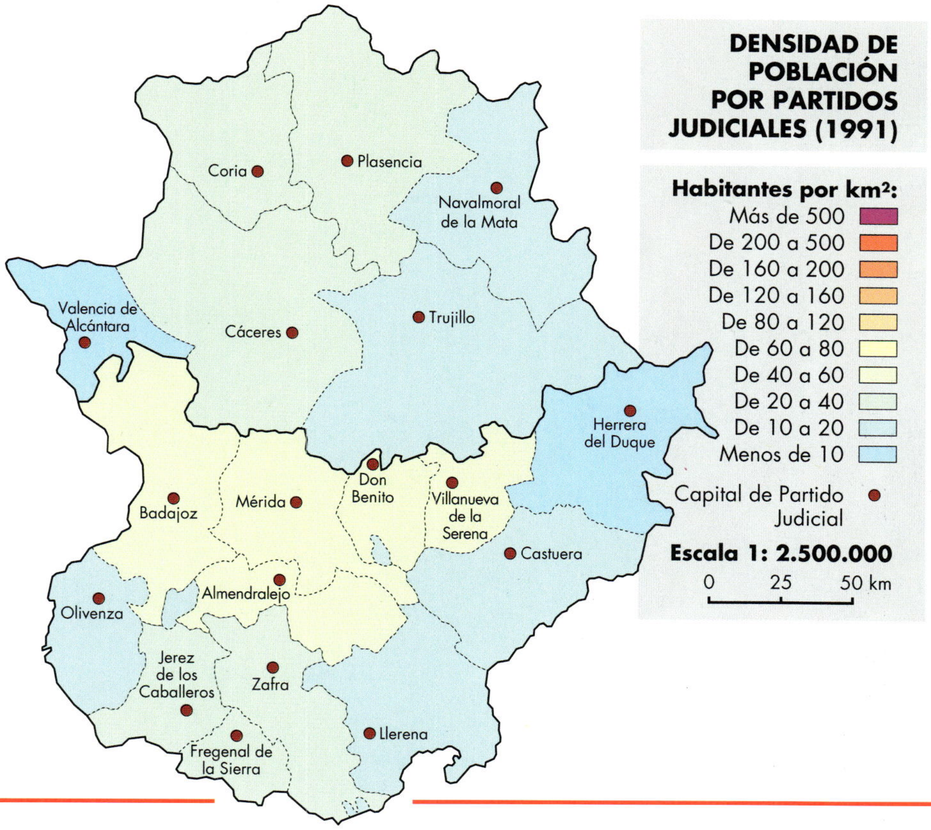

Actividades económicas

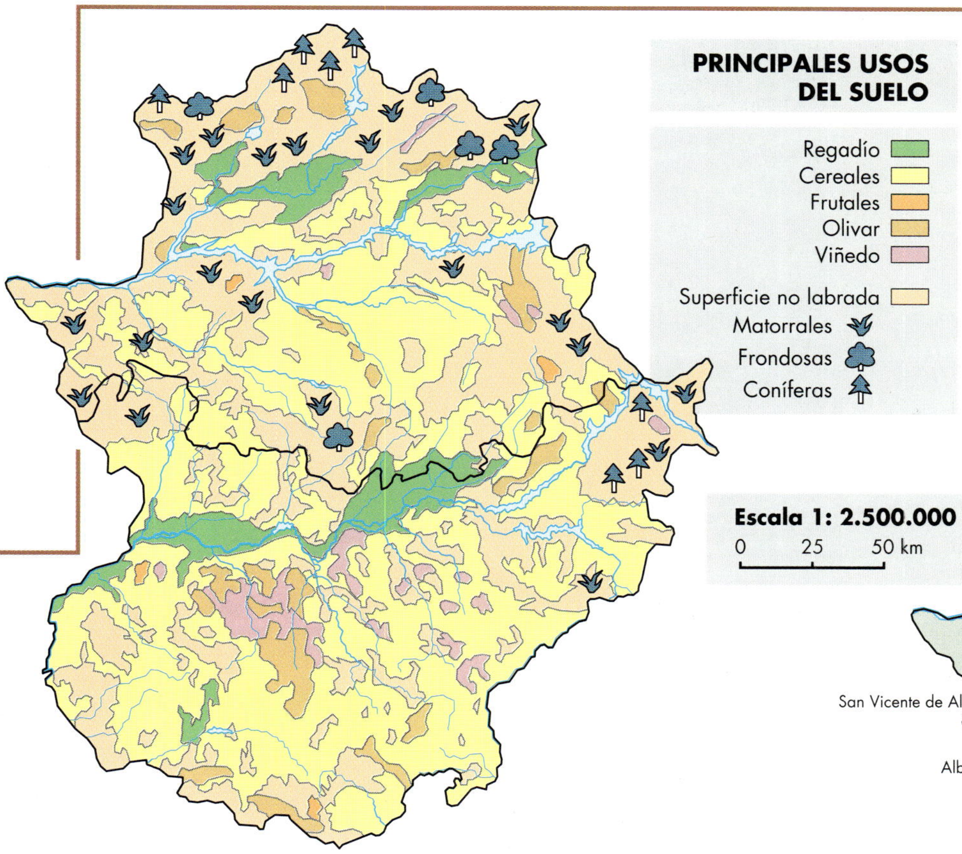

POBLACIÓN ACTIVA POR SECTORES (1991)

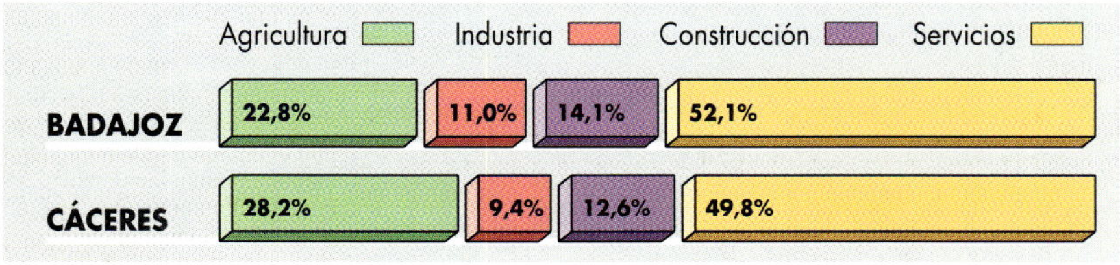

GALICIA
Físico-Político

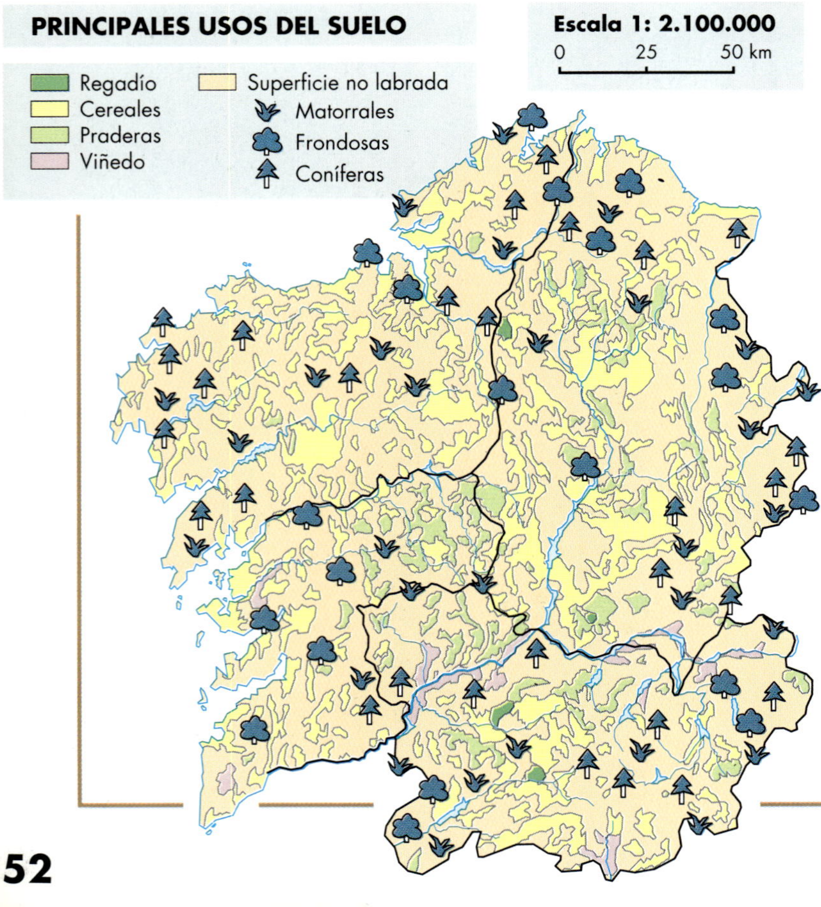

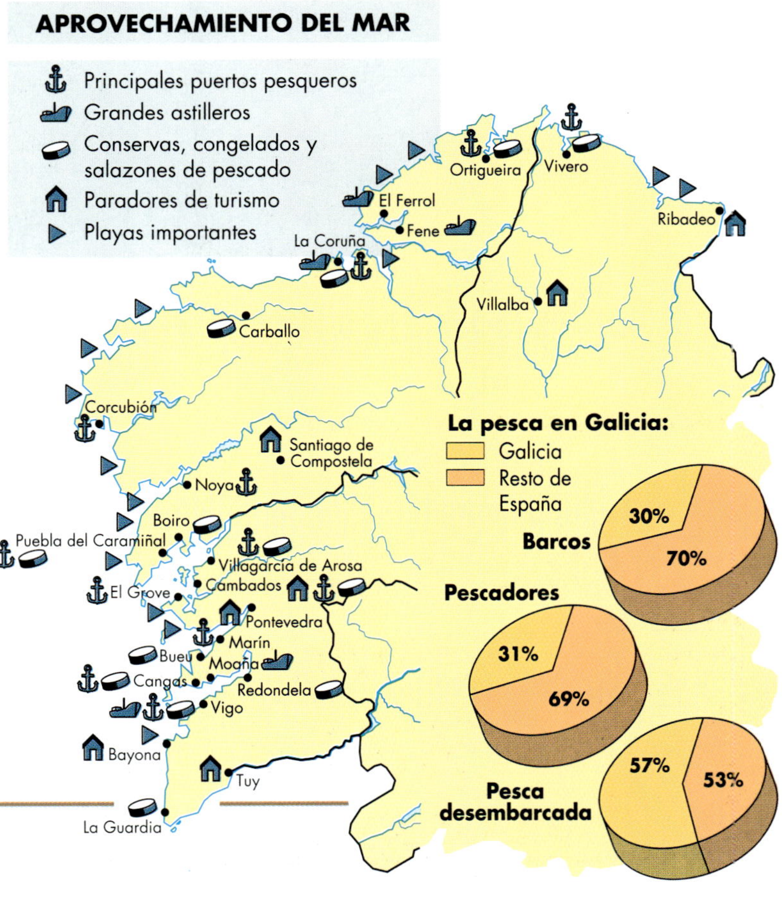

DENSIDAD DE POBLACIÓN POR PARTIDOS JUDICIALES (1991)

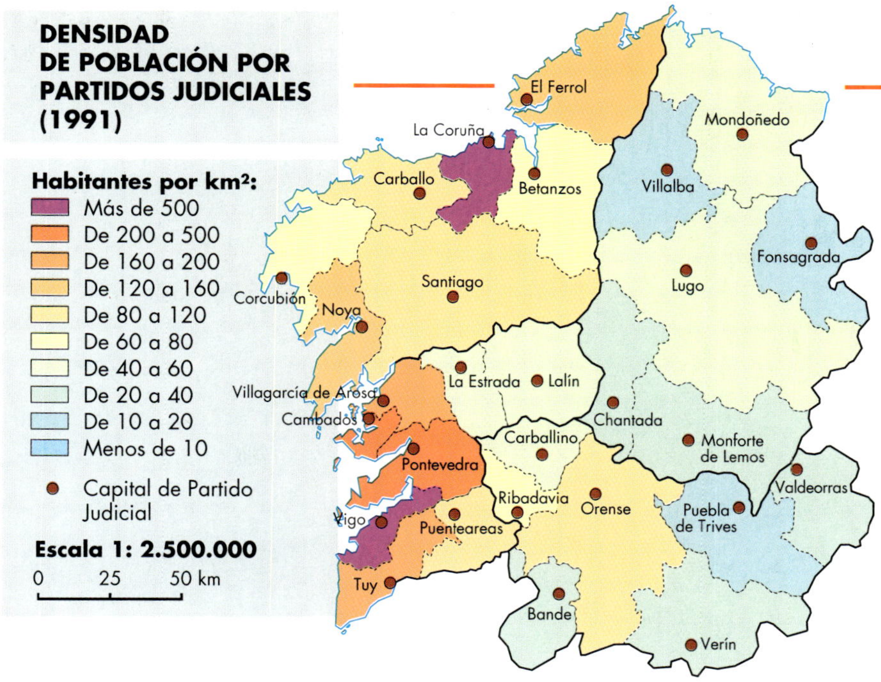

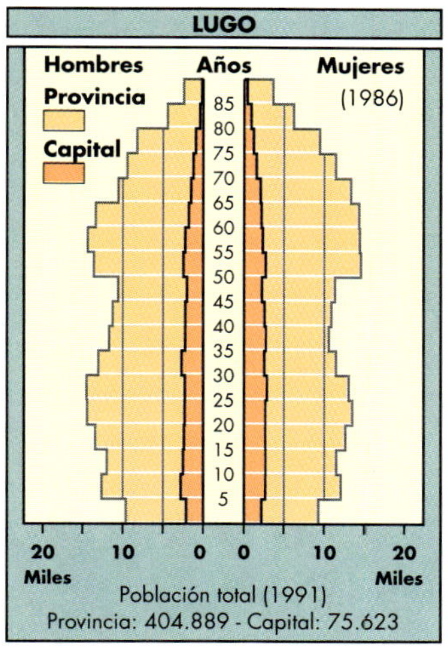

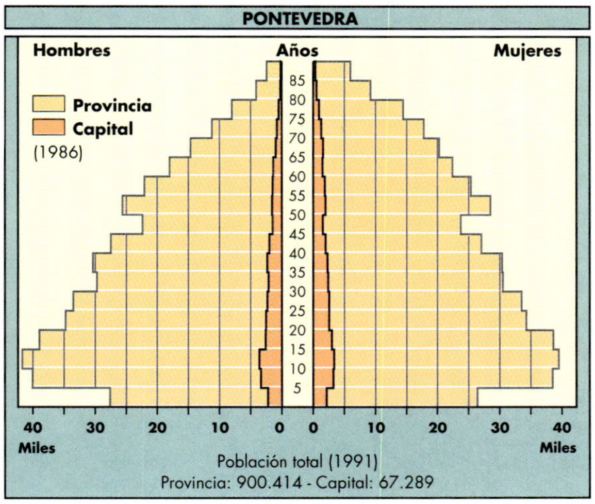

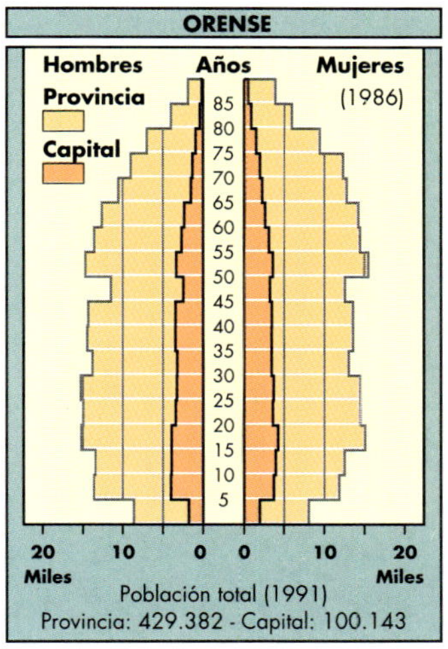

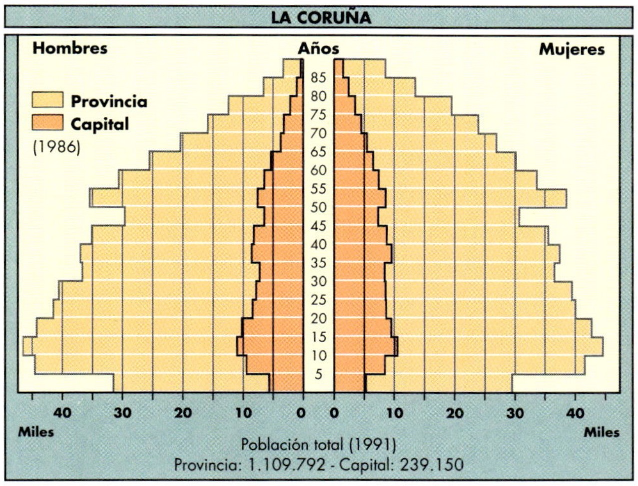

Actividades económicas

MINERÍA, INDUSTRIA Y ENERGÍA

Principales áreas industriales
Energía térmica
Energía hidroeléctrica
Minería
Metalúrgica
Química
Textil y cuero
Alimentación
Conservas de pescado
Vinícola
Industria del automóvil
Materiales de construcción
Madera y muebles

Escala 1: 2.100.000
0 25 50 km

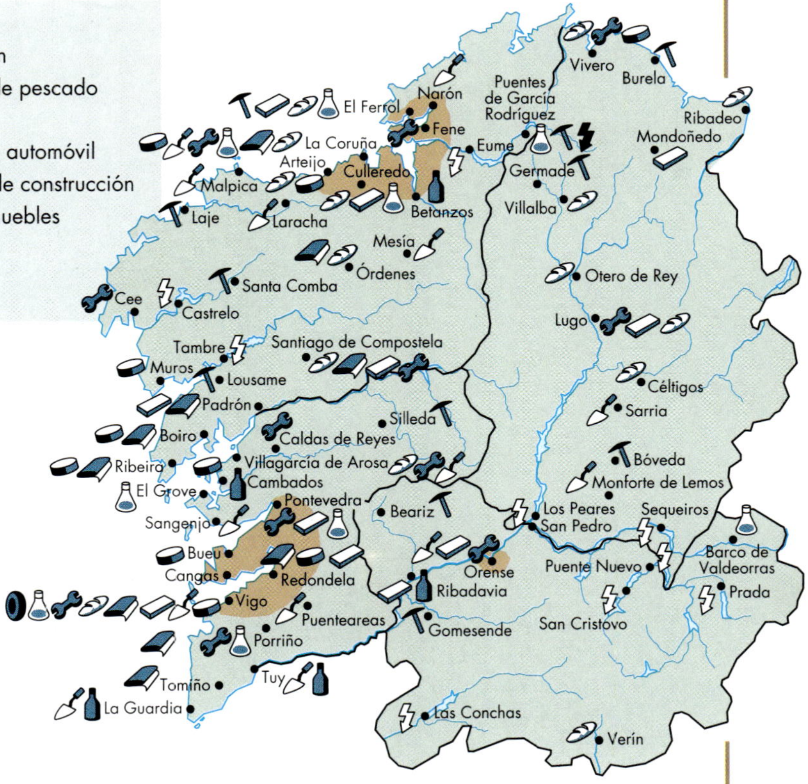

POBLACIÓN ACTIVA POR SECTORES (1991)

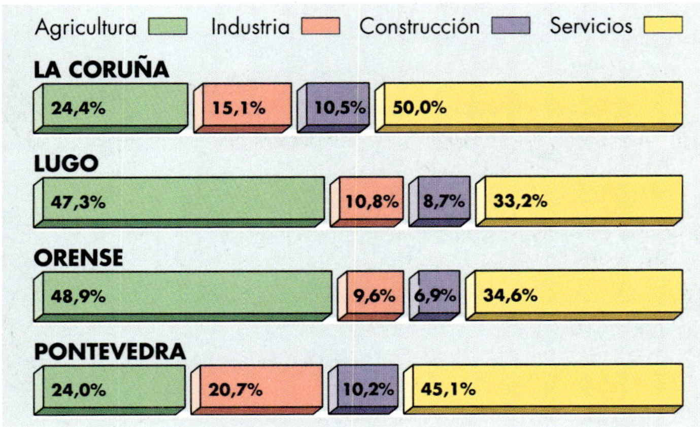

MADRID
Físico-Político

Población

DENSIDAD DE POBLACIÓN POR PARTIDOS JUDICIALES (1991)

Habitantes por km²:
- Más de 500
- De 200 a 500
- De 160 a 200
- De 120 a 160
- De 80 a 120
- De 60 a 80
- De 40 a 60
- De 20 a 40
- De 10 a 20
- Menos de 10

● Capital de Partido Judicial

Escala 1: 2.000.000

0 25 50 km

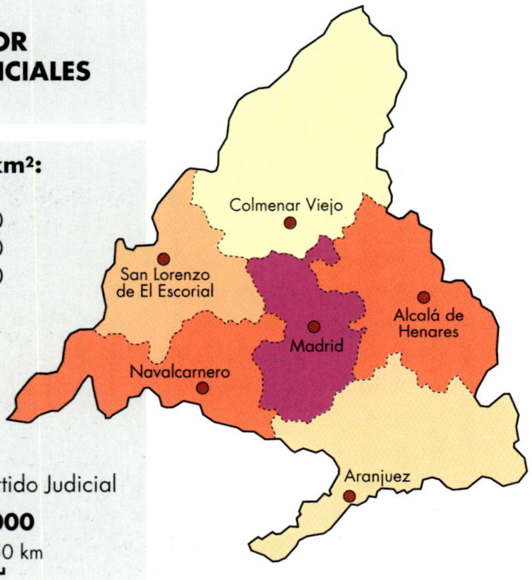

EVOLUCIÓN DE LA POBLACIÓN en algunos municipios de la corona metropolitana

Crecimiento demográfico en % sobre el índice 100 en el año 1950

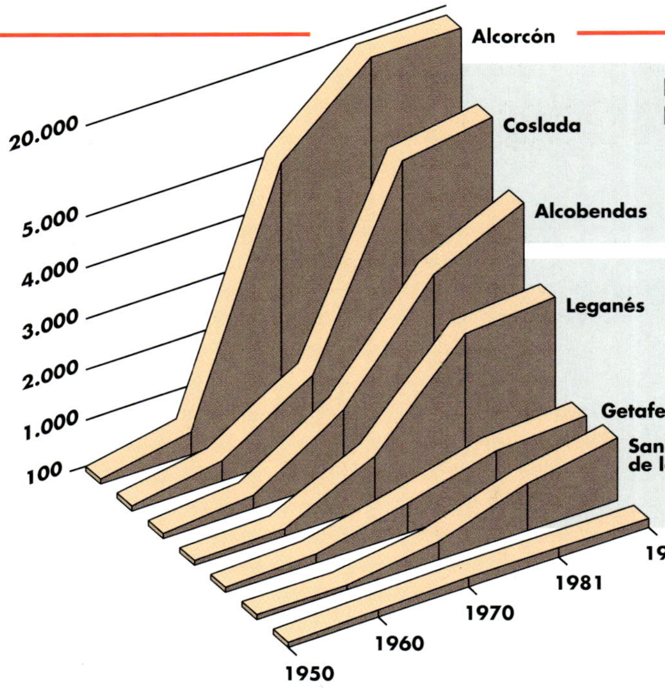

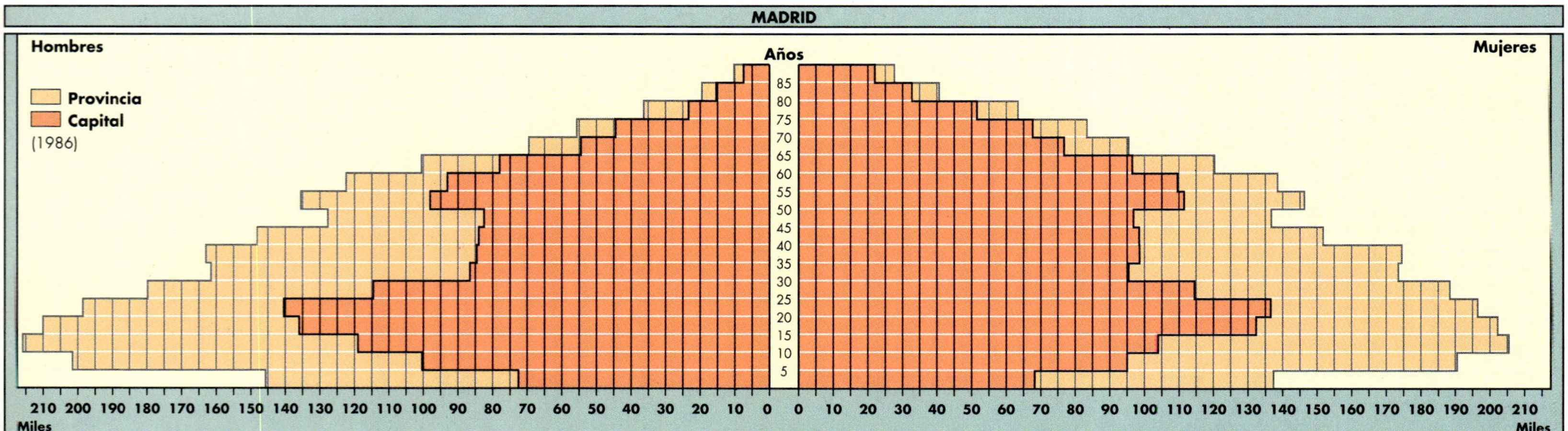

Población total (1991)
Provincia: 4.780.566 - Capital: 3.058.185

PRINCIPALES USOS DEL SUELO

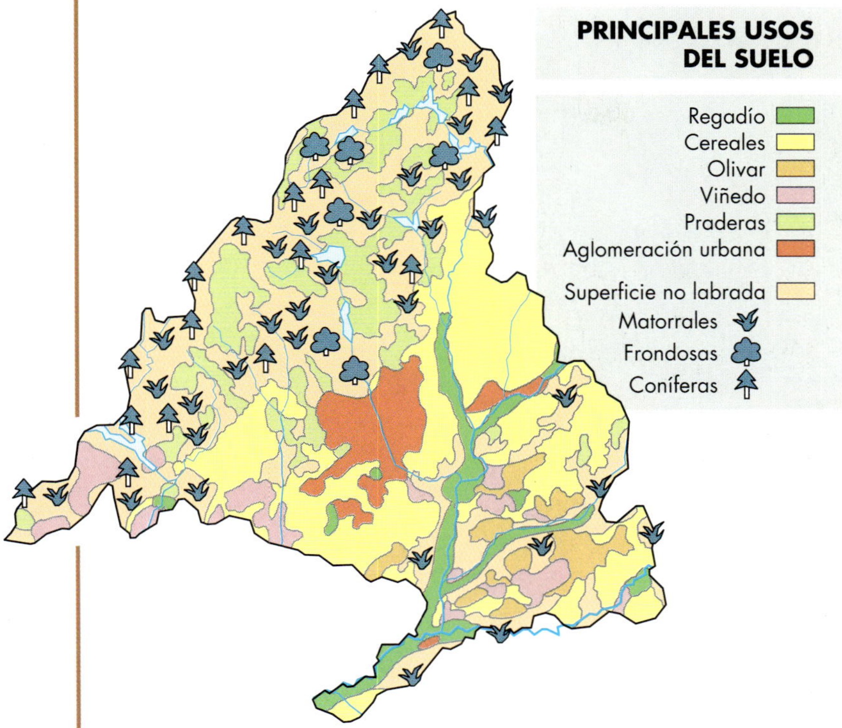

MINERÍA, INDUSTRIA Y ENERGÍA

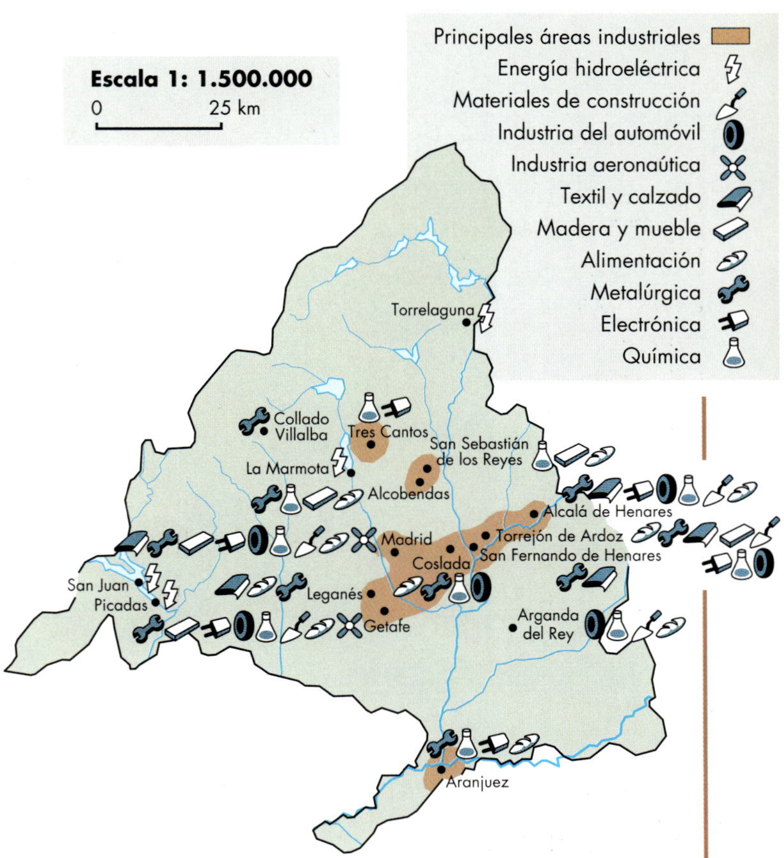

POBLACIÓN ACTIVA POR SECTORES (1991)

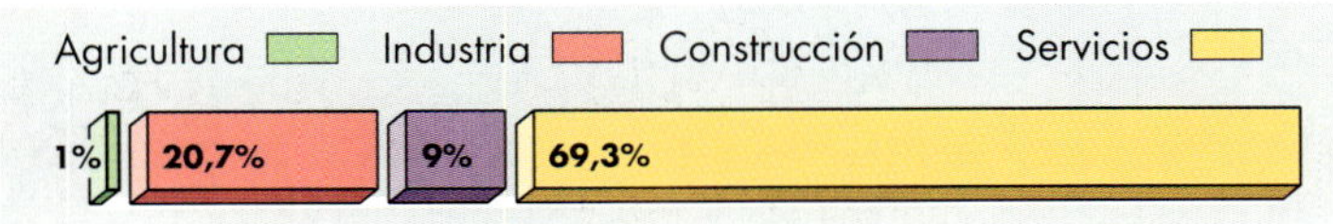

ÁREA METROPOLITANA DE MADRID

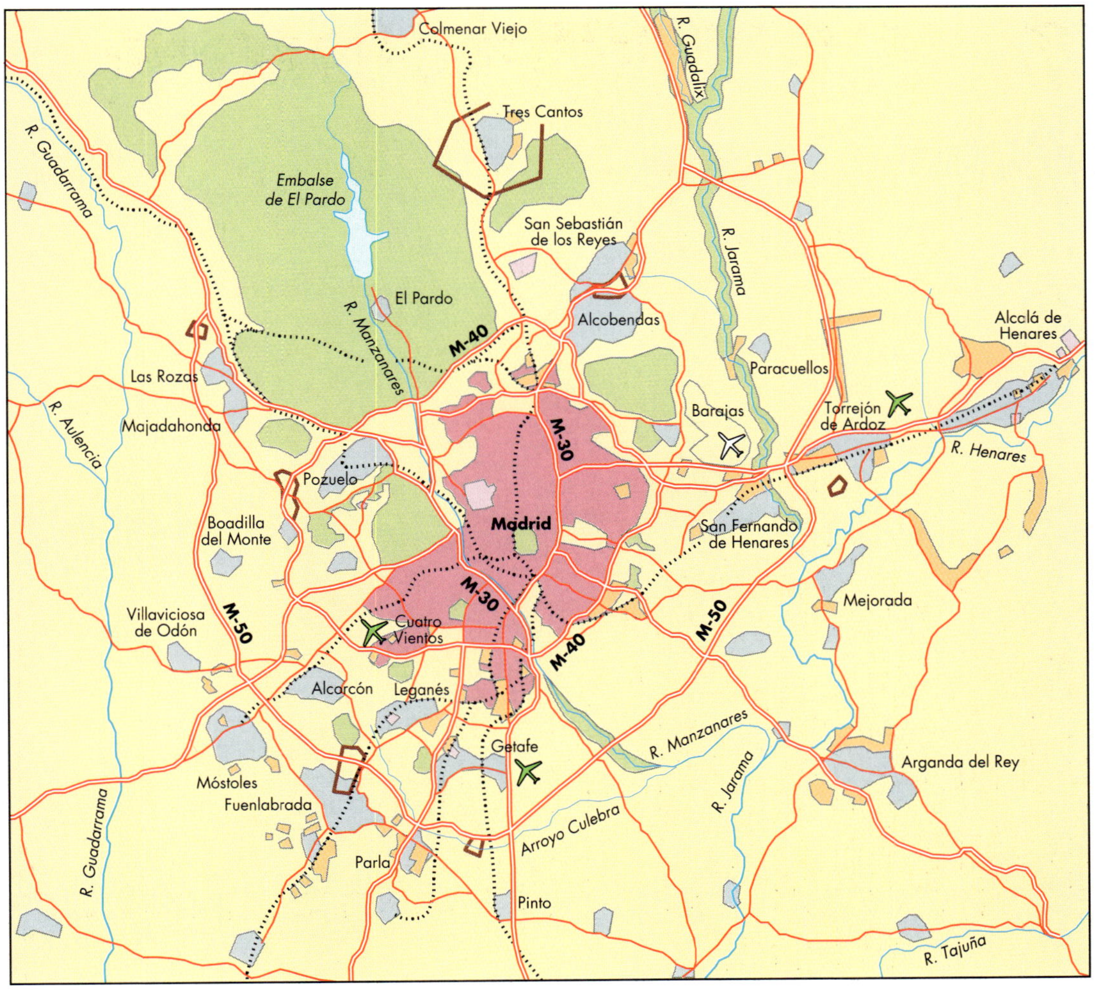

El área metropolitana de Madrid comparada con el total de España

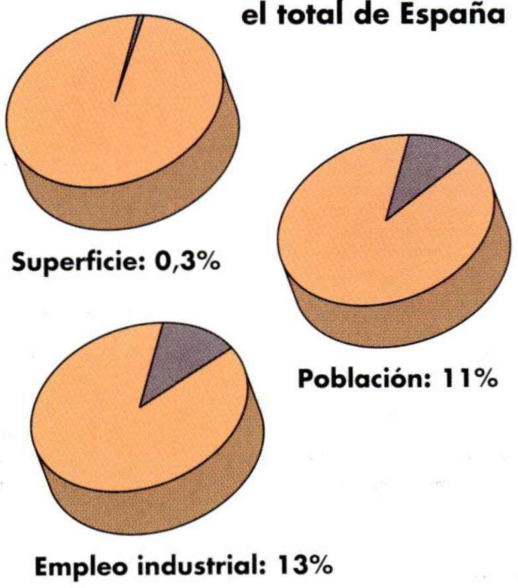

MURCIA
Físico-Político

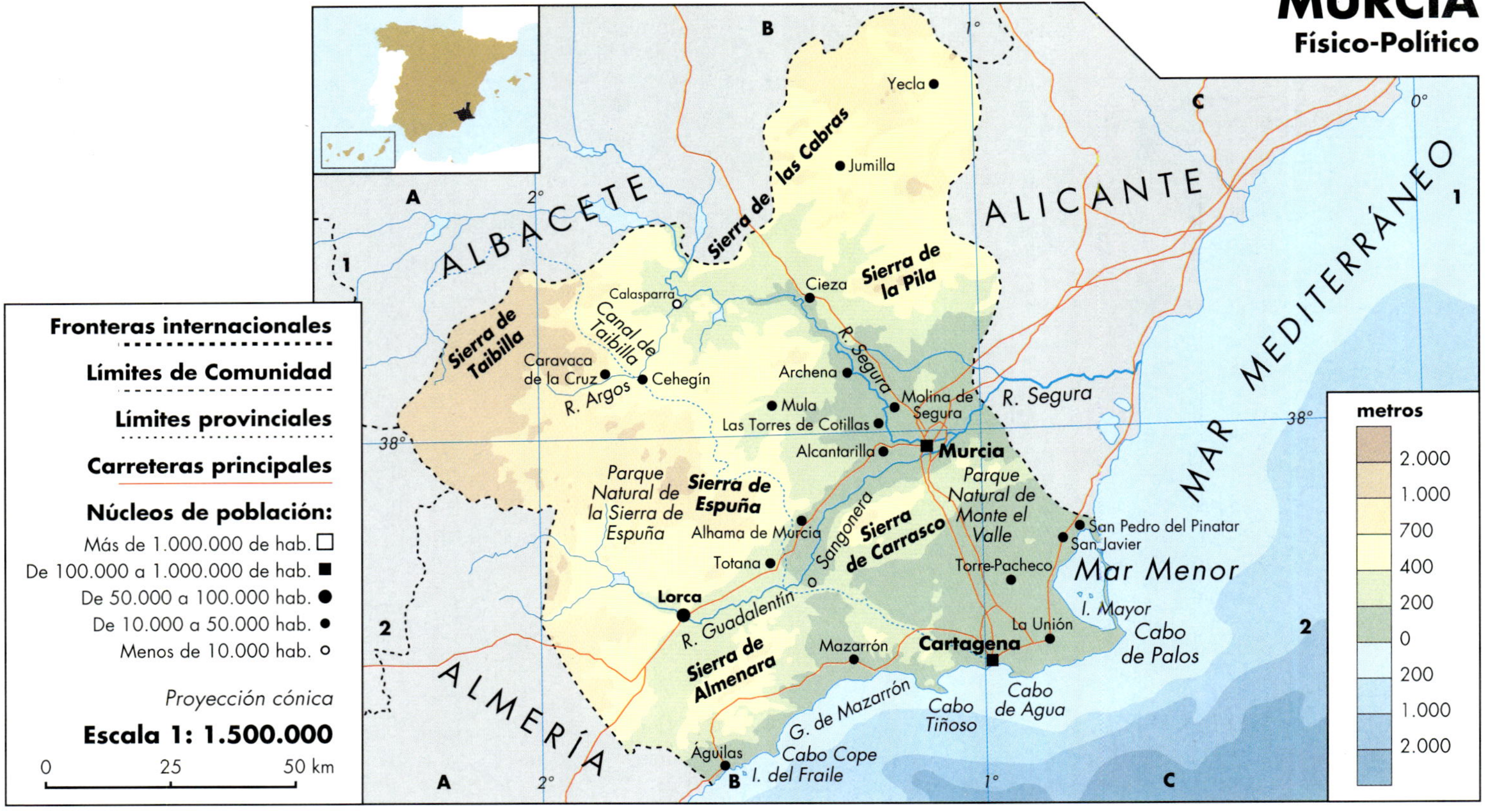

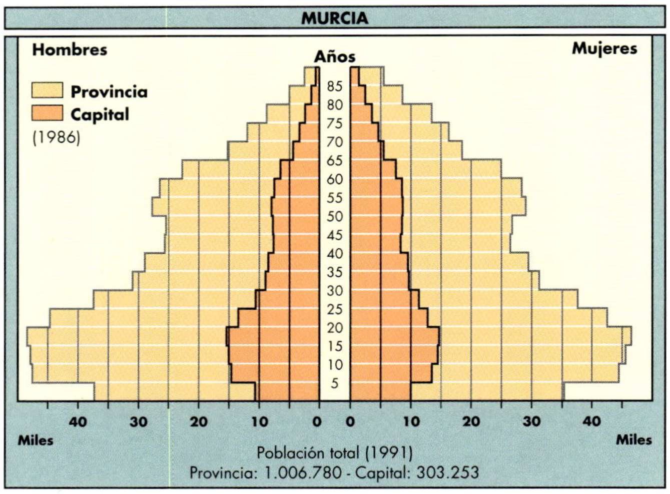

Población

DENSIDAD DE POBLACIÓN POR PARTIDOS JUDICIALES (1991)

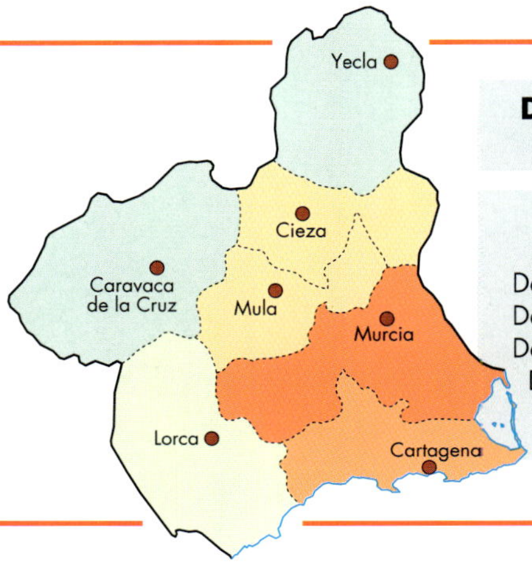

Habitantes por km²:

Más de 500
De 200 a 500
De 160 a 200
De 120 a 160
De 80 a 120
De 60 a 80
De 40 a 60
De 20 a 40
De 10 a 20
Menos de 10

Capital de Partido Judicial

EL TRASVASE TAJO-SEGURA Y EL REGADÍO DE MURCIA

Regadíos modernos
Regadíos tradicionales

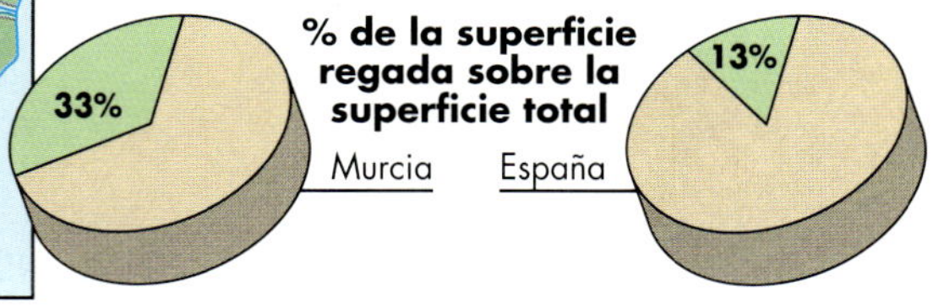

Actividades económicas

MINERÍA, INDUSTRIA Y ENERGÍA

Principales áreas industriales
Energía hidroeléctrica
Energía térmica
Minería
Refinerías de petróleo

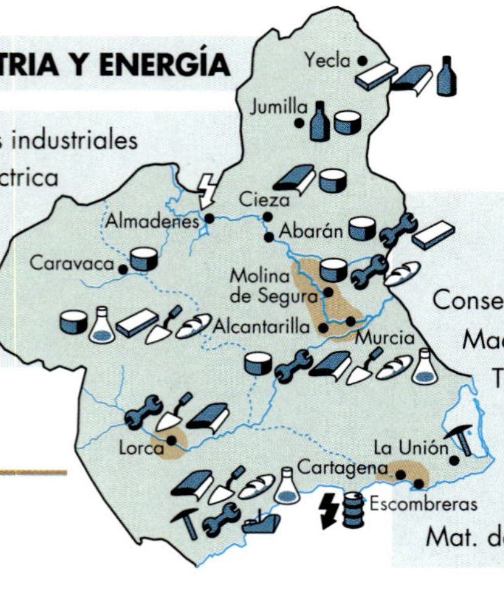

Escala 1: 2.600.000
0 25 50 km

Astilleros
Alimentación
Conservas vegetales
Madera y mueble
Textil y calzado
Vinícola
Química
Metalúrgica
Mat. de construcción

PRINCIPALES USOS DEL SUELO

Almendros
Agrios
Regadío
Cereales
Frutales
Olivar
Viñedo
Superficie no labrada
Matorrales
Frondosas
Coníferas

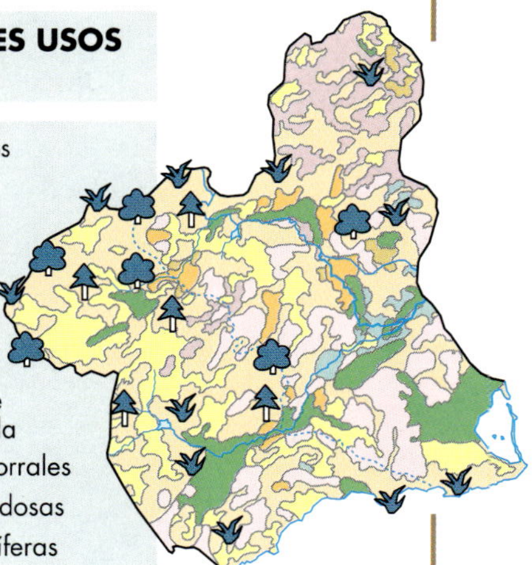

POBLACIÓN ACTIVA POR SECTORES (1991)

Agricultura
Industria
Construcción
Servicios

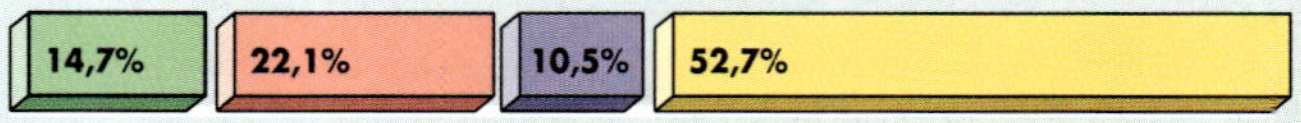

BALEARES
Físico-Político

DENSIDAD DE POBLACIÓN POR PARTIDOS JUDICIALES (1991)

Población

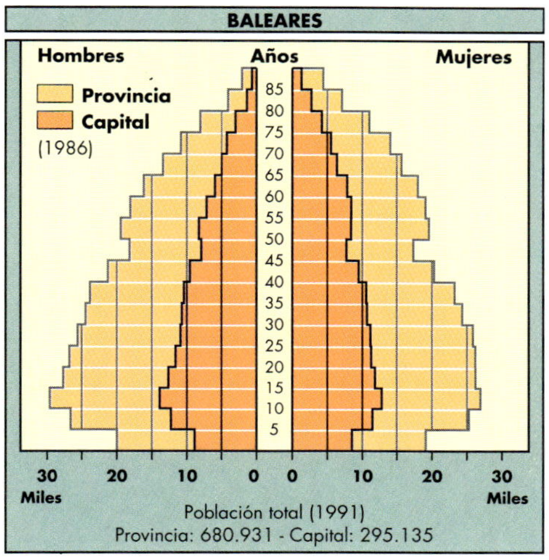

PRINCIPALES USOS DEL SUELO

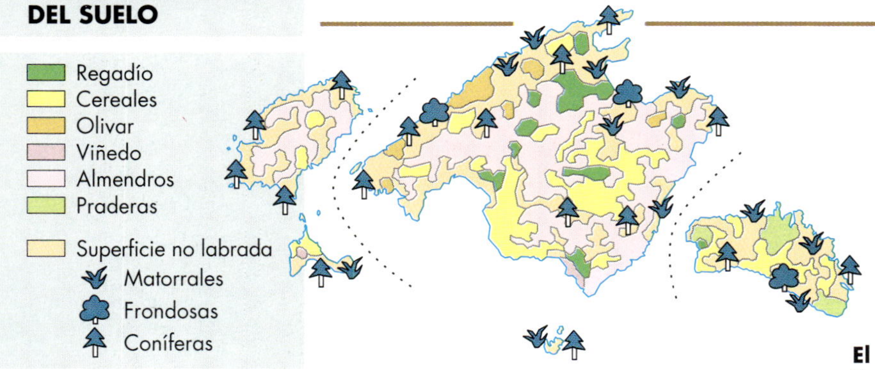

Actividades económicas

POBLACIÓN ACTIVA POR SECTORES (1991)

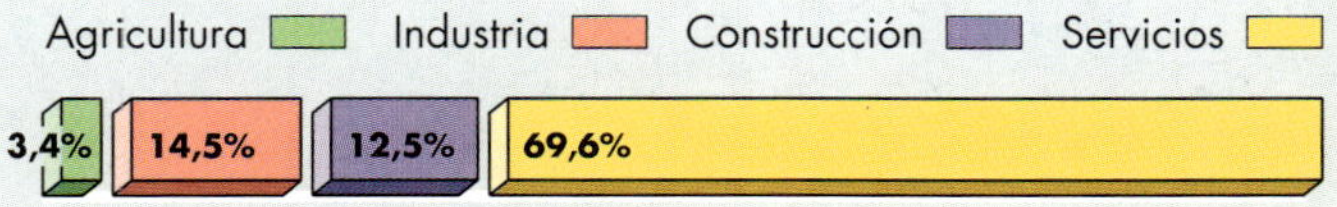

El aeropuerto de Palma en 1991

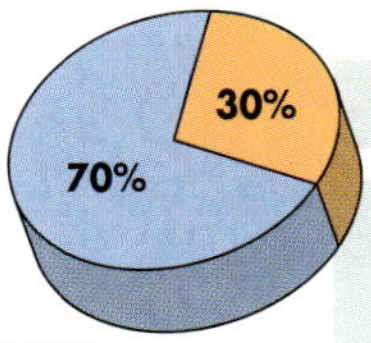

EL TURISMO EN BALEARES

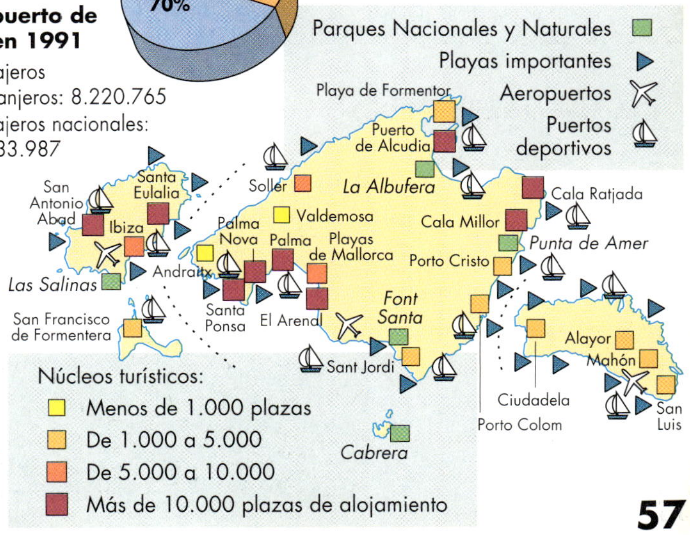

MINERÍA, INDUSTRIA Y ENERGÍA

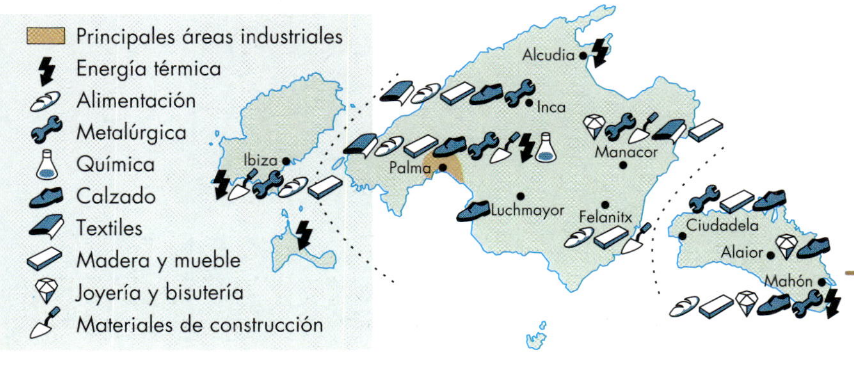

COMUNIDAD FORAL DE NAVARRA

Físico-Político

Fronteras internacionales
Límites de Comunidad
Límites provinciales
Carreteras principales

Núcleos de población:
- Más de 1.000.000 de hab.
- De 100.000 a 1.000.000 de hab.
- De 50.000 a 100.000 hab.
- De 10.000 a 50.000 hab.
- Menos de 10.000 hab.

Proyección cónica

Escala 1: 1.500.000

0 25 50 km

PRINCIPALES USOS DEL SUELO

- Regadío
- Cereales
- Praderas
- Viñedo
- Superficie no labrada
  - Matorrales
  - Frondosas
  - Coníferas

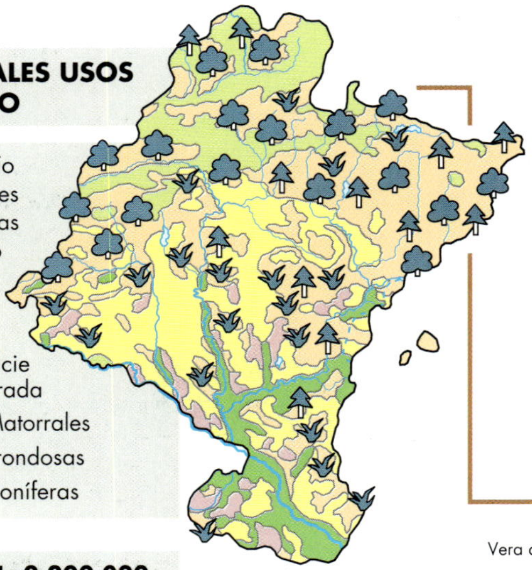

Escala 1: 2.200.000

0 25 50 km

Actividades económicas

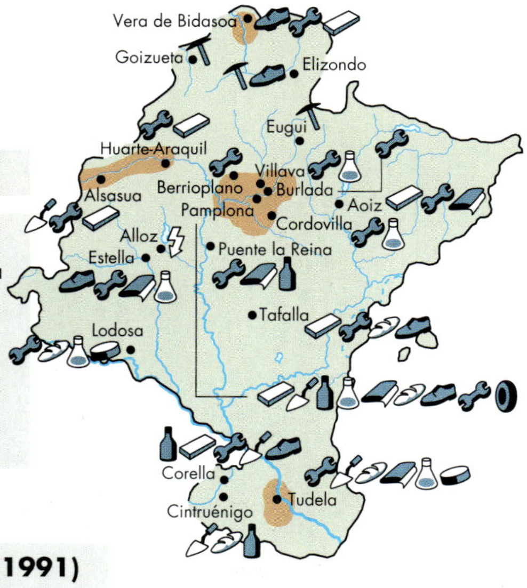

MINERÍA, INDUSTRIA Y ENERGÍA

- Principales áreas industriales
- Energía hidroeléctrica
- Mat. de construcción
- Madera y mueble
- Alimentación
- Conservas vegetales
- Industria del automóvil
- Metalúrgica
- Calzado
- Textiles
- Química
- Minería
- Vinícola

Población

DENSIDAD DE POBLACIÓN POR PARTIDOS JUDICIALES (1991)

Habitantes por km²:
- Más de 500
- De 200 a 500
- De 160 a 200
- De 120 a 160
- De 80 a 120
- De 60 a 80
- De 40 a 60
- De 20 a 40
- De 10 a 20
- Menos de 10

Capital de Partido Judicial

POBLACIÓN ACTIVA POR SECTORES (1991)

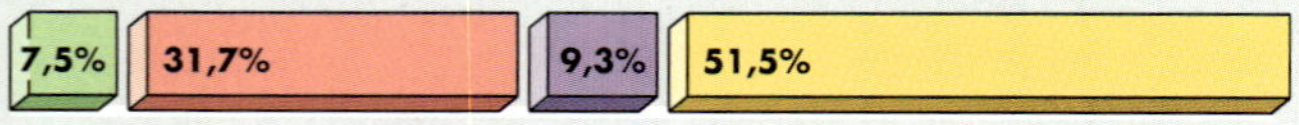

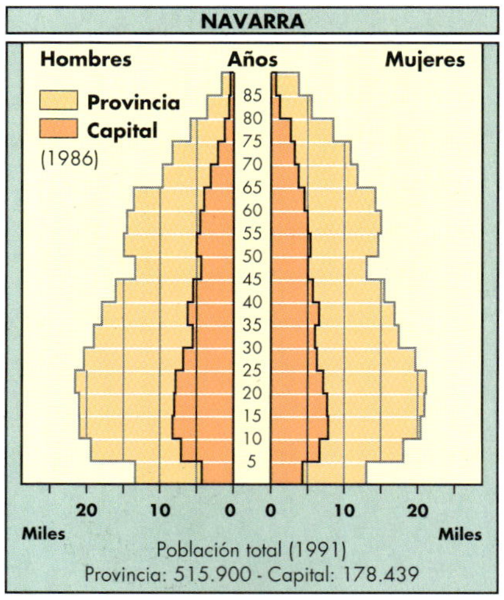

LA ESTRUCTURA URBANA DE PAMPLONA-IRUÑA

- Autopistas
- Carreteras principales
- Ferrocarriles
- Ciudad central
- Áreas residenciales modernas
- Zonas industriales
- Espacios de ocio
- Zonas verdes
- Ciudad universitaria

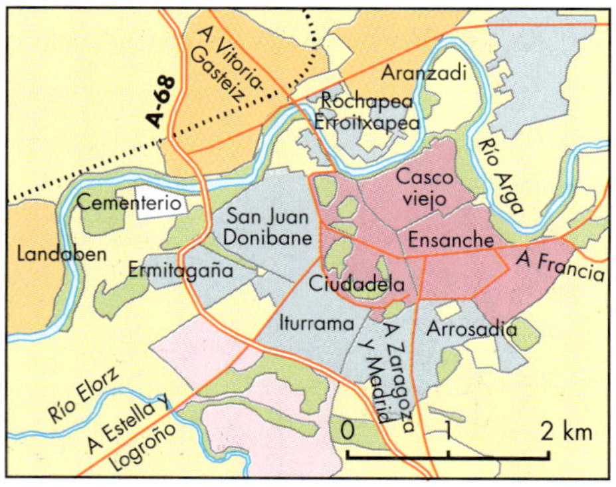

LA RIOJA

Físico-Político

Fronteras internacionales
Límites de Comunidad
Límites provinciales
Carreteras principales

Núcleos de población:

- Más de 1.000.000 de hab.
- De 100.000 a 1.000.000 de hab.
- De 50.000 a 100.000 hab.
- De 10.000 a 50.000 hab.
- Menos de 10.000 hab.

Proyección cónica

Escala 1: 1.500.000

0 25 50 km

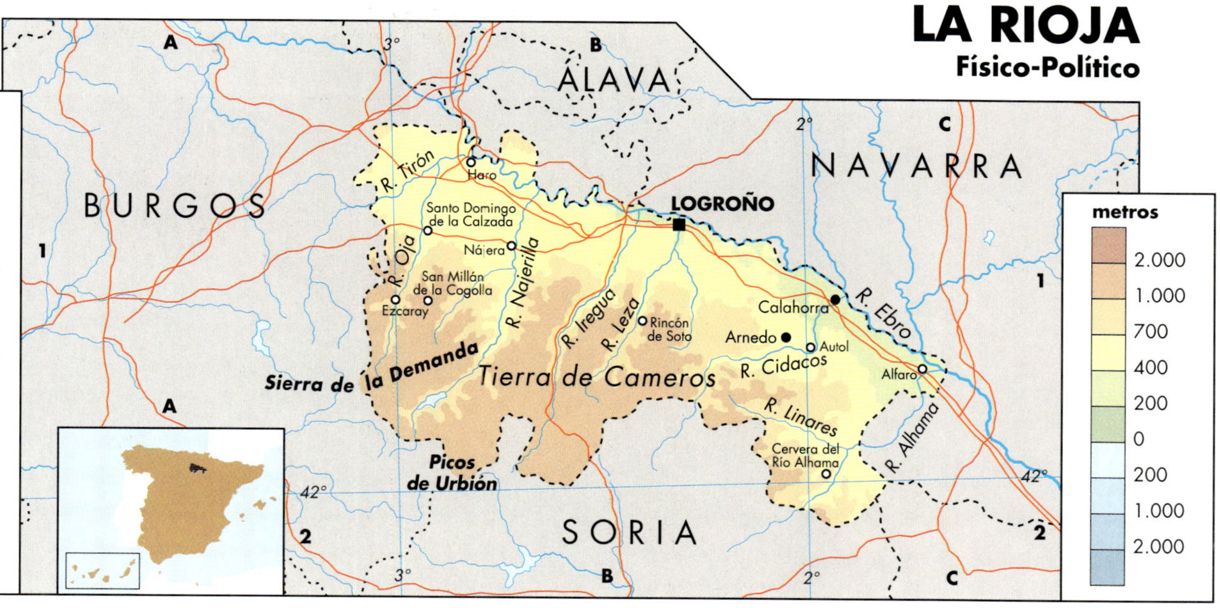

Población

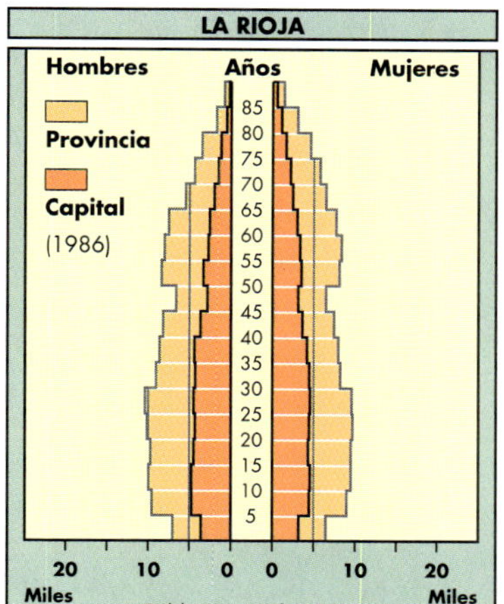

Población total (1991)
Provincia: 260.022 - Capital: 115.622

DENSIDAD DE POBLACIÓN POR PARTIDOS JUDICIALES (1991)

Habitantes por km²:

- Más de 500
- De 200 a 500
- De 160 a 200
- De 120 a 160
- De 80 a 120
- De 60 a 80
- De 40 a 60
- De 20 a 40
- De 10 a 20
- Menos de 10
- Capital de Partido Judicial

Escala 1: 1.500.000

0 25 50 km

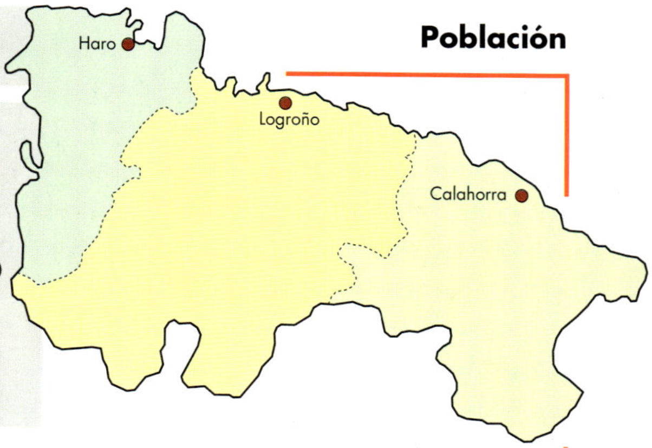

Actividades económicas

PRINCIPALES USOS DEL SUELO

- Superficie no labrada
- Matorrales
- Frondosas
- Coníferas
- Regadío
- Cereales
- Frutales
- Olivar
- Viñedo
- Praderas

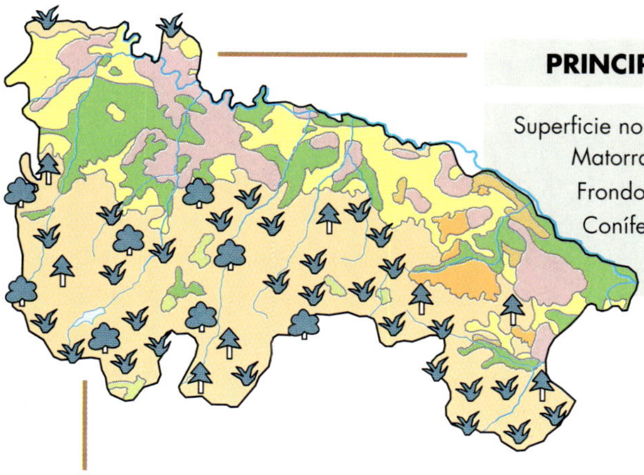

POBLACIÓN ACTIVA POR SECTORES (1991)

Agricultura	Industria	Construcción	Servicios
12,6%	32,4%	7,8%	47,2%

MINERÍA, INDUSTRIA Y ENERGÍA

- Principales áreas industriales
- Energía hidroeléctrica
- Alimentación
- Metalúrgica
- Química
- Materiales de construcción
- Minería
- Calzado
- Textiles
- Madera y mueble

Escala 1: 1.500.000

0 25 km

Importancia del vino en la producción final agraria:

- Carne y ganado
- Hortalizas
- Vino
- Resto

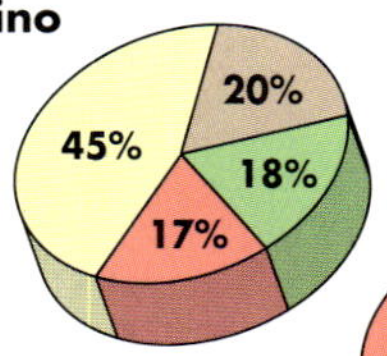

Destino final del vino:

- Mercado exterior
- Mercado interior

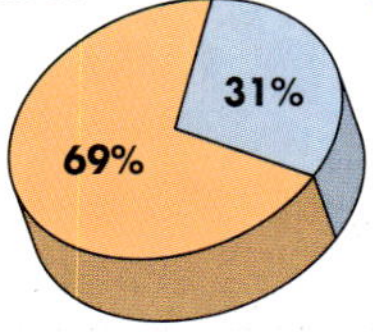

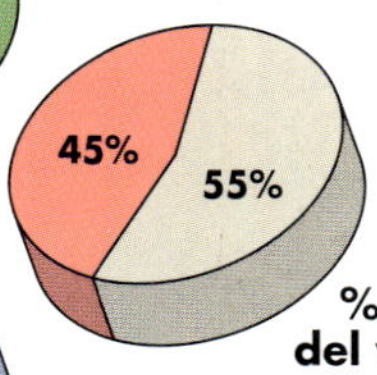

% del valor del vino en el total de las exportaciones riojanas:

LA VID Y EL VINO EN LA RIOJA

Límite de la denominación de origen "Rioja"

% de viñedo sobre el total de tierras:

- Menos de 10
- De 10 a 25
- Más de 25
- Bodegas importantes

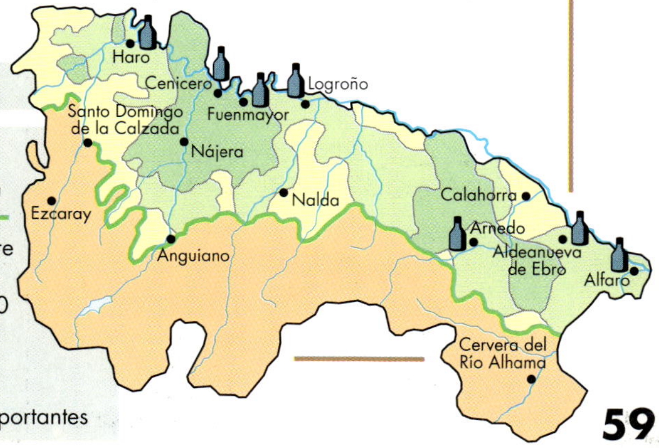

PAÍS VASCO

Físico-Político

Fronteras internacionales

Límites de Comunidad

Límites provinciales

Carreteras principales

Núcleos de población:

- Más de 1.000.000 de hab.
- De 100.000 a 1.000.000 de hab.
- De 50.000 a 100.000 hab.
- De 10.000 a 50.000 hab.
- Menos de 10.000 hab.

Proyección cónica

Escala 1: 1.500.000

0 25 50 km

Población

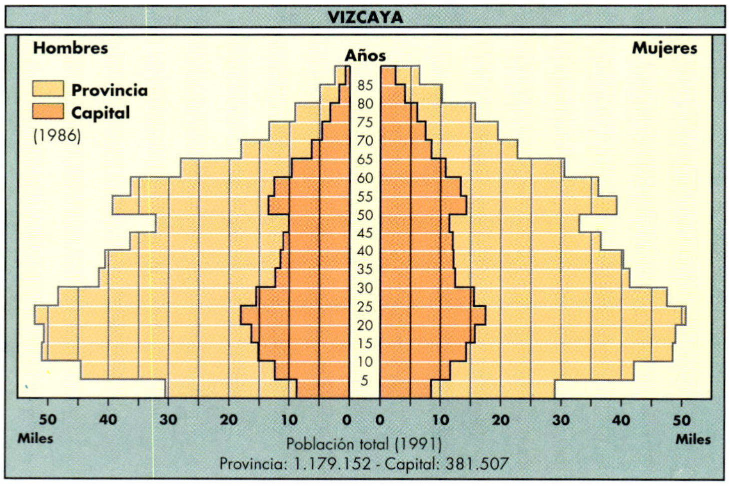

Población total (1991)
Provincia: 1.179.152 - Capital: 381.507

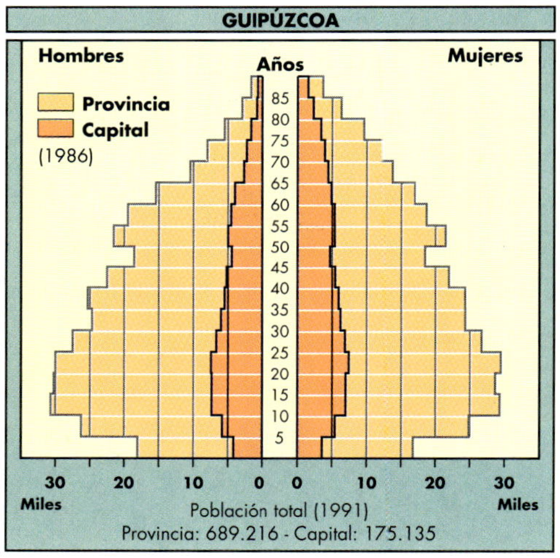

Población total (1991)
Provincia: 689.216 - Capital: 175.135

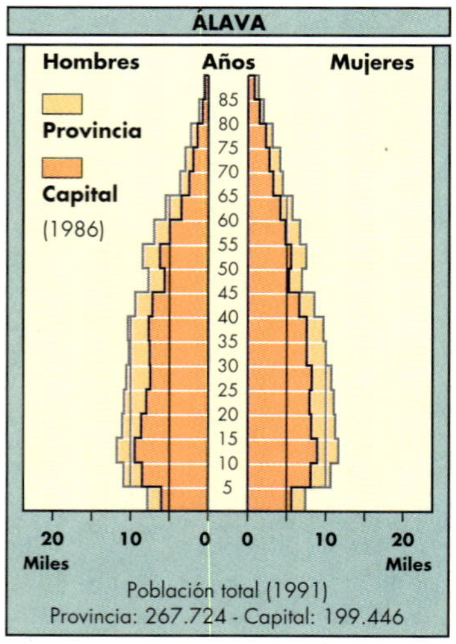

Población total (1991)
Provincia: 267.724 - Capital: 199.446

DENSIDAD DE POBLACIÓN POR PARTIDOS JUDICIALES (1991)

Habitantes por km²:

- Más de 500
- De 200 a 500
- De 160 a 200
- De 120 a 160
- De 80 a 120
- De 60 a 80
- De 40 a 60
- De 20 a 40
- De 10 a 20
- Menos de 10

Capital de Partido Judicial

Escala 1: 1.500.000

0 25 50 km

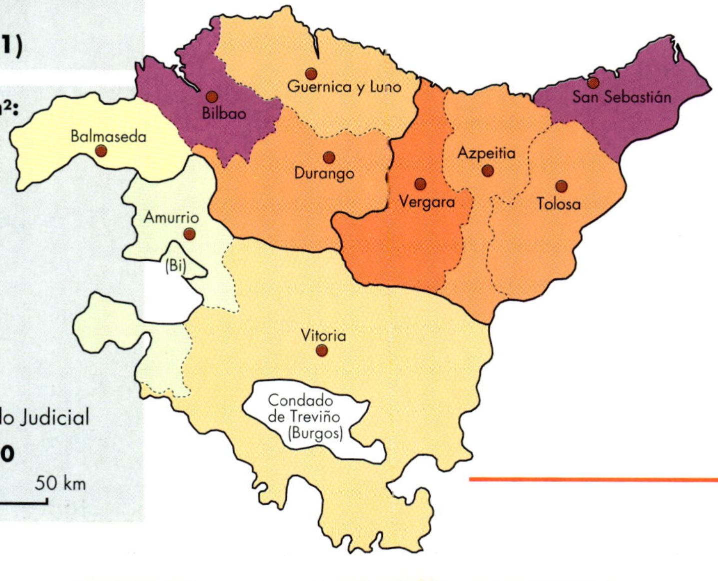

PRINCIPALES USOS DEL SUELO

Regadío · Cereales · Viñedo · Praderas · Superficie no labrada · Matorrales · Frondosas · Coníferas

Escala 1: 1.500.000

0 25 50 km

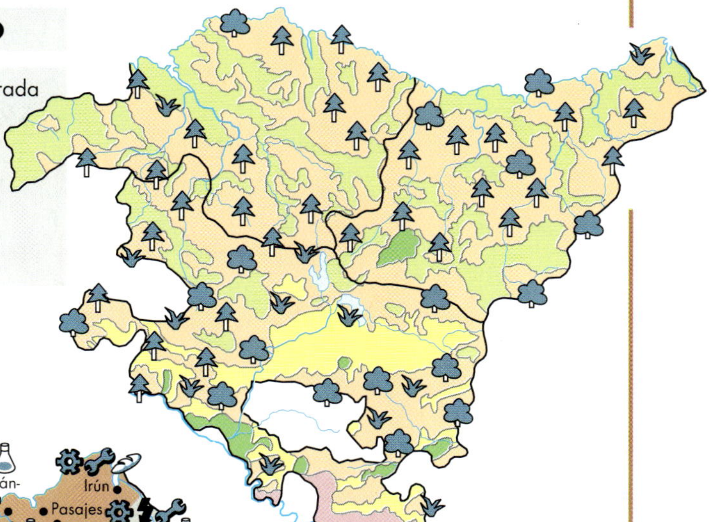

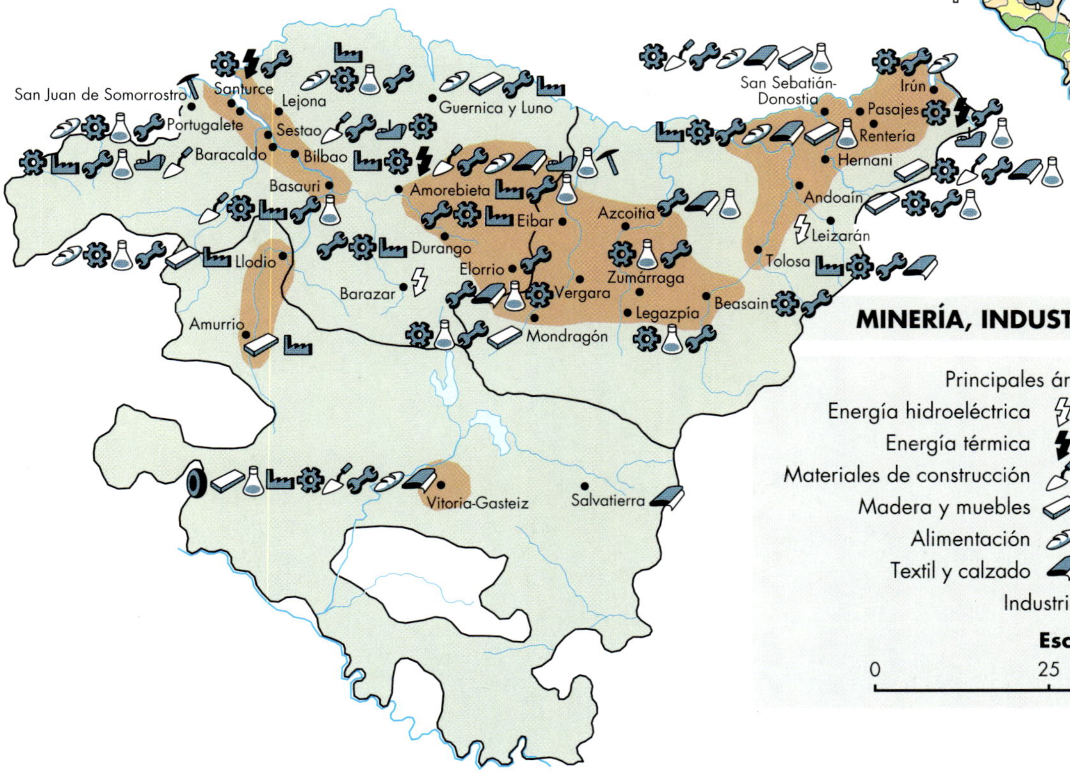

MINERÍA, INDUSTRIA Y ENERGÍA

Principales áreas industriales

Energía hidroeléctrica · Energía térmica · Materiales de construcción · Madera y muebles · Alimentación · Textil y calzado · Maquinaria · Metalúrgica · Siderúrgica · Química · Astilleros · Minería · Industria del automóvil

Escala 1: 1.000.000

0 25 50 km

EL GRAN BILBAO

Centro de negocios · Ciudad central · Áreas residenciales de clase media y alta · Áreas residenciales obreras · Zonas industriales

Universidad · Aeropuerto · Altos Hornos · Astilleros

Autopistas · Carreteras nacionales · Carreteras autonómicas · Ferrocarriles

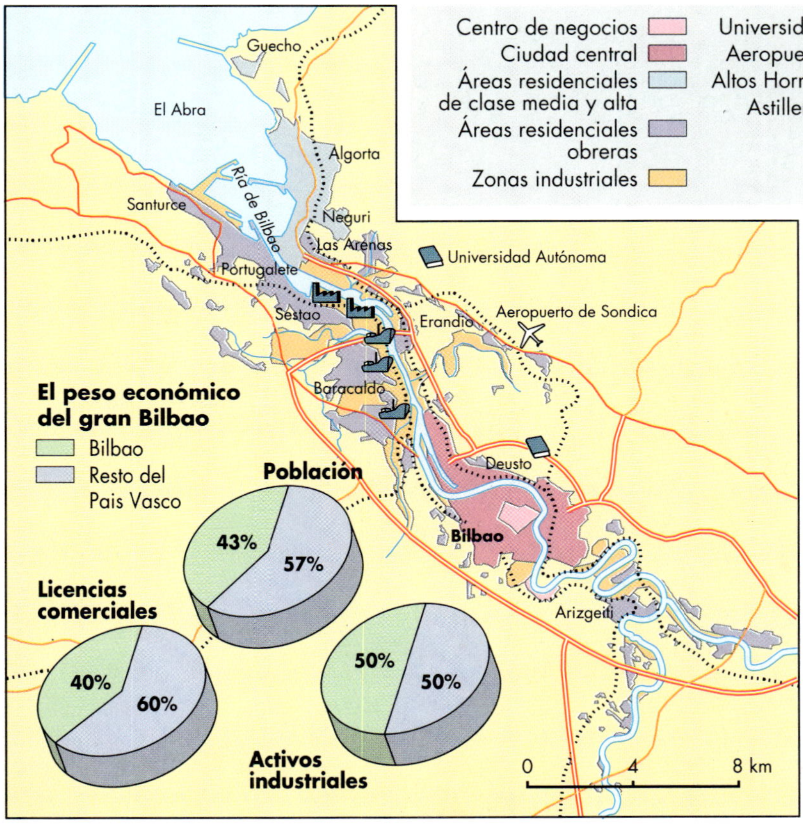

POBLACIÓN ACTIVA POR SECTORES (1991)

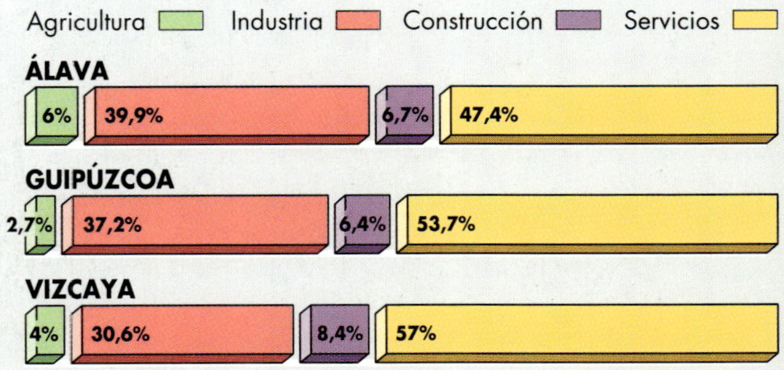

COMUNIDAD VALENCIANA
Físico-Político

MINERÍA, INDUSTRIA Y ENERGÍA

Principales áreas industriales
Energía hidroeléctrica
Energía térmica
Energía nuclear
Refinerías de petróleo
Alimentación
Juguetería
Textiles
Calzado
Metalúrgica
Química
Materiales de construcción
Madera y mueble
Astilleros
Industria del automóvil

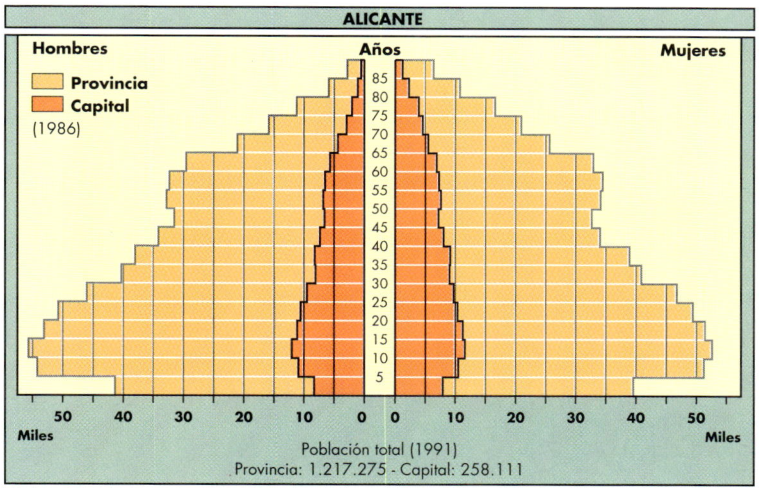

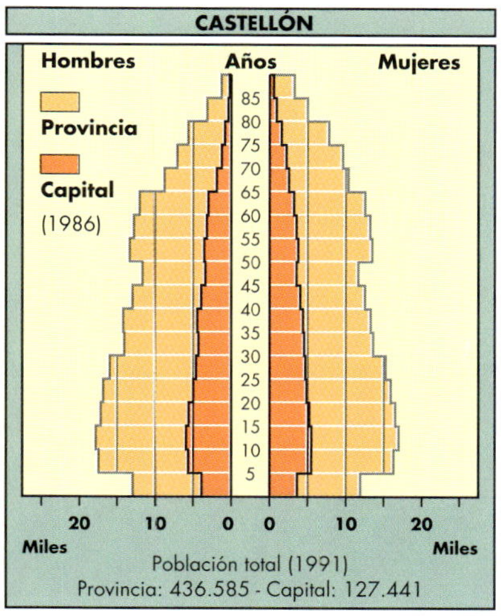

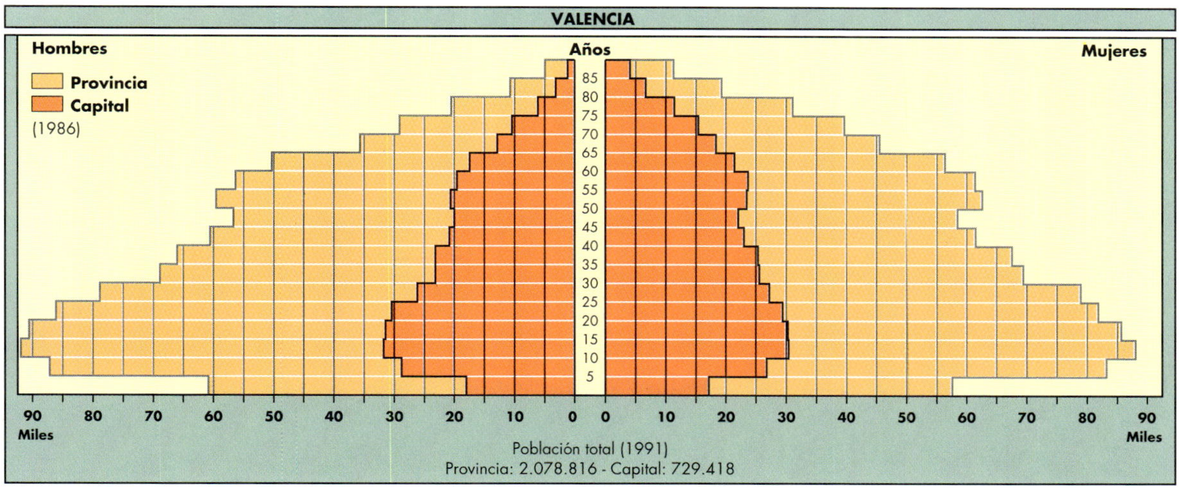

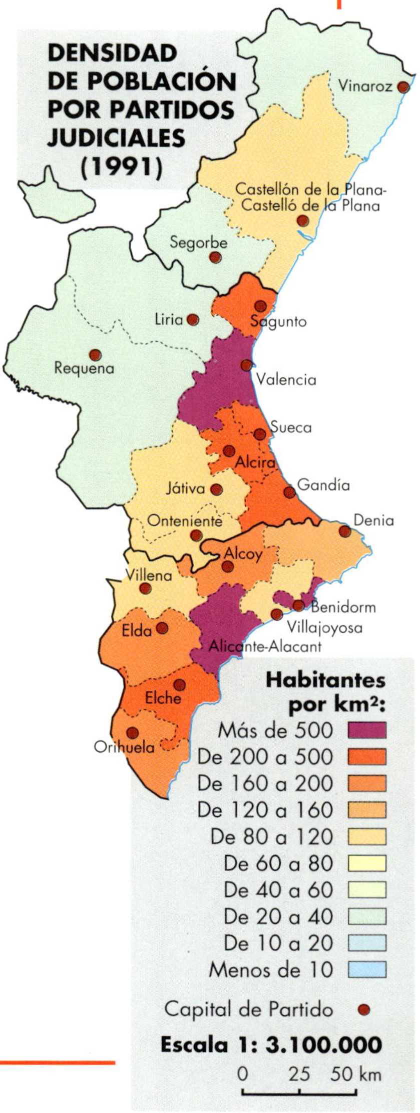

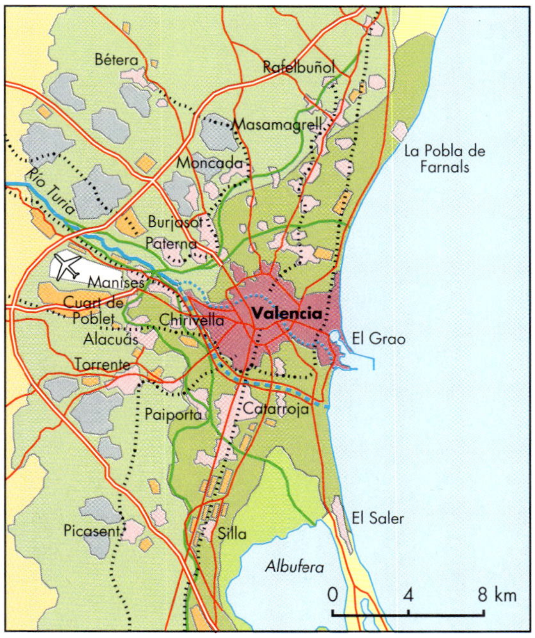

AGLOMERACIÓN URBANA DE VALENCIA Y SU HUERTA

Autopistas
Carreteras principales
Ferrocarriles
Acequias
Cauce viejo del río Turia
Cauce nuevo del río Turia
Ciudad central
Áreas residenciales modernas
Núcleos de población
Zonas industriales
Huerta
Naranjos
Arrozal
Arenales
Aeropuerto

Actividades económicas

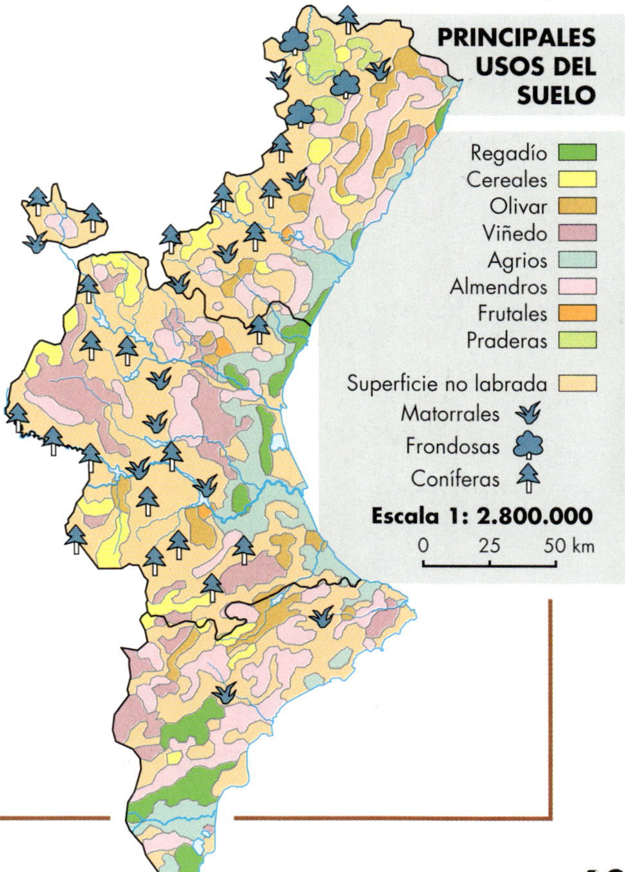

POBLACIÓN ACTIVA POR SECTORES (1991)

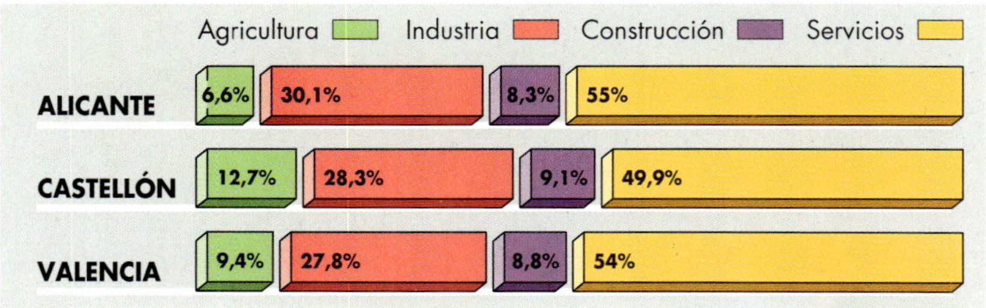

CANARIAS
Físico-Político

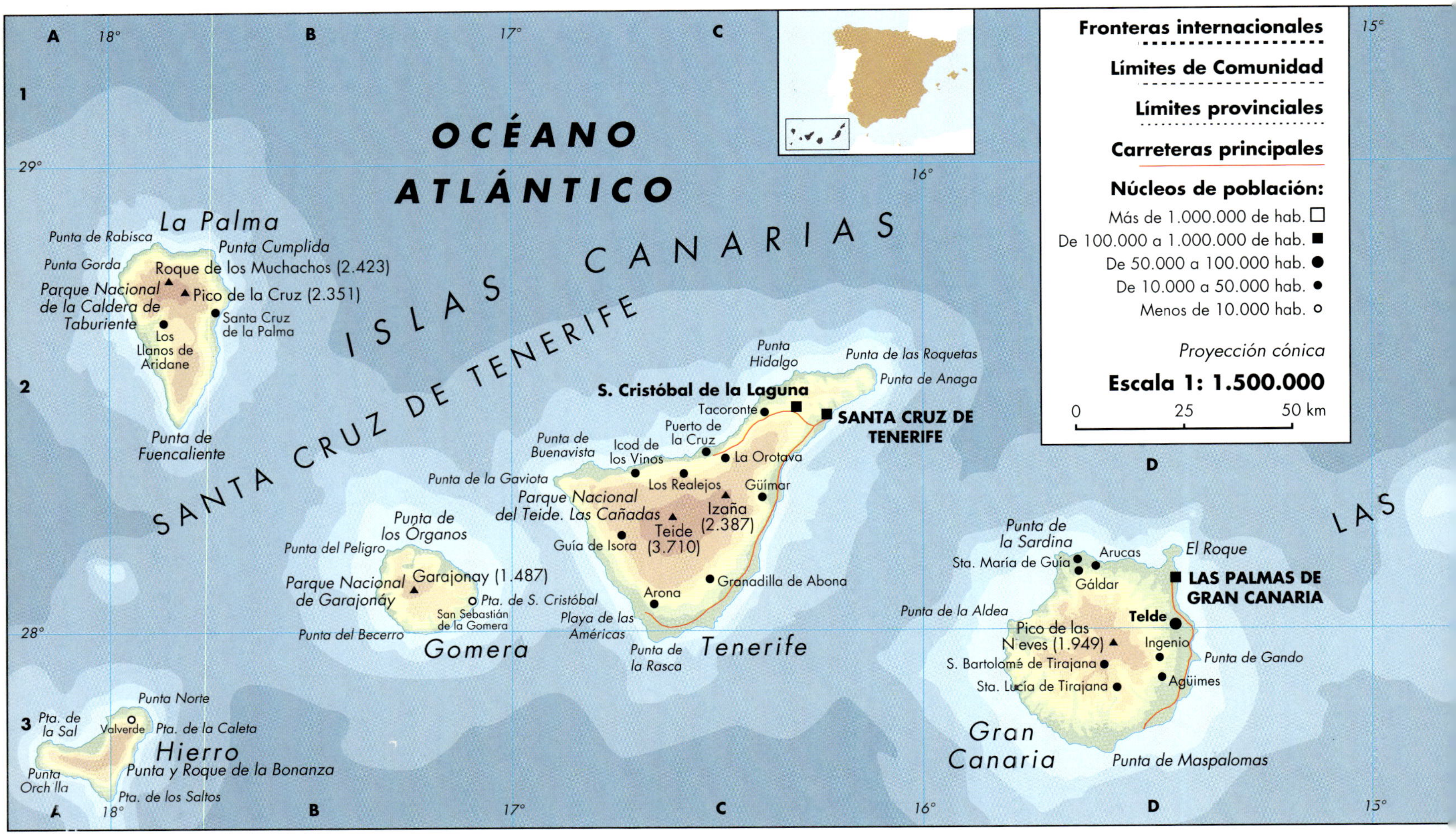

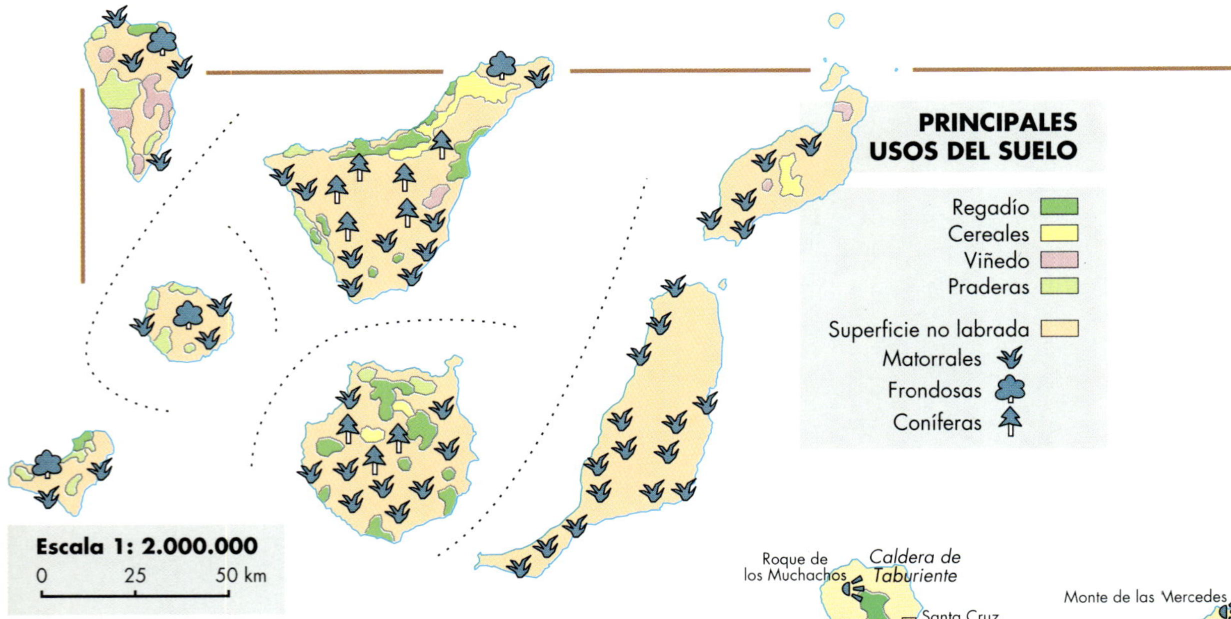

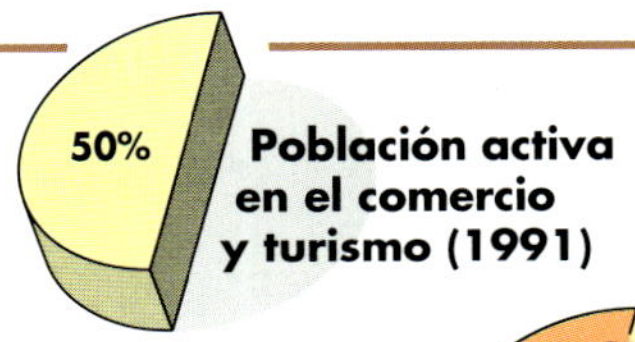

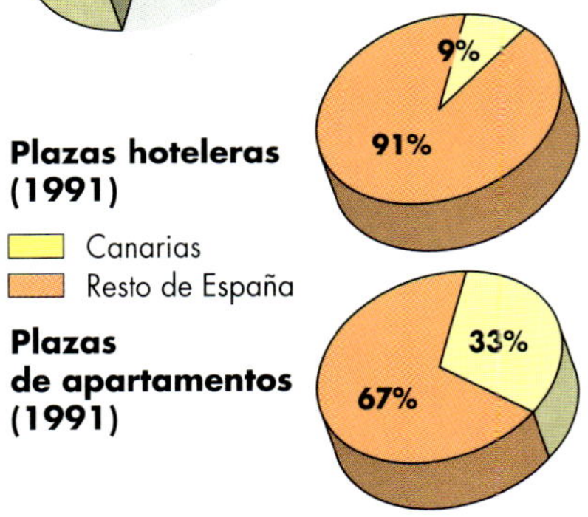

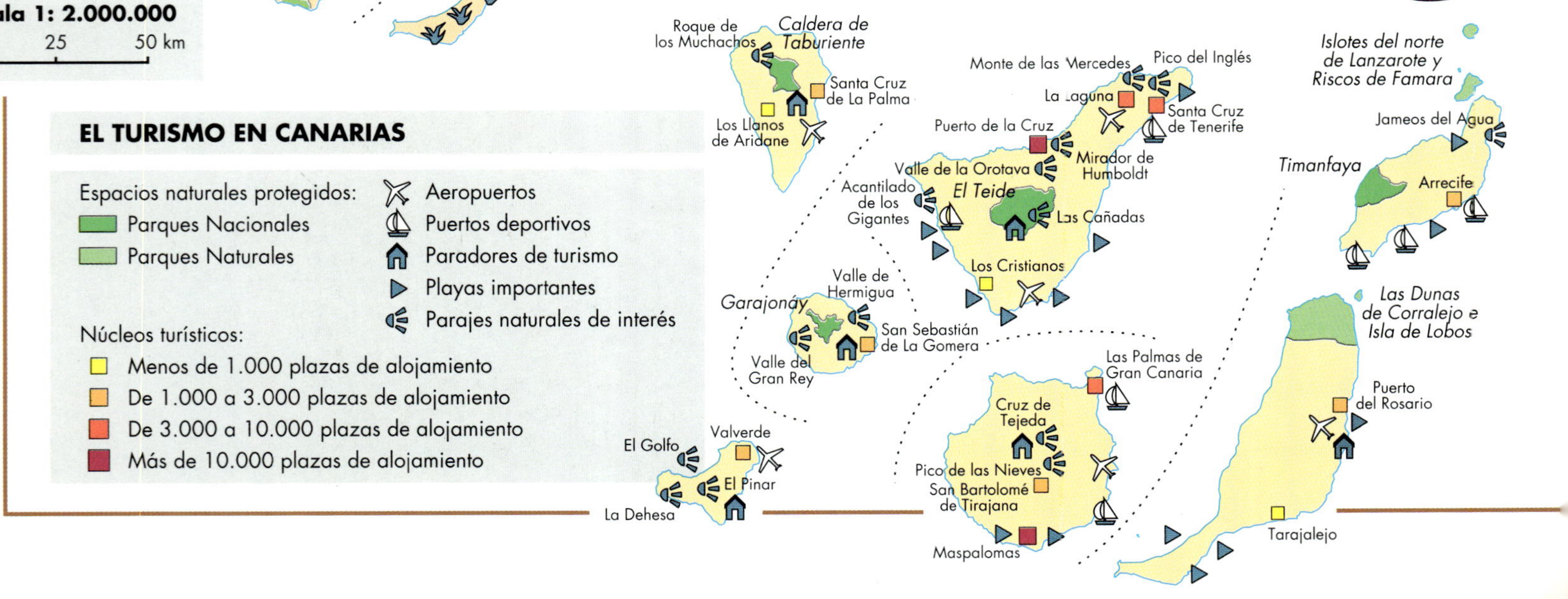

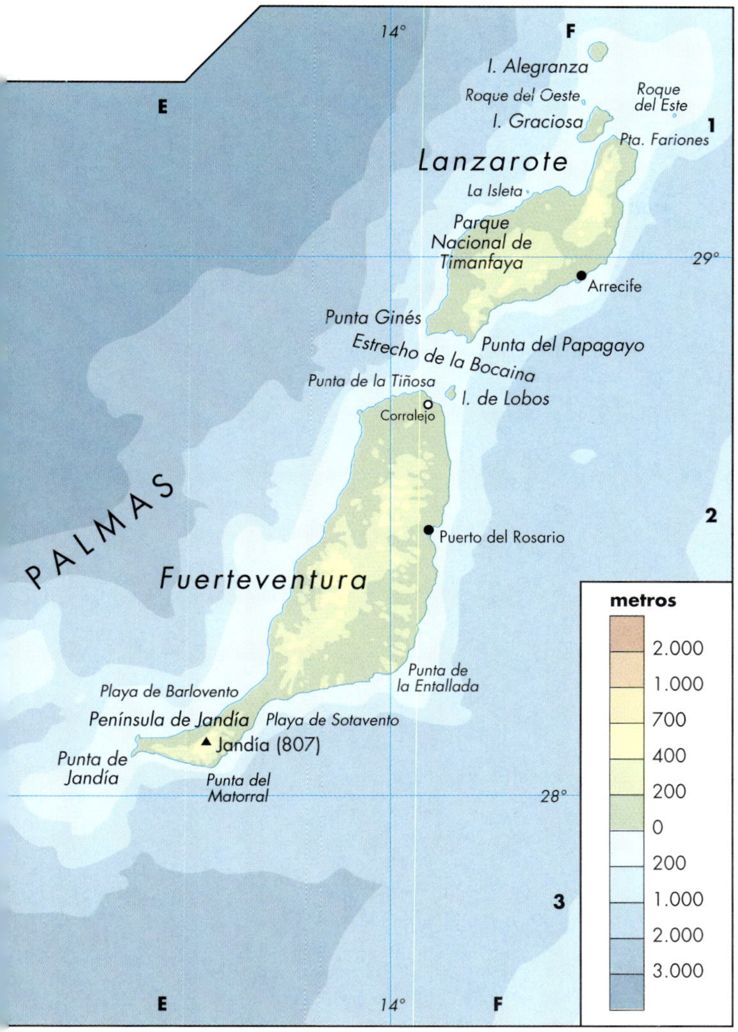

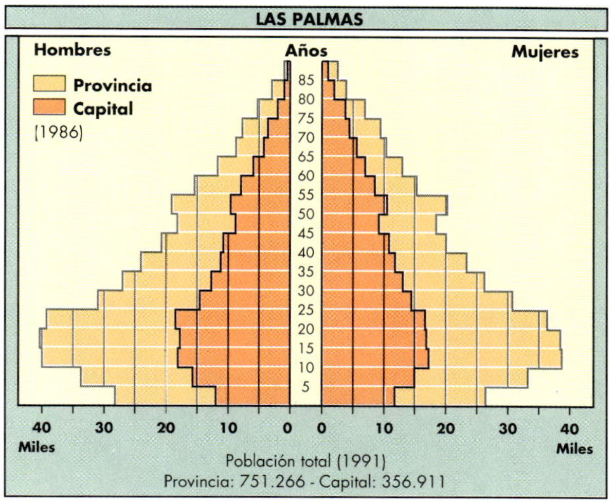

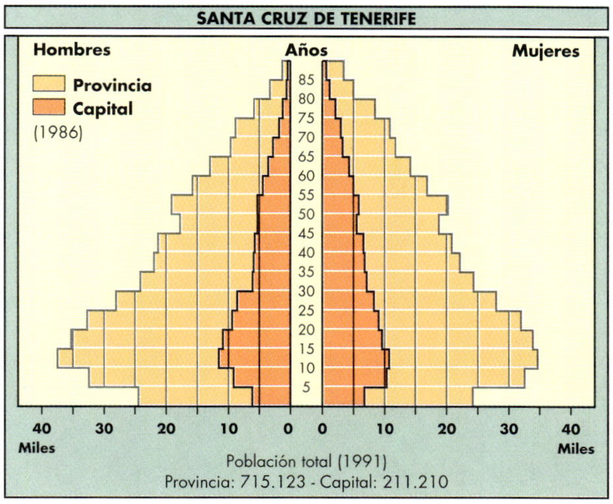

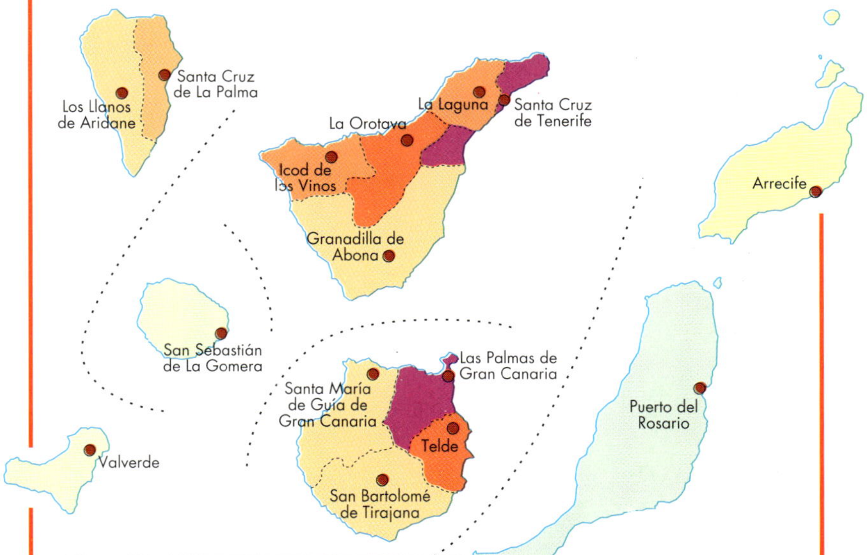

DENSIDAD DE POBLACIÓN POR PARTIDOS JUDICIALES (1991)

Habitantes por km²:

- Más de 500
- De 200 a 500
- De 160 a 200
- De 120 a 160
- De 80 a 120
- De 60 a 80
- De 40 a 60
- De 20 a 40
- De 10 a 20
- Menos de 10
- Capital de Partido Judicial

Escala 1: 2.000.000

0 25 50 km

Actividades económicas

POBLACIÓN ACTIVA POR SECTORES (1991)

	Agricultura	Industria	Construcción	Servicios
LAS PALMAS	8%	11,7%	10,7%	69,6%
SANTA CRUZ DE TENERIFE	7,7%	10,6%	10,5%	71,2%

MINERÍA, INDUSTRIA Y ENERGÍA

- Energía térmica
- Metalúrgica
- Química
- Astilleros
- Refinerías de petróleo
- Alimentación
- Conservas de pescado
- Tabaco
- Materiales de construcción

Escala 1: 2.400.000

0 25 km

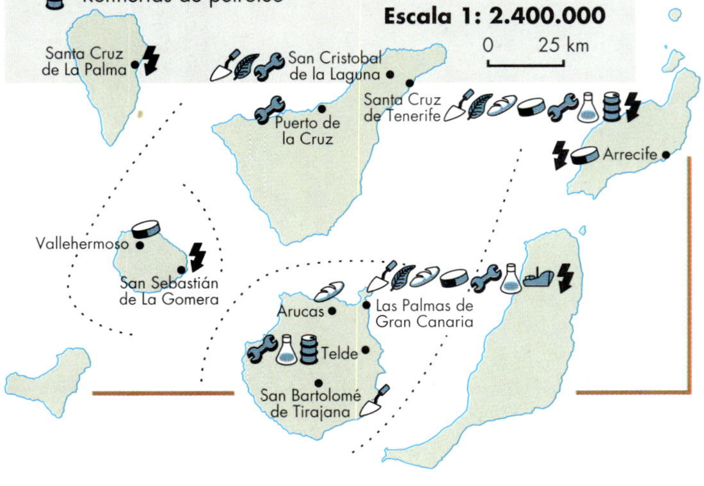

Europa es un continente de dimensiones modestas: 10.396.569 km^2. Como una península de Asia, Europa se adelgaza y estrecha hacia el oeste, con costas muy recortadas y numerosas islas y archipiélagos que facilitan la vida marítima. Su relieve está formado por una enorme llanura, viejos macizos y arcos montañosos recientes.

Abierta al océano Atlántico, los vientos del oeste suavizan el clima europeo y aportan abundantes lluvias en la fachada occidental. Hacia el este, las lluvias se hacen más escasas y los inviernos más fríos. Al sur, en el borde mediterráneo, la suavidad del clima sólo es interrumpida por la sequía y el calor del verano.

Europa es el hogar de la raza blanca y el foco principal del cristianismo. La densidad media de población, más de 68 hab. por km^2, es la más alta de todos los continentes por las condiciones privilegiadas del clima, la antigüedad del poblamiento y el aprovechamiento intensivo del territorio.

Distintos niveles de vida y diferencias de desarrollo y de bienestar separan a la Europa occidental, y parte de la central, de la Europa del Mediterráneo, que se esfuerza por reducir el desempleo e incorporarse a la modernidad. La Europa del este, tras decenios de economía planificada bajo la tutela de la Unión Soviética, adapta sus estructuras al pluralismo político y a la economía de mercado.

Hoy, la Europa plural se esfuerza por la unidad a través de la CE para convertirse en potencia mundial y superar los inconvenientes de la fragmentación política y los desequilibrios regionales.

Poblamiento urbano. Vista de Florencia.
Una gran parte de las ciudades europeas, como Florencia, constituyen un valioso patrimonio cultural y artístico para la humanidad.

Poblamiento disperso en Suiza.
Las condiciones privilegiadas del clima y el aprovechamiento intensivo del territorio han contribuido decisivamente al alto grado de desarrollo y bienestar de la Europa occidental y central.

Raza blanca.
Europa es el continente de la raza blanca.

EUROPA
Físico-Político

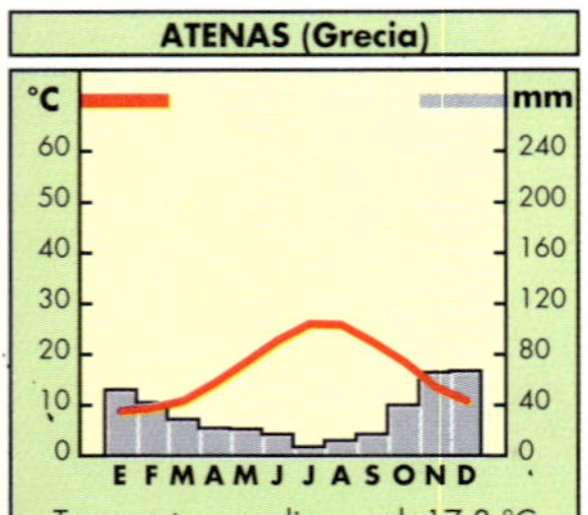

Temperatura media anual: 17,3 °C
Precipitación anual: 394 mm

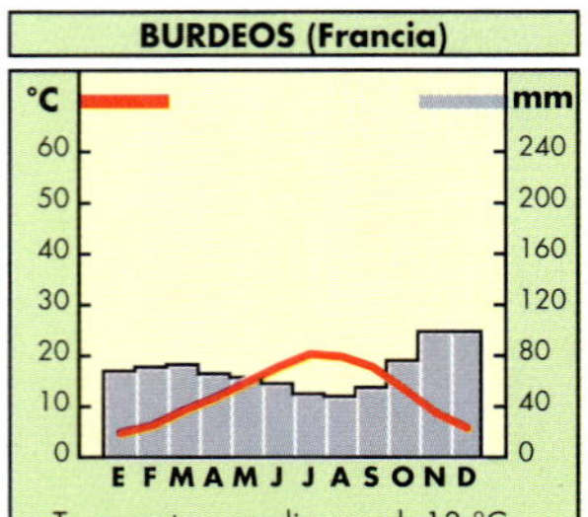

Temperatura media anual: 13 °C
Precipitación anual: 826 mm

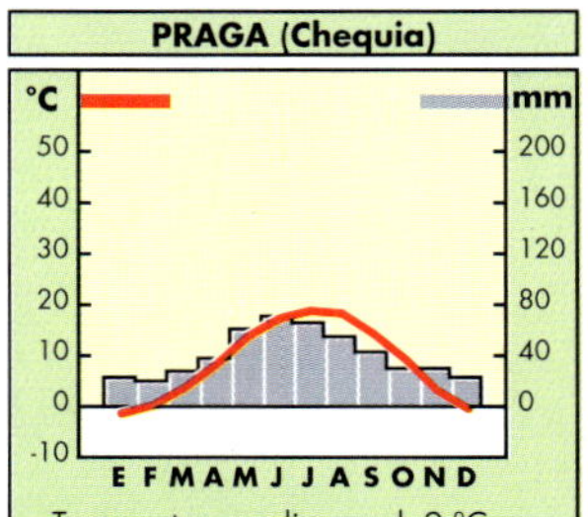

Temperatura media anual: 9 °C
Precipitación anual: 488 mm

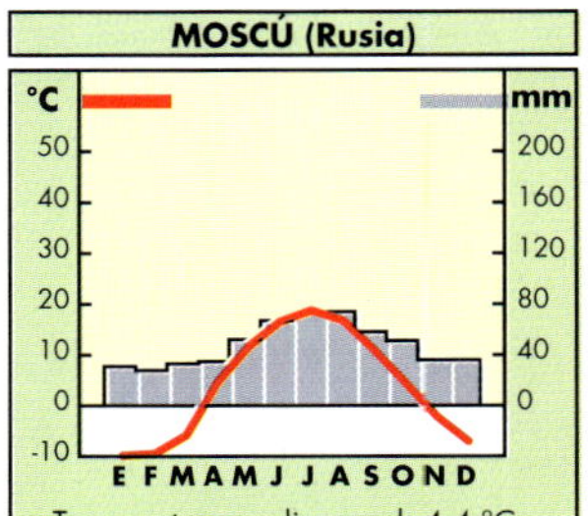

Temperatura media anual: 4,4 °C
Precipitación anual: 575 mm

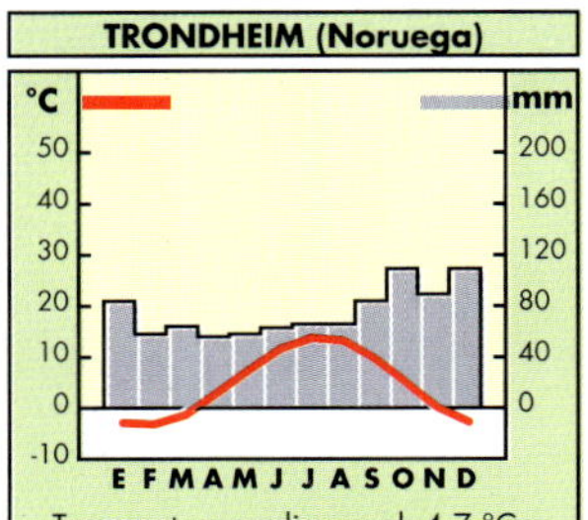

Temperatura media anual: 4,7 °C
Precipitación anual: 907 mm

Fronteras internacionales

Carreteras principales

Ciudades:

Más de 5.000.000 de hab.

De 1 a 5.000.000 de hab.

De 250.000 a 1.000.000 de hab.

Menos de 250.000 hab.

Proyección cónica ortomórfica

Escala 1: 19.500.000

0 250 500 km

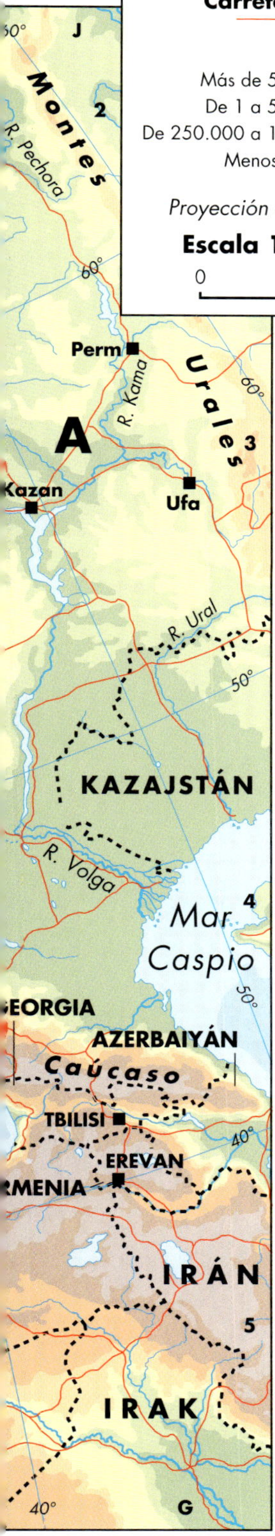

TEMPERATURAS

Isoterma (temperatura al nivel del mar)

Corriente cálida del Golfo

Escala 1: 55.000.000

0 500 1.000 km

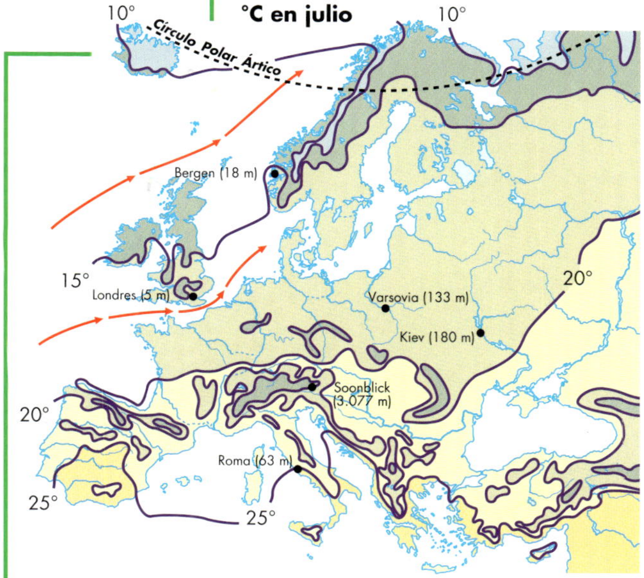

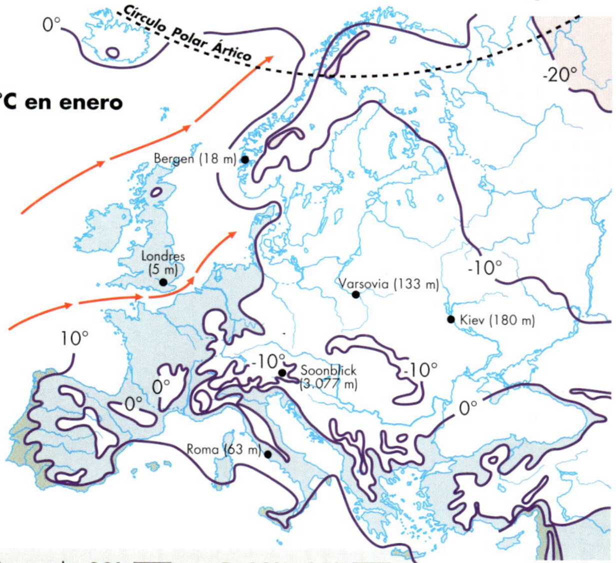

Menos de -20°		De 10° a 15°	
De -20° a -10°		De 15° a 20°	
De -10° a 0°		De 20° a 25°	
De 0° a 10°		De 25° a 30°	

PRECIPITACIONES ANUALES

Menos de 250 mm

De 250 a 500 mm

De 500 a 1.000 mm

De 1.000 a 1.500 mm

Más de 1.500 mm

Escala 1: 55.000.000

0 500 1.000 km

VEGETACIÓN

Vegetación de alta montaña

Tundra

Coníferas

Frondosas

Coníferas y frondosas

Vegetación mediterránea de hoja perenne

Estepa

Estepa desértica

Escala 1: 38.000.000

0 400 800 km

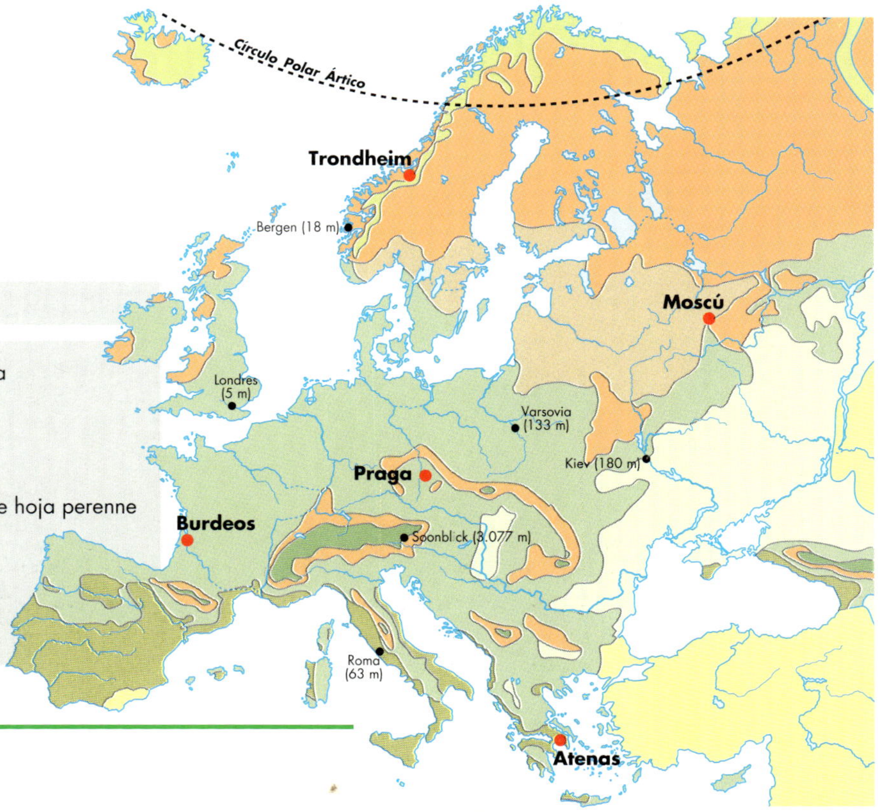

LOS PUEBLOS DE EUROPA

Latinos	Griegos	Caucasianos
Germanos	Vascos	Turco-tártaros
Eslavos	Uralo-altaicos	Albaneses
Celtas	Letones-Lituanos	

Escala 1: 45.000.000
0 500 1.000 km

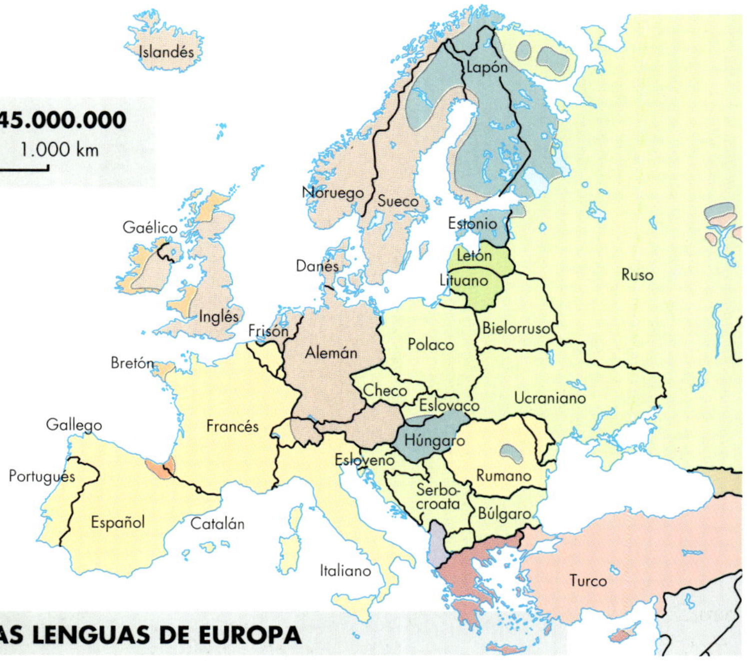

LAS LENGUAS DE EUROPA

Lenguas Indoeuropeas:		Otras lenguas:
Románicas	Griego	Altaicas
Germánicas	Célticas	Vasco
Eslavas	Albanés	Caucásicas
Bálticas		Ugrofinesas

LA EUROPA DE 1914

Estados nacionales anteriores a 1815
Estados nacidos entre 1815 y 1914
Estados multinacionales que desaparecen después de la I Guerra Mundial
Minorías nacionales
Fronteras en 1815
Fronteras en 1914

Escala 1: 40.000.000
0 400 800 km

LA EUROPA DE LOS BLOQUES (1990)

Bloques militares:
- Países miembros de la Alianza Atlántica (OTAN)
- Democracias populares miembros del Pacto de Varsovia
- Países neutrales fuera de la Alianza Atlántica
- Países comunistas no miembros del Pacto de Varsovia

Fronteras internacionales
"Telón de Acero" en Alemania

Asociaciones y comunidades económicas:
- Países miembros de la Comunidad económica europea (C.E.E.)
- Países miembros de la Asociación europea de libre cambio (E.F.T.A.)
- Países miembros del Consejo de ayuda mutua económica (C.A.M.E.)

LA EUROPA ACTUAL (1995)

Asociaciones y comunidades económicas:
- Países miembros de la Unión Europea (U.E.)
- Candidatos a la entrada en la U.E.
- Estados surgidos de la U.R.S.S. reagrupados en la Comunidad de Estados Independientes (C.E.I.)

Fronteras internacionales

Países en guerra civil

REFUGIADOS EN EUROPA OCCIDENTAL (1992)

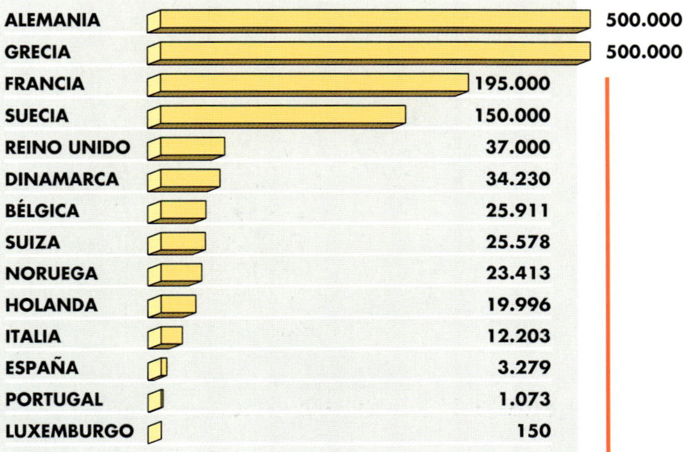

DENSIDAD DE POBLACIÓN Y GRANDES URBES

Habitantes por km²:
- Menos de 10
- De 10 a 50
- De 50 a 100
- De 100 a 200
- Más de 200

● Áreas metropolitanas entre 1 y 5 millones de habitantes.
■ Áreas metropolitanas con más de 5 millones de habitantes.

Escala 1: 40.000.000
0 400 800 km

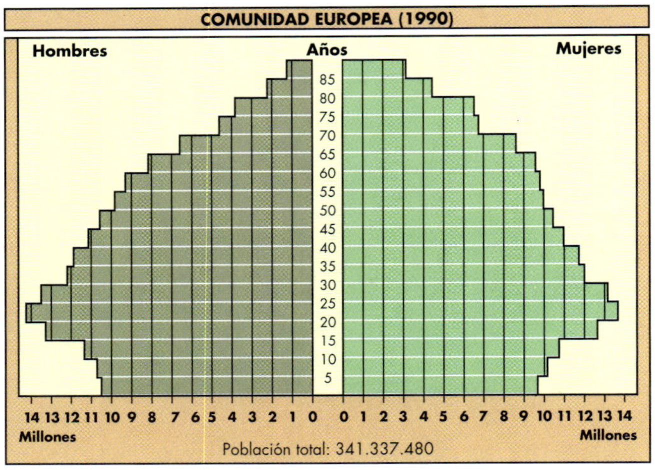

EXTRANJEROS EN LA U.E. POR PAÍSES (1991)

	Miles de personas
ALEMANIA	3.520
FRANCIA	2.102
REINO UNIDO	1.025
HOLANDA	464
BÉLGICA	332
ITALIA	236
ESPAÑA	165
GRECIA	123
DINAMARCA	115
PORTUGAL	74
IRLANDA	17
	Total :8.175

URBANIZACIÓN (1991)

% de población urbana
- Menos del 50%
- Del 50 al 60%
- Del 60 al 70%
- Del 70 al 80%
- Más del 80%

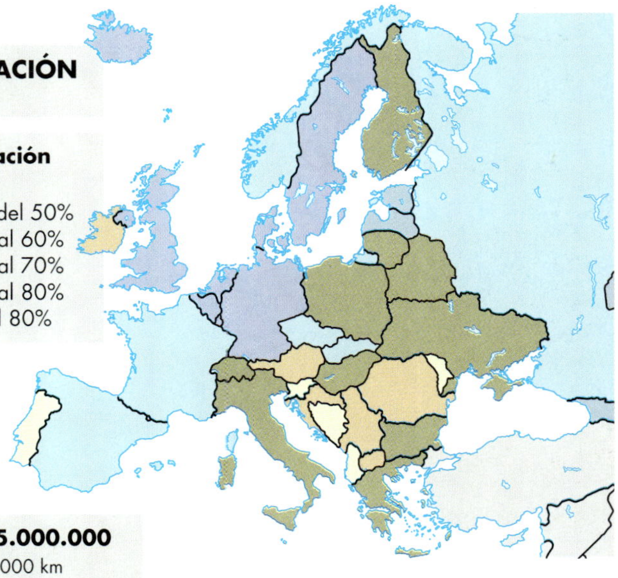

Escala 1: 55.000.000
0 500 1.000 km

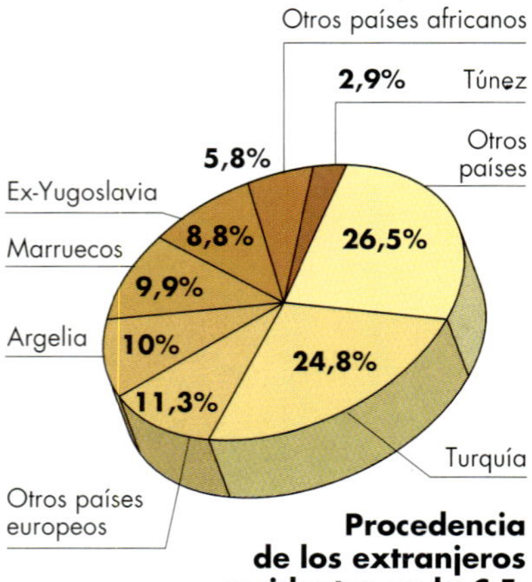

Procedencia de los extranjeros residentes en la C.E. (1991)

CORRIENTES MIGRATORIAS

Niveles de desarrollo por países:
- Poco desarrollados
- Desarrollo medio
- Muy desarrollados

→ Dirección de las migraciones

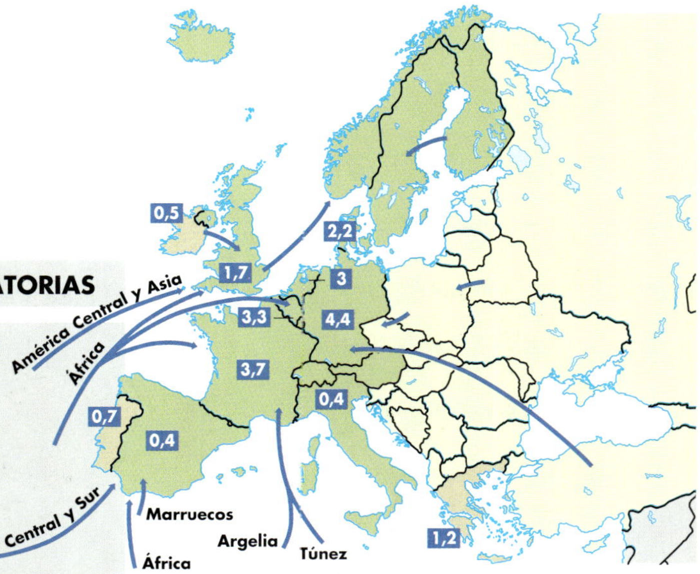

N % de extranjeros sobre la población total del país (1991)
Total C.E.: 2,4%

EUROPA
Actividades económicas

PRINCIPALES PRODUCCIONES (1991)

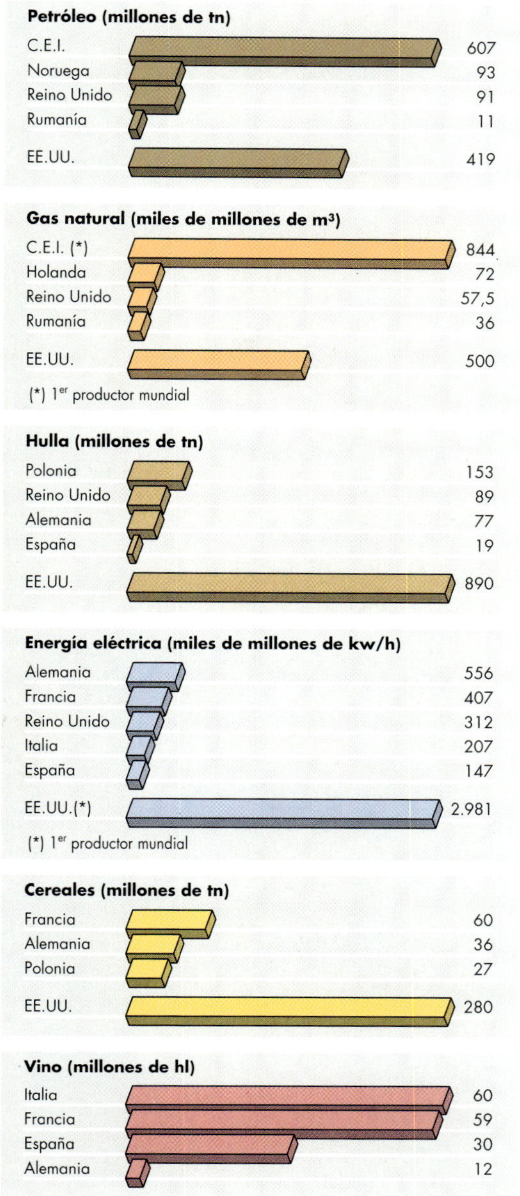

APROVECHAMIENTO AGRÍCOLA, GANADERO Y FORESTAL

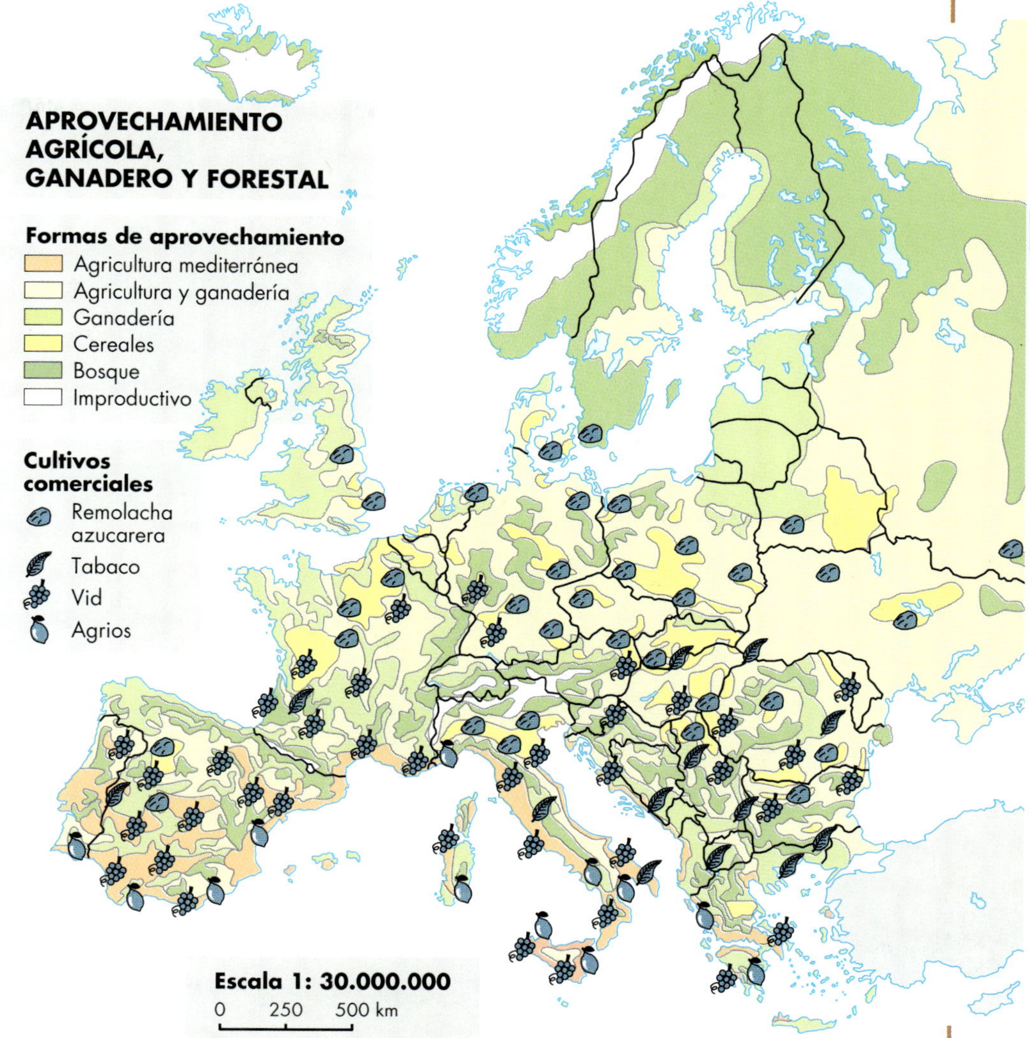

INDUSTRIA Y YACIMIENTOS DE ENERGÍA

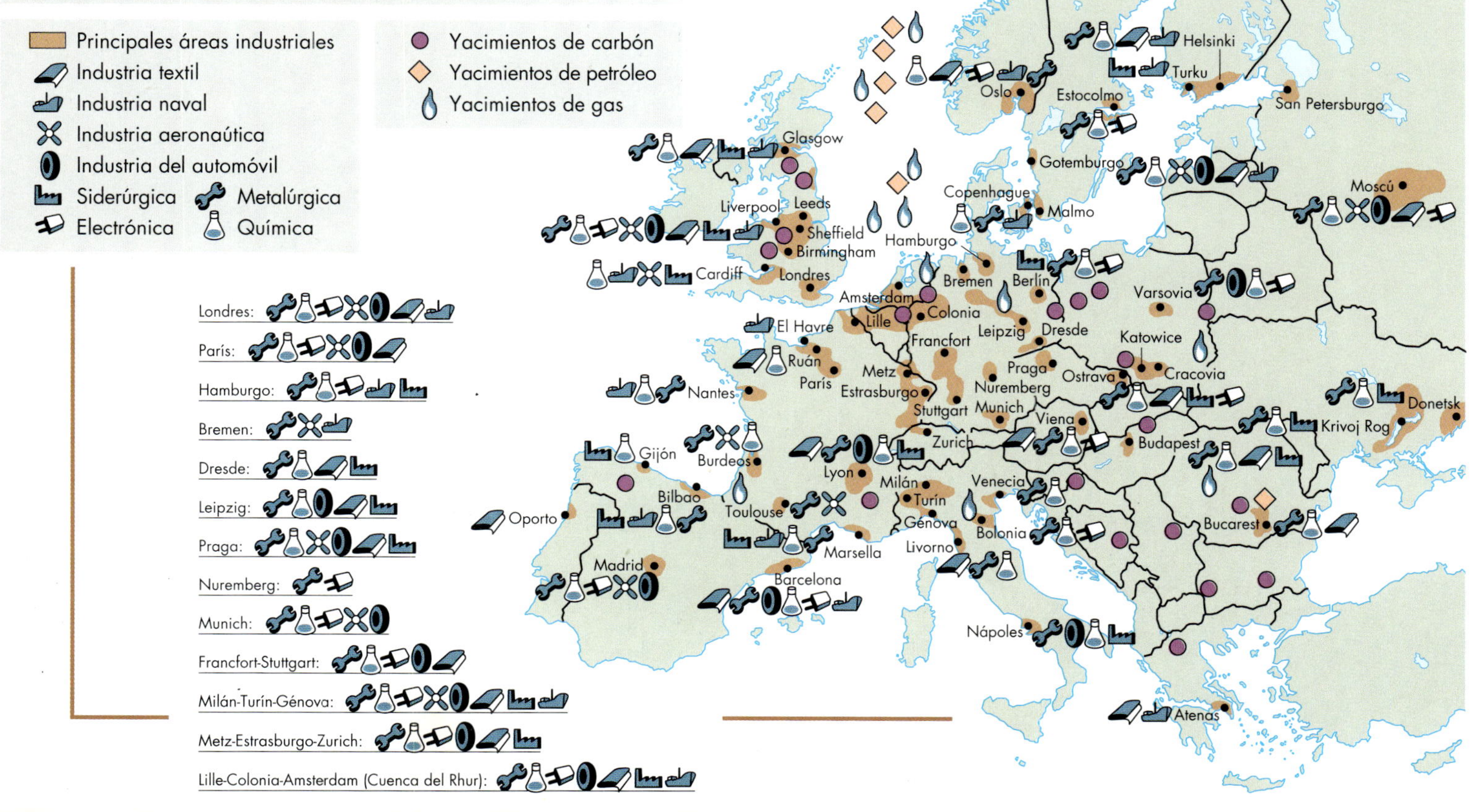

LOS ESTADOS DE LA U.E. (1995)

Fronteras internacionales

● Capitales

Escala 1: 23.000.000

0 250 500 km

Sedes comunitarias:

1 La Comisión
2 Consejo
3 Parlamento
4 Tribunal de Justicia
5 Comité Económico y Social
6 Tribunal de Cuentas
7 Banco Europeo de Inversiones

FORMACIÓN DE LA C.E./U.E.

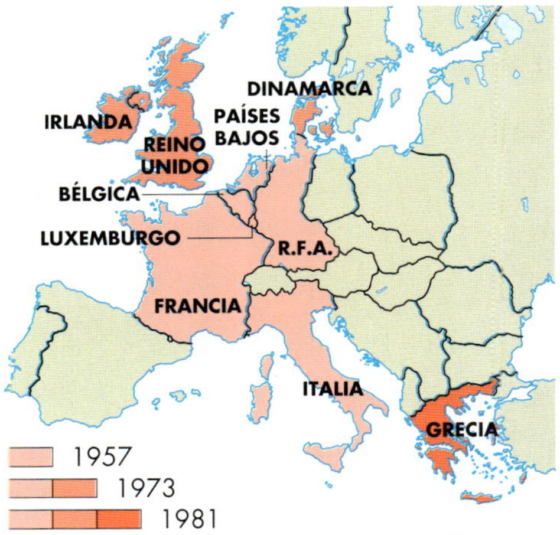

(*) 1990: unificación alemana

País	Superficie	Población	Densidad
Alemania	357.325 km²	80.614.100 h.	225,9 h./ km²
Austria	83.859 km²	7.909.600 h.	94,3 h./ km²
Bélgica	30.513 km²	10.068.300 h.	329,9 h./ km²
Dinamarca	43.069 km²	5.180.600 h.	120,3 h./ km²
España	504.782 km²	39.114.200 h.	77,5 h./ km²
Francia	547.026 km²	57.529.600 h.	105,8 h./ km²
Finlandia	338.145 km²	5.055.000 h.	15,0 h./ km²
Grecia	132.000 km²	10.346.400 h.	78,4 h./ km²
Holanda	40.844 km²	15.239.200 h.	369,9 h./ km²
Irlanda	70.283 km²	3.560.000 h.	50,7 h./ km²
Italia	301.000 km²	56.932.700 h.	189,0 h./ km²
Luxemburgo	2.586 km²	395.200 h.	152,8 h./ km²
Portugal	92.000 km²	9.859.600 h.	106,7 h./ km²
Reino Unido	244.046 km²	57.959.000 h.	237,4 h./ km²
Suecia	449.964 km²	8.692.000 h.	19,3 h./ km²

ORGANIGRAMA DE LA U.E.

Órganos de decisión
Instituciones deliberantes de control
Órganos consultivos, asesores y de control

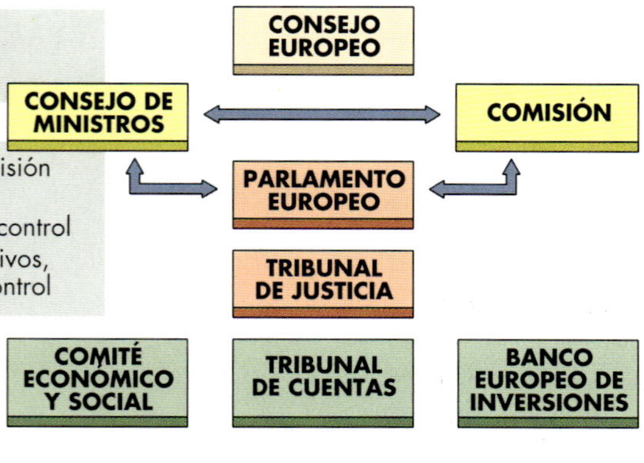

COMPOSICIÓN POLÍTICA DEL PARLAMENTO EUROPEO (1994)

Partidos representados y número de escaños

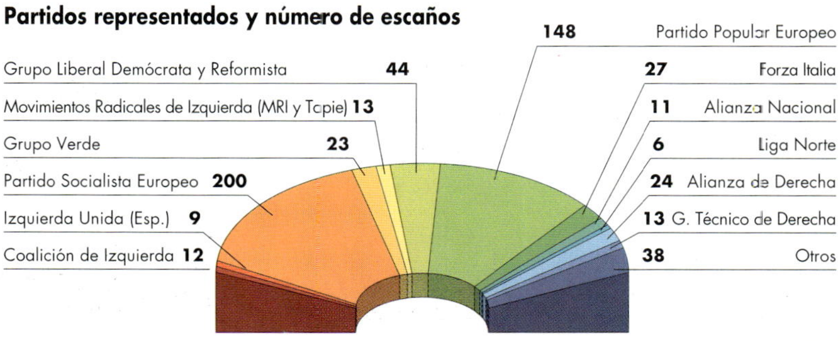

EUROPA
Unión Europea

PRODUCTO INTERIOR BRUTO POR HABITANTE EN 1989

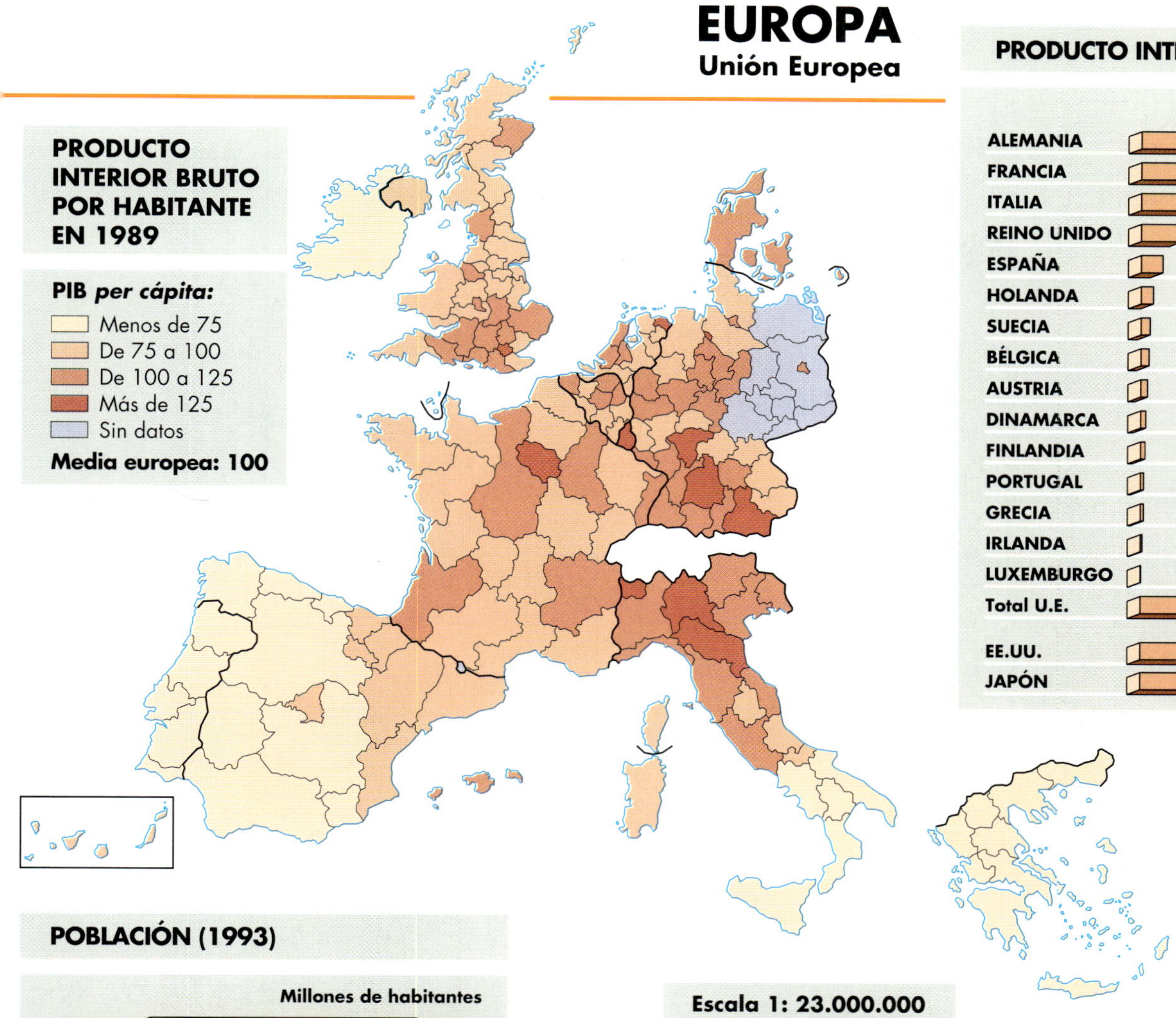

PRODUCTO INTERIOR BRUTO (1992)

	Miles de millones de dólares
ALEMANIA	1.864
FRANCIA	1.278
ITALIA	1.186
REINO UNIDO	1.024
ESPAÑA	547
HOLANDA	312
SUECIA	233
BÉLGICA	209
AUSTRIA	174
DINAMARCA	133
FINLANDIA	116
PORTUGAL	78
GRECIA	75
IRLANDA	42
LUXEMBURGO	13
Total U.E.	7.284
EE.UU.	5.904
JAPÓN	3.507

PARTICIPACIÓN DE LA C.E./U.E. EN EL COMERCIO MUNDIAL (1991)

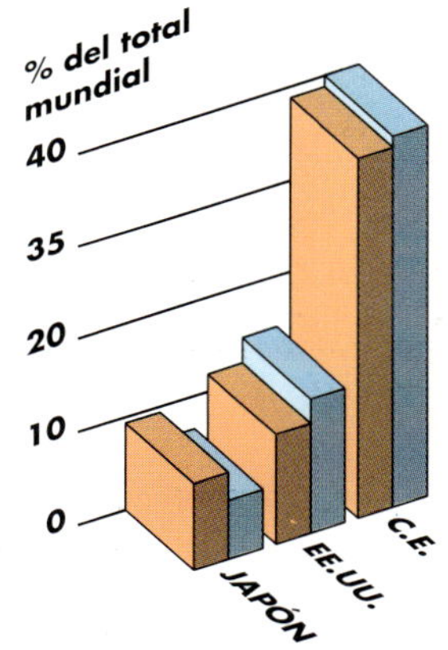

POBLACIÓN (1993)

	Millones de habitantes
C.E./U.E.	369,0
C.E.I.	283,8
EE.UU.	257,5
JAPÓN	124,8

Escala 1: 23.000.000
0 250 500 km

TASA DE PARO (1994)

	% sobre el total de la población activa
ESPAÑA	24,3
FINLANDIA	18,3
IRLANDA	15,8
FRANCIA	12,6
BÉLGICA	12,6
DINAMARCA	12,0
ITALIA	11,3
GRECIA	9,7
ALEMANIA	9,6
REINO UNIDO	9,4
HOLANDA	9,3
SUECIA	7,9
PORTUGAL	6,8
AUSTRIA	4,4
LUXEMBURGO	2,4
U.E.	11,0

REGIONES DE LA C.E./U.E. CON PROBLEMAS ECONÓMICOS

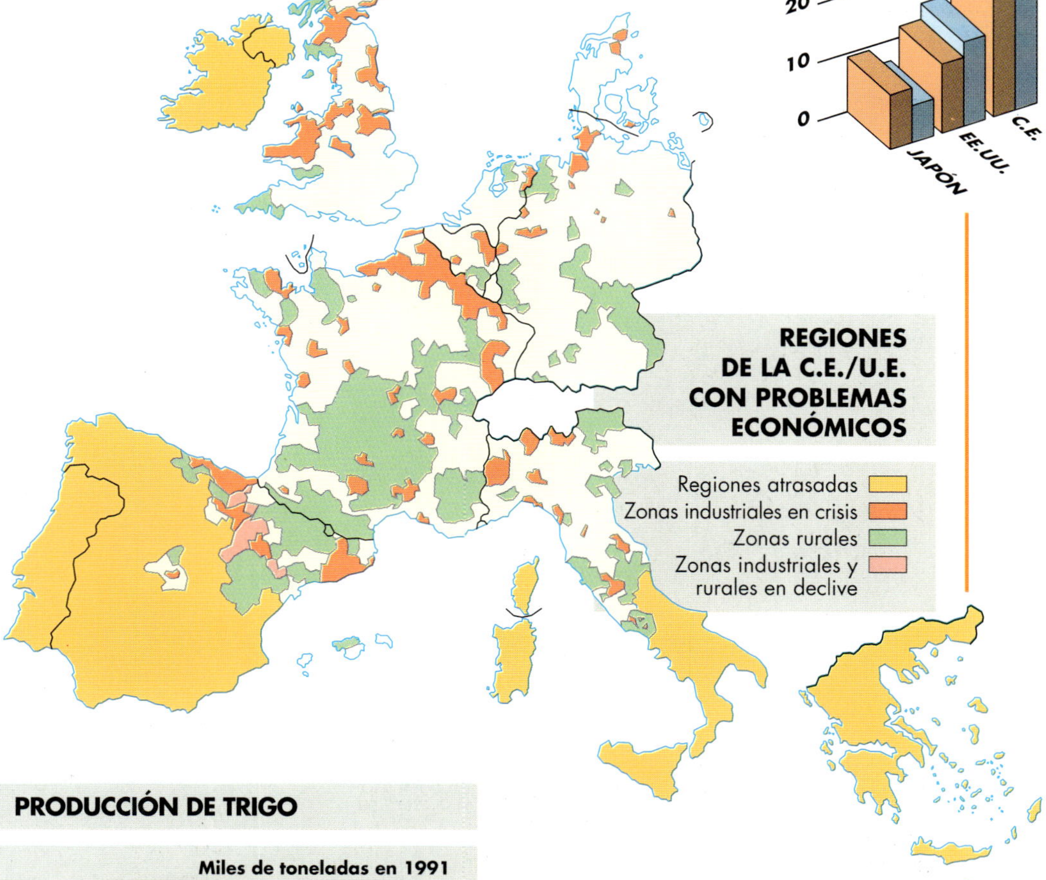

PRODUCCIÓN DE ACERO BRUTO

Miles de toneladas en 1991

Total de la produción mundial: 769.000

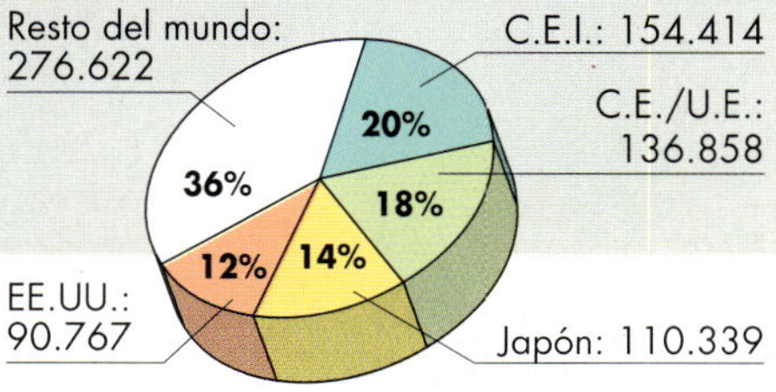

PRODUCCIÓN DE TRIGO

	Miles de toneladas en 1991
C.E./U.E.	78.148
C.E.I.	94.917
EE.UU.	59.761
CANADÁ	24.124

Paisaje turístico. Mónaco

En un emplazamiento espectacular, donde la montaña llega a orillas del mar, Mónaco es uno de los principales centros de turismo del Mediterráneo

Vista aérea de Amsterdam

Los centros históricos de las ciudades europeas (como el de Amsterdam) son espacios privilegiados, de valor simbólico, educativo y convivencial, que merecen su conservación

Barcaza por el Rhin. Düsseldorf

El Rhin, una de las arterias fluviales más importantes de Europa, ha favorecido la concentración industrial y ha dado lugar a una de las principales regiones económicas del mundo

Paisaje rural en Bohemia. Chequia

En el Este europeo, la agricultura mantiene su importancia tradicional y hoy transforma sus estructuras socialistas para adaptarse a las nuevas condiciones del libre mercado

FRANCIA
Organización del territorio

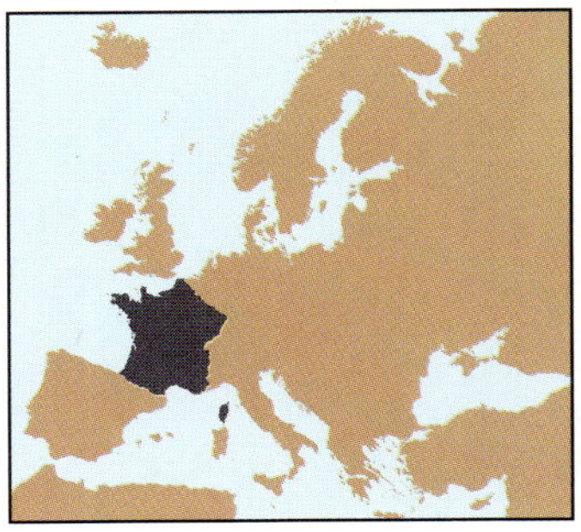

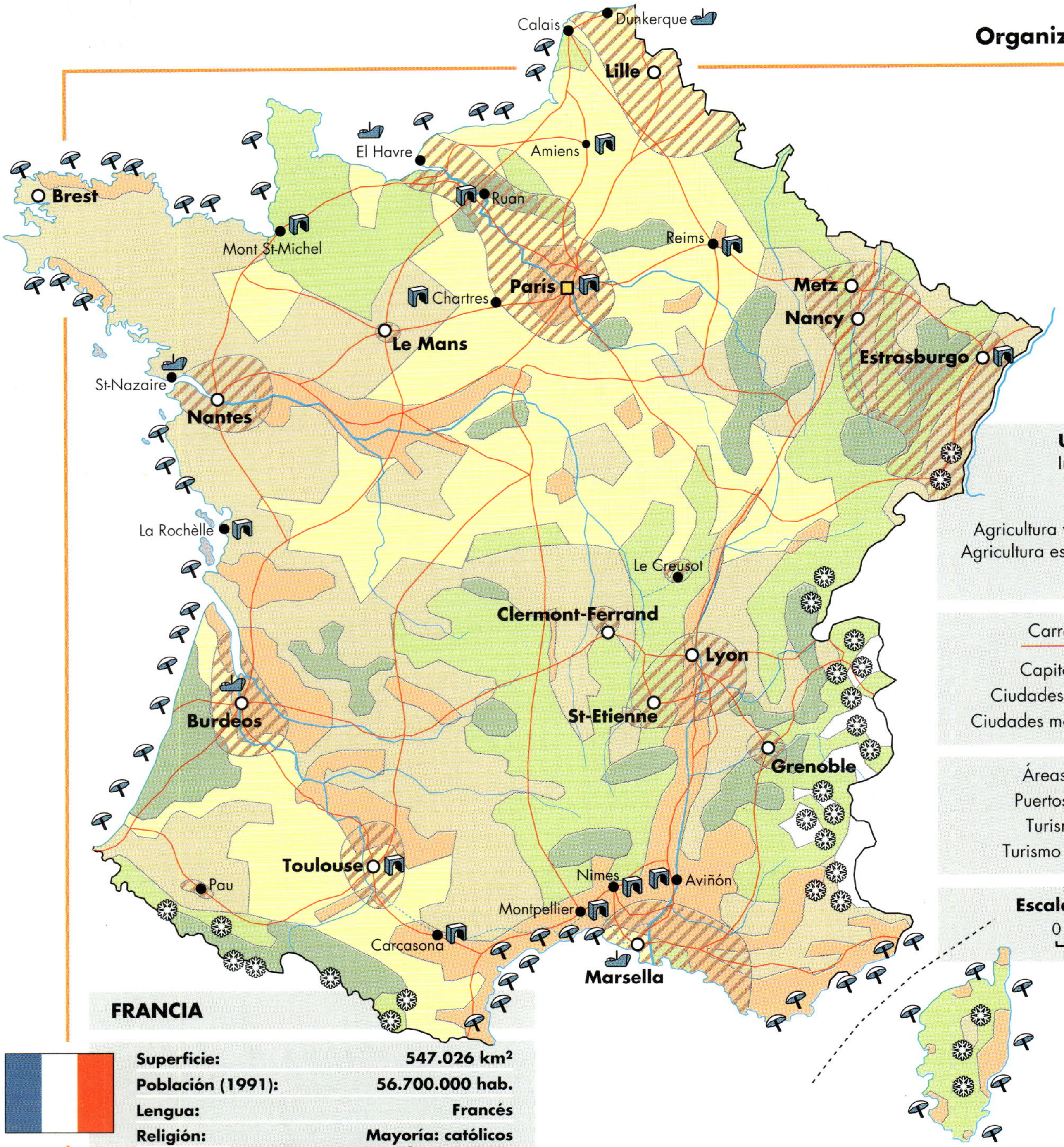

FRANCIA

Superficie:	**547.026 km²**
Población (1991):	**56.700.000 hab.**
Lengua:	**Francés**
Religión:	**Mayoría: católicos Minorías: musulmanes (2%); protestantes (1%)**
Renta por habitante (1989):	**17.830 dólares**
% de población activa en agricultura (1989):	**5,5**
Gasto del estado en educación (% del P.I.B.):	**5,3**

SUIZA
Organización del territorio

SUIZA

Superficie:	**41.288 km²**
Población (1991):	**6.800.000 hab.**
Lengua:	**Alemán, francés, italiano, romanche**
Religión:	**Protestante, católica**
Renta por habitante (1989):	**30.270 dólares**
% de población activa en agricultura (1989):	**3,0**
Gasto del estado en educación (% del P.I.B.):	**4,8**

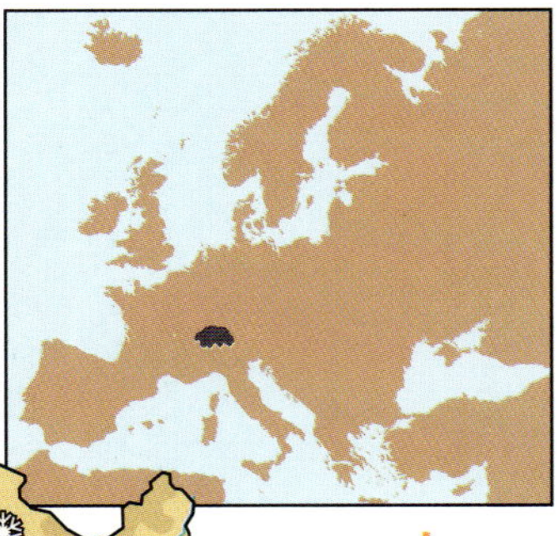

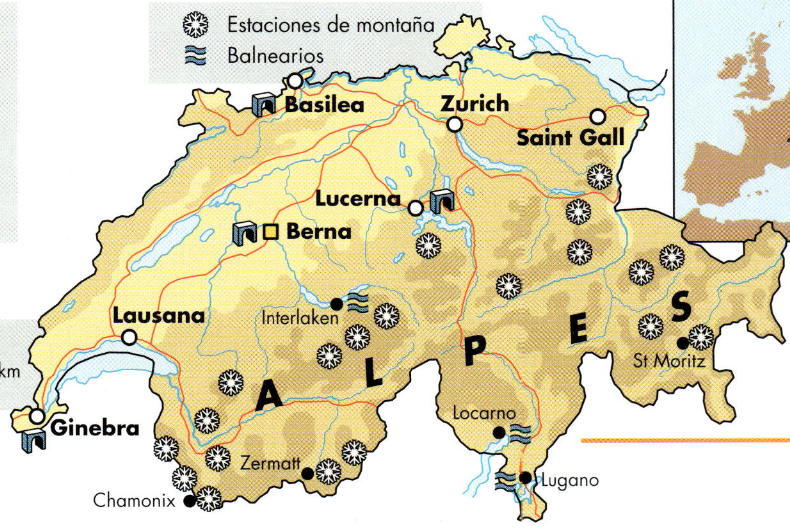

ALEMANIA
Organización del territorio

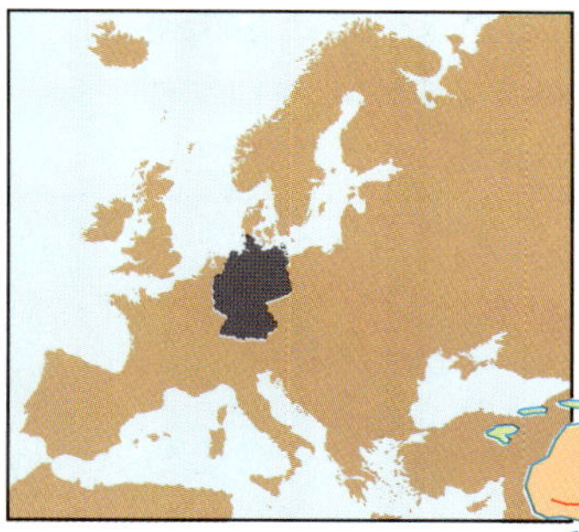

Usos del suelo:
- Ganadería
- Agricultura
- Agricultura y ganadería
- Bosque

- Carreteras principales
- Canales fluviales
- Capital de Estado
- Ciudades importantes
- Ciudades monumentales

- Áreas industriales
- Puertos principales

Escala 1: 5.000.000

0 50 100 km

ALEMANIA

Superficie:	**357.325 km²**
Población (1991):	**79.500.000 hab.**
Lengua:	**Alemán**
Religión:	**Católicos, protestantes**
Renta por habitante (1989):	**16.200 dólares**
	Antigua Rep. Federal: 20.750 dólares
	Antigua Rep. Democrática: 8.400 dólares
% de población activa en agricultura (1989):	
	Antigua Rep. Federal: 3,8
	Antigua Rep. Democrática: 8,3
Gasto del estado en educación (% del P.I.B.):	**4,2**

PESO DE ALEMANIA EN LA C.E.

Alemania   C.E.

Población en 1991

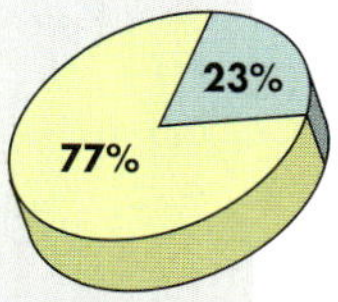

Participación en el presupuesto de la C.E. en 1993

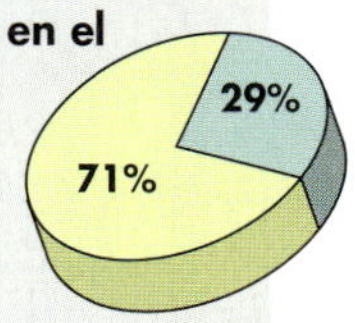

Valor añadido de la producción industrial en 1990

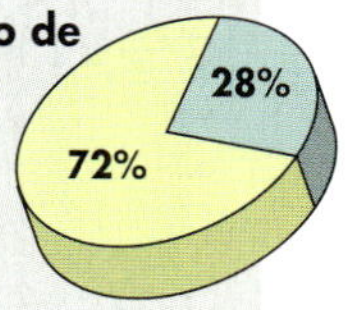

Comercio dentro de la C.E. en 1990

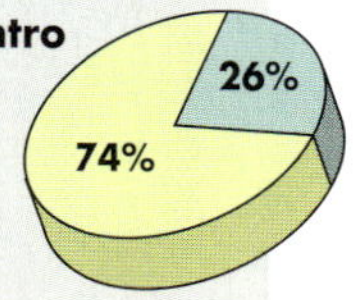

Valor del P.I.B. en 1990

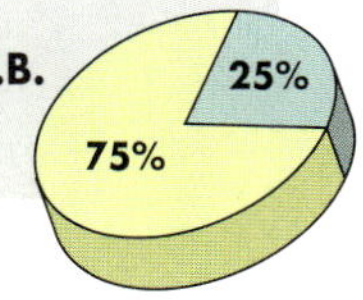

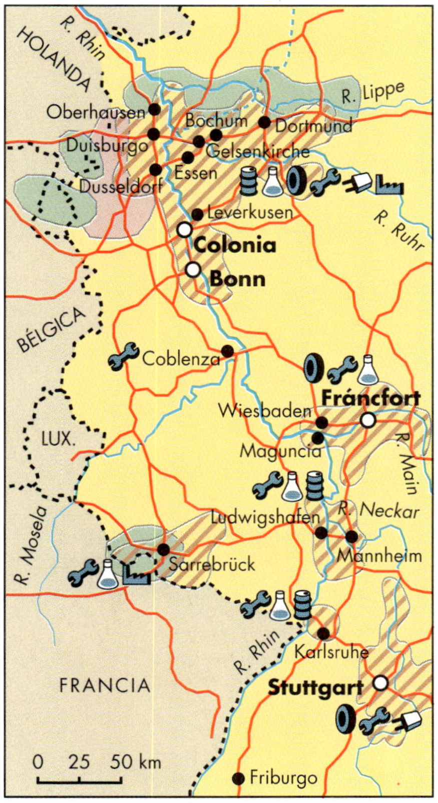

LA CUENCA DEL RHIN

- Autopistas
- Ríos navegables
- Canales
- Áreas industriales
- Yacimientos de hulla
- Yacimientos de lignito
- Industria del automóvil
- Siderúrgica
- Metalúrgica
- Electrónica
- Química
- Refinerías de petróleo

REINO UNIDO

Superficie:	**244.046 km²**
Población (1991):	**57.270.000 hab.**
Lengua:	**Inglés**
Religión:	**Mayoría: protestantes Minoría: católicos (9%)**
Renta por habitante (1989):	**14.570 dólares**
% de población activa en agricultura:	**2,1**
Gasto del Estado en educación (% del P.I.B.):	**4,7**

IRLANDA

Superficie:	**70.283 km²**
Población (1991):	**3.537.000 hab.**
Lengua:	**Inglés**
Religión:	**Mayoría: católicos Minoría: protestantes (3,1%)**
Renta por habitante (1989):	**8.500 dólares**
% de población activa en agricultura:	**13,9**
Gasto del Estado en educación (% del P.I.B.):	**7,0**

Usos del suelo:
Ganadería
Agricultura
Agricultura y ganadería

Carreteras principales
Capital de Estado
Ciudades importantes
Ciudades monumentales

Áreas industriales
Puertos principales
Turismo de playa

Escala 1: 6.000.000
0 50 100 km

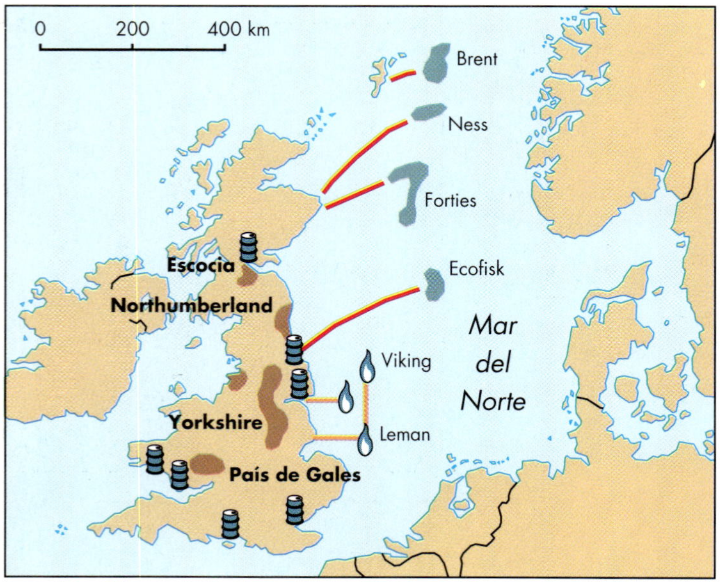

LA ENERGÍA EN EL REINO UNIDO

Yacimientos hulleros en explotación
Yacimientos de petróleo
Yacimientos de gas
Refinerías
Gaseoductos
Oleoductos

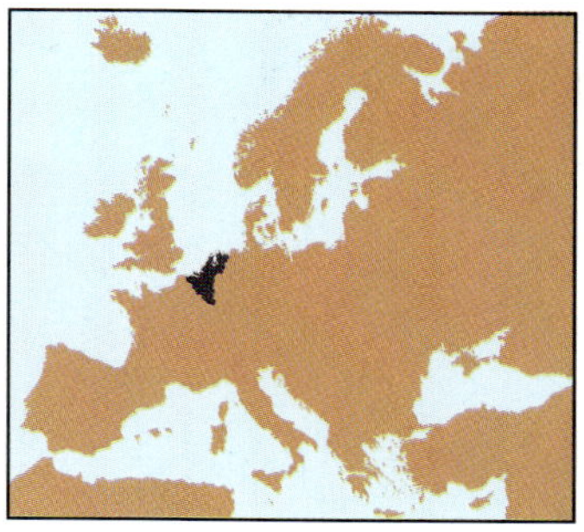

HOLANDA

Superficie:	**40.844 km²**
Población (1991):	**14.828.000 hab.**
Lengua:	**Holandés**
Religión:	**Católicos (36%); protestantes (27%); musulmanes (2,7%)**
Renta por habitante (1989):	**16.010 dólares**
% de población activa en agricultura:	**3,8**
Gasto del Estado en educación (% del P.I.B.):	**6,8**

Usos del suelo:
- Ganadería
- Agricultura
- Agricultura en invernadero
- Dunas litorales
- Bosque y pradera

- Carreteras principales
- Diques

- Capital de Estado
- Ciudades importantes
- Ciudades monumentales

- Áreas industriales
- Puertos principales

Escala 1: 3.000.000
0 40 80 km

BÉLGICA

Superficie:	**30.513 km²**
Población (1991):	**9.886.000 hab.**
Lengua:	**Francés y valón**
Religión:	**Católica**
Renta por habitante (1989):	**16.390 dólares**
% de población activa en agricultura:	**1,9**
Gasto del Estado en educación (% del P.I.B.):	**4,9**

LUXEMBURGO

Superficie:	**2.586 km²**
Población (1991):	**379.000 hab.**
Lengua:	**Francés**
Religión:	**Católica**
Renta por habitante (1989):	**24.860 dólares**
% de población activa en agricultura:	**3,4**
Gasto del Estado en educación (% del P.I.B.):	**4,7**

LOS POLDERS DEL NORTE

- Primeros polders (s. XVI - s. XIX)
- Polders cultivados
- Polders recientes
- Núcleos urbanos

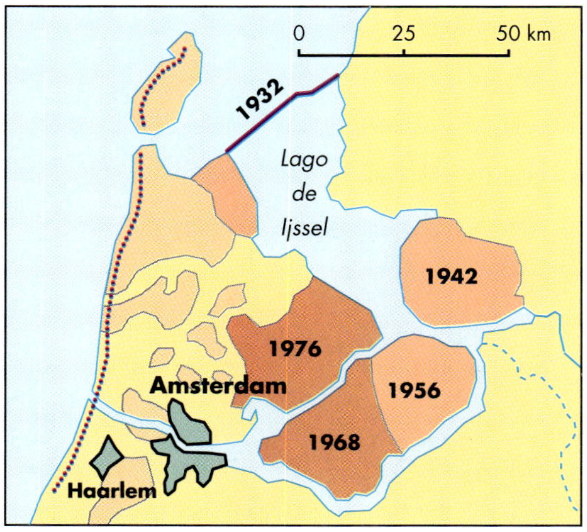

LA CONURBACIÓN HOLANDESA

- Capital de Estado
- Metrópoli
- Ciudades medias
- Otras ciudades
- Zona industrial
- Polders
- Zona urbanizada
- Zona periurbana
- Autopistas

PAÍSES NÓRDICOS
Organización del territorio

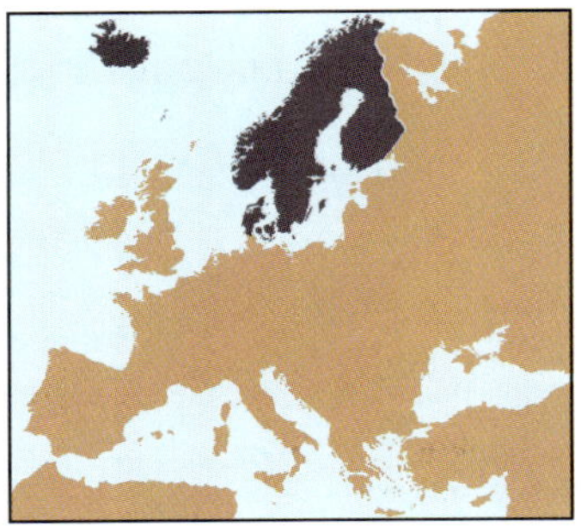

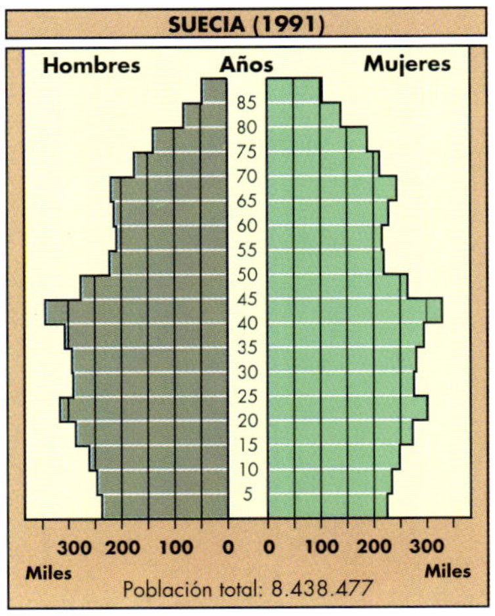

SUECIA

Superficie:	**449.964 km²**
Población (1991):	**8.485.000 hab.**
Lengua:	**Sueco**
Religión:	**Mayoría protestante**
Renta por habitante (1990):	**21.710 dólares**
% de población activa en agricultura:	**4,0**
Gasto del Estado en educación (% del P.I.B.):	**7,3**

ISLANDIA

Superficie:	**103.000 km²**
Población (1991):	**260.000 hab.**
Lengua:	**Islandés**
Religión:	**Protestante**
Renta por habitante (1990):	**21.150 dólares**
% de población activa en agricultura:	**6,8**
Gasto del Estado en educación (% del P.I.B.):	**5,4**

NORUEGA

Superficie:	**324.219 km²**
Población (1991):	**4.215.000 hab.**
Lengua:	**Noruego**
Religión:	**Mayoría protestante**
Renta por habitante (1990):	**21.850 dólares**
% de población activa en agricultura:	**5,5**
Gasto del Estado en educación (% del P.I.B.):	**7,5**

DINAMARCA

Superficie:	**43.069 km²**
Población (1991):	**5.132.000 hab.**
Lengua:	**Danés**
Religión:	**Mayoría protestante**
Renta por habitante (1990):	**20.510 dólares**
% de población activa en agricultura:	**4,9**
Gasto del Estado en educación (% del P.I.B.):	**7,6**

FINLANDIA

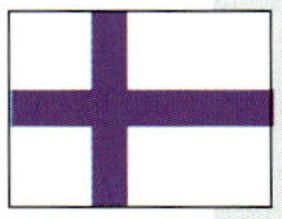

Superficie:	**337.009 km²**
Población (1991):	**4.974.000 hab.**
Lengua:	**Finés**
Religión:	**Mayoría protestante**
Renta por habitante (1990):	**22.060 dólares**
% de población activa en agricultura:	**8,4**
Gasto del Estado en educación (% del P.I.B.):	**5,8**

PAÍSES BÁLTICOS
Organización del territorio

EVOLUCIÓN POLÍTICA DE LOS TERRITORIOS BÁLTICOS

Escala 1: 40.000.000
0 400 800 km

Imperio Ruso en 1914

Territorios perdidos por la U.R.S.S. entre 1918 y 1922
Frontera del bloque comunista

Territorios ganados por la U.R.S.S. entre 1939 y 1945
Frontera del bloque comunista

Independizados en 1992
Independizados en 1993

Usos del suelo:
Agricultura y ganadería
Agricultura especializada

Carreteras principales
Principales vías férreas
Gaseoductos
Oleoductos
Capital de Estado
Ciudades importantes
Ciudades monumentales

Puertos principales

Escala 1: 5.000.000
0 50 100 km

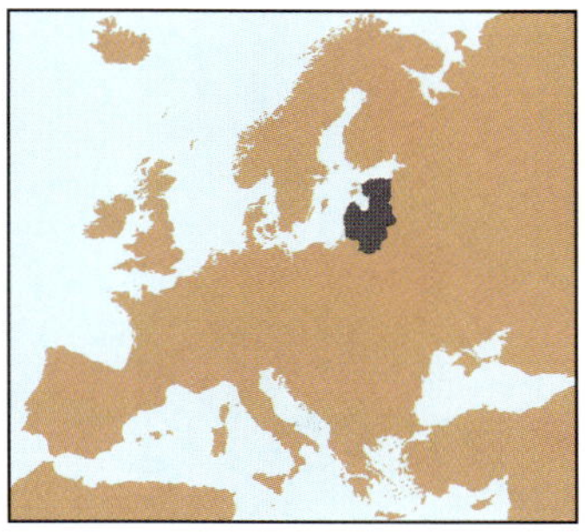

ESTONIA

Fecha de independencia:	**20 Agosto 1990**
Superficie:	**45.100 km²**
Población (1991):	**1.600.000 hab.**
Lengua:	**Estonio y ruso**
Religión:	**Mayoría luterana**
Renta por habitante (1990):	**1.867 dólares**
% de población activa en agricultura:	**12,7**
Gasto del Estado en educación (% del P.I.B.):	**---**

LETONIA

Fecha de independencia:	**21 Agosto 1990**
Superficie:	**63.700 km²**
Población (1991):	**2.700.000 hab.**
Lengua:	**Letón y ruso**
Religión:	**Mayoría luterana**
Renta por habitante (1990):	**1.692 dólares**
% de población activa en agricultura:	**15,9**
Gasto del Estado en educación (% del P.I.B.):	**---**

LITUANIA

Fecha de independencia:	**11 Marzo 1990**
Superficie:	**65.230 km²**
Población (1991):	**3.700.000 hab.**
Lengua:	**Lituano, ruso y polaco**
Religión:	**Mayoría católica**
Renta por habitante (1990):	**1.514 dólares**
% de población activa en agricultura:	**18,2**
Gasto del Estado en educación (% del P.I.B.):	**---**

POBLACIÓN ACTIVA POR SECTORES (1990)

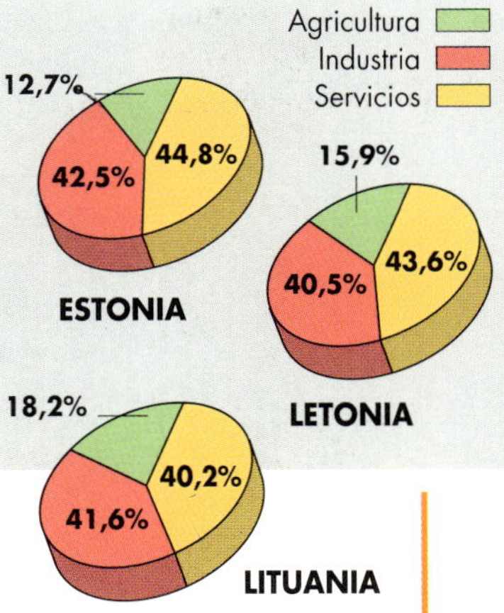

GRUPOS ÉTNICOS

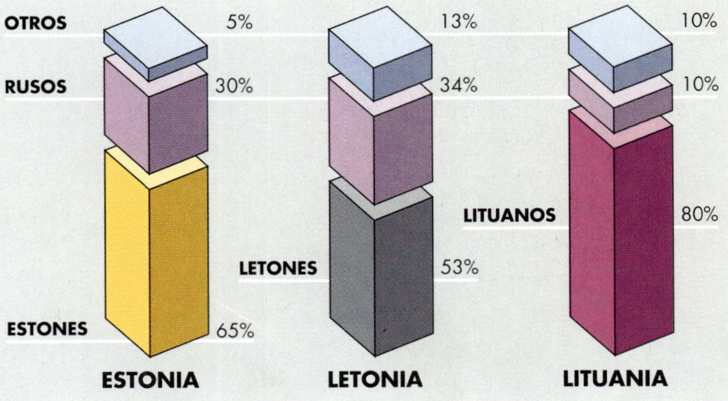

PORTUGAL

Superficie:	92.000 km²
Población (1991):	10.400.000 hab.
Lengua:	Portugués
Religión:	Católica
Renta por habitante (1989):	4.260 dólares
% de población activa en agricultura (1989):	16,9
Gasto del Estado en educación (% del P.I.B.):	4,9

ESPAÑA

Superficie:	504.782 km²
Población (1991):	39.561.608 hab.
Lengua:	Español: lengua estatal Catalán, gallego, valenciano, vasco: lenguas autonómicas
Religión:	Católica
Renta por habitante (1989):	9.150 dólares
% de población activa en agricultura (1990):	11,3
Gasto del Estado en educación (% del P.I.B.):	4,3

ITALIA

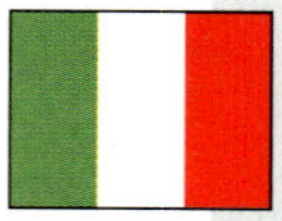

Superficie:	301.000 km²
Población (1991):	57.700.000 hab.
Lengua:	Italiano
Religión:	Católica
Renta por habitante (1989):	15.150 dólares
% de población activa en agricultura (1989):	8,9
Gasto del Estado en educación (% del P.I.B.):	5,0

GRECIA

Superficie:	132.000 km²
Población (1991):	10.100.000 hab.
Lengua:	Griego
Religión:	Ortodoxa
Renta por habitante (1989):	5.340 dólares
% de población activa en agricultura (1989):	49,1
Gasto del Estado en educación (% del P.I.B.):	2,7

CROACIA

Superficie:	56.538 km²
Población (1991):	4.500.000 hab.
Lengua:	Croata
Religión:	Católica
Renta por habitante (1989):	2.490 dólares*
% de población activa en agricultura (1989):	22,6*
Gasto del Estado en educación (% del P.I.B.):	4,4*

(*) Cifras de la antigua Unión de Repúblicas de Yugoslavia

ESLOVENIA

Superficie:	20.251 km²
Población (1991):	2.000.000 hab.
Lengua:	Esloveno
Religión:	Católica
Renta por habitante (1989):	2.490 dólares*
% de población activa en agricultura (1989):	22,6*
Gasto del Estado en educación (% del P.I.B.):	4,4*

(*) Cifras de la antigua Unión de Repúblicas de Yugoslavia

ALBANIA

Superficie:	29.000 km²
Población (1991):	3.300.000 hab.
Lengua:	Albanés
Religión:	Ortodoxa, islámica
Renta por habitante (1989):	812 dólares
% de población activa en agricultura (1989):	----
Gasto del Estado en educación (% del P.I.B.):	----

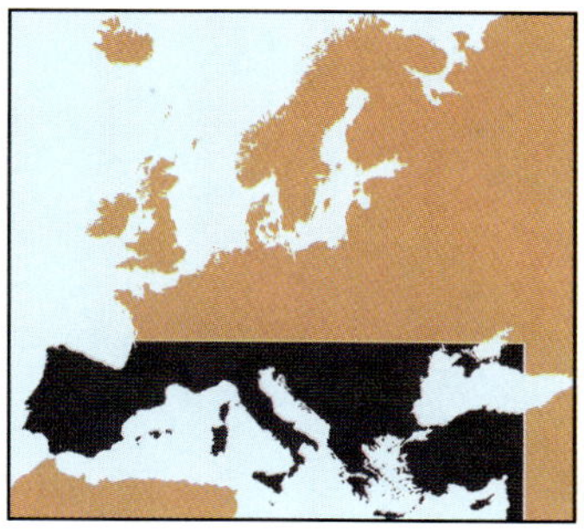

Usos del suelo:
- Agricultura cerealística
- Agricultura y ganadería
- Agricultura mediterránea
- Estepa árida
- Desierto
- Bosque

Carreteras principales
- Capital de Estado
- Ciudades importantes
- Ciudades monumentales

- Áreas industriales
- Puertos principales
- Turismo de playa
- Turismo de montaña

NÚMERO DE TURISTAS (1990)

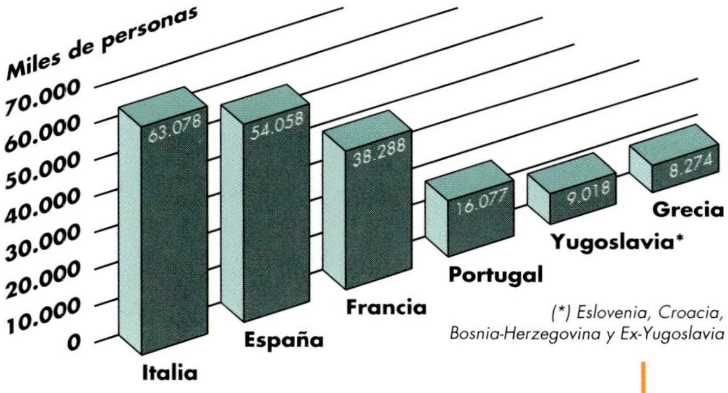

(*) Eslovenia, Croacia, Bosnia-Herzegovina y Ex-Yugoslavia

EX-YUGOSLAVIA (SERBIA)

Superficie:	**179.000 km²**
Población (1991):	**17.000.000 hab.**
Lengua:	**Serbo-croata, macedonio**
Religión:	**Católica, ortodoxa, musulmana**
Renta por habitante (1989):	**2.490 dólares***
% de población activa en agricultura (1990):	**22,6***
Gasto del Estado en educación (% del P.I.B.):	**4,4***

(*) Cifras de la antigua Unión de Repúblicas de Yugoslavia

BOSNIA-HERZEGOVINA

Superficie:	**51.129 km²**
Población (1991):	**4.365.639 hab.**
Lengua:	**Serbo-croata**
Religión:	**Musulmana, ortodoxa, católica**
Renta por habitante (1989):	**2.490 dólares***
% de población activa en agricultura (1989):	**22,6***
Gasto del Estado en educación (% del P.I.B.):	**4,4***

(*) Cifras de la antigua Unión de Repúblicas de Yugoslavia

MACEDONIA

Superficie:	**25.713 km²**
Población (1991):	**2.033.964 hab.**
Lengua:	**Macedonio, albanés**
Religión:	**Ortodoxa, musulmana**
Renta por habitante (1989):	**2.490 dólares***
% de población activa en agricultura (1989):	**22,6***
Gasto del Estado en educación (% del P.I.B.):	**4,4***

(*) Cifras de la antigua Unión de Repúblicas de Yugoslavia

PRINCIPALES PUERTOS DE LOS PAÍSES MEDITERRÁNEOS

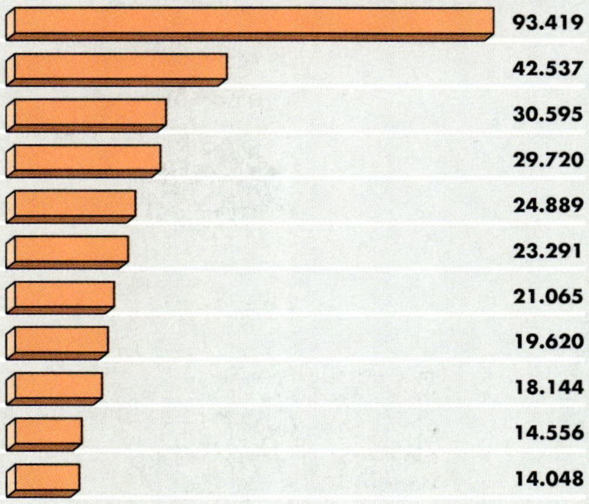

POLONIA

Superficie:	**312.677 km²**
Población (1991):	**38.061.000 hab.**
Lengua:	**Polaco**
Religión:	**Católica**
Renta por habitante (1990):	**1.770 dólares**
% de población activa en agricultura:	**21,5**
Gasto del Estado en educación (% del P.I.B.):	**4,6**

CHEQUIA

Superficie:	**78.862 km²**
Población (1991):	**10.400.000 hab.**
Lengua:	**Checo**
Religión:	**Mayoría: católicos; Minoría: protestantes (8%)***
Renta por habitante (1990):	**3.140 dólares***
% de población activa en agricultura:	**9,7***
Gasto del Estado en educación (% del P.I.B.):	**5,4***

(*) Datos de la antigua Checoslovaquia

ESLOVAQUIA

Superficie:	**49.014 km²**
Población (1991):	**5.300.000 hab.**
Lengua:	**Eslovaco**
Religión:	**Mayoría: católicos; Minoría: protestantes (8%)***
Renta por habitante (1990):	**3.140 dólares***
% de población activa en agricultura:	**9,7***
Gasto del Estado en educación (% del P.I.B.):	**5,4***

(*) Datos de la antigua Checoslovaquia

AUSTRIA

Superficie:	**83.849 km²**
Población (1991):	**7.598.000 hab.**
Lengua:	**Alemán**
Religión:	**Católica**
Renta por habitante (1990):	**17.360 dólares**
% de población activa en agricultura:	**6,0**
Gasto del Estado en educación (% del P.I.B.):	**5,5**

HUNGRÍA

Superficie:	**93.030 km²**
Población (1991):	**10.587.000 hab.**
Lengua:	**Húngaro**
Religión:	**Mayoría: católicos; Minoría: protestantes (23%)**
Renta por habitante (1990):	**2.560 dólares**
% de población activa en agricultura:	**12,1**
Gasto del Estado en educación (% del P.I.B.):	**6,0**

EUROPA CENTRAL
Organización del territorio

LA POLUCIÓN EN EUROPA CENTRAL

Principales áreas industriales
Foco importante de contaminación atmosférica
Centrales térmicas
Centrales nucleares
Industria química
Industria metalúrgica
Refinerías de petróleo
Contaminación marina
Contaminación fluvial

Lluvia ácida:
Alta
Muy alta
Altísima

Fuente: National Geographic, 1991

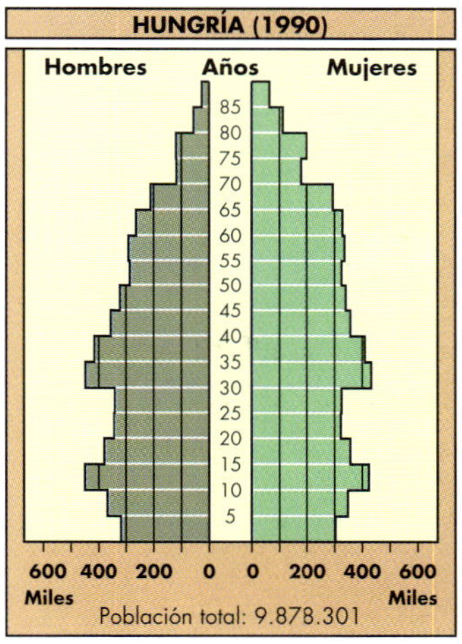

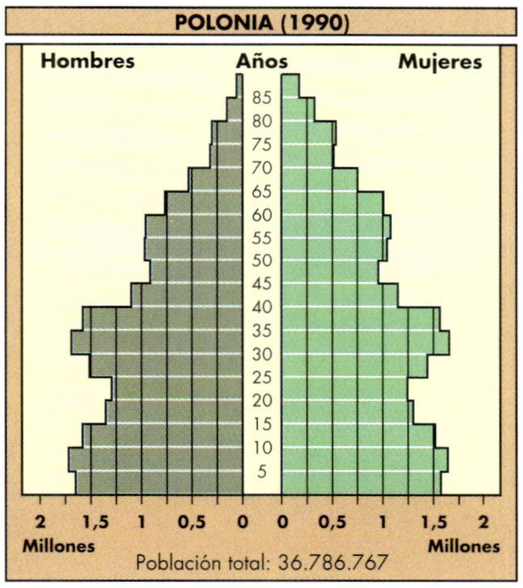

PRODUCTO NACIONAL BRUTO POR SECTORES (1990)

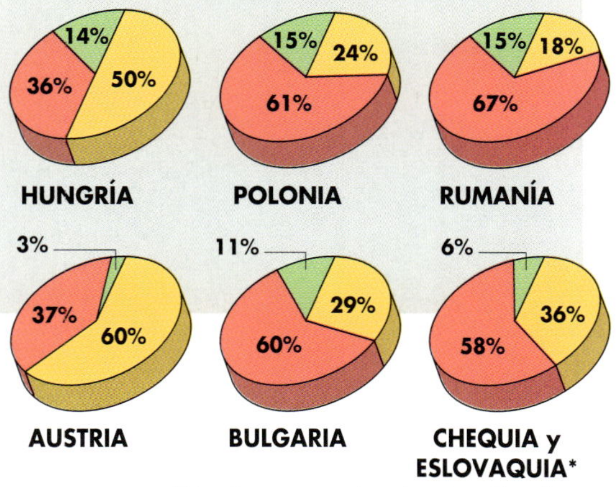

(*) Los datos corresponden a la antigua Checoslovaquia

RUMANÍA

Superficie:	**237.500 km²**
Población (1991):	**23.148.000 hab.**
Lengua:	**Rumano, húngaro**
Religión:	**Mayoría: católicos; Minoría: protestantes (3,4%)**
Renta por habitante (1990):	**1.640 dólares**
% de población activa en agricultura:	**21,1**
Gasto del Estado en educación (% del P.I.B.):	**2,2**

BULGARIA

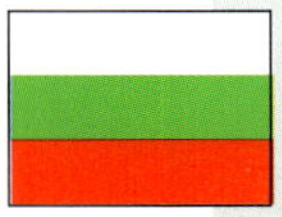

Superficie:	**110.912 km²**
Población (1991):	**9.000.000 hab.**
Lengua:	**Búlgaro**
Religión:	**Ortodoxos**
Renta por habitante (1990):	**2.320 dólares**
% de población activa en agricultura:	**12,7**
Gasto del Estado en educación (% del P.I.B.):	**5,5**

PRODUCTO INTERIOR BRUTO (1990)

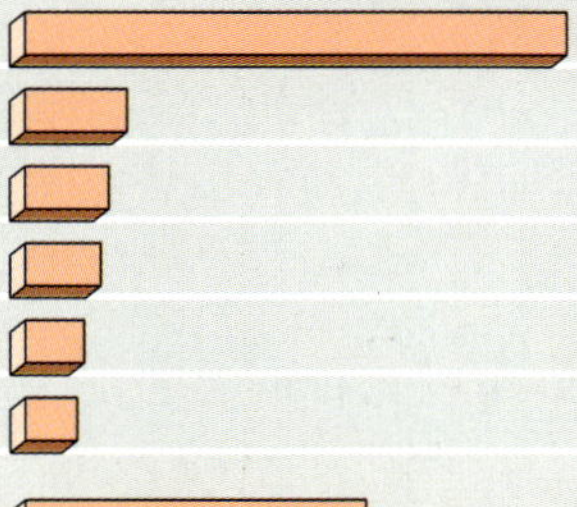

	Dólares por habitante
AUSTRIA	**17.360**
CHEQUIA y ESLOVAQUIA	**3.140**
HUNGRÍA	**2.560**
BULGARIA	**2.320**
POLONIA	**1.770**
RUMANÍA	**1.640**
ESPAÑA	**10.920**

(*) La cifra corresponde a la antigua Checoslovaquia

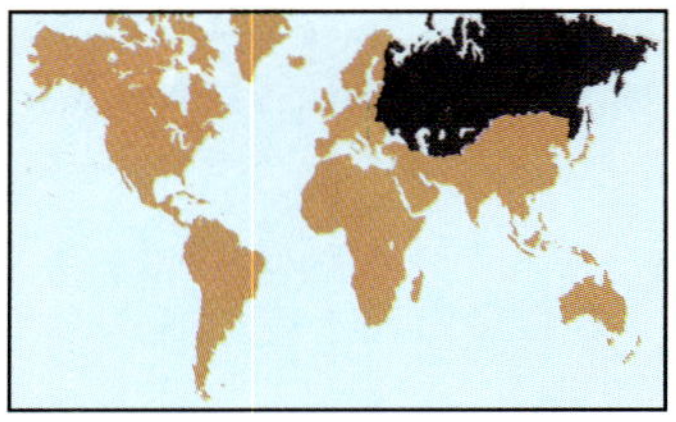

DE LA UNIÓN SOVIÉTICA A LA CEI

- • Capitales
- Unión Eslava
- Estados caucásicos
- Estados de Asia central
- Repúblicas integradas en la Comunidad de Estados Independientes (C.E.I.): Acuerdo de Alma Atá (21. 12. 91)

Escala 1: 52.000.000

0 500 1.000 km

Rusia

Superficie: 17.075.400 km²
Población: 148.000.000 h.

Bielorrusia

Superficie: 207.600 km²
Población: 10.300.000 h.

Ucrania

Superficie: 603.700 km²
Población: 52.000.000 h.

Moldavia

Superficie: 33.700 km²
Población: 4.400.000 h.

Georgia

Superficie: 69.700 km²
Población: 5.400.000 h.

Armenia

Superficie: 29.800 km²
Población: 3.300.000 h.

Azerbaiyán

Superficie: 86.600 km²
Población: 17.000.000 h.

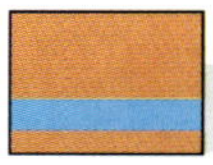

Kazajstán

Superficie: 2.717.300 km²
Población: 16.700.000 h.

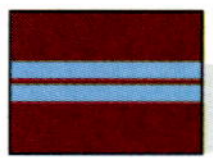

Turkmenistán

Superficie: 488.100 km²
Población: 3.600.000 h.

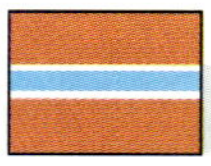

Uzbekistán

Superficie: 447.400 km²
Población: 20.000.000 h.

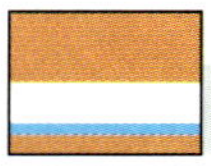

Tayikistán

Superficie: 143.100 km²
Población: 5.200.000 h.

Kirguizistán

Superficie: 198.500 km²
Población: 4.400.000 h.

LOS PUEBLOS DE LA CEI

USOS DEL SUELO

- Tierras cultivadas
- Pastos
- Bosques y matorrales
- Otros usos

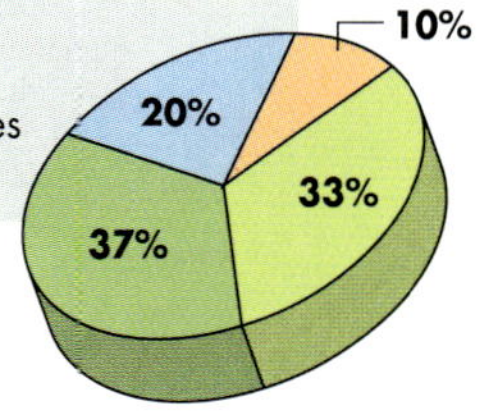

VEGETACIÓN

- Vegetación de alta montaña
- Tundra
- Taiga
- Coníferas y frondosas
- Vegetación mediterránea
- Estepa
- Estepa desértica

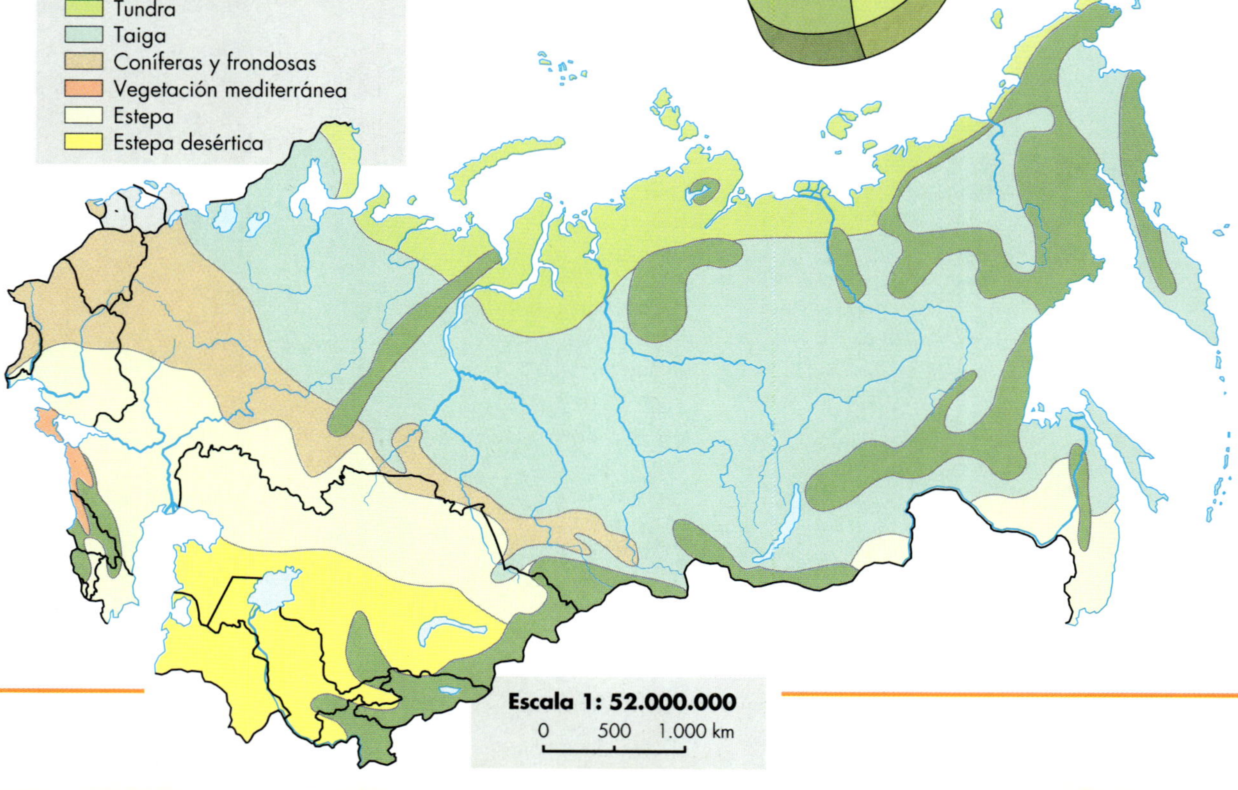

Escala 1: 52.000.000

0 500 1.000 km

C.E.I. (Comunidad de Estados Independientes)

Organización del territorio

ENERGÍA, INDUSTRIA Y TRANSPORTES

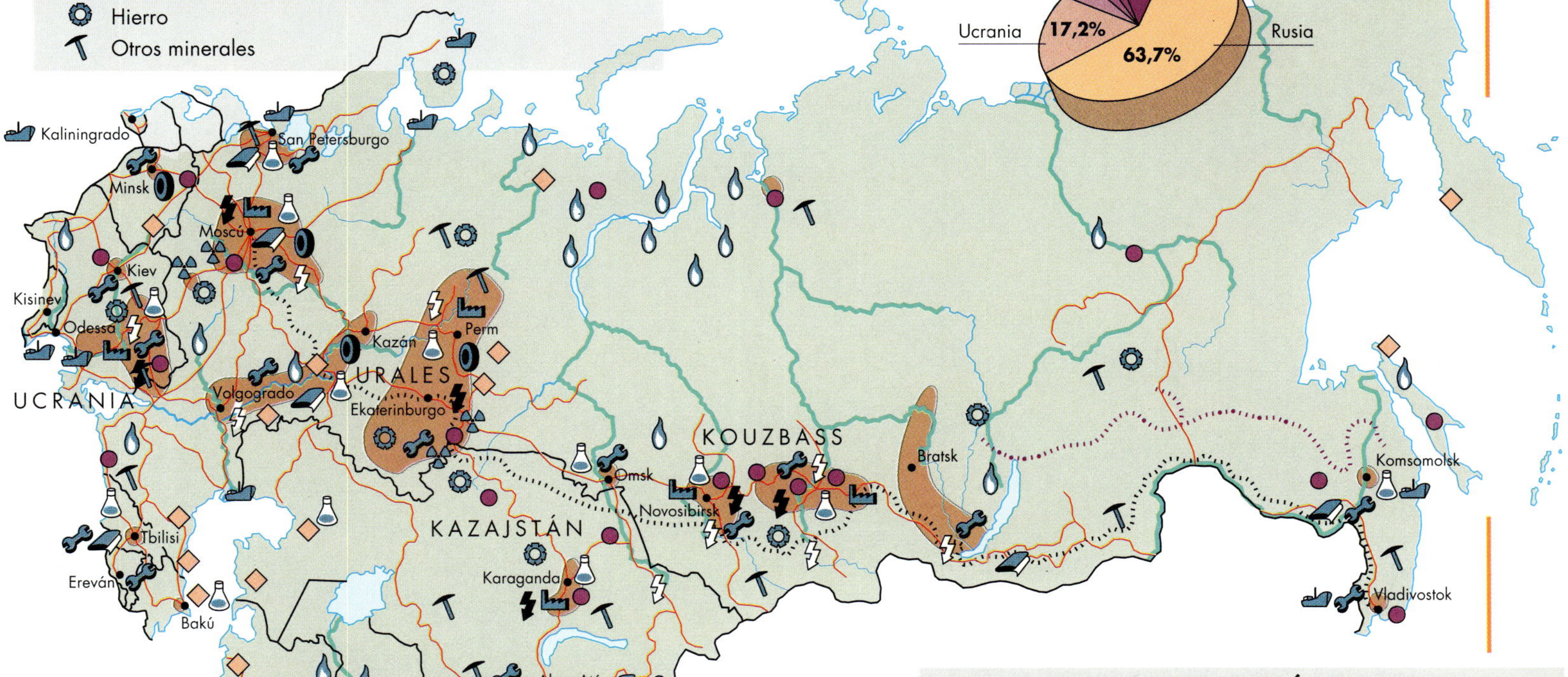

Producción industrial

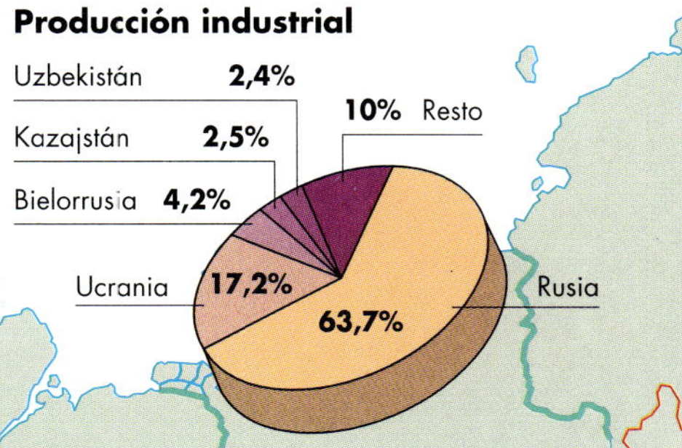

IMPORTANCIA DE LA MINERÍA EN LA CEI (1991)

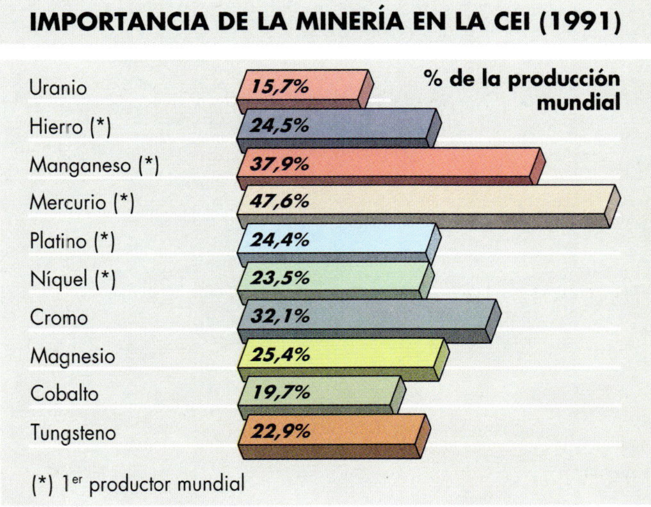

Producción agrícola

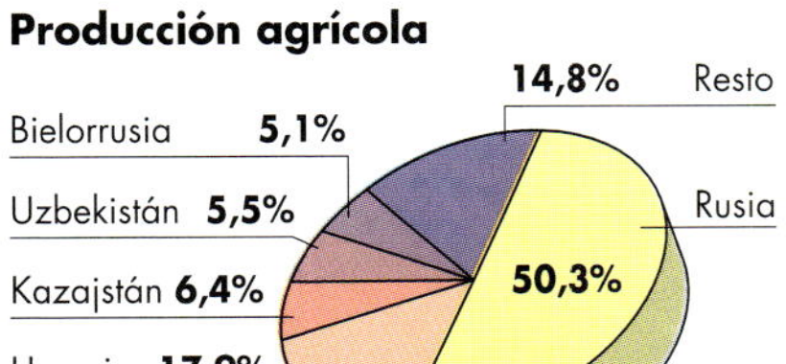

APROVECHAMIENTO AGRÍCOLA, GANADERO Y FORESTAL

LA PRODUCCIÓN ENERGÉTICA (1991)

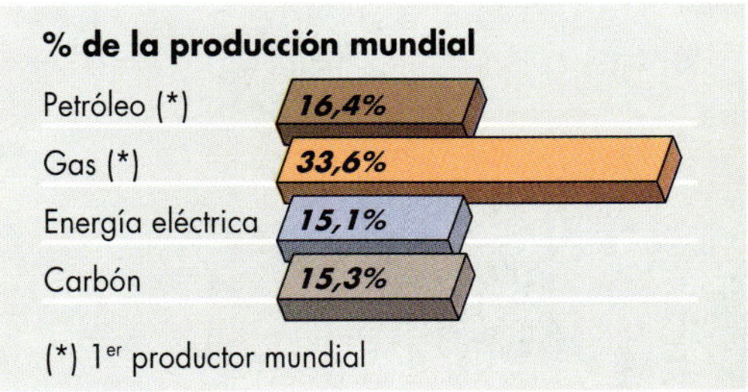

Mujer masai.
La mayor parte de la población africana es de raza negra. La densidad de población es muy baja debido, entre otras causas, al medio natural hostil.

África, con 30.249.096 km^2, es un continente macizo y de costas poco recortadas. Su relieve está formado por mesetas de rebordes montañosos que alternan con depresiones interiores. Al este se levantan montañas muy antiguas y al norte y sur cadenas jóvenes.

Atravesado por el ecuador y los trópicos, África es el continente más cálido. Los paisajes naturales se disponen zonalmente, en estrecha relación con los climas: bosque húmedo en el ecuador, sabanas y estepas subtropicales, desiertos tropicales, y dominios mediterráneos en los extremos continentales.

África es el continente negro. La mayor parte de la población son negros y sólo al norte del Sahara la población es blanca. Su densidad es muy baja, 20 hab. por km^2: el desierto y la selva son medios difíciles para la vida; el pastoreo y la primitiva agricultura de la sabana y estepa no permiten alimentar a grandes masas. Sólo en África del Norte la densidad de población es elevada.

Las potencias europeas ocuparon colonialmente África. Hoy todos sus territorios son Estados independientes. La colonización impuso fronteras artificiales, forzó a la convivencia a etnias diferentes y proporcionó lenguas e instituciones de origen europeo.

El medio físico dominante, el neocolonialismo, la explosión demográfica, las guerras civiles y las sequías mantienen a gran parte de la población africana sumida en el subdesarrollo, el hambre y la pobreza. La mortalidad infantil es elevada, y la esperanza de vida, la más baja del mundo. Uno de cada tres adultos es analfabeto.

Buscando agua en el desierto.
En los desiertos tropicales el agua es un bien precioso.

Una vista urbana. Tananarivo.
Las ciudades africanas son un claro exponente de los contrastes de nivel de desarrollo en el continente.

ÁFRICA
Físico-Político

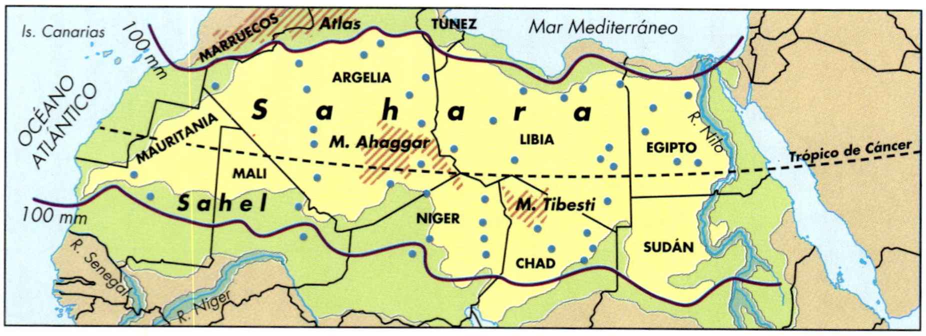

EL SAHARA

Fronteras internacionales

Valles fluviales. Áreas de regadío

Oasis con agricultura. Puntos de agua

Áreas de pastos. Pastoreo nómada. 100 mm de lluvia anual

Desierto total. Menos de 20 mm anuales de lluvia

Escala 1: 60.000.000

0 1.000 2.000 km

ÁFRICA
Clima y vegetación

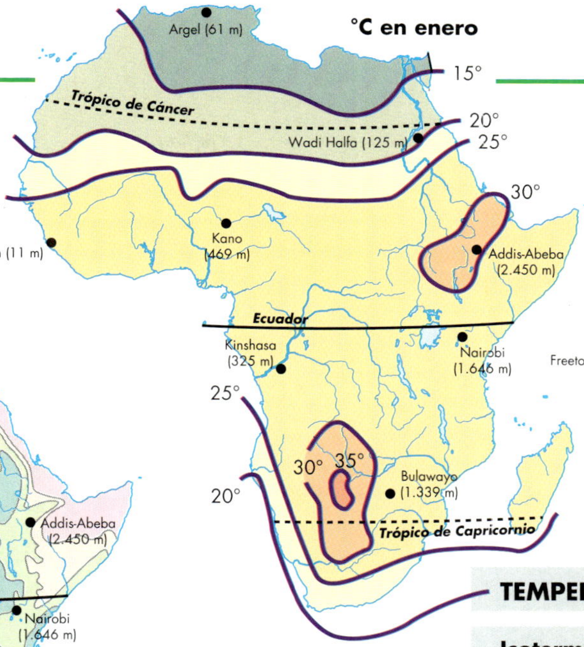

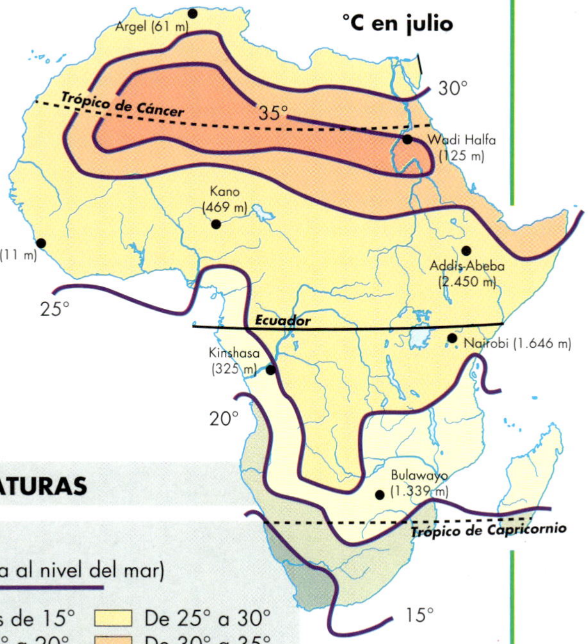

TEMPERATURAS

Isoterma
(temperatura al nivel del mar)

- Menos de 15°
- De 15° a 20°
- De 20° a 25°
- De 25° a 30°
- De 30° a 35°
- Más de 35°

Escala 1: 100.000.000
0 1.000 2.000 km

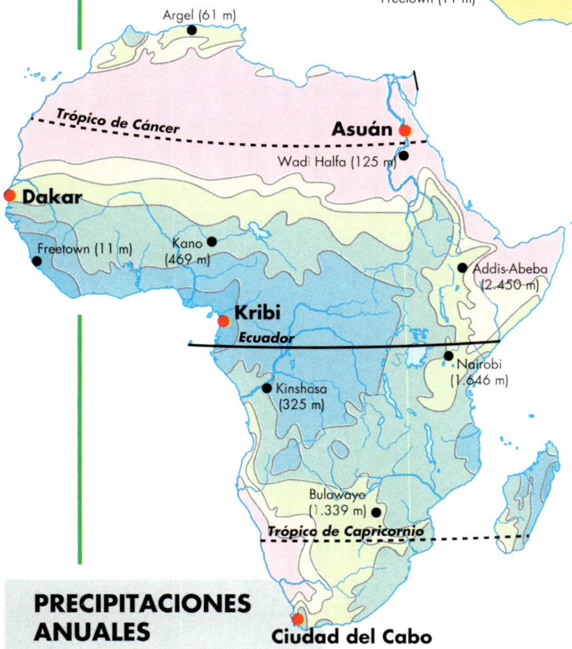

PRECIPITACIONES ANUALES

- Menos de 250 mm
- De 250 a 500 mm
- De 500 a 1.000 mm
- De 1.000 a 1.500 mm
- De 1.500 a 2.000 mm
- Más de 2.000 mm

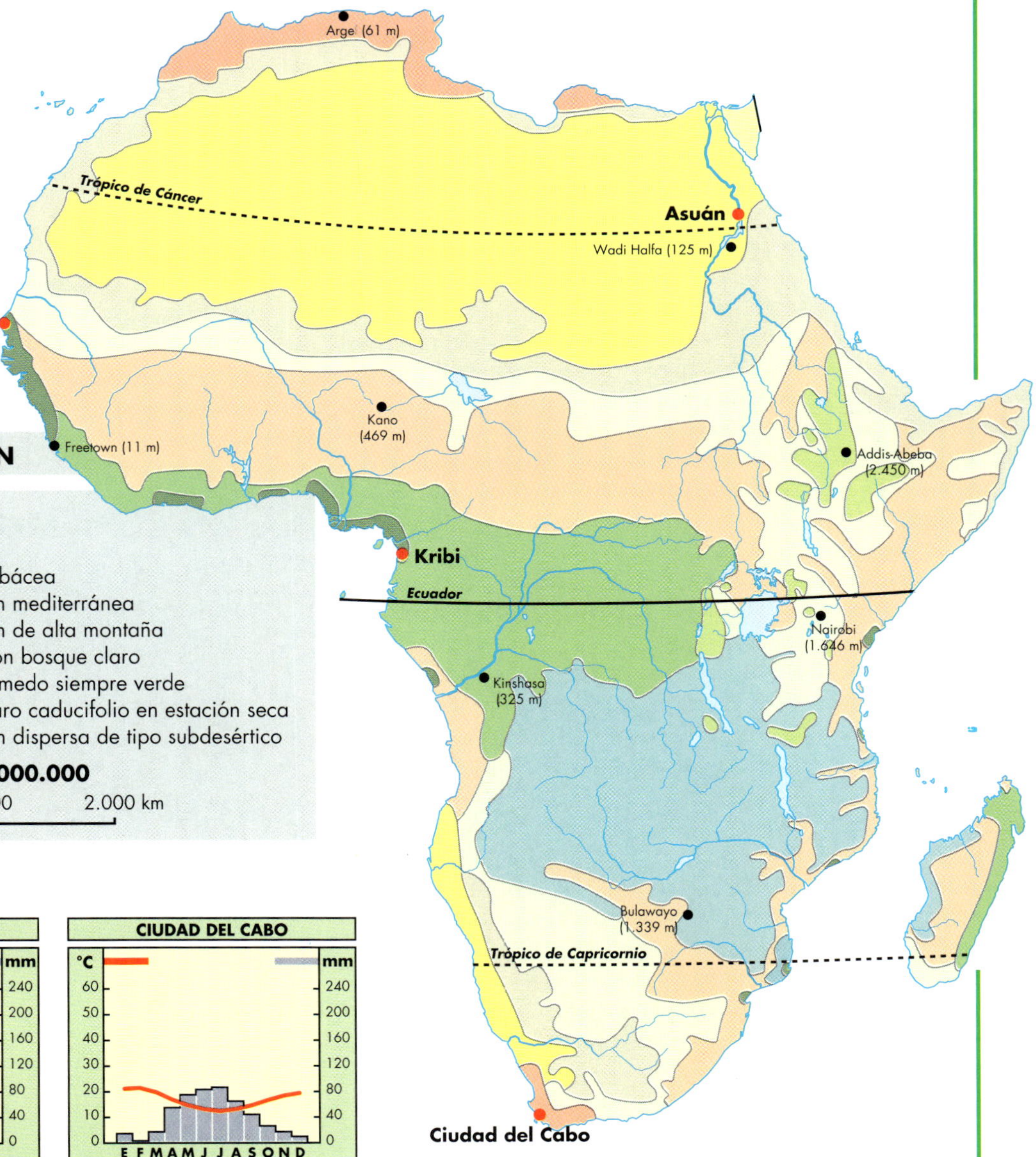

VEGETACIÓN

- Desierto
- Manglar
- Estepa herbácea
- Vegetación mediterránea
- Vegetación de alta montaña
- Sabana con bosque claro
- Bosque húmedo siempre verde
- Bosque claro caducifolio en estación seca
- Vegetación dispersa de tipo subdesértico

Escala 1: 55.000.000
0 1.000 2.000 km

ASUAN (Egipto)

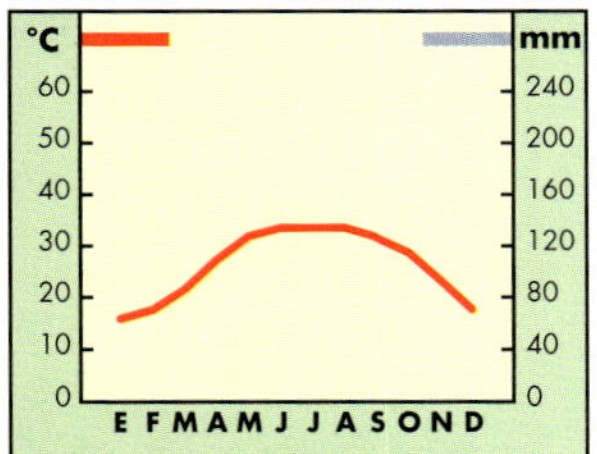

Temperatura media anual: 27 °C
Precipitación anual: 9 mm

KRIBI (Camerún)

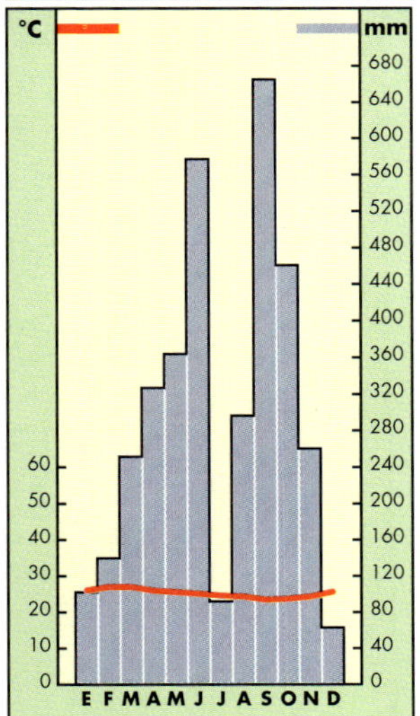

Temperatura media anual: 25,2 °C
Precipitación anual: 3.176 mm

DAKAR (Senegal)

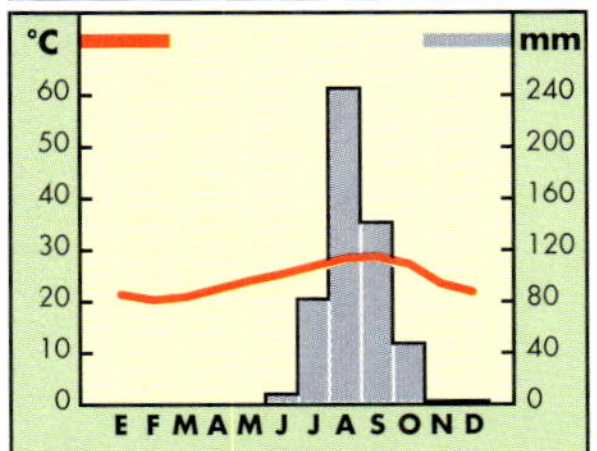

Temperatura media anual: 23,7 °C
Precipitación anual: 538 mm

CIUDAD DEL CABO

Temperatura media anual: 16,5 °C
Precipitación anual: 508 mm

MAPA POLÍTICO

Fronteras internacionales

● **Capitales**

Escala 1: 50.000.000

0 500 1.000 km

ÁFRICA COLONIAL EN 1939

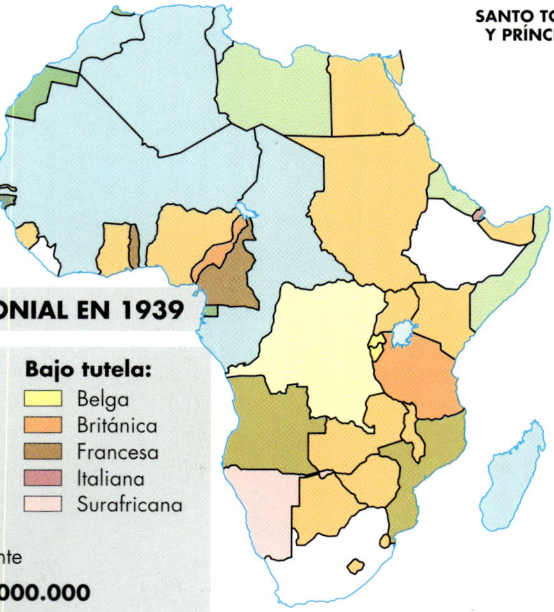

Territorio:	**Bajo tutela:**
Belga	Belga
Británico	Británica
Francés	Francesa
Italiano	Italiana
Español	Surafricana
Portugués	
Independiente	

Escala 1: 100.000.000

0 1.000 2.000 km

LA DESCOLONIZACIÓN

Estados independientes

Colonias

Escala 1: 130.000.000

0 2.000 4.000 km

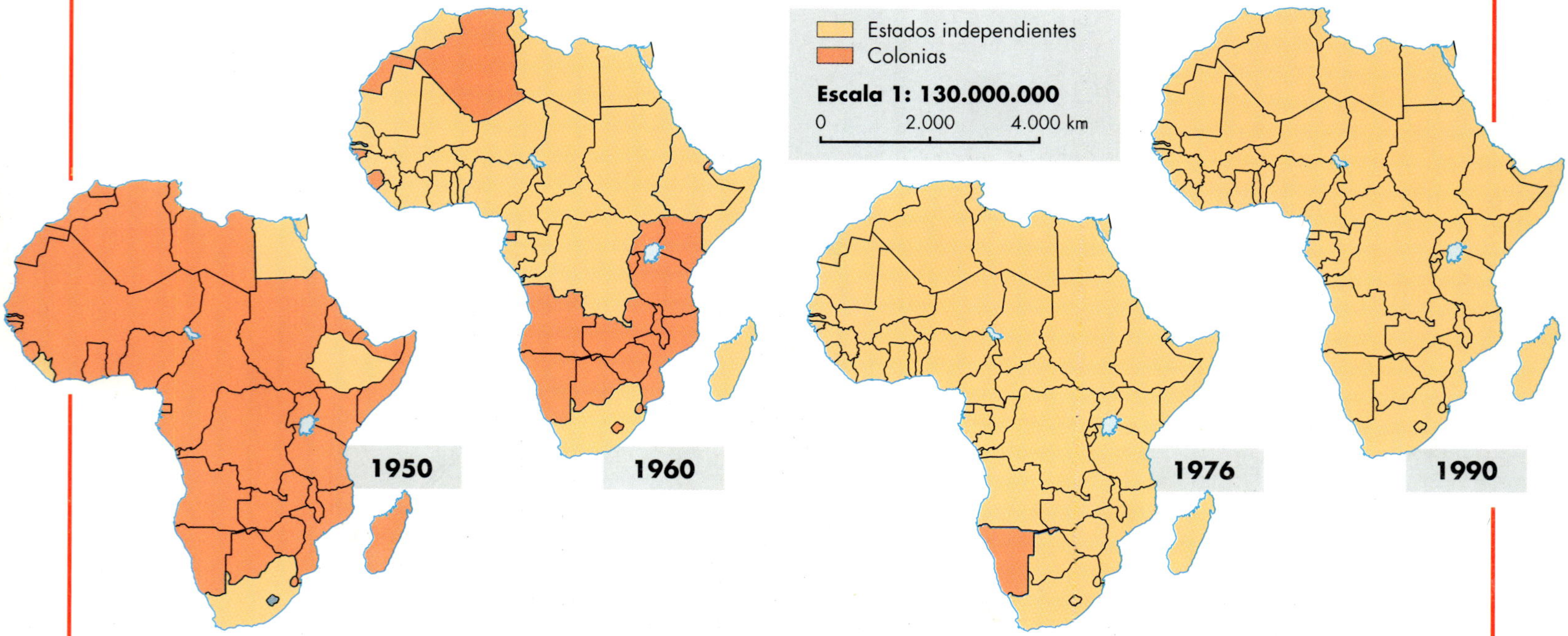

1950 **1960** **1976** **1990**

ÁFRICA
Población

DENSIDAD DE POBLACIÓN Y GRANDES URBES

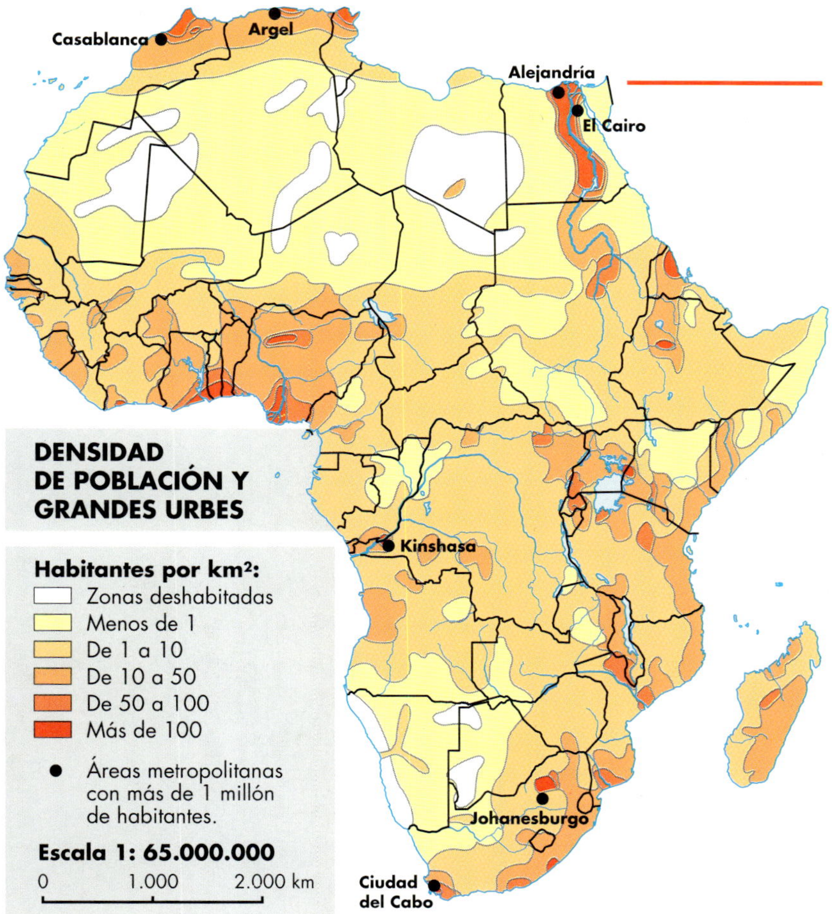

Habitantes por km²:
- Zonas deshabitadas
- Menos de 1
- De 1 a 10
- De 10 a 50
- De 50 a 100
- Más de 100
- ● Áreas metropolitanas con más de 1 millón de habitantes.

Escala 1: 65.000.000
0 1.000 2.000 km

CORRIENTES MIGRATORIAS

- → Dirección de las migraciones
- Áreas receptoras:
- ● Áreas industriales
- ● Áreas agrarias

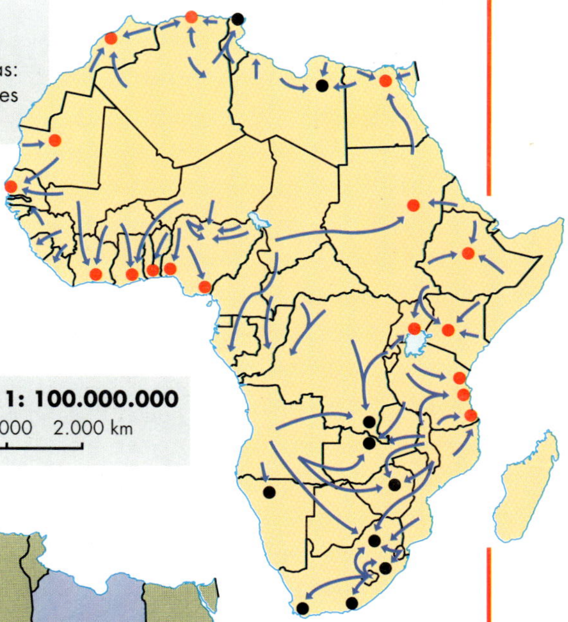

Escala 1: 100.000.000
0 1.000 2.000 km

URBANIZACIÓN (1991)

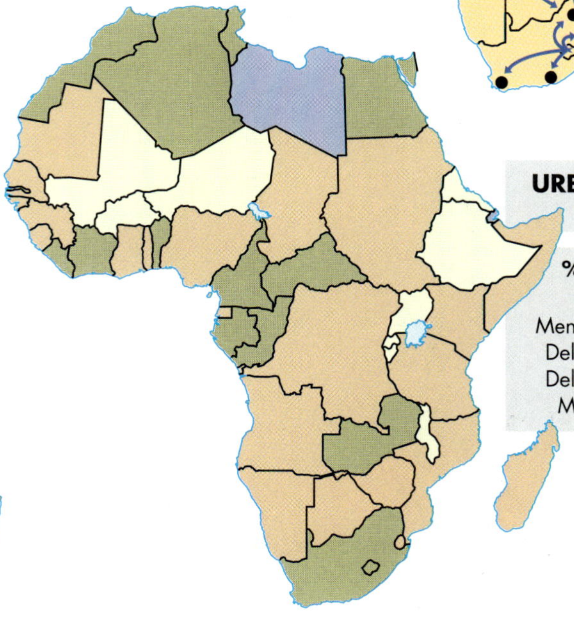

% de población urbana
- Menos del 20%
- Del 20 al 40%
- Del 40 al 60%
- Más del 60%

DISTRIBUCIÓN LINGÜÍSTICA

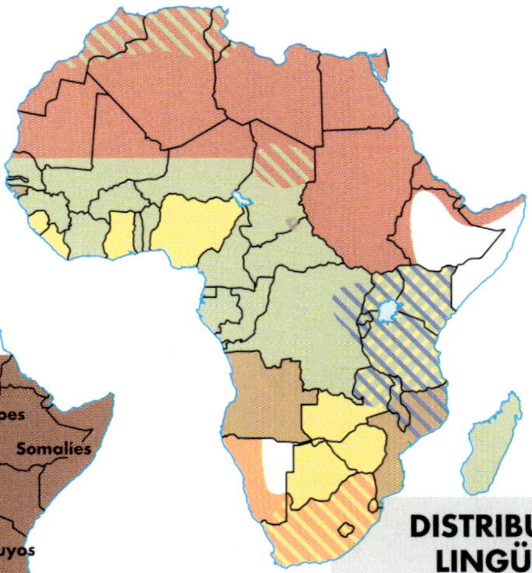

Lenguas más habladas:
- Árabe
- Swahili
- Afrikander
- Inglés
- Francés
- Portugués

ETNIAS

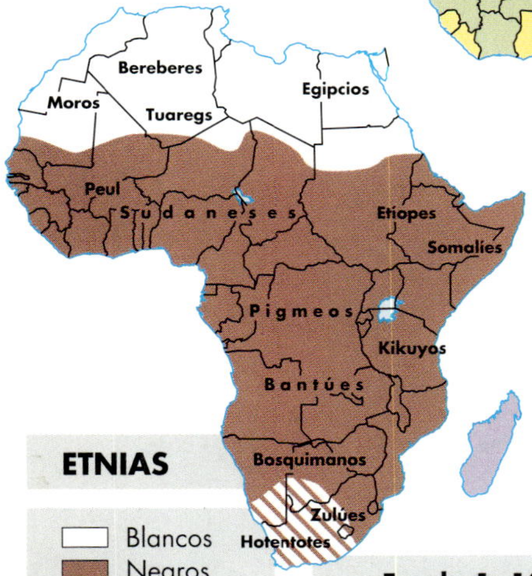

- Blancos
- Negros
- Malayo-polinésico

Escala 1: 130.000.000
0 2.000 4.000 km

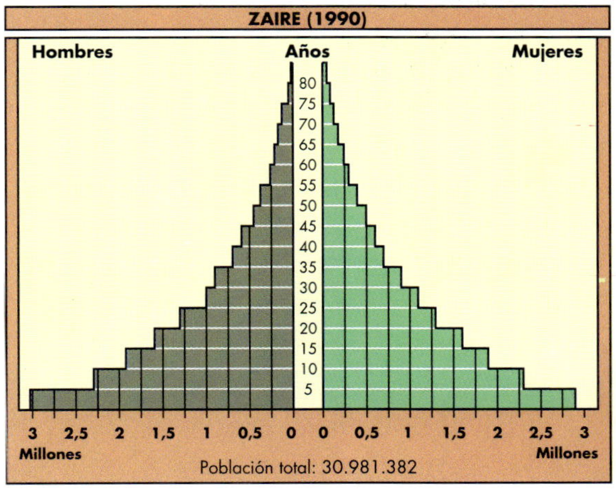

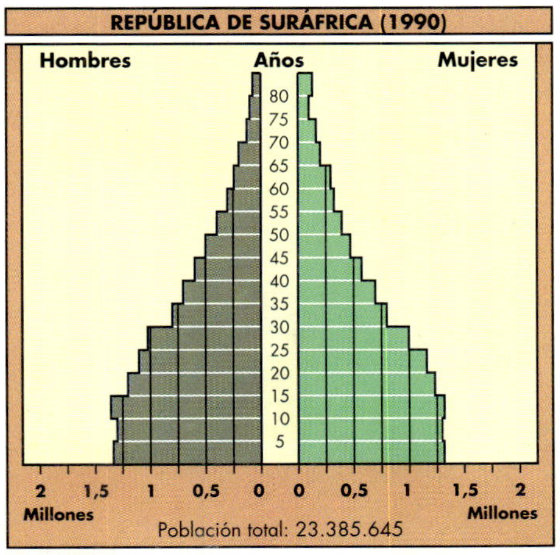

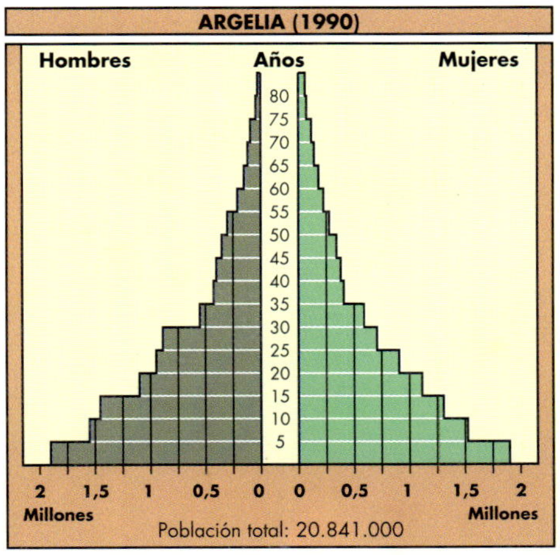

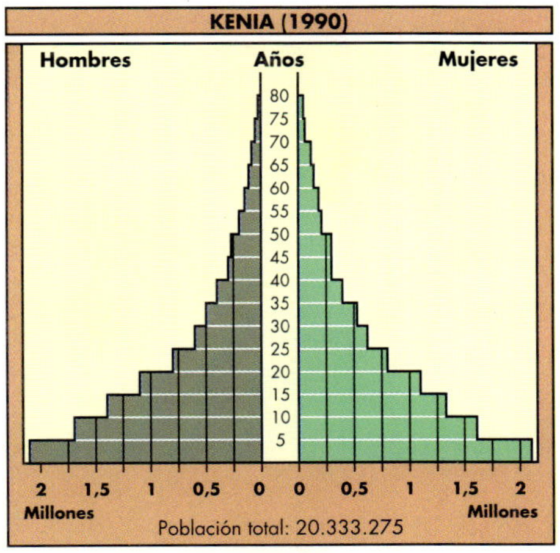

APROVECHAMIENTO AGRÍCOLA Y GANADERO

Formas de aprovechamiento
- Ganadería extensiva y agricultura comercial y de subsistencia
- Agricultura de plantaciones
- Agricultura de subsistencia basada en el cultivo del arroz
- Tierras no cultivadas y ganadería nómada
- Agricultura mediterránea
- Agricultura itinerante
- Horticultura en oásis

Escala 1: 65.000.000
0 1.000 2.000 km

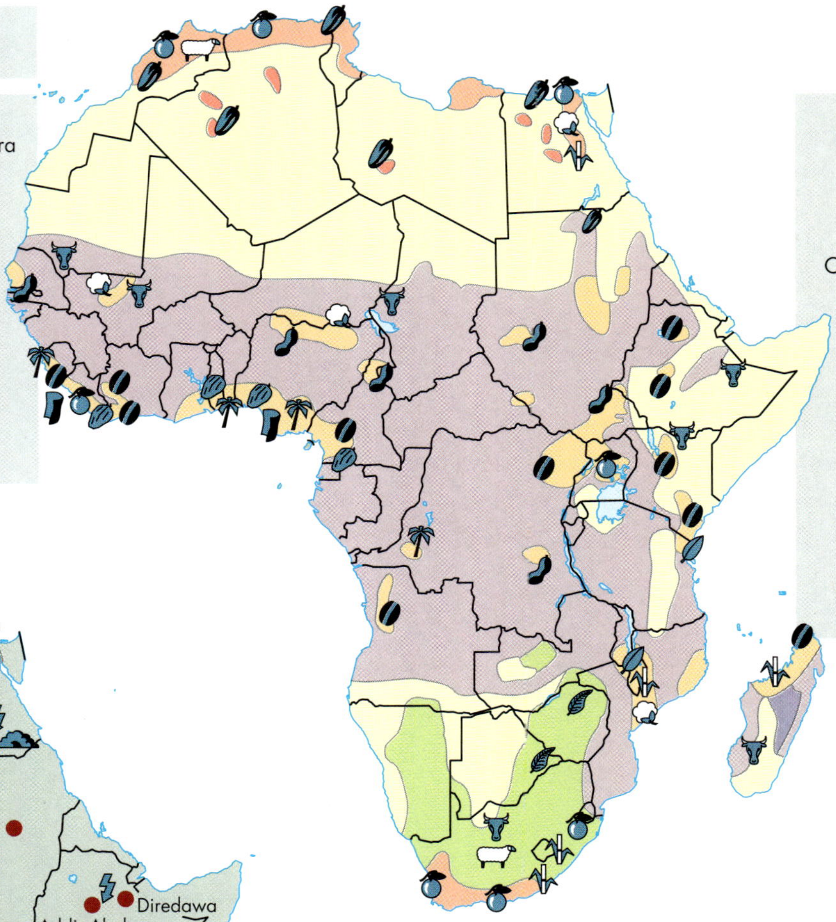

Cultivos comerciales
- Frutas
- Dátiles
- Cacao
- Cacahuetes
- Café
- Té
- Tabaco
- Azúcar
- Algodón
- Caucho
- Palmera de aceite

Ganado
- Lanar
- Cárnico

ENERGÍA, MINERALES E INDUSTRIA

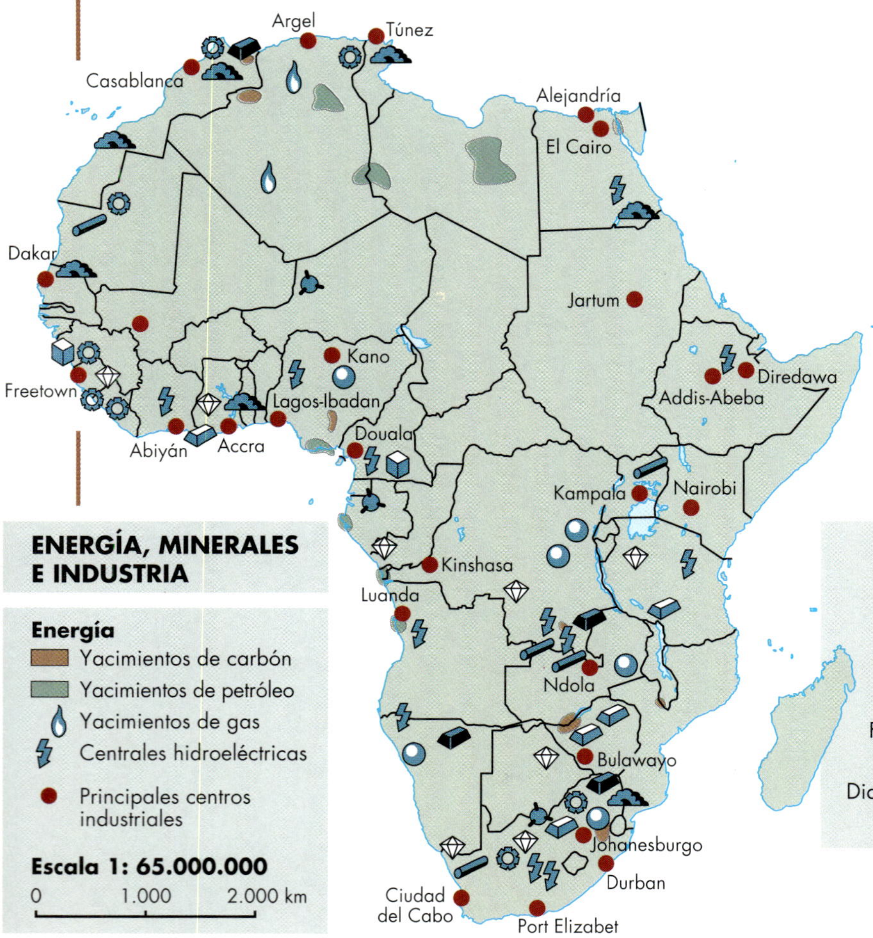

Energía
- Yacimientos de carbón
- Yacimientos de petróleo
- Yacimientos de gas
- Centrales hidroeléctricas
- Principales centros industriales

Escala 1: 65.000.000
0 1.000 2.000 km

Minería
- Hierro
- Plata
- Oro
- Cobre
- Bauxita
- Fosfatos
- Estaño
- Diamantes
- Uranio

POBLACIÓN AGRARIA (1990)

% sobre el total de la población activa:
- Del 0 al 40%
- Del 40 al 60%
- Del 60 al 80%
- Más del 80%

Escala 1: 100.000.000
0 1.000 2.000 km

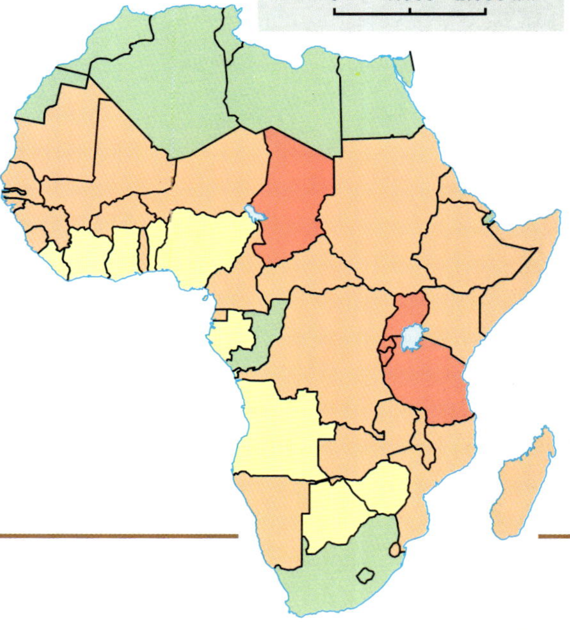

PARTE DE LA PRODUCCIÓN MUNDIAL (1990)

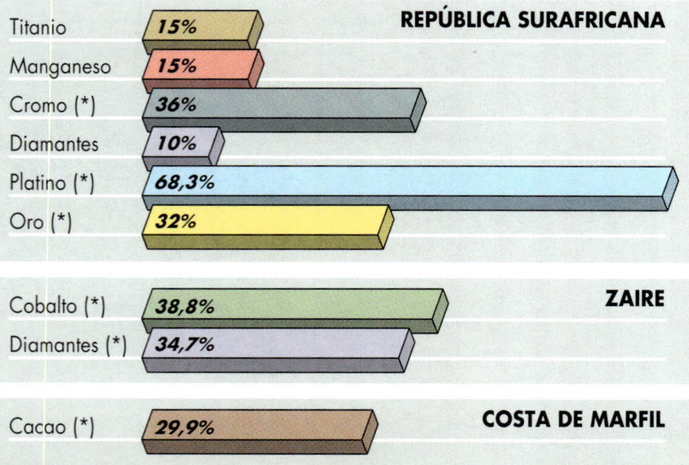

(*) 1er productor mundial

ÁFRICA

Los problemas del continente africano

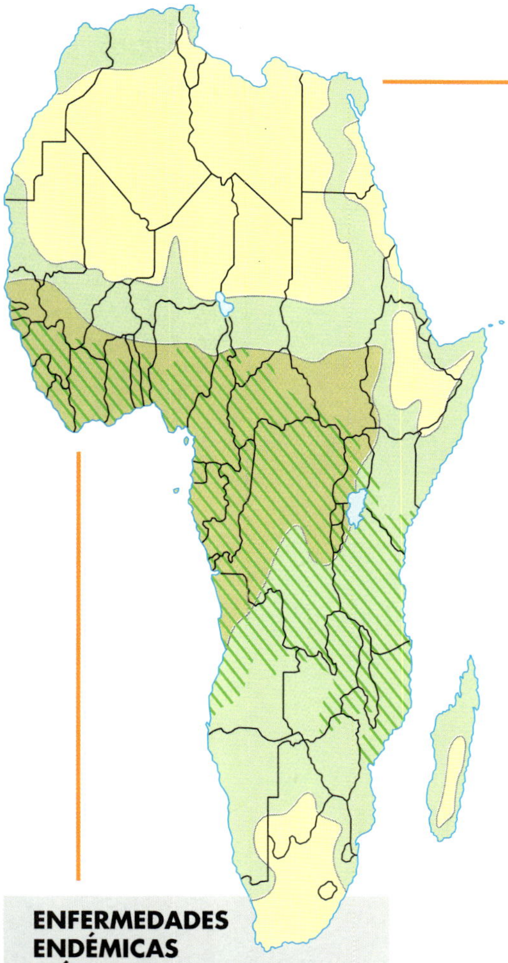

ENFERMEDADES ENDÉMICAS MÁS COMUNES (1990)

- Malaria
- Fiebre Amarilla
- Enfermedad del sueño: áreas afectadas por la mosca tse tse

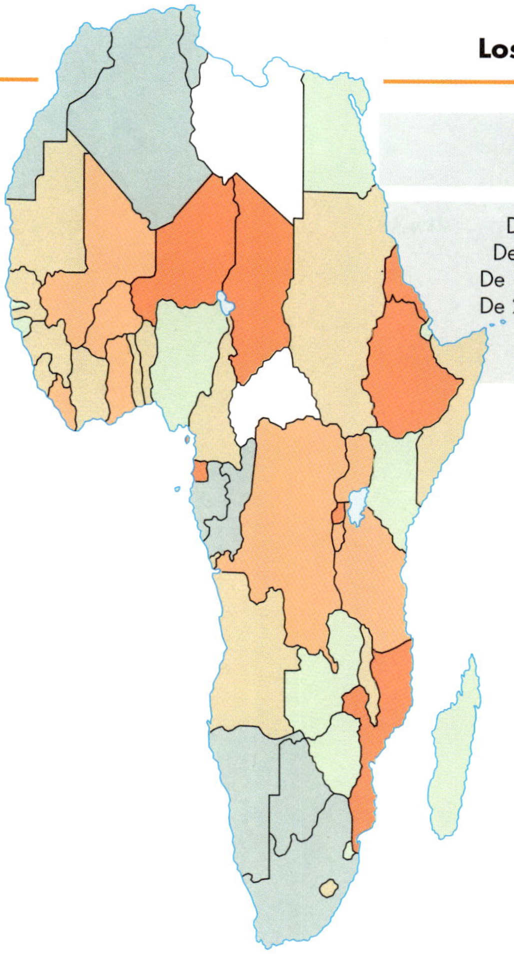

HABITANTES POR MÉDICO (1989)

- De 1.000 a 5.000
- De 5.000 a 10.000
- De 10.000 a 20.000
- De 20.000 a 30.000
- Más de 30.000
- Sin datos

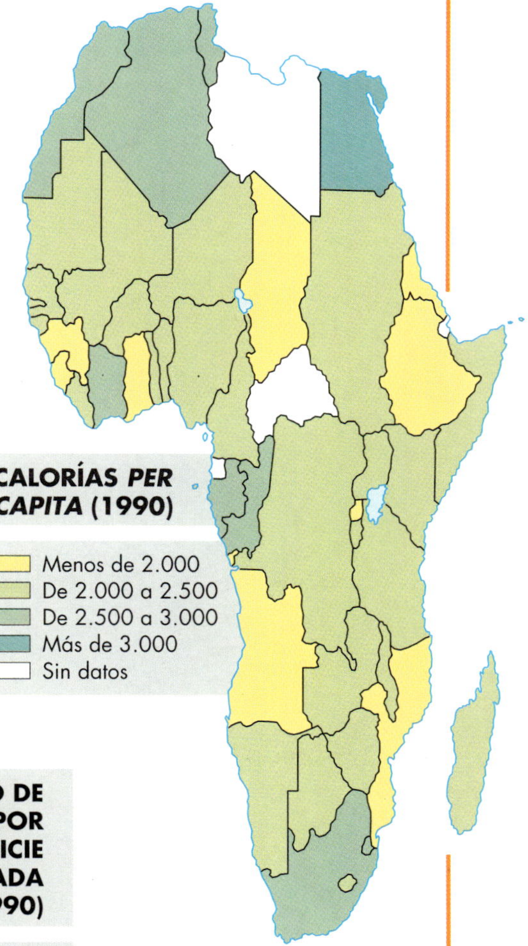

CALORÍAS *PER CAPITA* (1990)

- Menos de 2.000
- De 2.000 a 2.500
- De 2.500 a 3.000
- Más de 3.000
- Sin datos

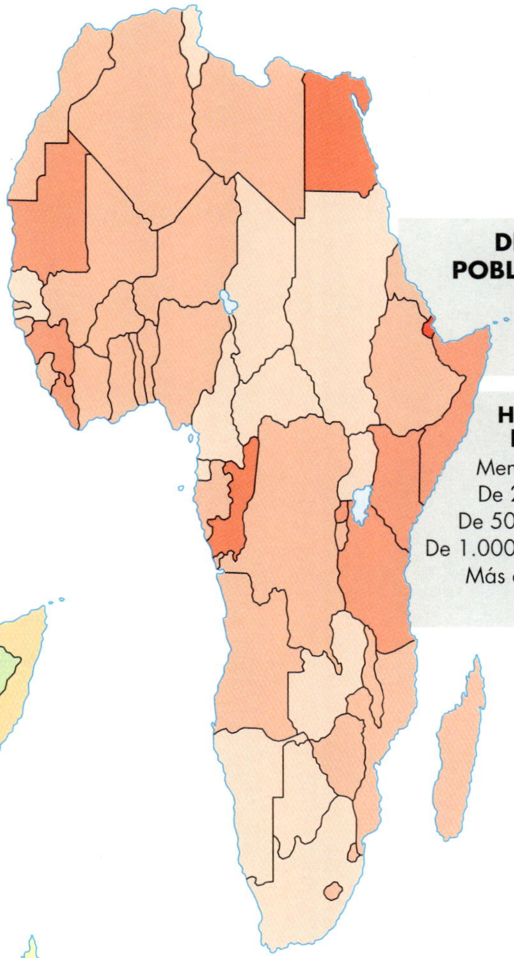

DENSIDAD DE POBLACIÓN POR SUPERFICIE CULTIVADA (1990)

Habitantes por km² cultivado

- Menos de 200
- De 200 a 500
- De 500 a 1.000
- De 1.000 a 10.000
- Más de 10.000
- Sin datos

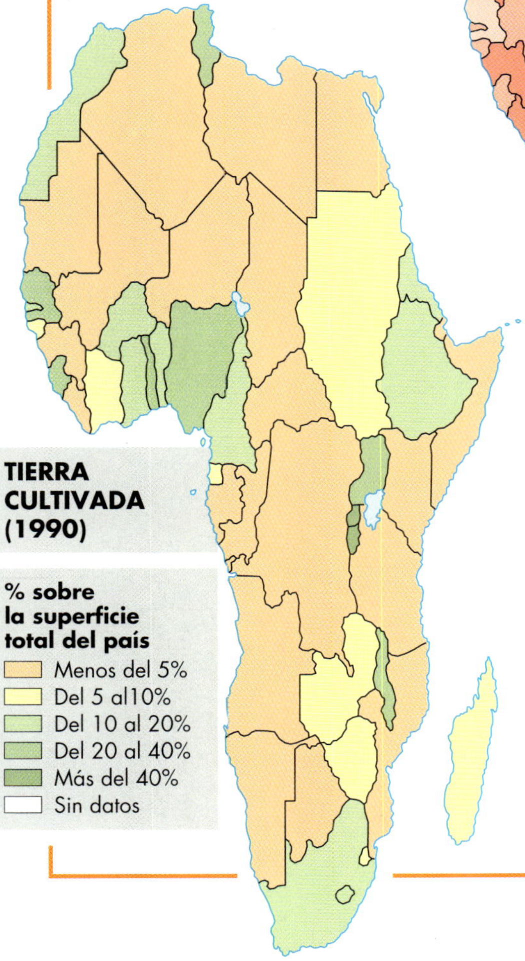

TIERRA CULTIVADA (1990)

% sobre la superficie total del país

- Menos del 5%
- Del 5 al10%
- Del 10 al 20%
- Del 20 al 40%
- Más del 40%
- Sin datos

ESPAÑA (1990)

Habitantes por médico: 287

Calorías *per capita*: 3.359

% de tierra cultivada sobre la superficie total del país: 40,3%

Densidad de habitantes por km² cultivado 191

América es un continente separado del resto de las tierras emergidas por los océanos Atlántico y Pacífico. Se extiende de norte a sur a lo largo de 15.000 km, constituyendo un puente entre los polos.

Con 42.060.571 km^2, América ocupa la sexta parte de las tierras emergidas. Las unidades de relieve se extienden también de norte a sur a lo largo del continente. De este a oeste se suceden viejos macizos montañosos, grandes llanuras sedimentarias y cadenas de montañas jóvenes y altas.

La población americana, 713.314.000 hab., es un mosaico racial formado por indígenas amerindios, blancos (que hoy son mayoría) y negros traídos a partir del siglo XVI para trabajar en las plantaciones. El distinto poblamiento desde países anglosajones y latinos diferencia el continente en una América anglosajona, donde blancos, negros e indios apenas se han mezclado, y una América Latina de abigarrada mezcla racial.

Hoy la América anglosajona y América Latina son dos mundos contrapuestos pero estrechamente relacionados. Mientras Estados Unidos y Canadá son modelos evolucionados de la economía capitalista, América Latina, fragmentada en multitud de Estados, se esfuerza por incorporarse al progreso en medio de una crisis cuyas principales manifestaciones son: explosión demográfica, fuertes contrastes sociales, inadecuada explotación agraria, industrialización incompleta, macrocefalia de sus capitales, endeudamiento e inestabilidad política.

Vista de La Paz.
América Latina, fraccionada en multitud de Estados, lucha por incorporarse al desarrollo en medio de graves dificultades.

Indios y mestizos.
El mestizaje racial caracteriza a la población de América Central y del Sur.

Times Square. Nueva York.
Estados Unidos y Canadá, poblados desde los países anglosajones europeos, son modelos evolucionados de la economía capitalista.

AMÉRICA DEL NORTE
Físico-Político

AMÉRICA DEL NORTE

Clima y vegetación

PRECIPITACIONES ANUALES

- Menos de 250 mm
- De 250 a 500 mm
- De 500 a 1.000 mm
- De 1.000 a 1.500 mm
- De 1.500 a 2.000 mm
- Más de 2.000 mm

Escala 1: 85.000.000

0 1.000 2.000 km

TEMPERATURAS

Isoterma
(temperatura al nivel del mar)

Escala 1: 85.000.000

0 1.000 2.000 km

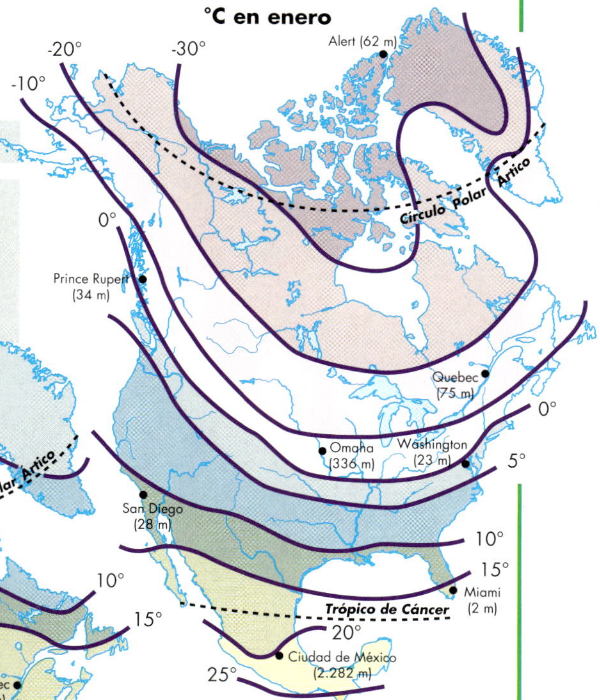

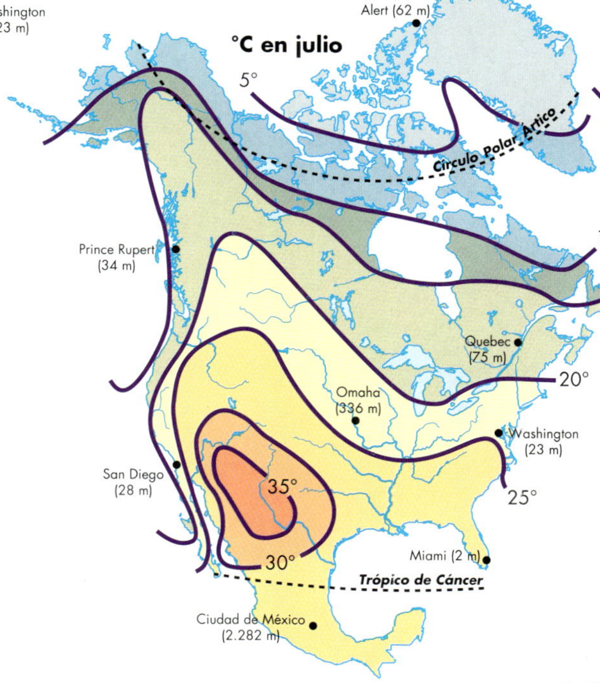

- Menos de -30°
- De -30° a -20°
- De -20° a -10°
- De -10° a 0°
- De 0° a 5°
- De 5° a 10°
- De10° a 15°
- De 15° a 20°
- De 20° a 25°
- De 25° a 30°
- De 30° a 35°
- Más de 35°

FORT SMITH (Canadá)

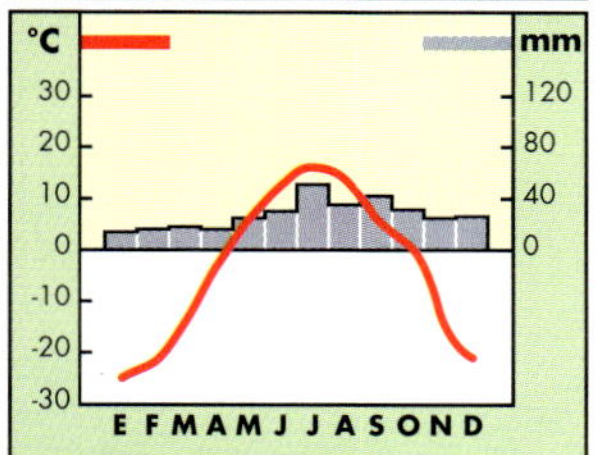

Temperatura media anual: -3,2 °C
Precipitación anual: 339 mm

VANCOUVER (Canadá)

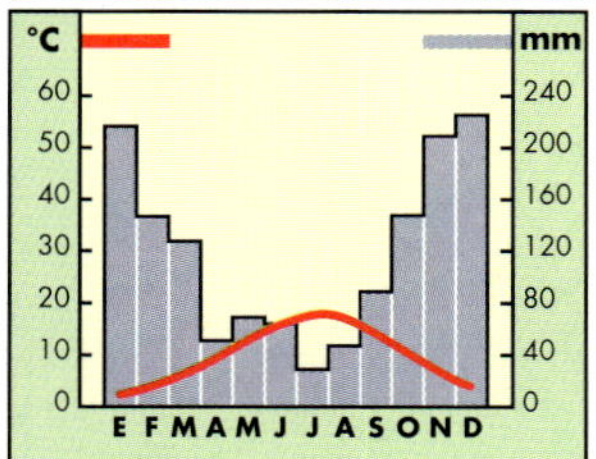

Temperatura media anual: 10 °C
Precipitación anual: 1.450 mm

NUEVA YORK

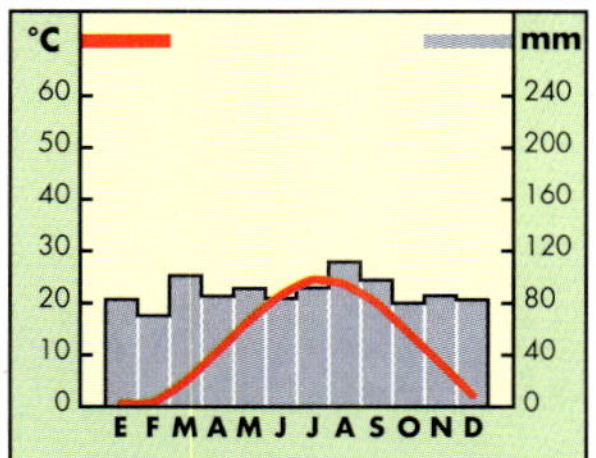

Temperatura media anual: 12,5 °C
Precipitación anual: 1.076 mm

SAN FRANCISCO

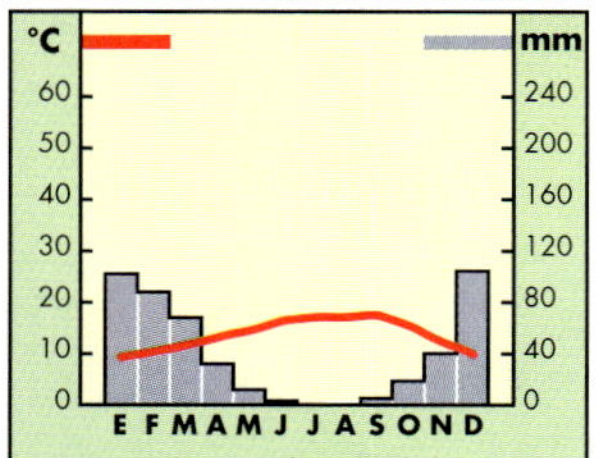

Temperatura media anual: 13,8 °C
Precipitación anual: 474 mm

NUEVA ORLEANS

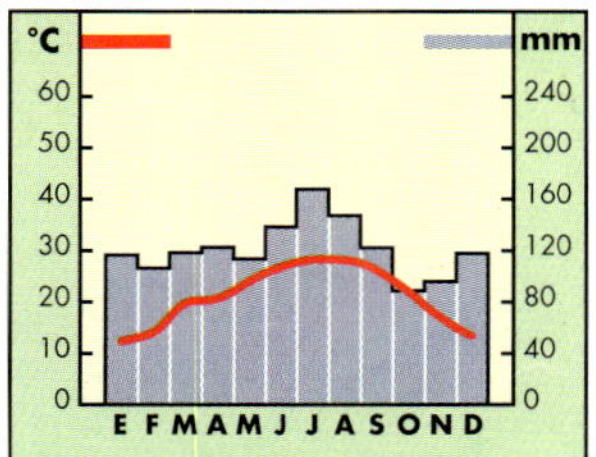

Temperatura media anual: 21 °C
Precipitación anual: 1.425 mm

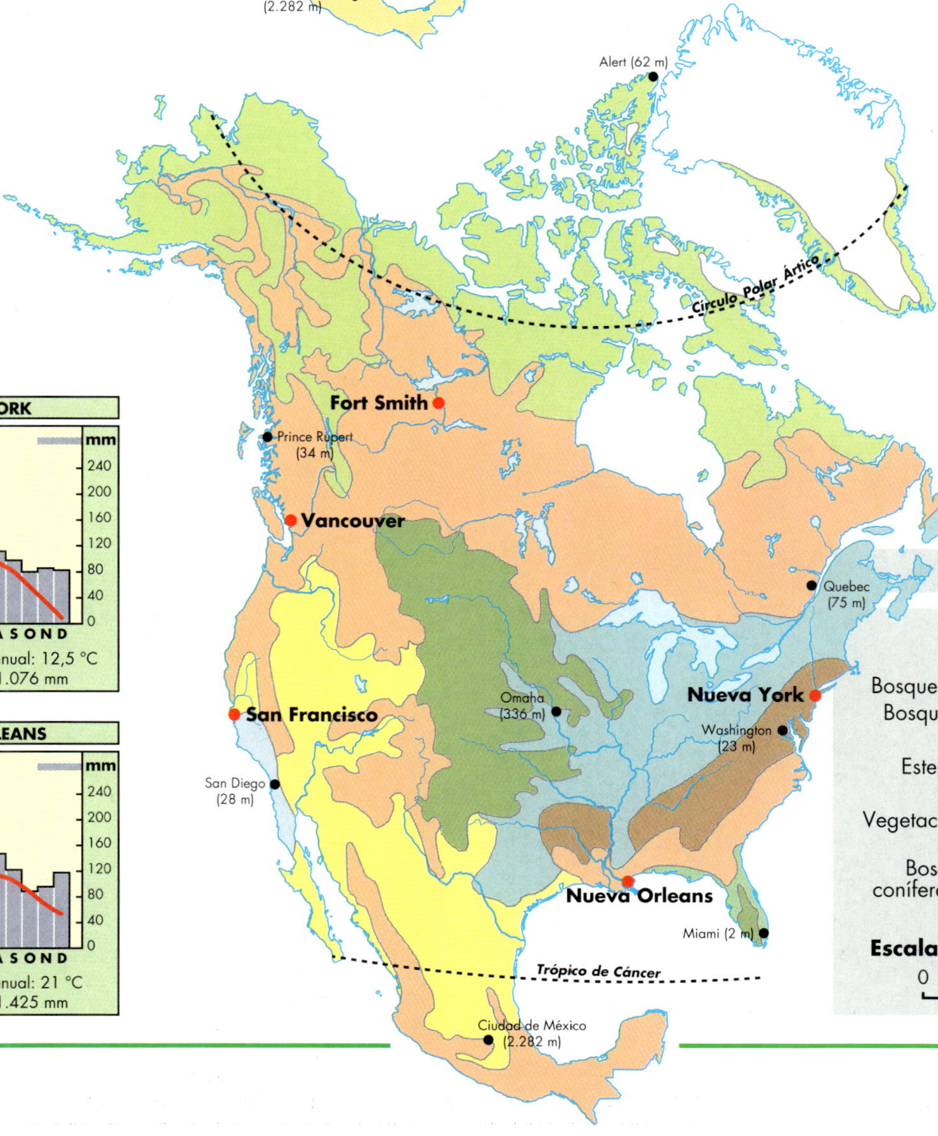

VEGETACIÓN

- Desierto frío
- Tundra
- Bosque de coníferas
- Bosque caducifolio
- Pradera
- Estepa y desierto
- Chaparral
- Vegetación de zonas pantanosas
- Bosque mixto de coníferas y especies caducifolias

Escala 1: 55.000.000

0 500 1.000 km

MAPA POLÍTICO Y LINGÜÍSTICO

Fronteras internacionales

Fronteras internas

Lenguas predominantes:
Canadá y Estados Unidos, inglés. México, español

Otras lenguas:
Francés · Inglés y francés · Inglés y español

Escala 1: 65.000.000
0 1.000 2.000 km

DENSIDAD DE POBLACIÓN Y GRANDES URBES

Habitantes por km²:

Zonas deshabitadas
Menos de 2
De 2 a 10
De 10 a 30
De 30 a 60
De 60 a 120
Más de 120

Escala 1: 65.000.000
0 1.000 2.000 km

■ Áreas metropolitanas con más de 2 millones de habitantes
• Áreas metropolitanas entre 1 y 2 millones de habitantes

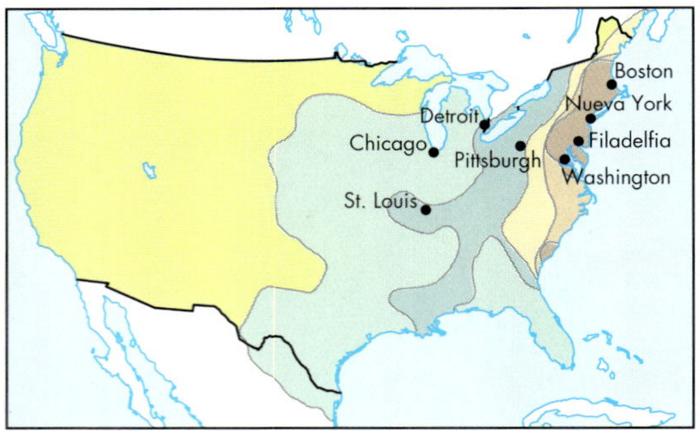

COLONIZACIÓN DEL OESTE DE ESTADOS UNIDOS

Áreas pobladas en 1790
1700 · 1760 · 1790

Colonización hasta 1860
1820 · 1860

Colonización a partir de 1860

MINORÍAS RACIALES EN ESTADOS UNIDOS

Población negra por Estado:
Menos del 10%
Del 10% al 20%
Más del 20%

Población de los Estados Unidos:
Blancos (83%)
Otras razas (5%)
Negros (12%)

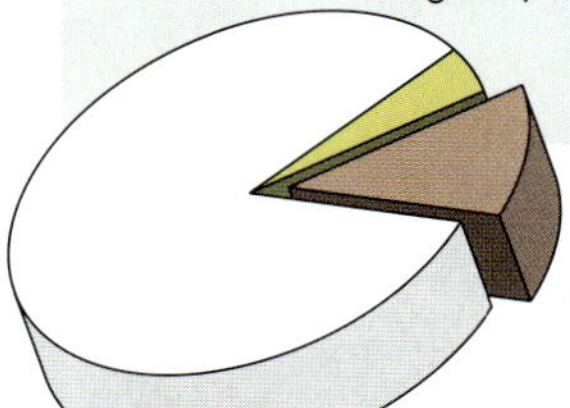

Número de indios por Estado:
Entre 100 y 200x1.000
Entre 25 y 100x1.000
Menos de 25x1.000

Reservas indias

Escala 1: 55.000.000
0 500 1.000 km

CORRIENTES MIGRATORIAS

Dirección de las migraciones

Principales áreas receptoras

Escala 1: 85.000.000
0 1.000 2.000 km

APROVECHAMIENTO AGRÍCOLA, GANADERO Y FORESTAL

ENERGÍA, MINERALES E INDUSTRIA

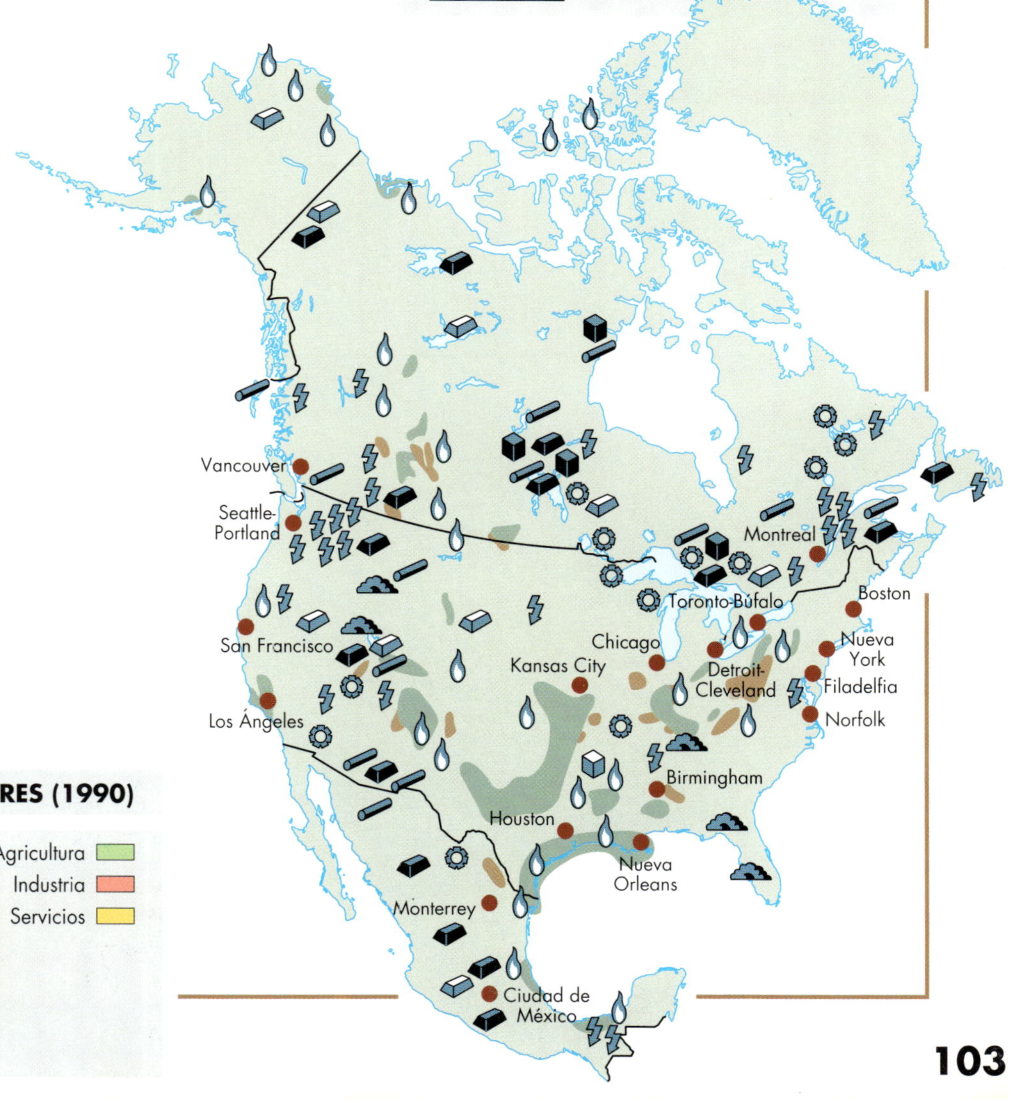

PARTE DE LA PRODUCCIÓN MUNDIAL (1990)

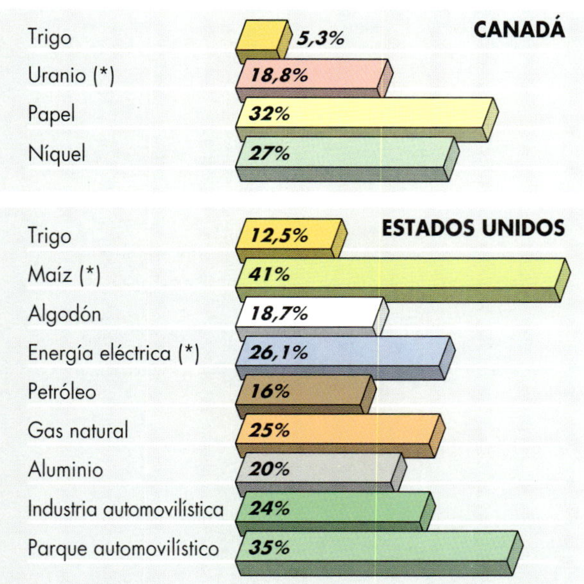

(*) 1er productor mundial

POBLACIÓN ACTIVA POR SECTORES (1990)

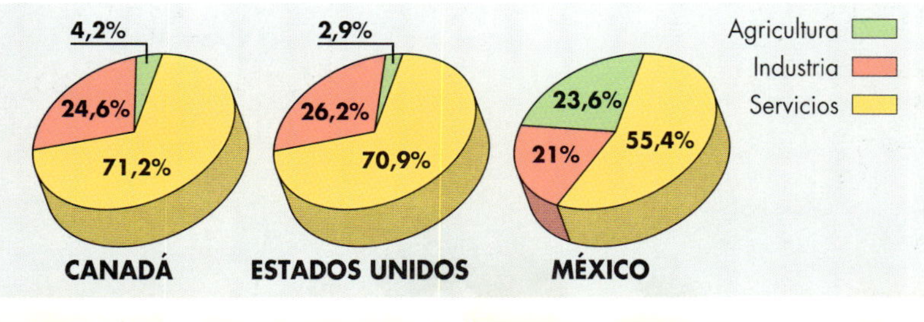

MÉXICO Y AMÉRICA CENTRAL

Físico-Político

VEGETACIÓN

Vegetación de zonas pantanosas
Bosque tropical de hoja caduca
Bosque húmedo siempre verde
Estepas y formaciones espinosas
Coníferas, praderas y estepas de montaña
Bosque caducifolio
Sabana
Chaparral

Escala 1: 33.000.000
0 500 800 km

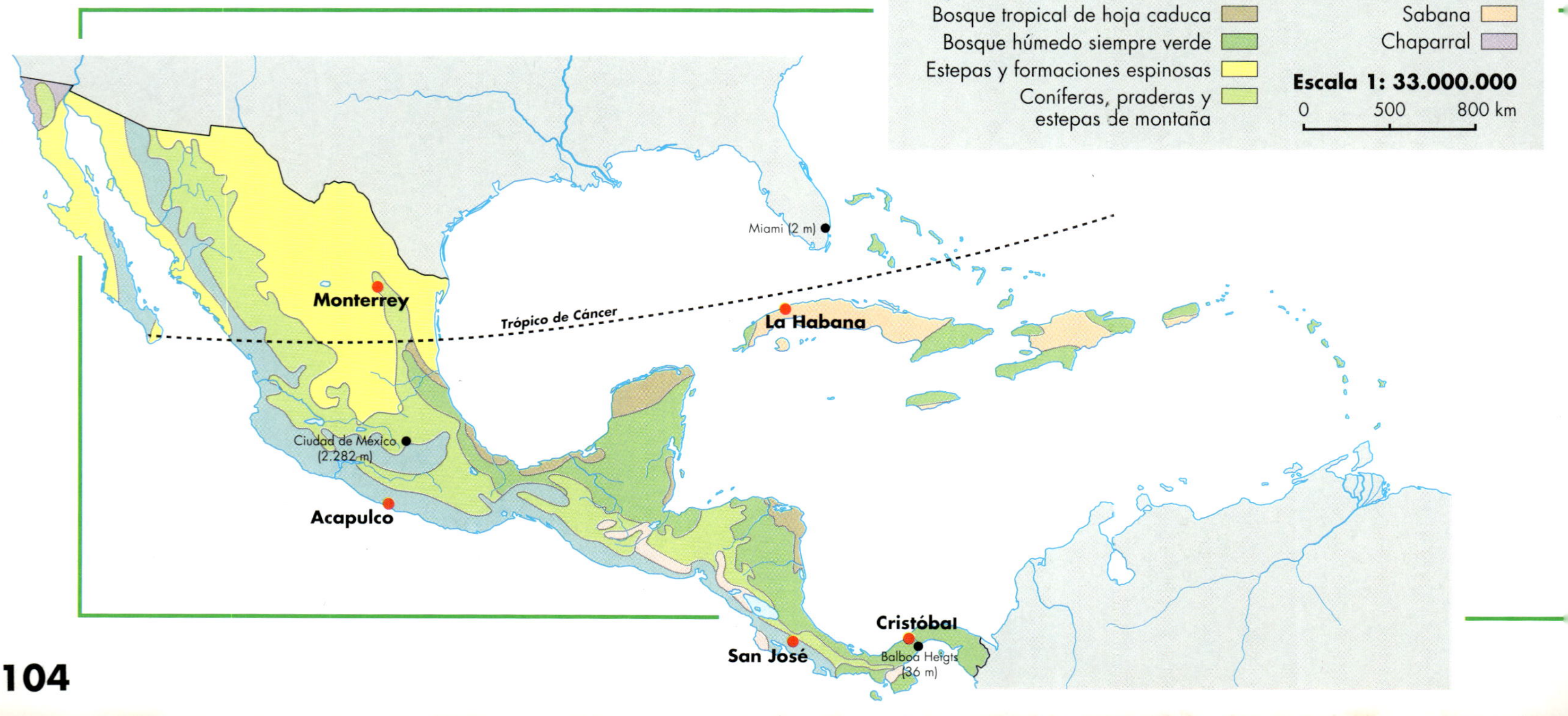

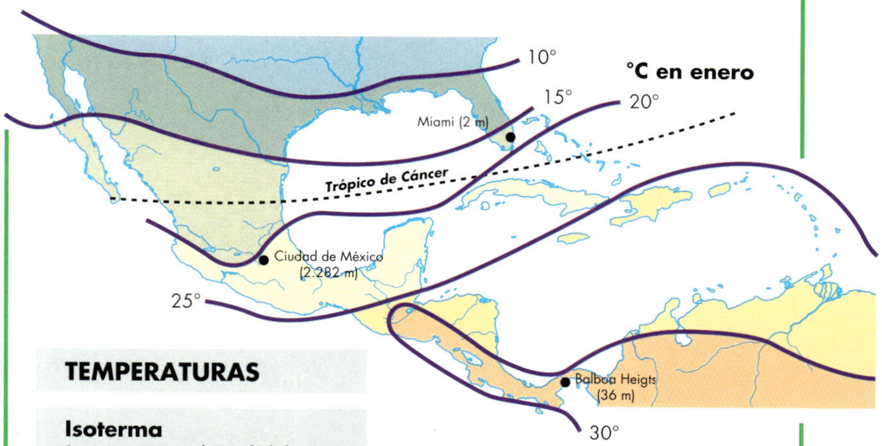

TEMPERATURAS

Isoterma
(temperatura al nivel del mar)

Escala 1: 60.000.000
0 1.000 2.000 km

- De 10° a 15°
- De 15° a 20°
- De 20° a 25°
- De 25° a 30°
- De 30° a 35°
- Más de 35°

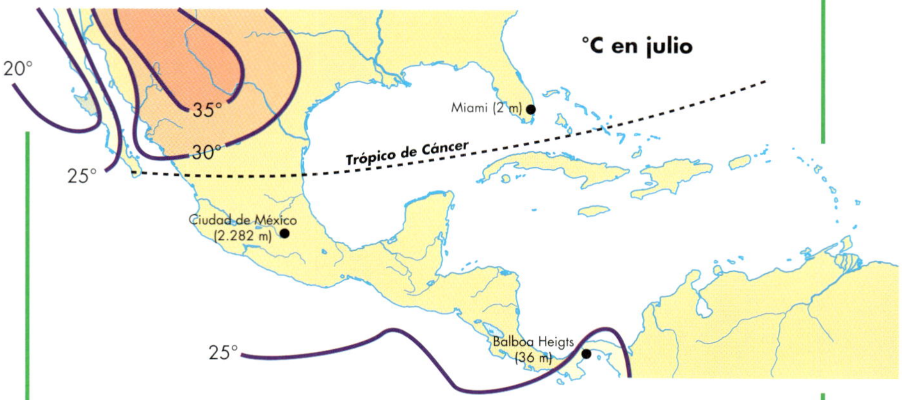

PRECIPITACIONES ANUALES

- Menos de 250 mm
- De 250 a 500 mm
- De 500 a 1.000 mm
- De 1.000 a 1.500 mm
- De 1.500 a 2.000 mm
- Más de 2.000 mm

Escala 1: 60.000.000
0 1.000 2.000 km

CRISTÓBAL (Panamá)

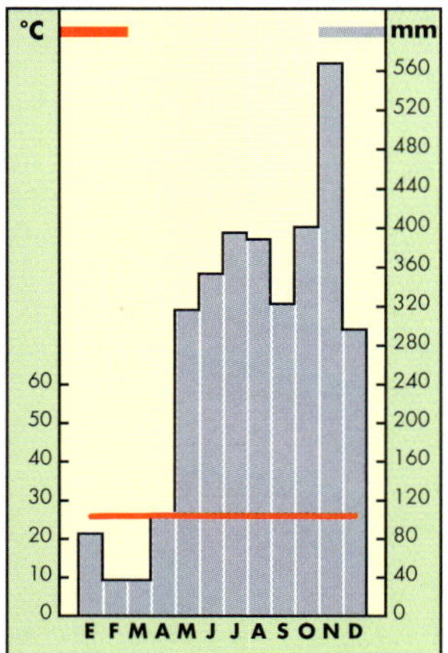

Temperatura media anual: 27 °C
Precipitación anual: 3.307 mm

ACAPULCO

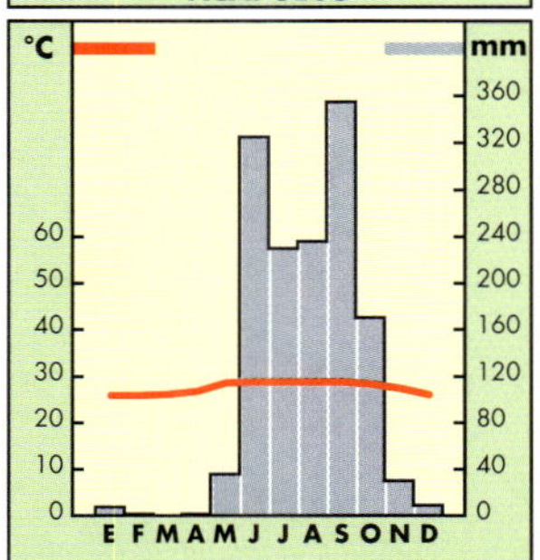

Temperatura media anual: 27,6 °C
Precipitación anual: 1.401 mm

SAN JOSÉ (Costa Rica)

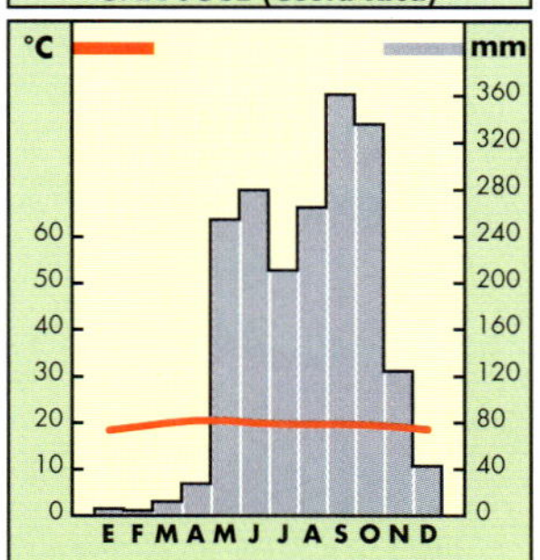

Temperatura media anual: 19,7 °C
Precipitación anual: 1.928 mm

LA HABANA

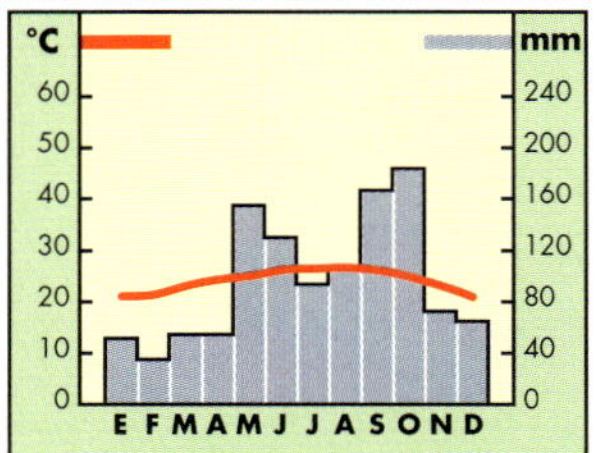

Temperatura media anual: 24,5 °C
Precipitación anual: 1.167 mm

MONTERREY

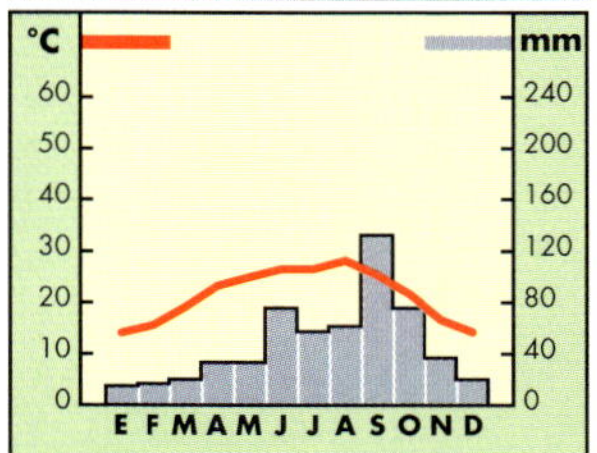

Temperatura media anual: 21,5 °C
Precipitación anual: 559 mm

MÉXICO Y AMÉRICA CENTRAL
Población

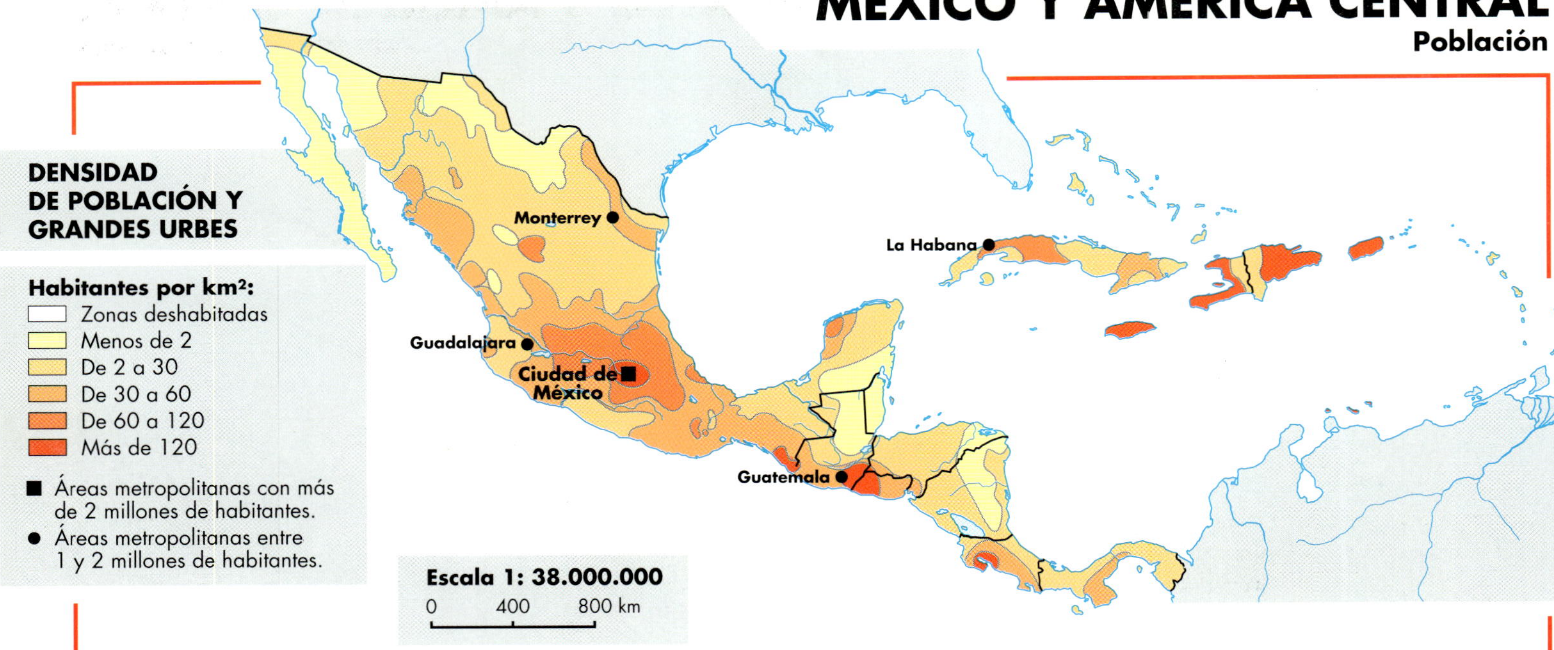

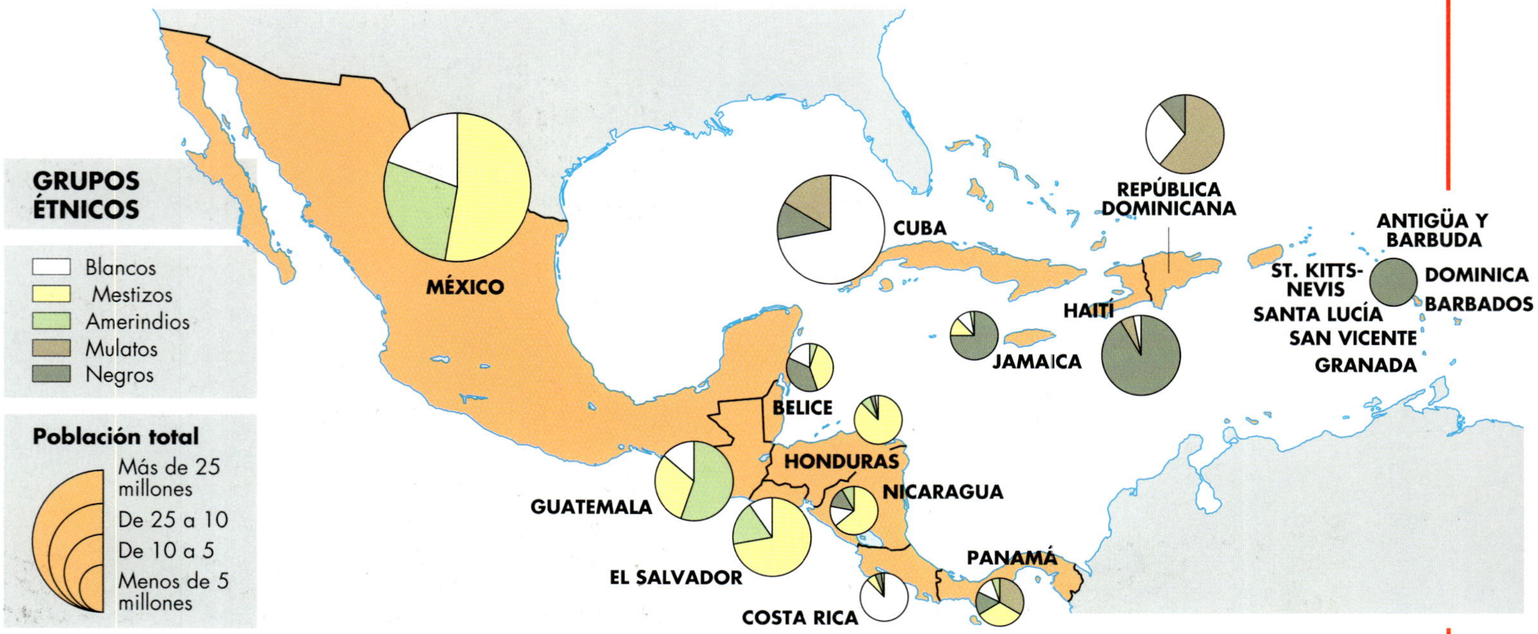

MÉXICO Y AMÉRICA CENTRAL
Acitividades económicas

ENERGÍA, MINERALES E INDUSTRIA

Energía
- Yacimientos de carbón
- Yacimientos de petróleo
- Yacimientos de gas
- Centrales hidroeléctricas
- Principales centros industriales

Minería
- Hierro
- Plata
- Oro
- Cobre
- Bauxita

Escala 1: 38.000.000
0 400 800 km

APROVECHAMIENTO AGRÍCOLA Y GANADERO

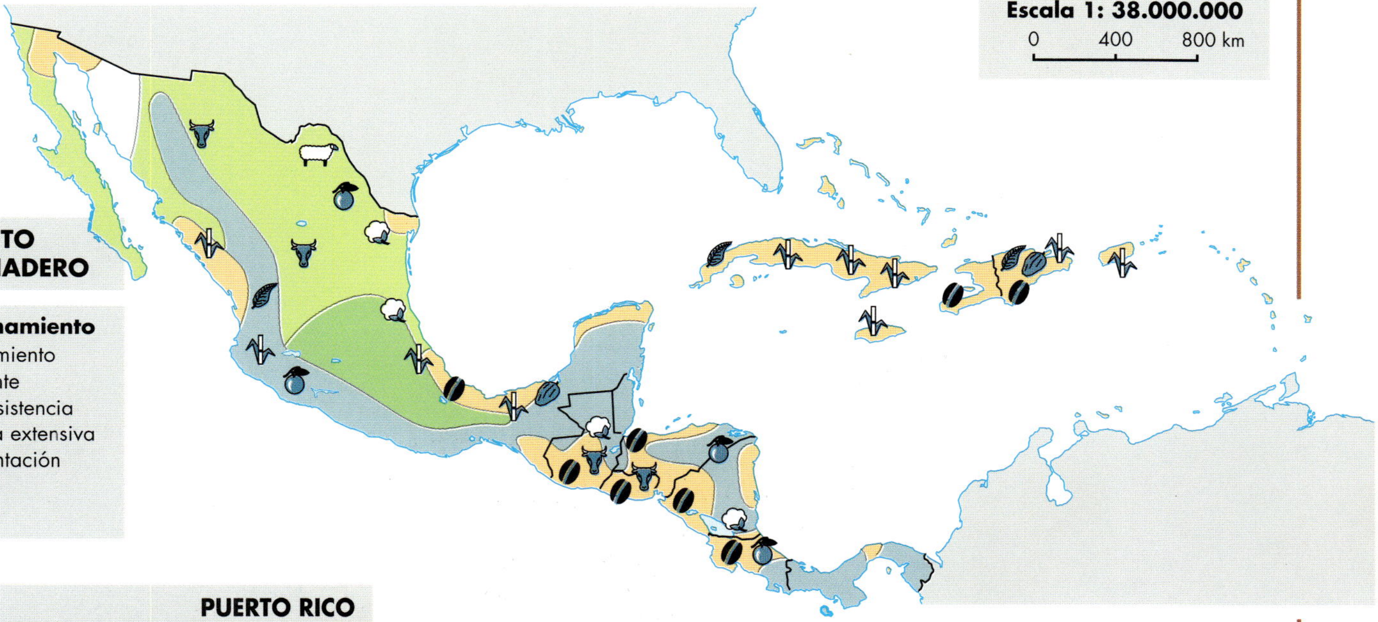

Formas de aprovechamiento
- Escaso aprovechamiento
- Agricultura itinerante
- Agricultura de subsistencia
- Pastos y ganadería extensiva
- Agricultura de plantación
- Zonas pantanosas
- Arrozales

Cultivos comerciales
- Cacao
- Café
- Tabaco
- Frutas
- Azúcar
- Algodón

Ganado
- Cárnico
- Lechero

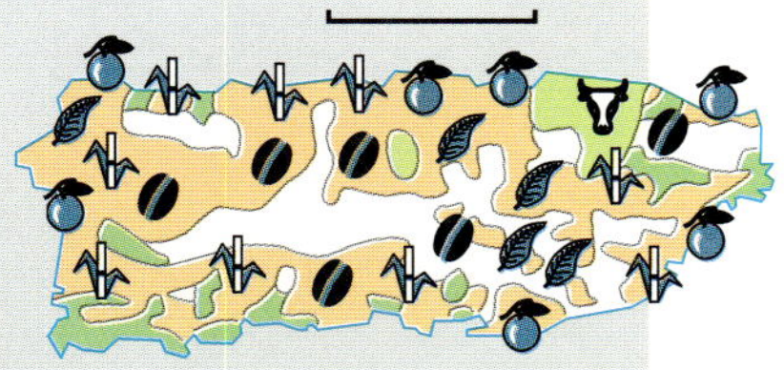

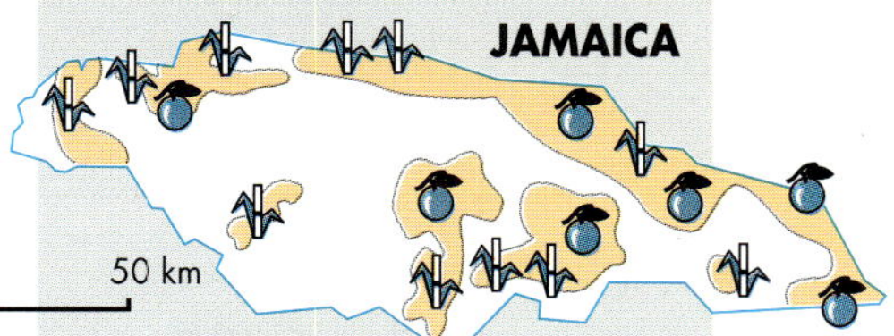

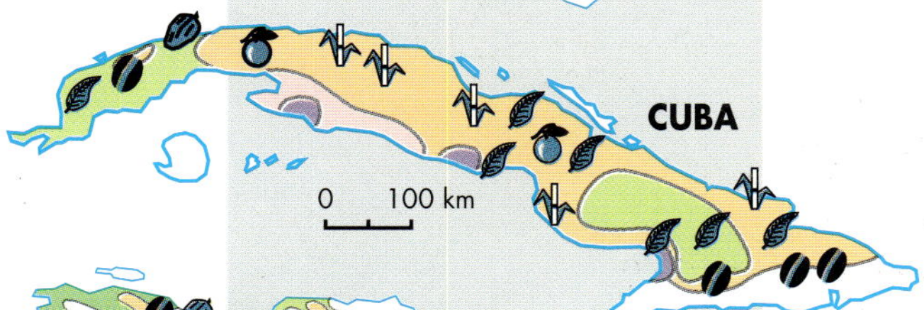

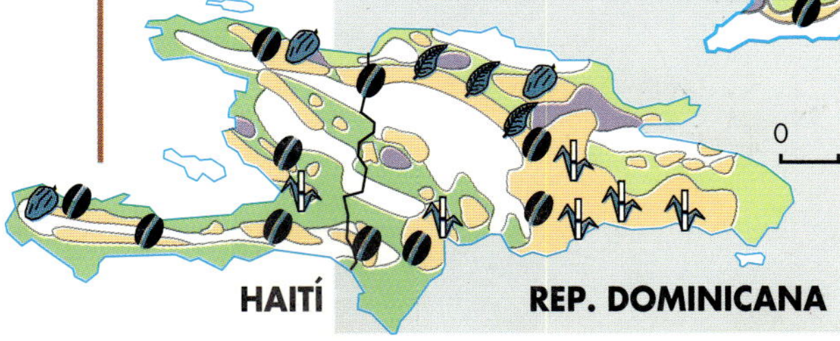

POBLACIÓN ACTIVA POR SECTORES (1991)

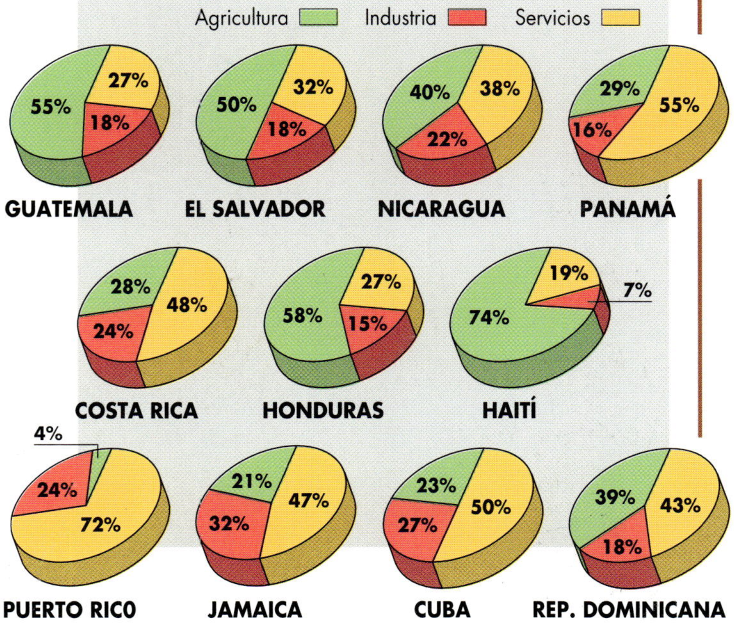

AMÉRICA DEL SUR

Físico-Político

AMÉRICA DEL SUR

Clima y vegetación

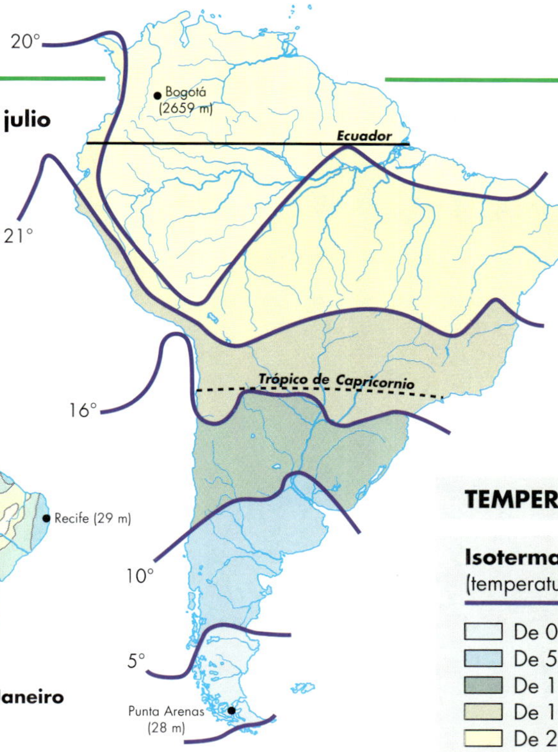

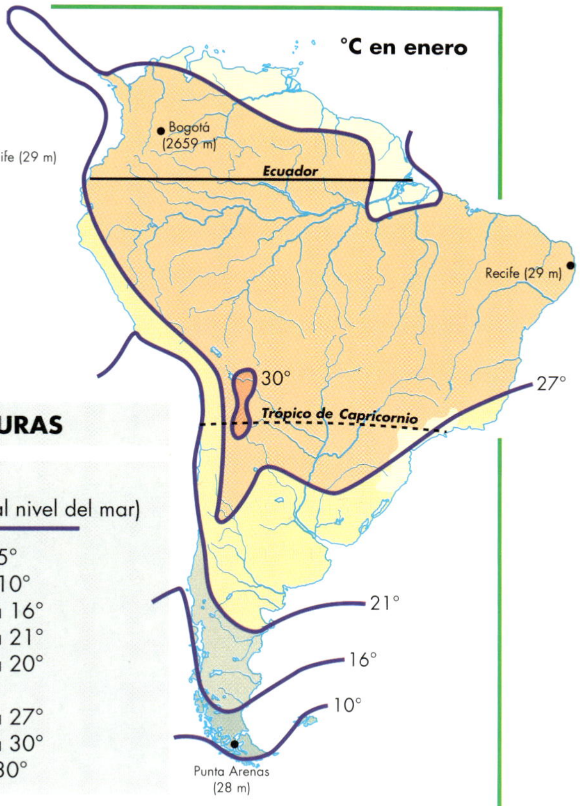

TEMPERATURAS

Isoterma
(temperatura al nivel del mar)

- De 0° a 5°
- De 5° a 10°
- De 10° a 16°
- De 16° a 21°
- De 21° a 20°
- 20°
- De 21° a 27°
- De 27° a 30°
- Más de 30°

Escala 1: 75.000.000
0 1.000 2.000 km

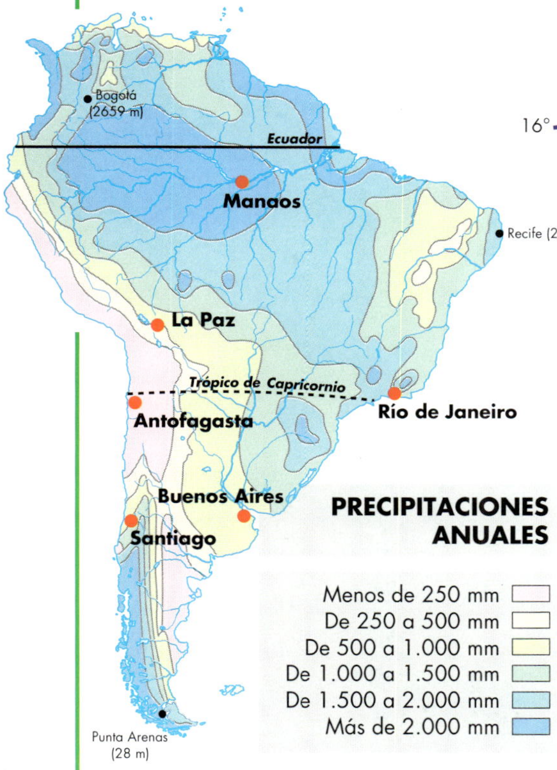

PRECIPITACIONES ANUALES

- Menos de 250 mm
- De 250 a 500 mm
- De 500 a 1.000 mm
- De 1.000 a 1.500 mm
- De 1.500 a 2.000 mm
- Más de 2.000 mm

MANAOS (Brasil)

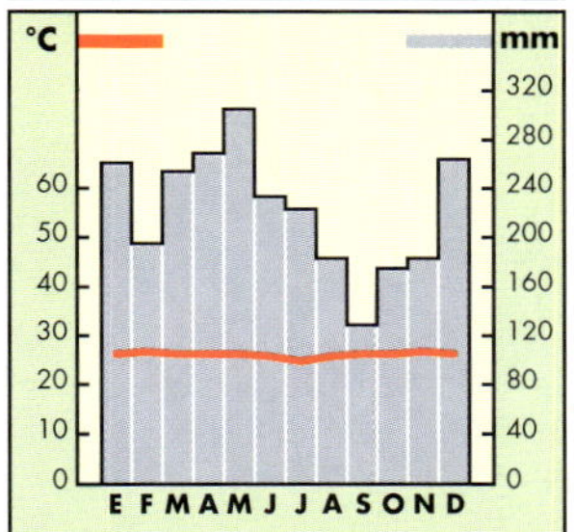

Temperatura media anual: 26,5 °C
Precipitación anual: 2.674 mm

SANTIAGO DE CHILE (Chile)

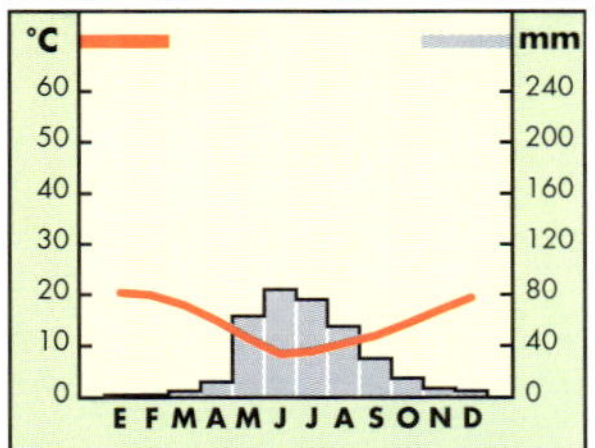

Temperatura media anual: 14,5 °C
Precipitación anual: 356 mm

BUENOS AIRES (Argentina)

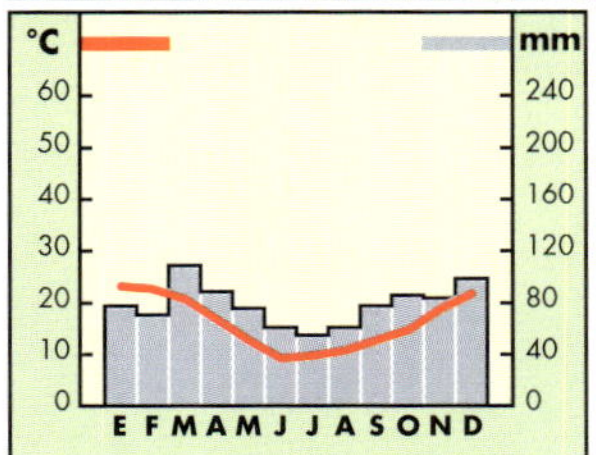

Temperatura media anual: 16,5 °C
Precipitación anual: 947 mm

RIO DE JANEIRO (Brasil)

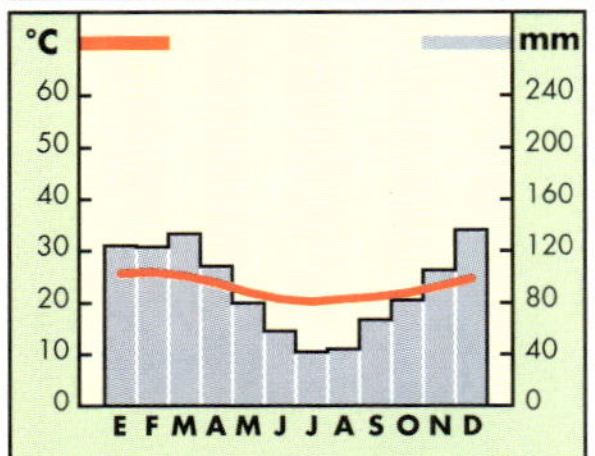

Temperatura media anual: 23,2 °C
Precipitación anual: 1.099 mm

LA PAZ (Bolivia)

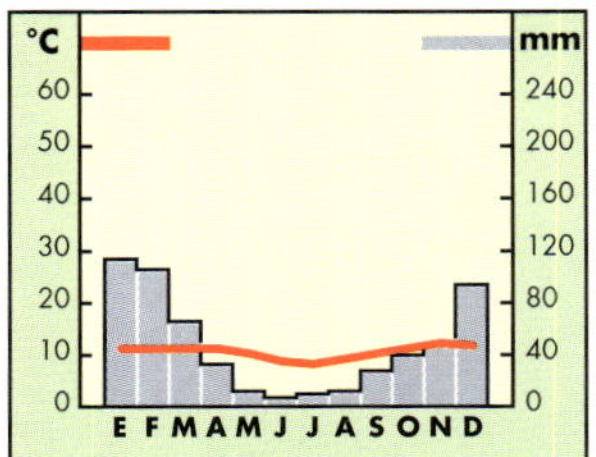

Temperatura media anual: 11 °C
Precipitación anual: 570 mm

ANTOFAGASTA (Chile)

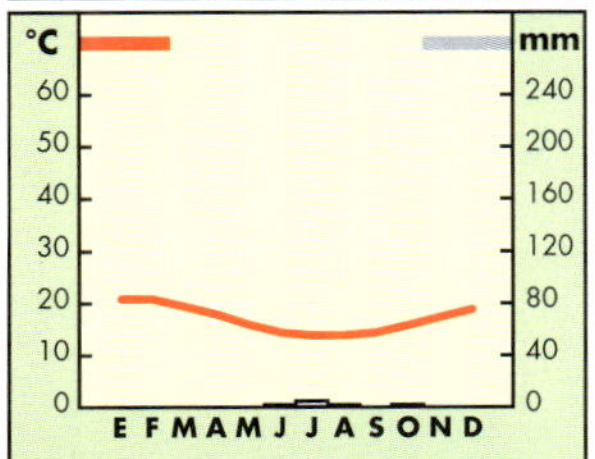

Temperatura media anual: 17 °C
Precipitación anual: 12 mm

VEGETACIÓN

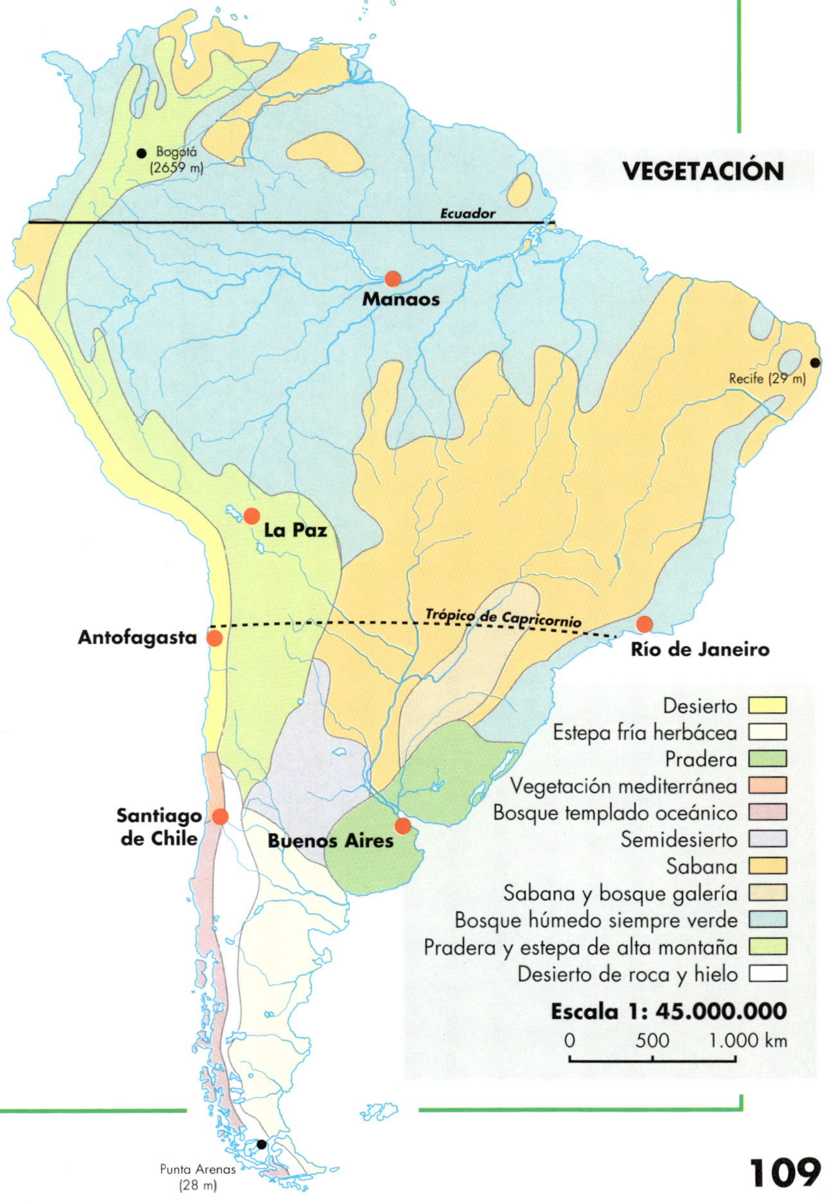

- Desierto
- Estepa fría herbácea
- Pradera
- Vegetación mediterránea
- Bosque templado oceánico
- Semidesierto
- Sabana
- Sabana y bosque galería
- Bosque húmedo siempre verde
- Pradera y estepa de alta montaña
- Desierto de roca y hielo

Escala 1: 45.000.000
0 500 1.000 km

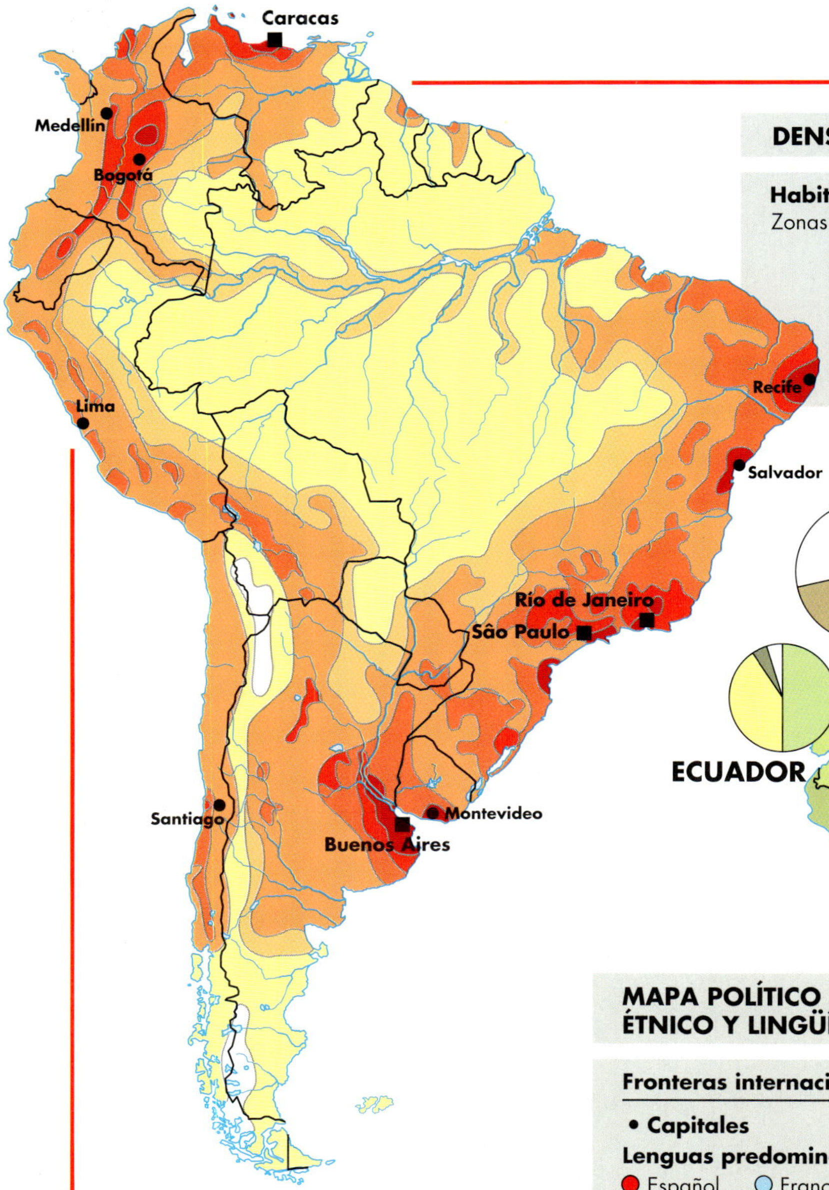

DENSIDAD DE POBLACIÓN Y GRANDES URBES

Habitantes por km²:
- Zonas deshabitadas
- Menos de 2
- De 2 a 10
- De 10 a 30
- De 30 a 60
- De 60 a 120
- Más de 120

Áreas metropolitanas con más de 2 millones de habitantes.
Áreas metropolitanas entre 1 y 2 millones de habitantes.

Escala 1: 45.000.000
0 500 1.000 km

MAPA POLÍTICO ÉTNICO Y LINGÜÍSTICO

Fronteras internacionales

- • Capitales

Lenguas predominantes:
- Español
- Francés
- Portugés
- Holandés
- Inglés
- Español e inglés

Grupos étnicos:
- Blancos
- Mulatos
- Mestizos
- Negros
- Amerindios
- Asiáticos

Escala 1: 45.000.000
0 500 1.000 km

BOLIVIA (1990)

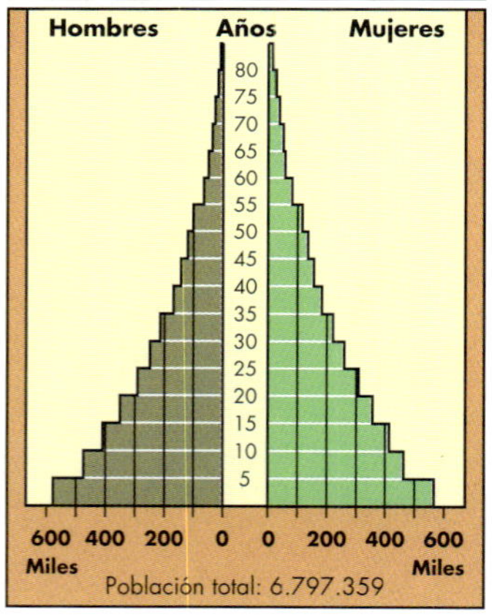

Población total: 6.797.359

VENEZUELA (1990)

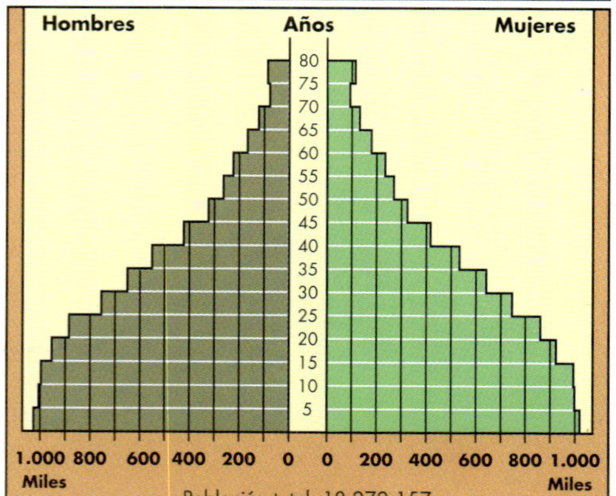

Población total: 18.272.157

BRASIL (1990)

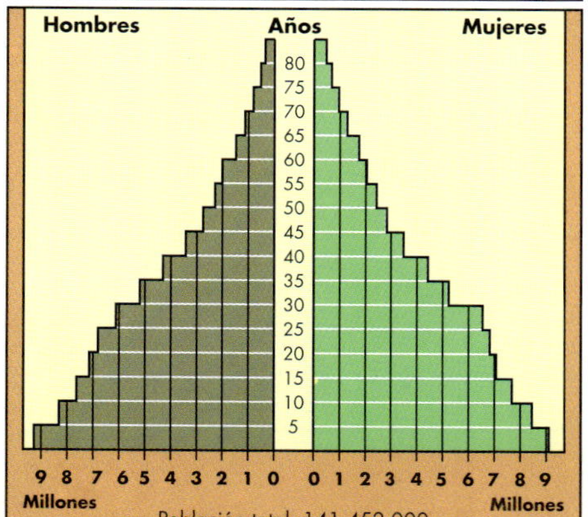

Población total: 141.452.000

CHILE (1990)

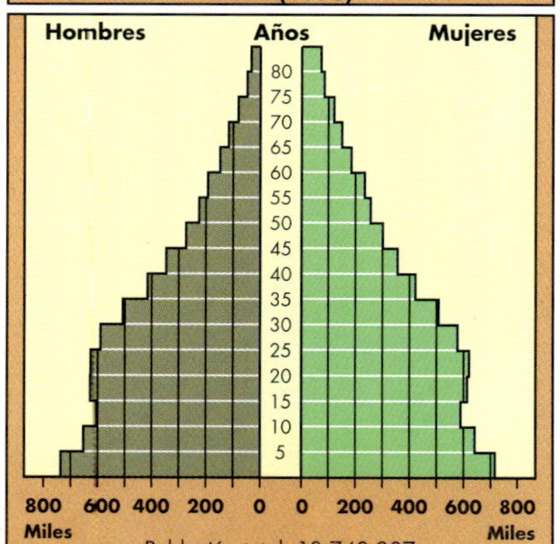

Población total: 12.748.207

AMÉRICA DEL SUR

Actividades económicas

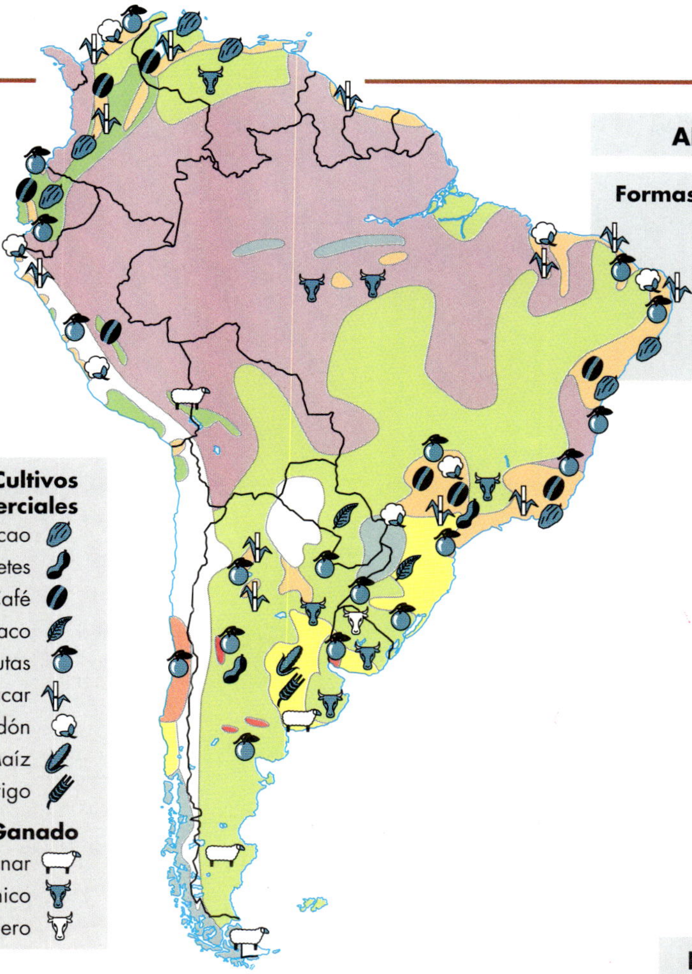

APROVECHAMIENTO AGRÍCOLA, GANADERO Y FORESTAL

Formas de aprovechamiento

- Escaso aprovechamiento
- Agricultura itinerante
- Agricultura de subsistencia
- Ganadería extensiva
- Horticultura especializada
- Aprovechamiento forestal
- Cereales y ganadería extensiva
- Agricultura de plantación
- Agricultura mediterránea

Escala 1: 55.000.000

0 500 1.000 km

Cultivos comerciales

- Cacao
- Cacahuetes
- Café
- Tabaco
- Frutas
- Azúcar
- Algodón
- Maíz
- Trigo

Ganado

- Lanar
- Cárnico
- Lechero

ENERGÍA, MINERALES E INDUSTRIA

Energía

- Yacimientos de carbón
- Yacimientos de petróleo
- Yacimientos de gas
- Centrales hidroeléctricas
- Principales centros industriales

Escala 1: 55.000.000

0 500 1.000 km

Minería

- Hierro
- Plata
- Oro
- Cobre
- Bauxita
- Níquel
- Fosfatos
- Estaño

PARTE DE LA PRODUCCIÓN MUNDIAL

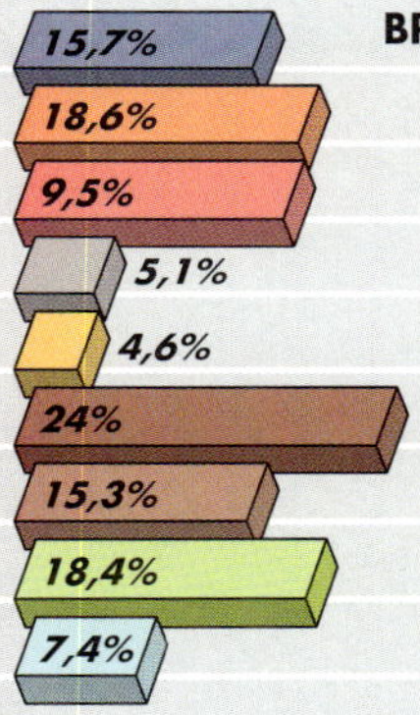

(*) 1er productor mundial

POBLACIÓN ACTIVA POR SECTORES (1991)

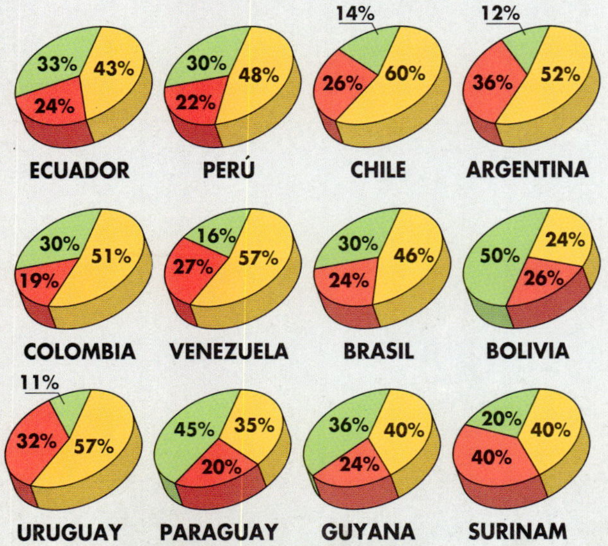

EL ENDEUDAMIENTO DE AMÉRICA DEL SUR (1990)

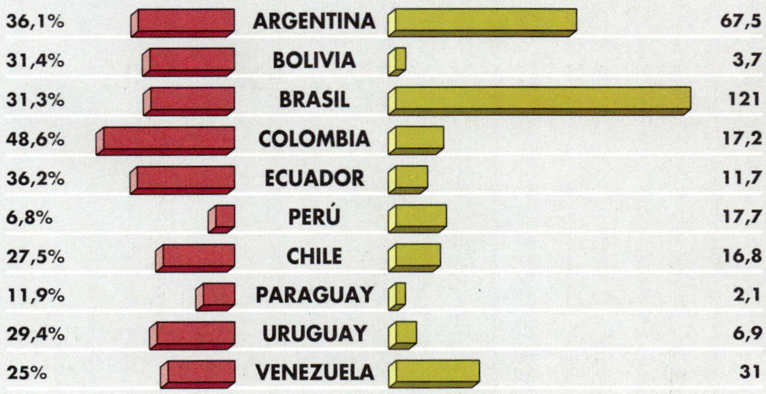

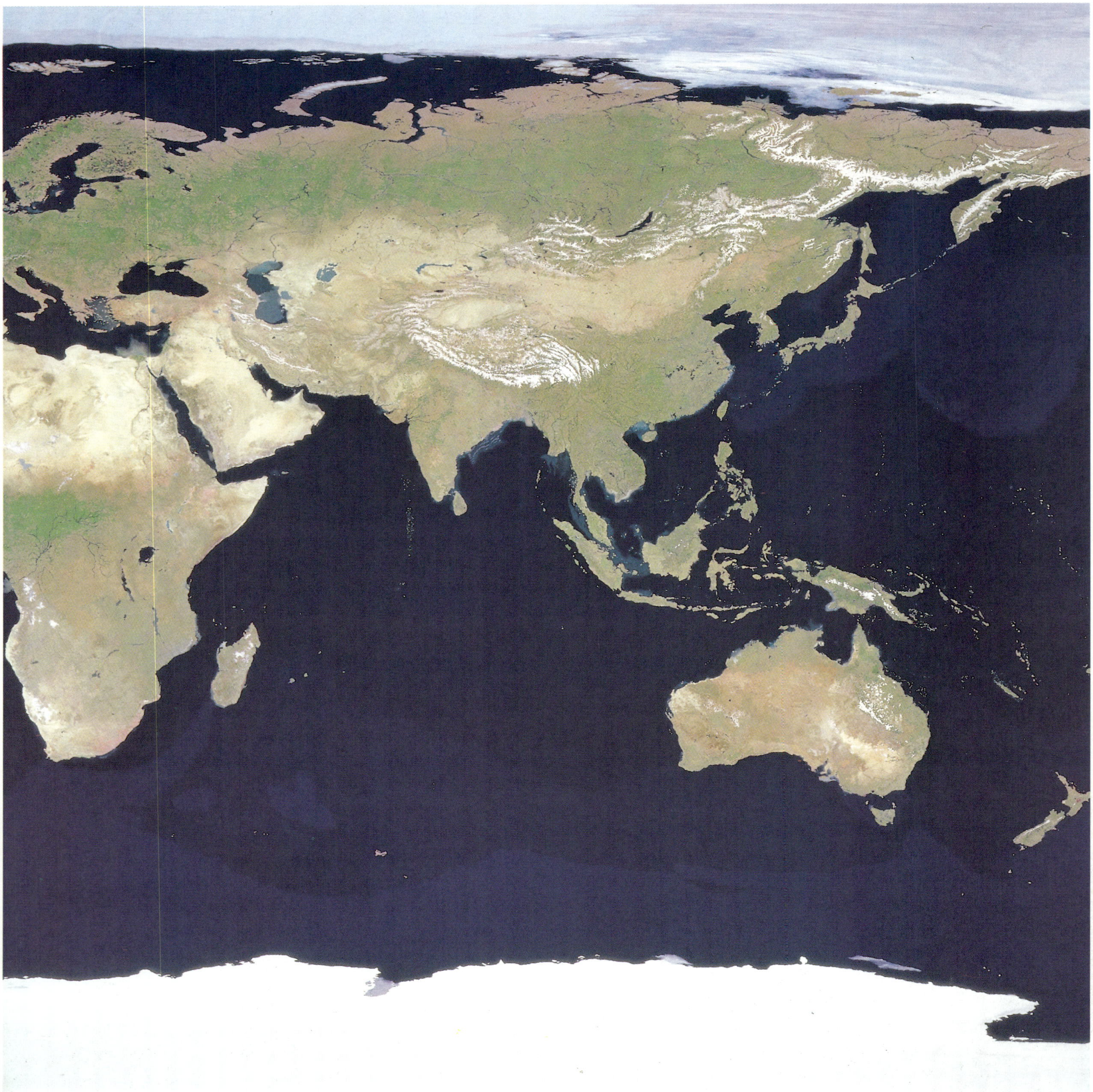

Asia es el mayor de los continentes; con 44.031.729 km^2, ocupa el tercio de las tierras emergidas. Se extiende desde el ecuador a las regiones polares y desde el Mediterráneo al Pacífico.

Los contrastes de relieve son enormes: desde el monte Everest, 8.840 m, la cima del mundo, al mar Muerto, 394 m por debajo de los océanos, el punto más bajo del planeta. Todos los climas y paisajes vegetales de la Tierra aparecen representados en él. Enormes ríos atraviesan el continente, entre los que destacan los del norte, helados en invierno y con grandes crecidas de primavera, y los del Asia monzónica, gigantes que provocan inundaciones catastróficas.

Con 3.145.395.000 habitantes, más de la mitad de la humanidad, Asia es el continente más poblado. Su población se reparte de forma muy desigual: desiertos humanos al norte y el interior frente a hormigueros en las llanuras y deltas del Asia monzónica y a gigantescas aglomeraciones urbanas como Tokio, Shanghái o Calcuta.

Asia es el continente de la raza amarilla, pero también viven pueblos blancos en el oeste y suroeste, e islotes de raza negra en la India y en los archipiélagos del Índico. En este continente nacen las grandes religiones y surgen las primeras civilizaciones.

Frente a modos de vida tradicionales, el hambre y la pobreza de millones de personas, la sociedad japonesa es una de las más evolucionadas y su industria conquista los mercados del mundo. Hoy, los países del sureste asiático se incorporan a la industrialización con altas tasas de crecimiento económico.

Niños chinos.
Asia es el continente de la raza amarilla y el más poblado.

Pastoreo tradicional en los desiertos de Pakistán.
Formas de vida tradicionales en el interior del continente asiático.

Calle de Tokio.
La sociedad japonesa es una de las más evolucionadas y avanzadas en cuanto a industria y tecnología.

ASIA
Físico-Político

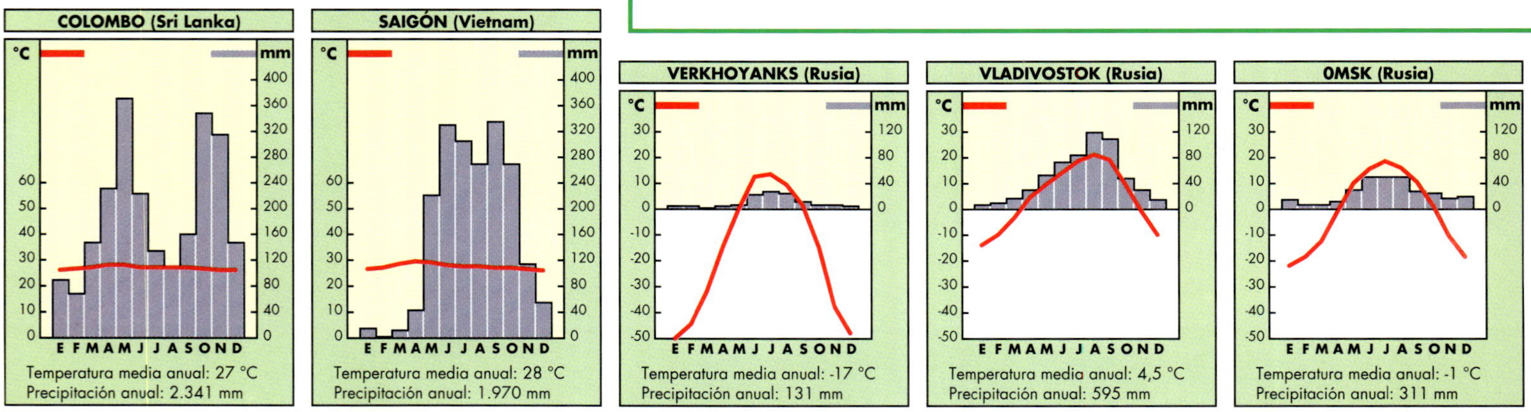

TEMPERATURAS

Isoterma
(temperatura al nivel del mar)

- Menos de -50°
- De -50° a -40°
- De -40° a -30°
- De -30° a -20°
- De -20° a -10°
- De -10° a 0°
- De 0° a 10°
- De10° a 20°
- De 20° a 30°
- Más de 30°

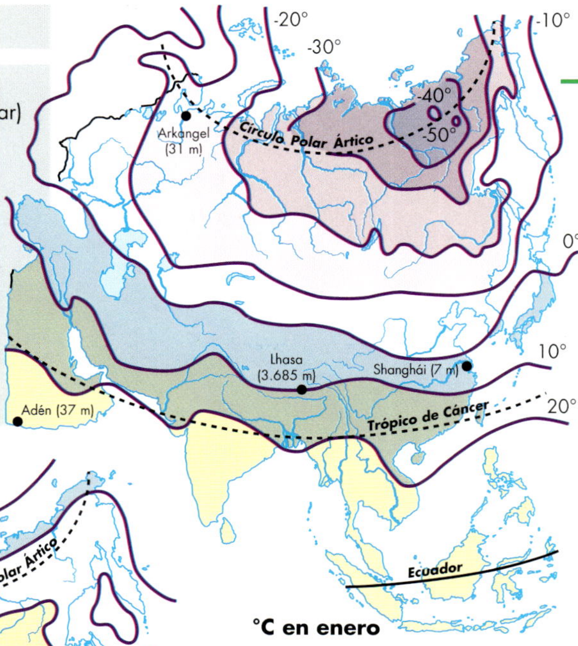

°C en enero

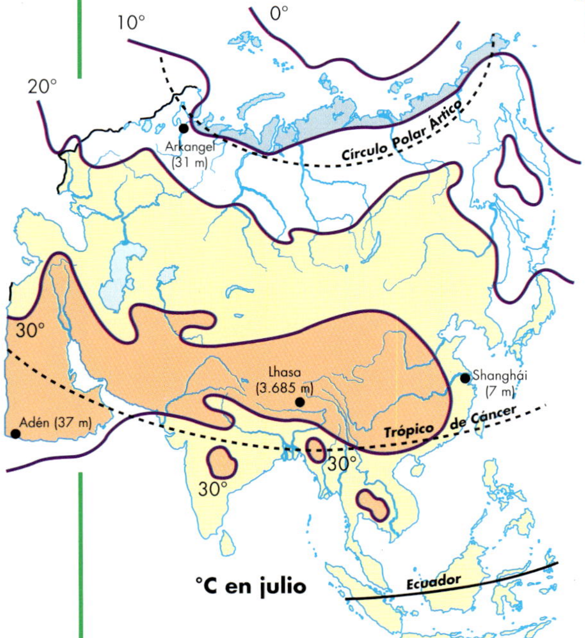

°C en julio

Escala 1: 130.000.000
0 1.500 3.000 km

PRECIPITACIONES ANUALES

- Menos de 250 mm
- De 250 a 500 mm
- De 500 a 1.000 mm
- De 1.000 a 1.500 mm
- De 1.500 a 2.000 mm
- Más de 2.000 mm

VEGETACIÓN

- Tundra
- Taiga
- Coníferas y frondosas
- Vegetación de alta montaña
- Vegetación mediterránea
- Estepa
- Desierto y semidesierto
- Bosque tropical claro y sabana
- Bosque húmedo siempre verde

Escala 1: 63.000.000
0 1.000 2.000 km

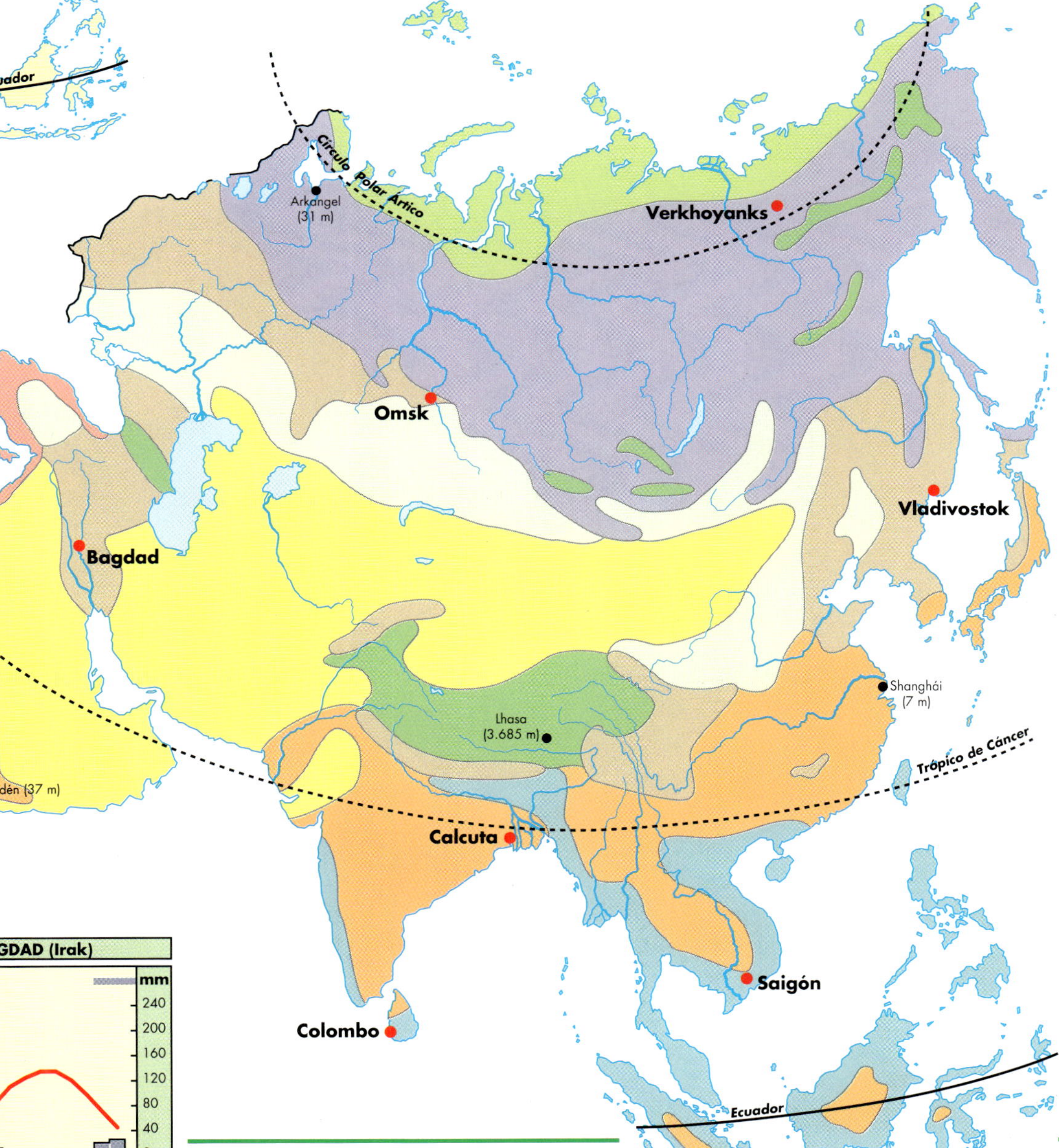

CALCUTA (India)

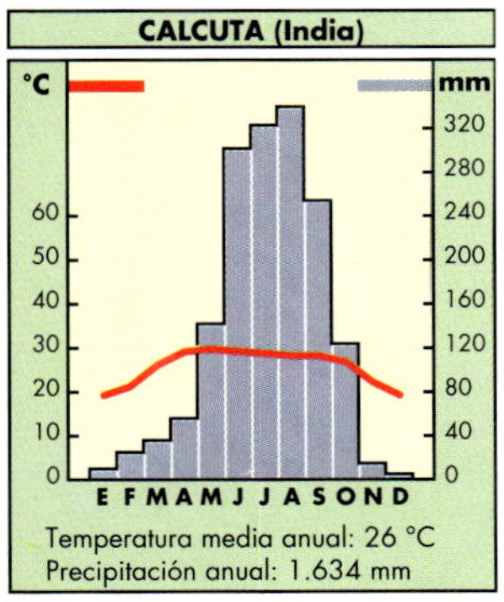

Temperatura media anual: 26 °C
Precipitación anual: 1.634 mm

BAGDAD (Irak)

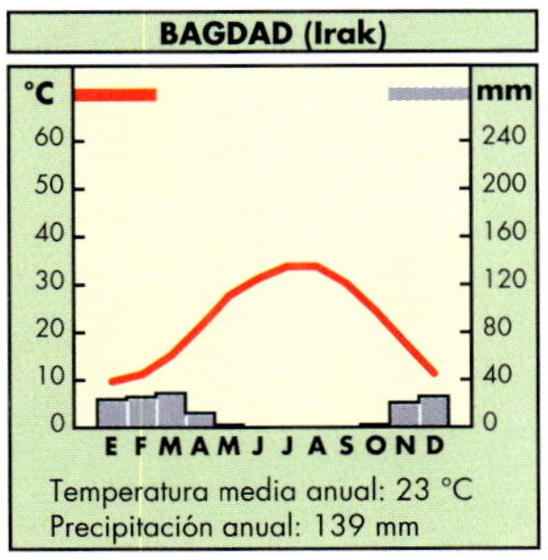

Temperatura media anual: 23 °C
Precipitación anual: 139 mm

MAPA POLÍTICO
Fronteras internacionales
Capitales
Escala 1: 63.000.000
0 500 1.000 km
BIELORRUSIA
Minsk
Moscú
MOLDAVIA
Kisinev
Kiev
UCRANIA
RUSIA
Ankara
TURQUÍA
GEORGIA
Tbilisi
CHIPRE
Nicosia
ARMENIA
Erevan
AZERBAIYÁN
TURKMENISTÁN
KAZAJSTÁN
LÍBANO
Beirut
SIRIA
Damasco
Tel-Aviv
ISRAEL
Ammán
JORDANIA
Bakú
Ashjabad
Bagdad
IRAK
Teherán
IRÁN
UZBEKISTÁN
Tashkent
Alma Atá
Pichpek
KIRGUIZISTÁN
Dushanbé
TAYIKISTÁN
AFGANISTÁN
Kabul
Islamabad
PAKISTÁN
KUWAIT
Kuwait
Riad
Manama
BAHREIN
ARABIA SAUDÍ
Doha
QATAR
Abu-Dabí
Mascate
OMÁN
YEMEN
Adén
UNIÓN DE EMIRATOS ÁRABES
MONGOLIA
Ulán Bator
COREA DEL NORTE
Pyongyang
Seúl
COREA DEL SUR
Tokio
JAPÓN
Pekín
CHINA
NEPAL
Katmandú
BUTÁN
Timbú
Nueva Delhi
INDIA
Dhaka
BANGLADESH
MYANMAR
Rangún
Taipei
TAIWÁN
Hanoi
Vientian
LAOS
VIETNAM
TAILANDIA
Bangkok
Phnom Penh
CAMBOYA
Manila
FILIPINAS
SRI LANKA
Colombo
Male
MALDIVAS
BRUNEI
MALASIA
Bandar Seri Begawan
Kuala Lumpur
SINGAPUR
INDONESIA
Yakarta

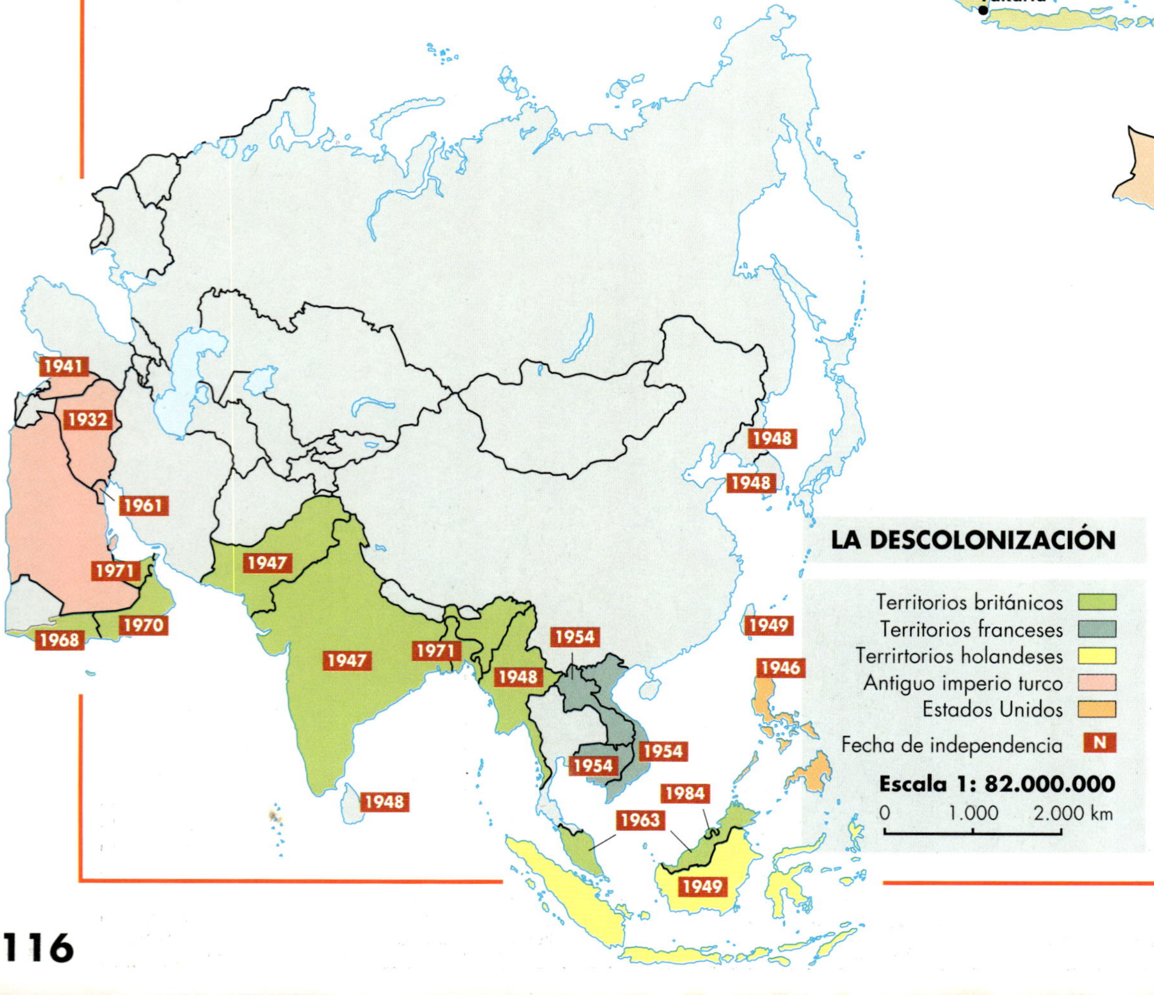

LA DESCOLONIZACIÓN
Territorios británicos
Territorios franceses
Terrirtorios holandeses
Antiguo imperio turco
Estados Unidos
Fecha de independencia N
Escala 1: 82.000.000
0 1.000 2.000 km
1941
1932
1961
1971
1968
1970
1947
1947
1971
1948
1954
1954
1954
1948
1948
1948
1949
1946
1984
1963
1949

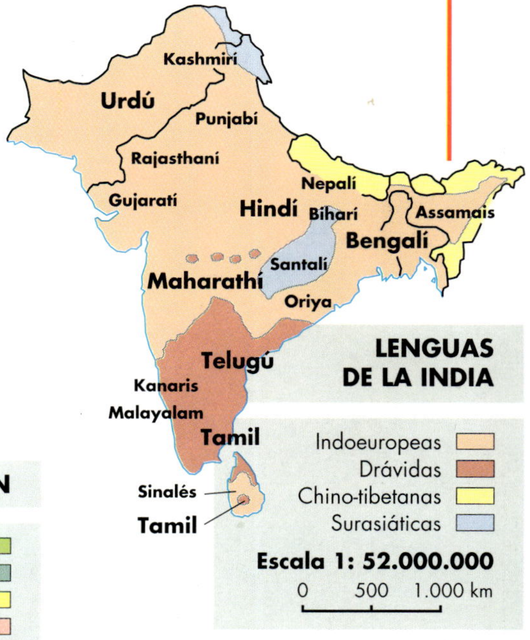

LENGUAS DE LA INDIA
Indoeuropeas
Drávidas
Chino-tibetanas
Surasiáticas
Escala 1: 52.000.000
0 500 1.000 km
Kashmirí
Urdú
Punjabí
Rajasthaní
Gujaratí
Nepalí
Hindí
Biharí
Assamais
Bengalí
Santalí
Maharathí
Oriya
Telugú
Kanaris
Malayalam
Tamil
Sinalés
Tamil

Escala 1: 82.000.000
0 1.000 2.000 km

DENSIDAD DE POBLACIÓN Y GRANDES URBES

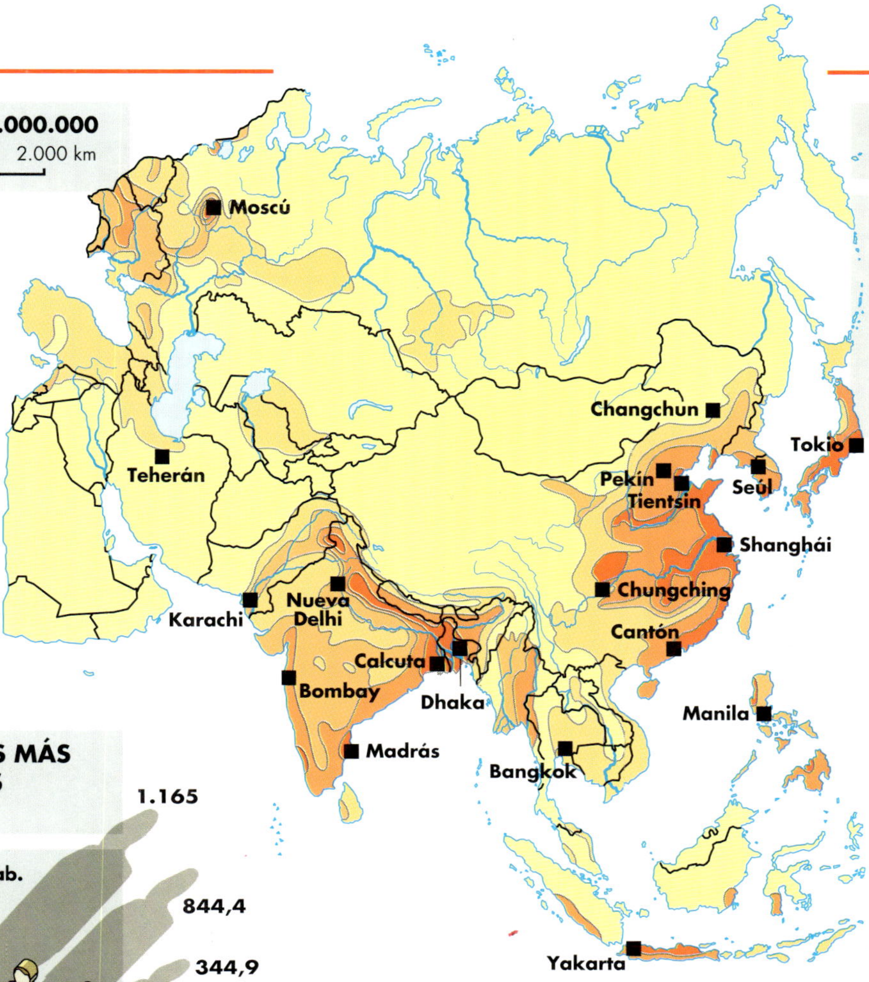

Habitantes por km²:
- Menos de 10
- De 10 a 50
- De 50 a 100
- De 100 a 200
- Más de 200

■ Áreas metropolitanas con más de 5 millones de hab.

EL PESO DE ASIA EN EL MUNDO

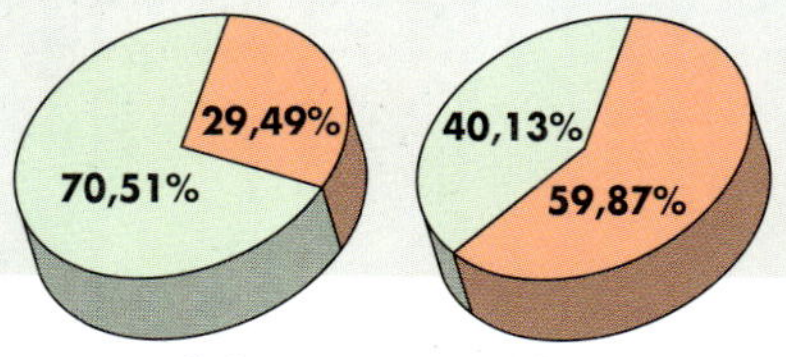

LOS PAÍSES MÁS POBLADOS DE ASIA

Millones de hab. en 1991

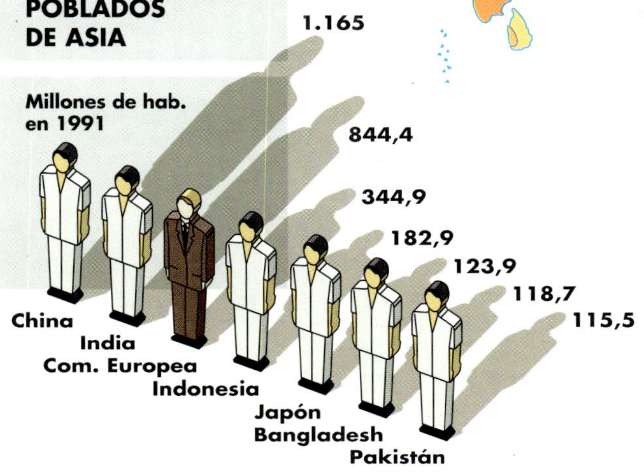

CRECIMIENTO MEDIO DE LA POBLACIÓN

% de crecimiento medio anual entre 1960 y 1990

Media mundial: 1,8

- De 0,1 a 2
- De 2 a 3
- De 3 a 4
- Más de 4

Escala 1: 105.000.000
0 1.000 2.000 km

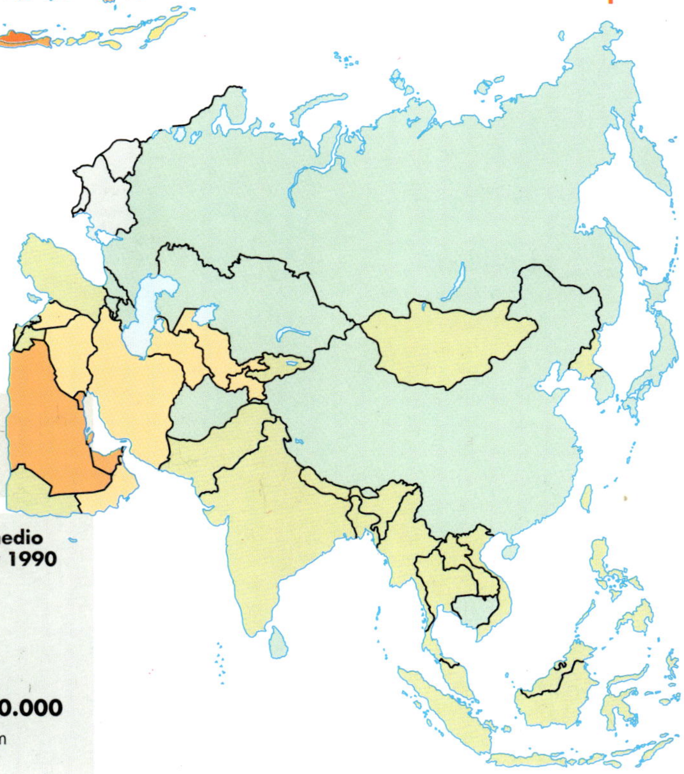

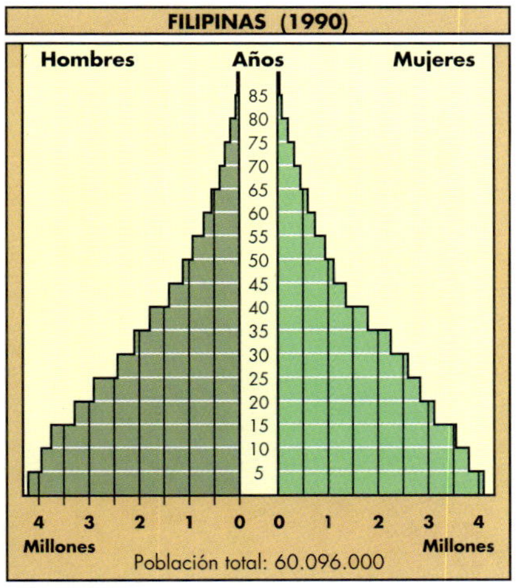

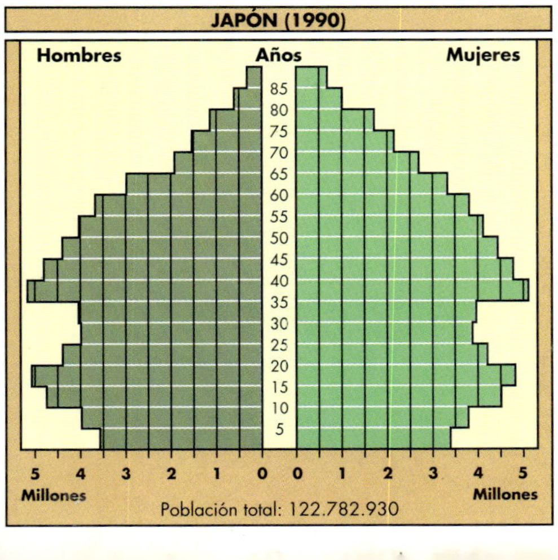

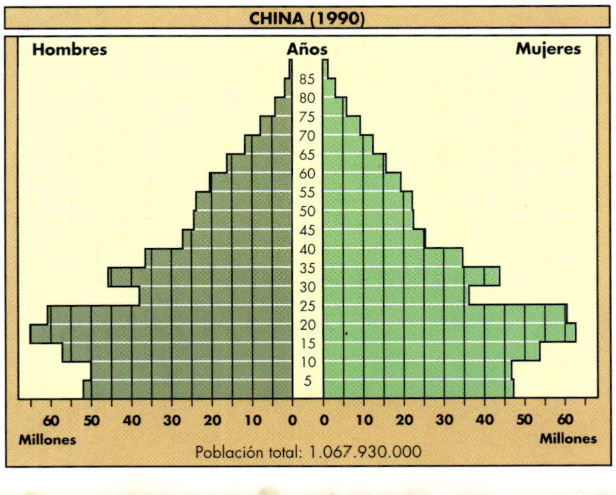

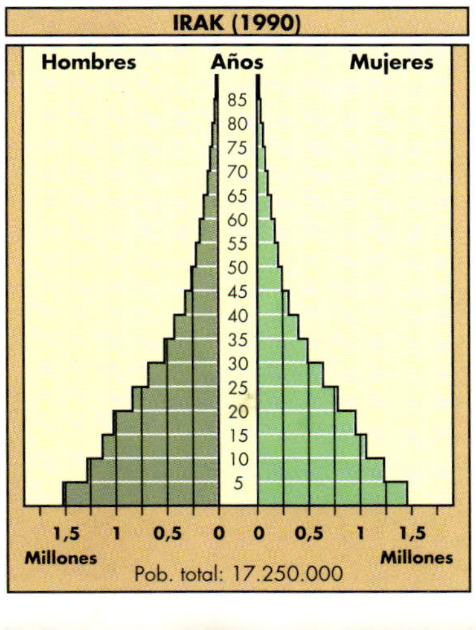

ENERGÍA, MINERALES E INDUSTRIA

Energía
- Yacimientos de carbón
- Yacimientos de petróleo
- Yacimientos de gas
- Centrales hidroeléctricas
- Principales centros industriales

Minería
- Hierro
- Plata
- Oro
- Cobre
- Bauxita
- Fosfatos
- Estaño
- Diamantes
- Uranio

Escala 1: 82.000.000
0 1.000 2.000 km

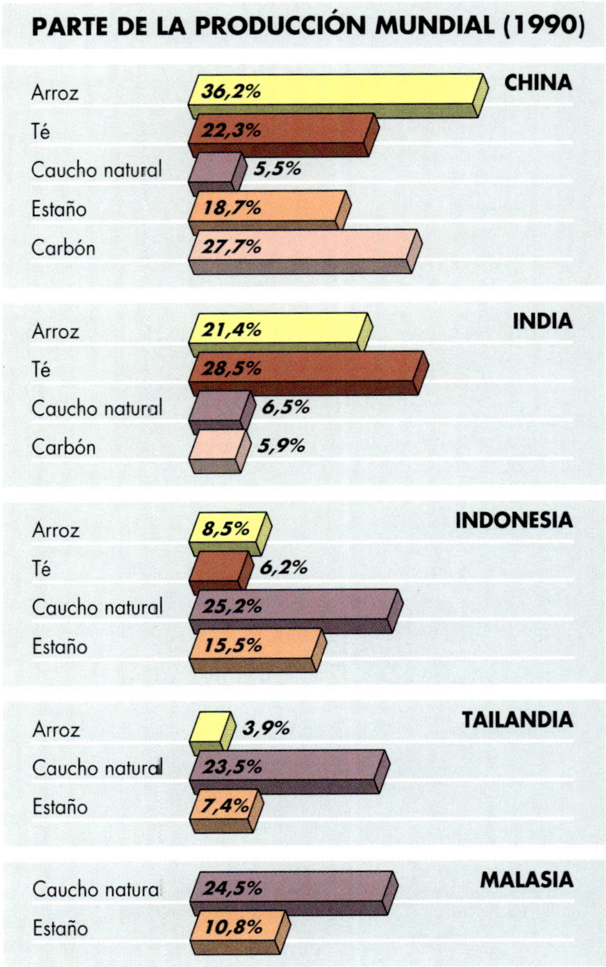

APROVECHAMIENTO AGRÍCOLA, GANADERO Y FORESTAL

Formas de aprovechamiento
- Agricultura mediterránea
- Horticultura
- Agricultura de plantación
- Ganadería
- Ganadería nómada
- Cereales
- Agricultura de subsistencia
- Arrozales
- Agricultura y ganadería de subsistencia
- Bosque y pequeños campos de cultivo
- Improductivo

Escala 1: 82.000.000
0 1.000 2.000 km

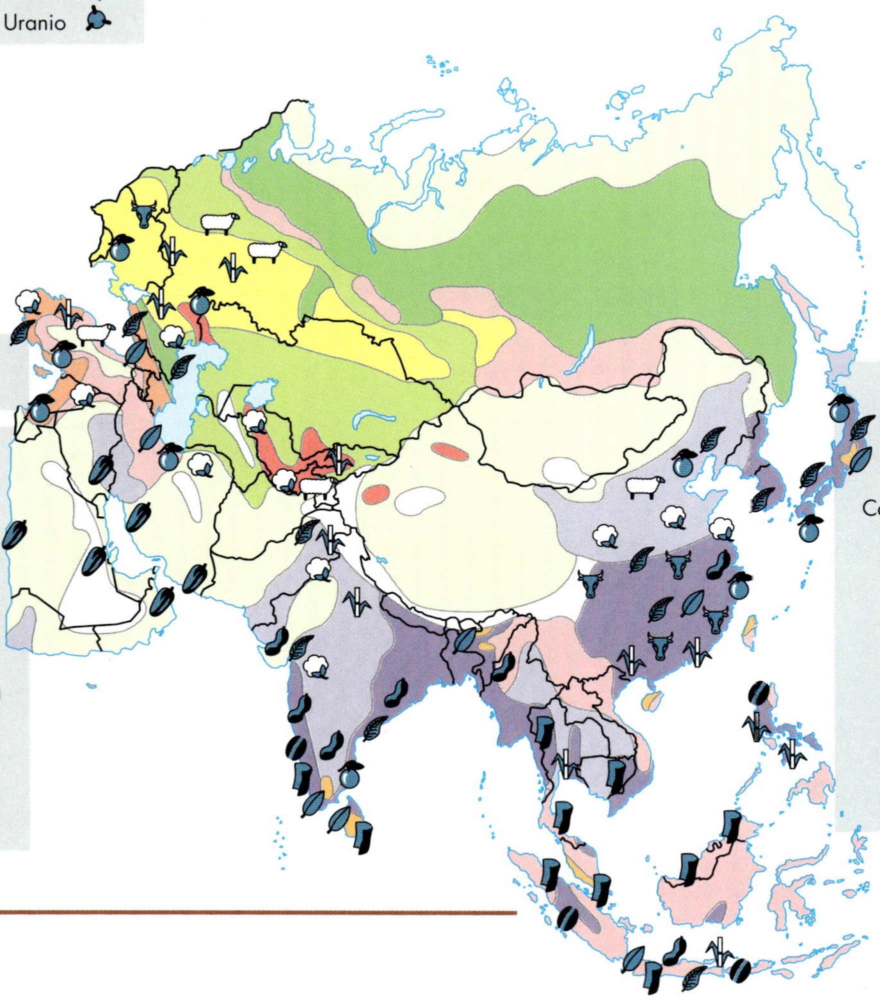

Cultivos comerciales
- Frutas
- Dátiles
- Cacahuetes
- Café
- Té
- Tabaco
- Azúcar
- Algodón
- Caucho

Ganado
- Lanar
- Cárnico

ORGANIZACIÓN DEL TERRITORIO

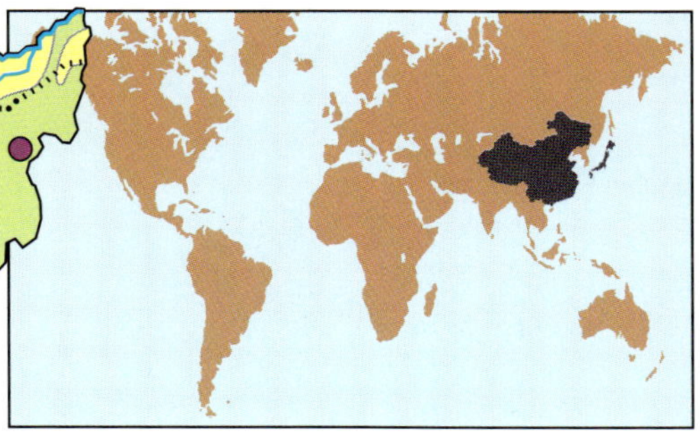

EL PESO DE JAPÓN Y CHINA EN EL MUNDO

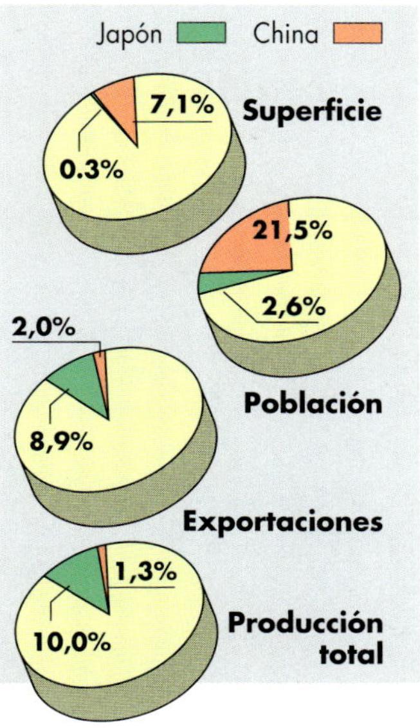

POBLACIÓN ACTIVA POR SECTORES

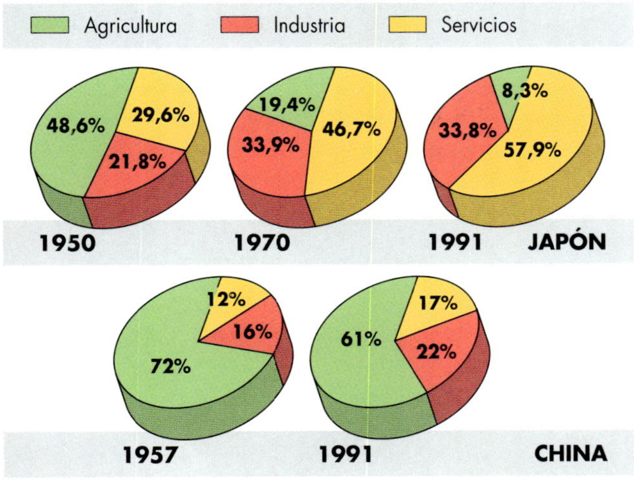

EVOLUCIÓN DE LA CONSTRUCCIÓN DE AUTOMÓVILES EN JAPÓN

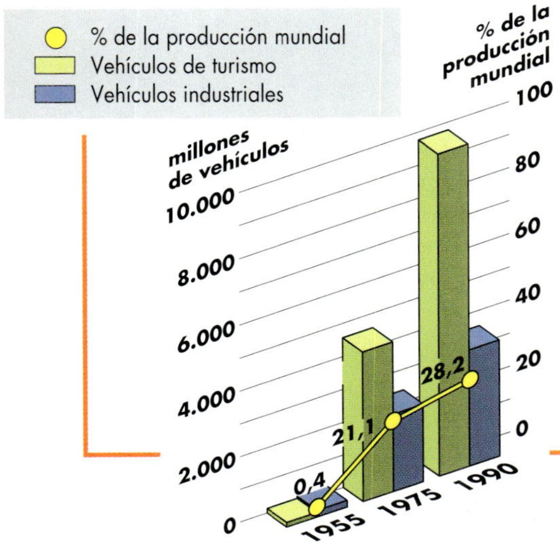

ORGANIZACIÓN DEL TERRITORIO

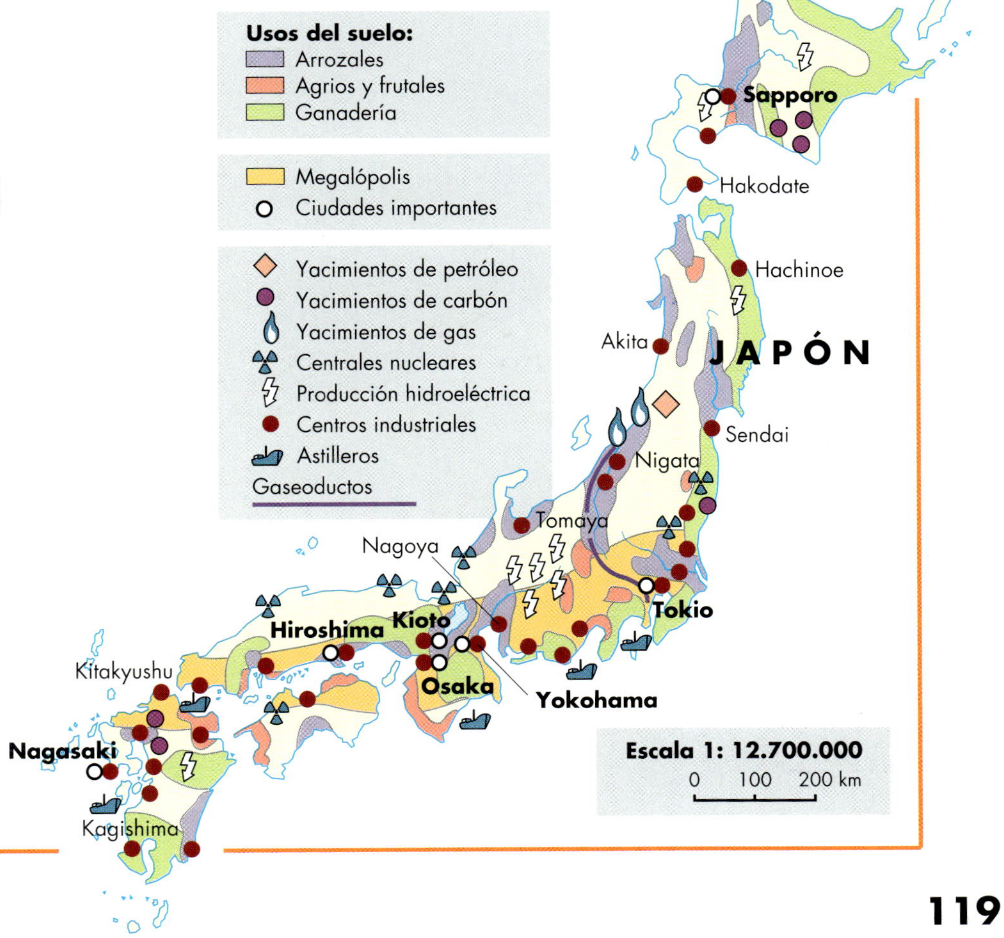

Oceanía está formada por multitud de islas y archipiélagos entre los océanos Pacífico e Índico. Dentro de este conjunto destaca Australia por su superficie, 7.682.300 km^2, su alto nivel de vida y su importancia como potencia regional.

El relieve australiano es de una gran monotonía: una inmensa meseta de 400 a 600 metros de altura al oeste, una ancha llanura fragmentada en cubetas de fondo plano en el centro, y un arco montañoso, de 2.000 km de largo, al sur.

El interior de Australia es un inmenso desierto. Sólo son abundantes las lluvias al norte, con un clima tropical húmedo y una vegetación de bosque denso, y al sureste, con clima oceánico, de inviernos suaves, praderas y bosque de eucaliptos gigantes. Al sur y suroeste un clima de tipo mediterráneo, de veranos secos y cálidos, permite una vegetación de matorral y bosque claro.

Australia es el continente menos poblado, con 17 millones de habitantes. El interior está casi vacío y la población se concentra en la costa, sobre todo en el sureste, y en las ciudades. La población está constituida mayoritariamente por inmigrantes blancos, sobre todo de origen británico.

Una agricultura y ganadería modernas, especializadas para la exportación, y una rica minería son las bases de la prosperidad australiana. Su joven industria se dirige al mercado interior y en el plano económico Australia se integra cada vez más en Asia.

Dentro de Oceanía también destacan Nueva Guinea y Nueva Zelanda, grandes islas montañosas, y los archipiélagos de Melanesia y Polinesia, de paisajes tropicales y poblamiento negro y amarillo, respectivamente.

Vista de Sidney.
La población en Australia se concentra en la costa, sobre todo en el sureste y en grandes ciudades como Sidney.

Mercado de ganado.
Una agricultura y ganadería modernas, especializadas para la exportación, son junto a la minería las bases de la prosperidad australiana.

OCEANÍA
Físico-Político. Población

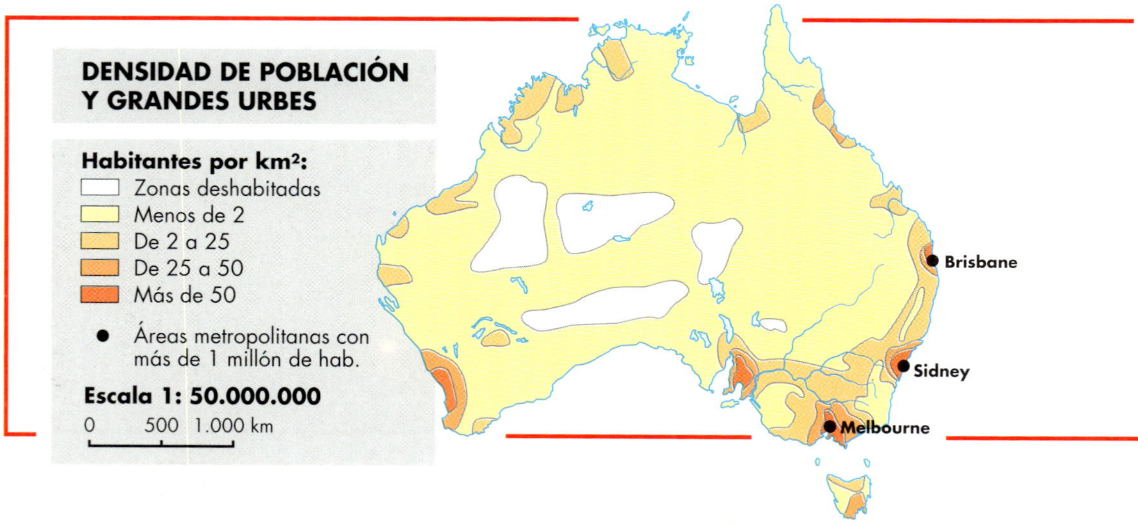

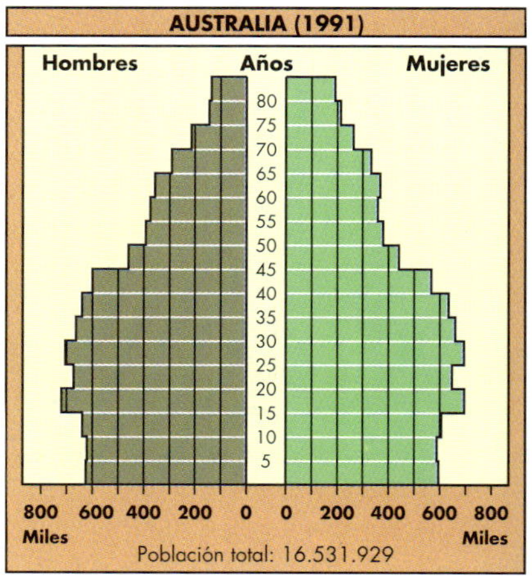

OCEANÍA

Clima y vegetación. Actividades económicas

Escala 1: 50.000.000

0 500 1.000 km

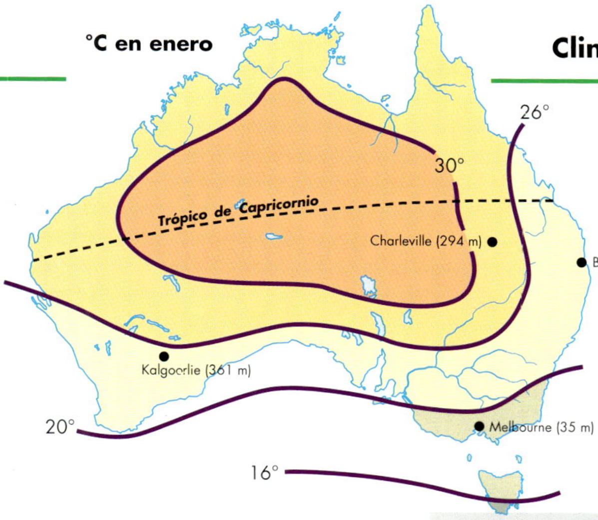

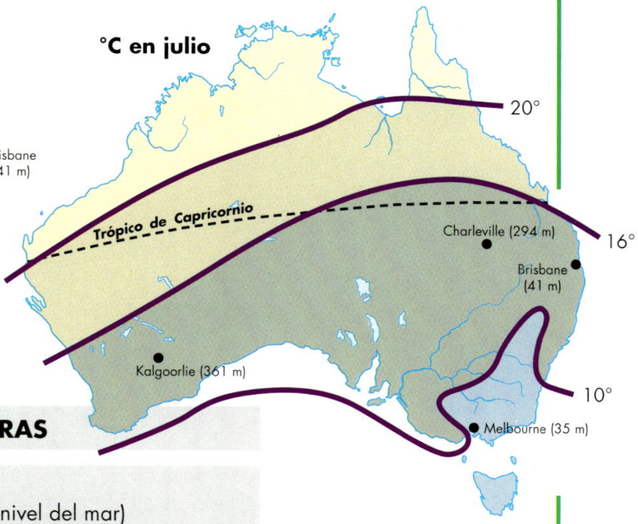

PRECIPITACIONES ANUALES

- Menos de 250 mm
- De 250 a 500 mm
- De 500 a 1.000 mm
- De 1.000 a 2.000 mm
- Más de 2.000 mm

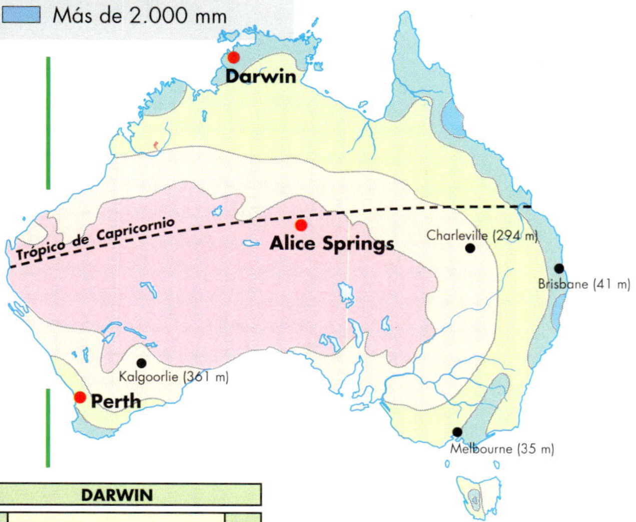

TEMPERATURAS

Isoterma
(temperatura al nivel del mar)

- De 5° a 10°
- De 10° a 16°
- De 16° a 20°
- De 20° a 26°
- De 26° a 30°
- Más de 30°

VEGETACIÓN

- Desierto
- Bosque templado
- Matorral espinoso
- Bosque húmedo siempre verde
- Bosque claro
- Sabana arbolada
- Sabana
- Estepa

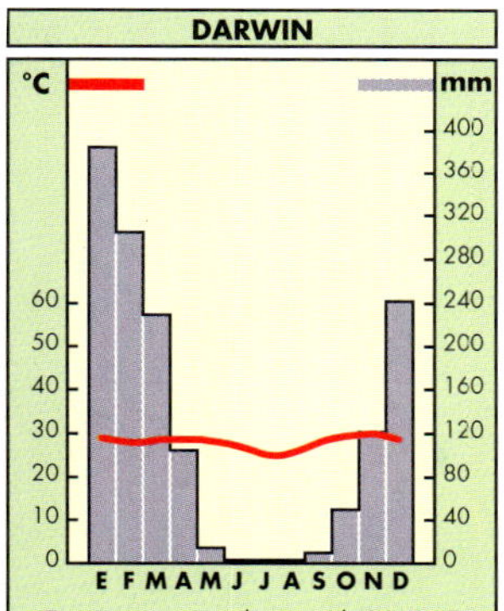

Temperatura media anual: 28,5 °C
Precipitación anual: 1.569 mm

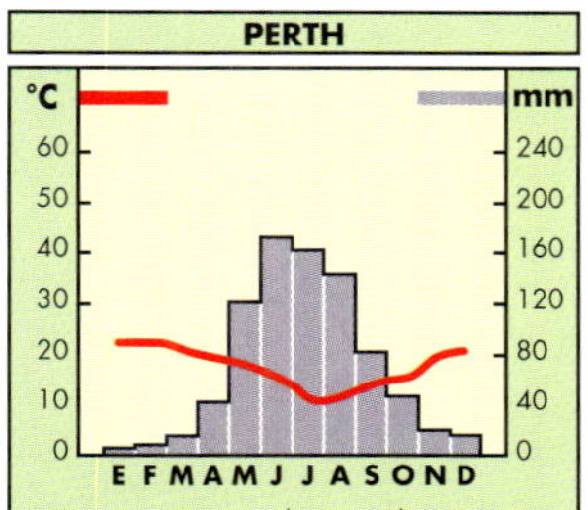

Temperatura media anual: 17,5 °C
Precipitación anual: 861 mm

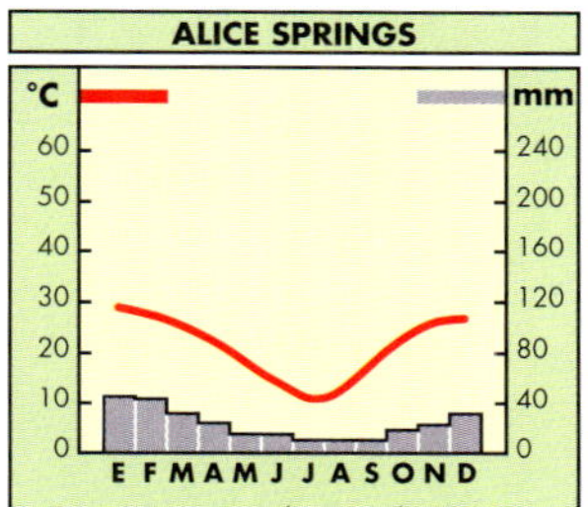

Temperatura media anual: 21 °C
Precipitación anual: 282 mm

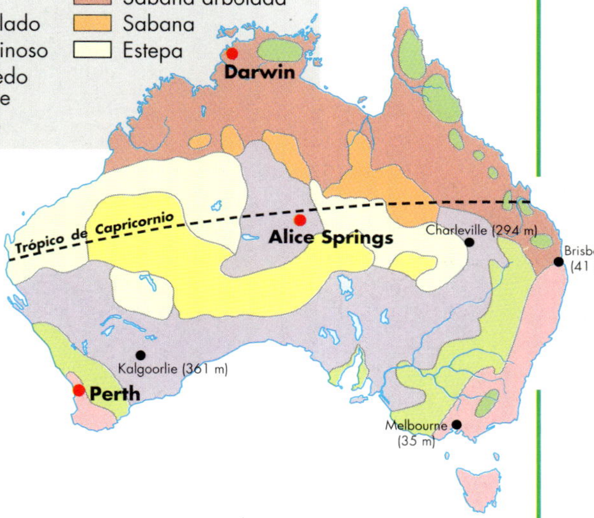

ENERGÍA, MINERALES E INDUSTRIA

Energía

- Yacimientos de carbón
- Yacimientos de petróleo
- Yacimientos de gas
- Centrales hidroeléctricas
- Centros industriales
- Centros siderúrgicos

Minería

- Hierro
- Plata
- Oro
- Cobre
- Bauxita

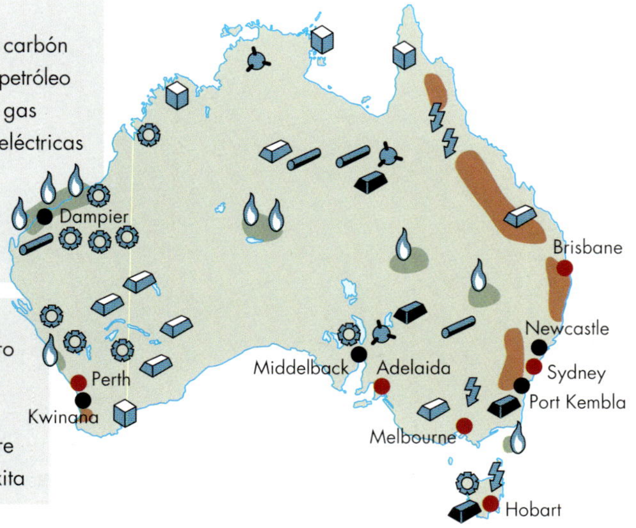

APROVECHAMIENTO AGRÍCOLA Y GANADERO

Formas de aprovechamiento

- Escaso aprovechamiento
- Ganadería extensiva
- Caza y recolección
- Cereales
- Agricultura de plantación
- Ganadería intensiva
- Horticultura especializada

Cultivos comerciales

- Frutas
- Azúcar
- Algodón

Ganado

- Lanar
- Cárnico
- Lechero

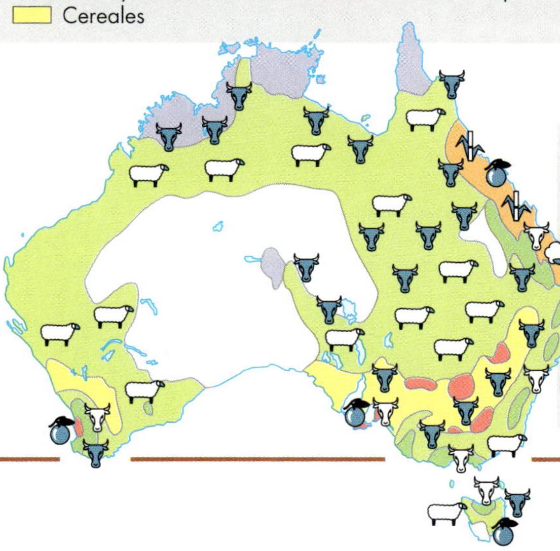

EL ÁRTICO
Físico-Político

LA ANTÁRTIDA
Físico-Político

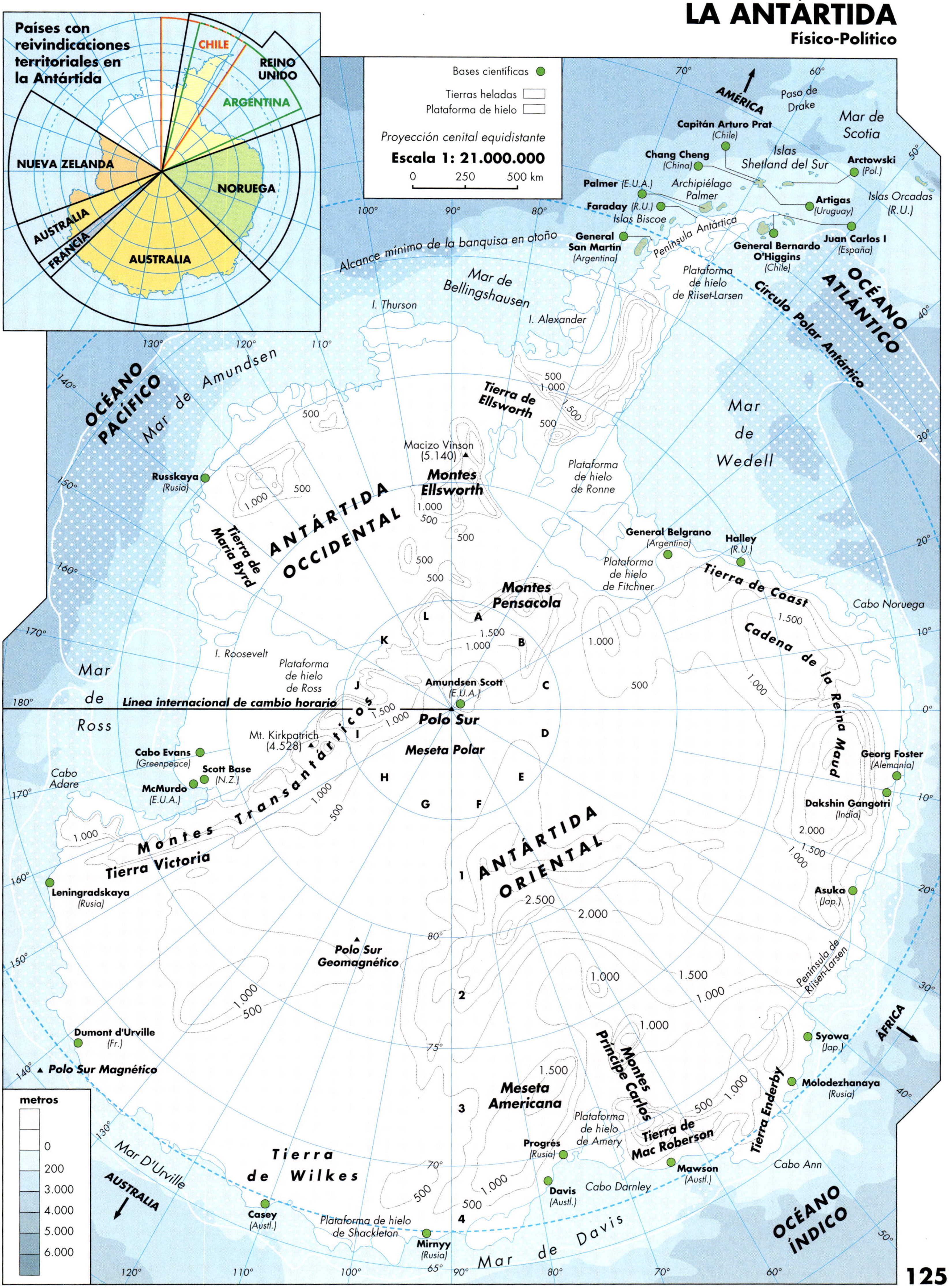

Colonia. Alemania.
Hoy, más que nunca, se acentúan las diferencias entre países ricos y países pobres, entre la sociedad del bienestar y la sociedad de la necesidad.

Sur de Sudán.
El Tercer Mundo sigue siendo el espacio de la pobreza, de las poblaciones con menor esperanza de vida y del hambre.

Al mundo bipolar de las décadas pasadas, dirigido por Estados Unidos y la antigua Unión Soviética, le sucede hoy otro multipolar dirigido por Estados Unidos, Japón y la Comunidad Europea. La antigua división del planeta en Mundo Capitalista, Socialista y Tercer Mundo se ha venido abajo con el hundimiento de la Unión Soviética. Hoy más que nunca se acentúan las diferencias entre pobres y ricos.

Dentro del Tercer Mundo existen países productores de petróleo y de estructura compleja, como México, Brasil, Argentina, India y los dragones del Extremo Oriente - Taiwan, Corea del Sur, Hong Kong y Singapur - que aumentan sus niveles de renta y de crecimiento económico. No obstante, el Tercer Mundo sigue siendo el espacio de la pobreza, del alto crecimiento demográfico, de las poblaciones de menor esperanza de vida y de más altas tasas de mortalidad infantil, del analfabetismo y del hambre. En definitiva, se trata de sociedades que necesitan de la ayuda del mundo desarrollado para sobrevivir.

Dentro de un mundo cada vez más desigual, diferentes problemas amenazan a las sociedades actuales: grandes migraciones económicas y políticas desde los países pobres a los ricos; descomposición de las comunidades rurales que expulsan del campo a millones de personas; crecimiento descontrolado de las ciudades, con graves dificultades de alojamiento y de trabajo; control creciente de la producción desde los países desarrollados a través de multinacionales, y aumento del paro. No menos importantes son los problemas medioambientales: destrucción de los bosques tropicales, creciente desertización, efecto invernadero, contaminación de las aguas y acumulación de residuos tóxicos.

Médicos sin fronteras.
En un mundo cada vez más desigual es necesaria la colaboración entre todos los pueblos. Organizaciones no gubernamentales como Médicos sin fronteras ayudan a paliar las injustas condiciones de vida de las sociedades más necesitadas.

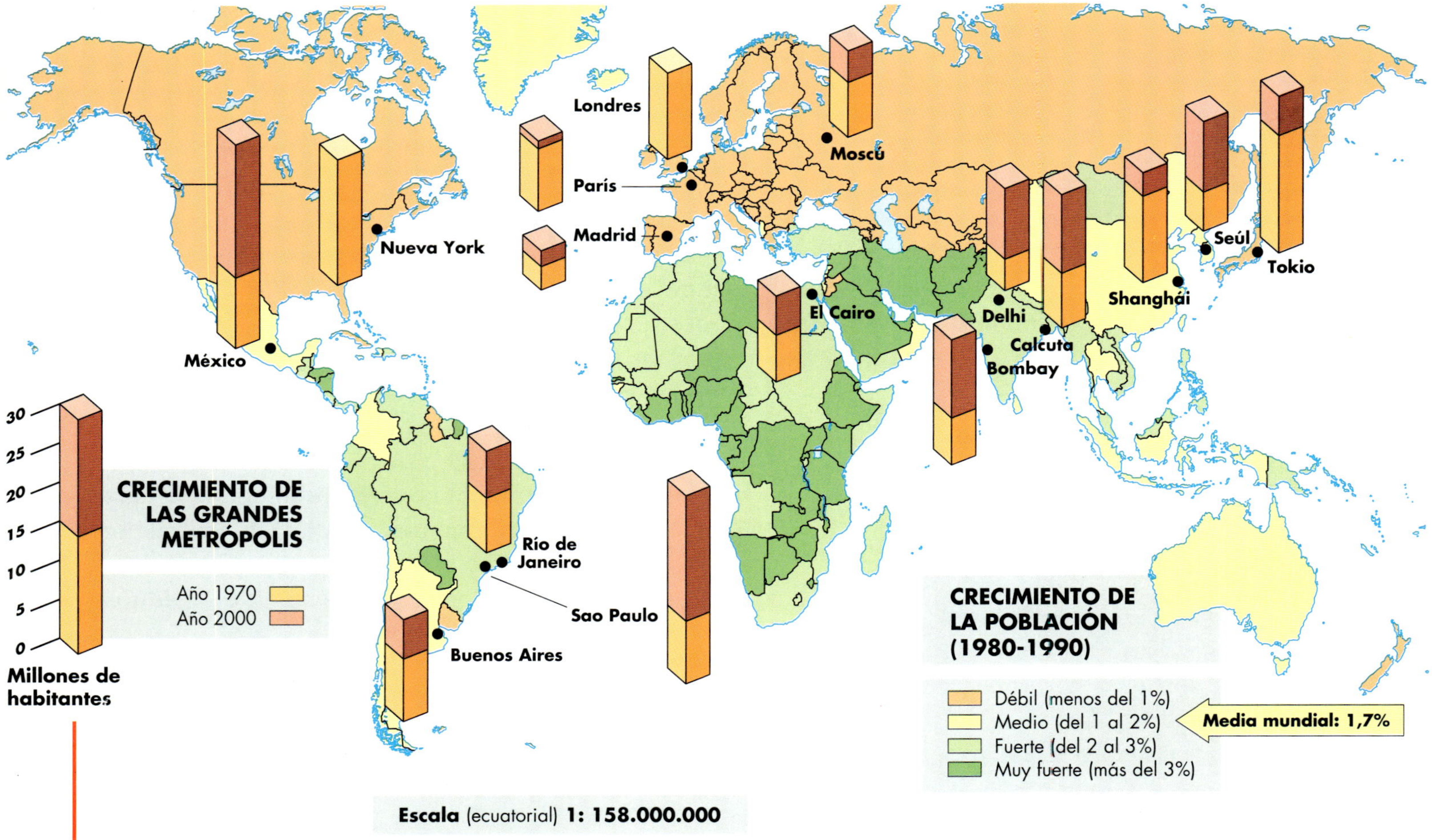
CRECIMIENTO DE LAS GRANDES METRÓPOLIS
Año 1970
Año 2000
30
25
20
15
10
5
0
Millones de habitantes
Londres
París
Madrid
Moscú
Nueva York
México
Río de Janeiro
Sao Paulo
Buenos Aires
El Cairo
Delhi
Calcuta
Bombay
Shanghai
Seúl
Tokio
CRECIMIENTO DE LA POBLACIÓN (1980-1990)
Débil (menos del 1%)
Medio (del 1 al 2%)
Fuerte (del 2 al 3%)
Muy fuerte (más del 3%)
Media mundial: 1,7%
Escala (ecuatorial) 1: 158.000.000

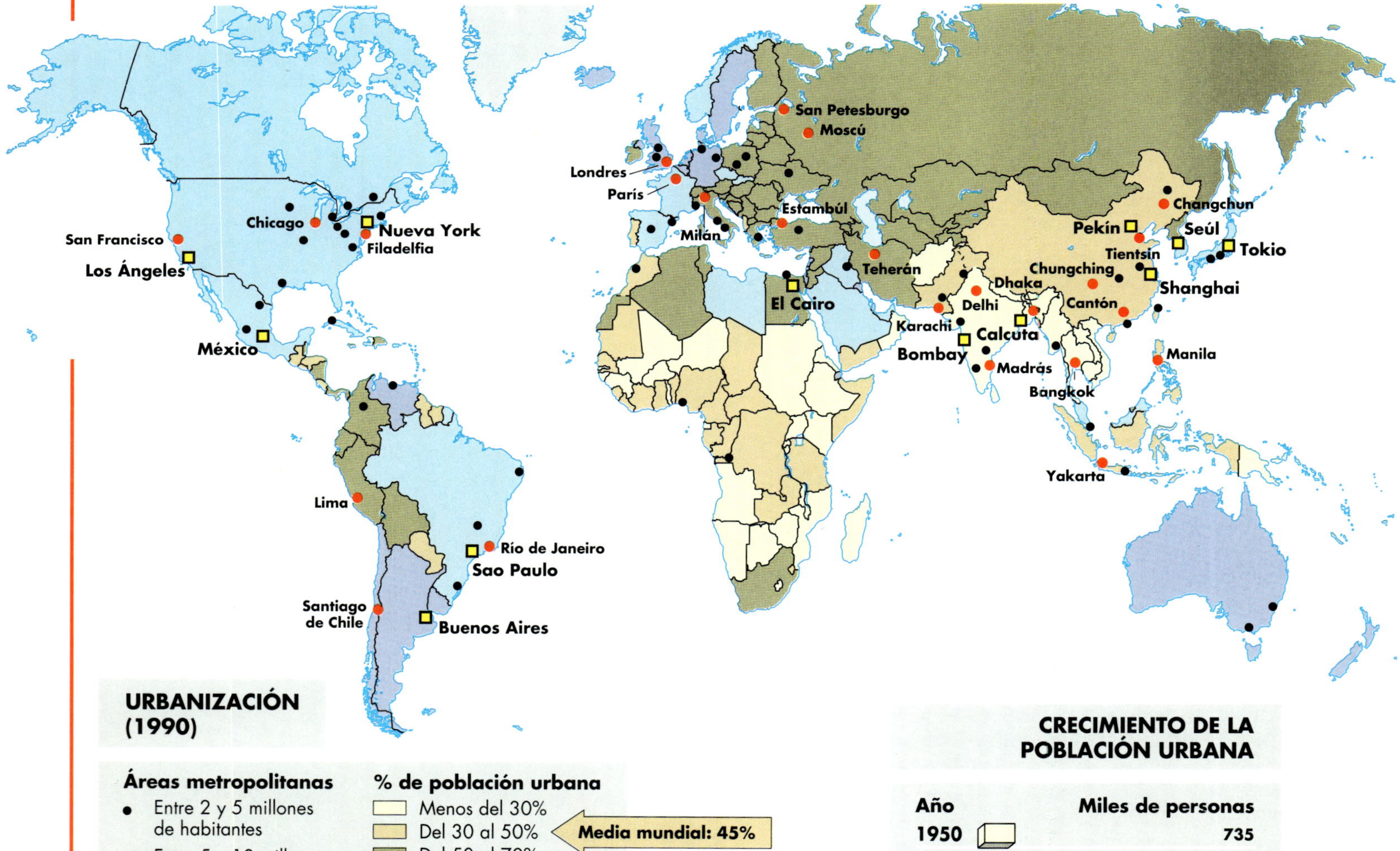
URBANIZACIÓN (1990)
Áreas metropolitanas
Entre 2 y 5 millones de habitantes
Entre 5 y 10 millones de habitantes
Más de 10 millones de habitantes
% de población urbana
Menos del 30%
Del 30 al 50%
Del 50 al 70%
Del 70 al 80%
Más del 80%
Media mundial: 45%
San Francisco
Los Ángeles
Chicago
Nueva York
Filadelfia
México
Lima
Río de Janeiro
Sao Paulo
Santiago de Chile
Buenos Aires
Londres
París
Milán
San Petesburgo
Moscú
Estambúl
El Cairo
Teherán
Karachi
Bombay
Delhi
Dhaka
Calcuta
Madrás
Bangkok
Yakarta
Manila
Cantón
Chungching
Shanghai
Tientsin
Pekín
Changchun
Seúl
Tokio

CRECIMIENTO DE LA POBLACIÓN URBANA
Año
Miles de personas
1950 735
1960 1.013
1970 1.361
1980 1.776
1990 2.286
2000 2.951
2025 5.107

LA FECUNDIDAD EN EL MUNDO (1990)

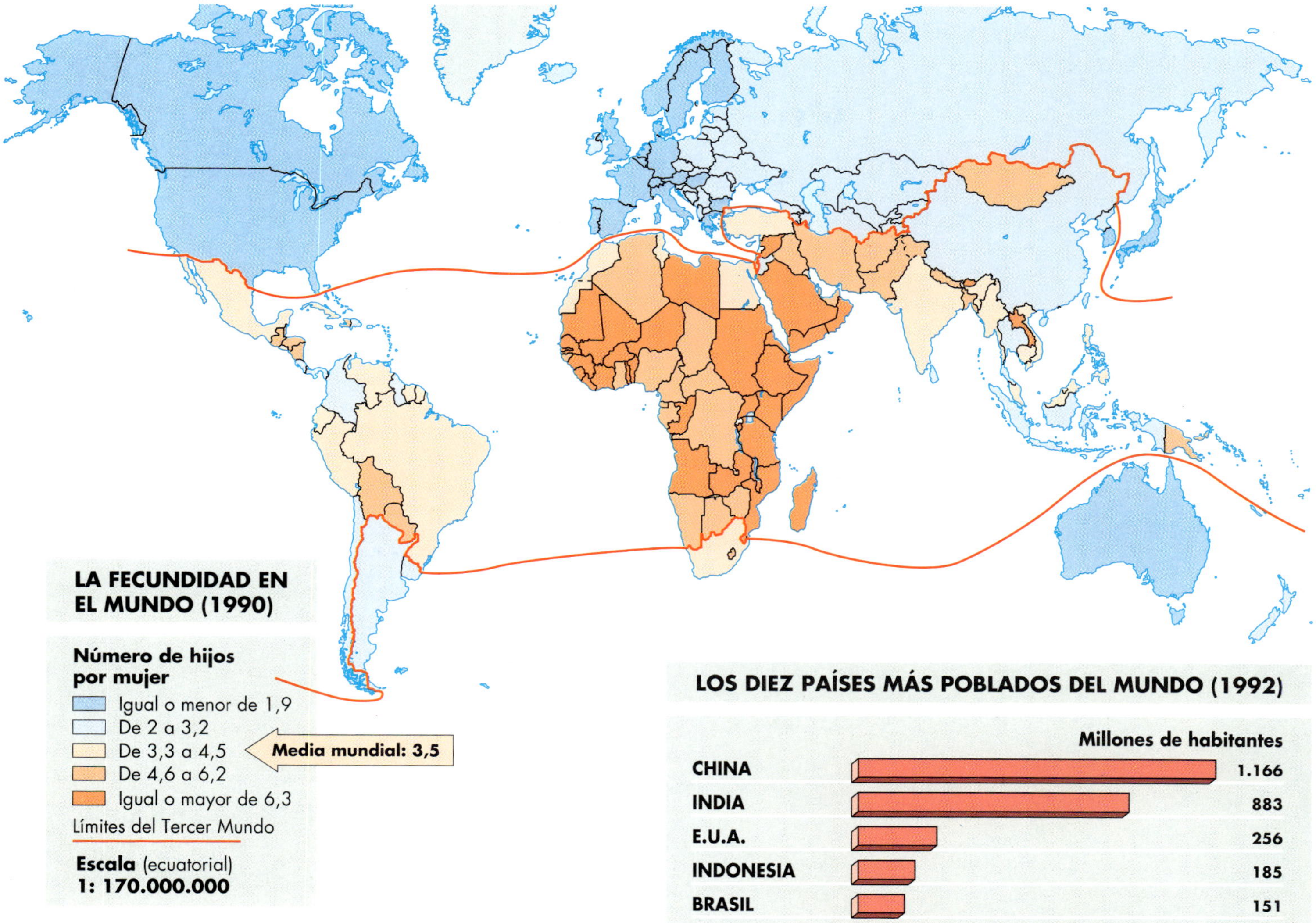

LOS DIEZ PAÍSES MÁS POBLADOS DEL MUNDO (1992)

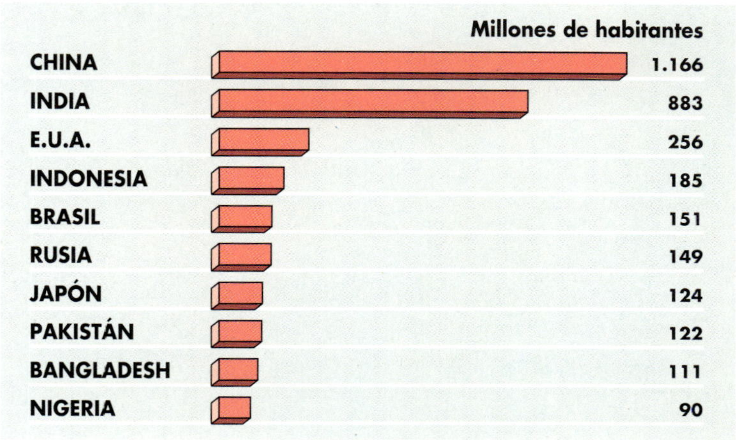

ESPERANZA DE VIDA AL NACER (1990)

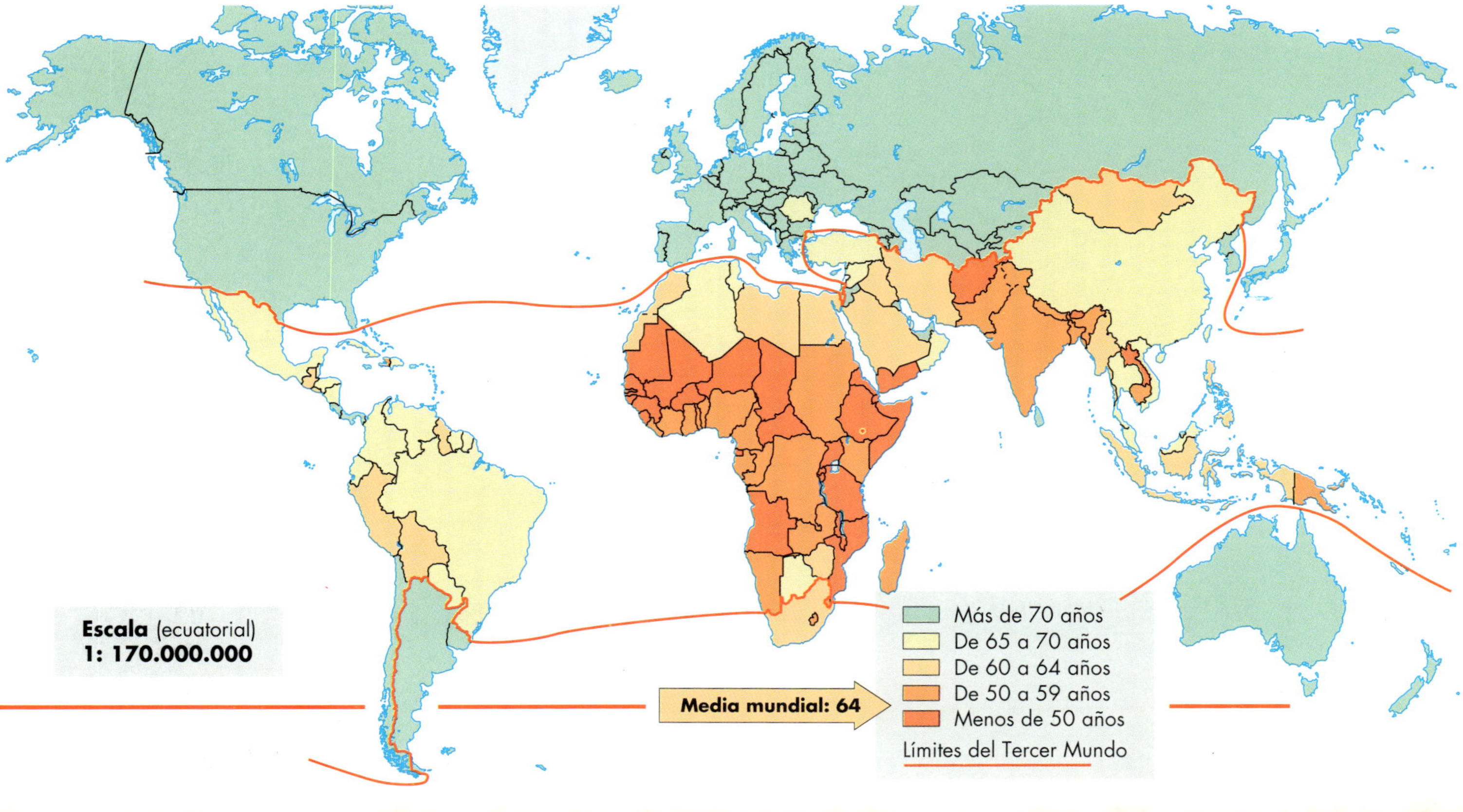

Manhattan: rascacielos

Los rascacielos de Manhattan simbolizan la fuerza del capitalismo más evolucionado y la hegemonía indiscutible de una de las primeras metrópolis mundiales

Complejo siderúrgico en Rusia

La industria siderúrgica, hoy en crisis, fue en el pasado uno de los principales motores del desarrollo económico

Vista de Tokio

Tokio compite con las principales metrópolis del planeta por el control de los mercados y refleja la fuerza económica de Japón

Vista de Sidney

En Australia, grandes ciudades costeras contrastan con enormes vacíos demográficos y un aprovechamiento agrícola-ganadero en el interior

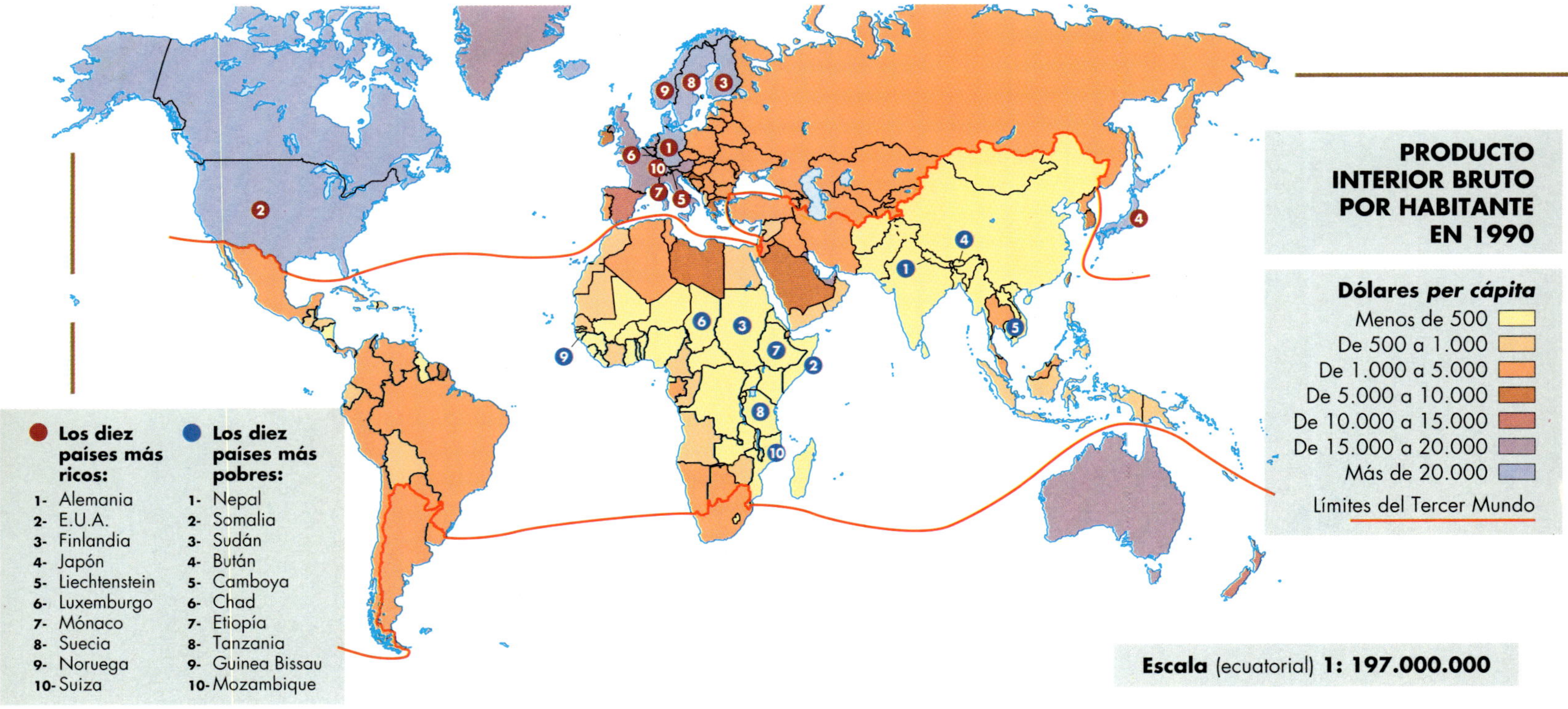
PRODUCTO INTERIOR BRUTO POR HABITANTE EN 1990
Dólares *per cápita*
Menos de 500
De 500 a 1.000
De 1.000 a 5.000
De 5.000 a 10.000
De 10.000 a 15.000
De 15.000 a 20.000
Más de 20.000
Límites del Tercer Mundo
Los diez países más ricos:
1- Alemania
2- E.U.A.
3- Finlandia
4- Japón
5- Liechtenstein
6- Luxemburgo
7- Mónaco
8- Suecia
9- Noruega
10- Suiza
Los diez países más pobres:
1- Nepal
2- Somalia
3- Sudán
4- Bután
5- Camboya
6- Chad
7- Etiopía
8- Tanzania
9- Guinea Bissau
10- Mozambique
Escala (ecuatorial) 1: 197.000.000

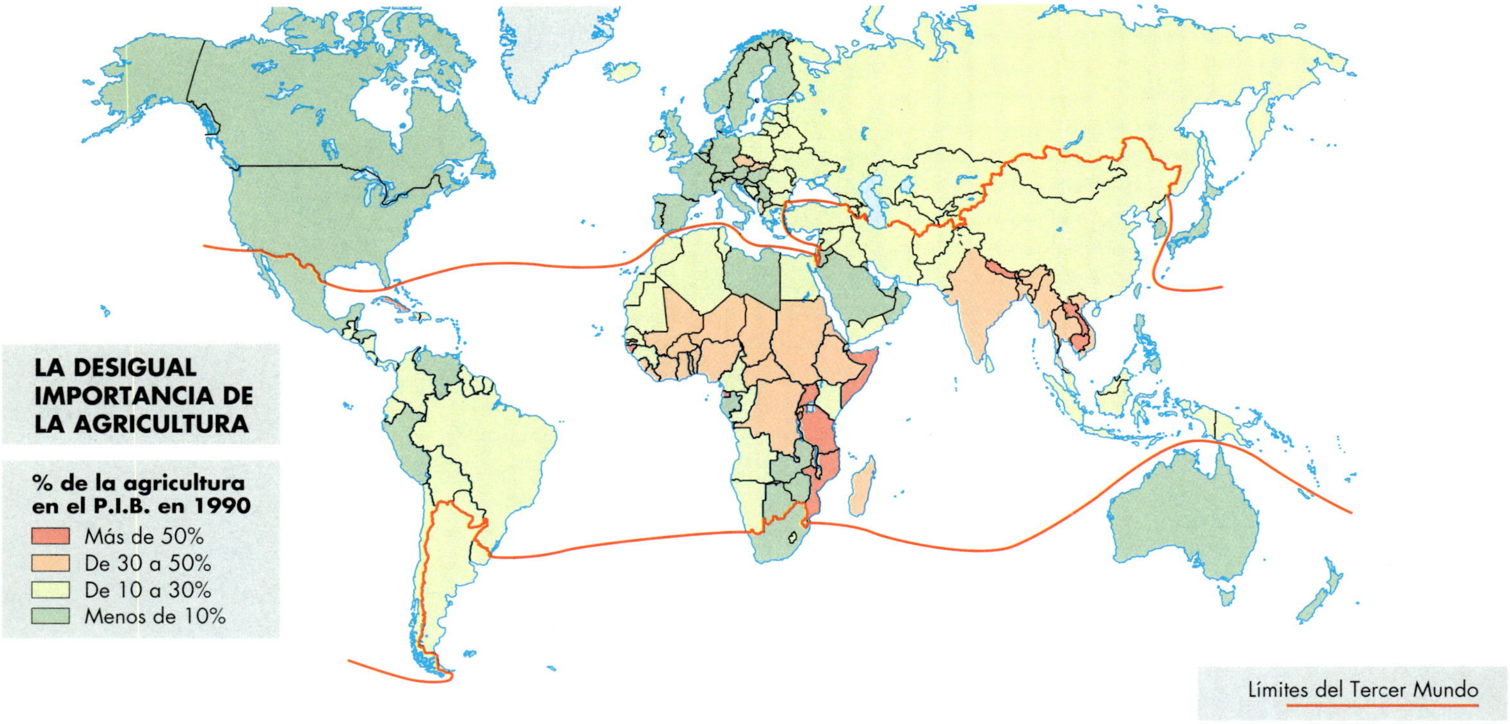
LA DESIGUAL IMPORTANCIA DE LA AGRICULTURA
% de la agricultura en el P.I.B. en 1990
Más de 50%
De 30 a 50%
De 10 a 30%
Menos de 10%
Límites del Tercer Mundo

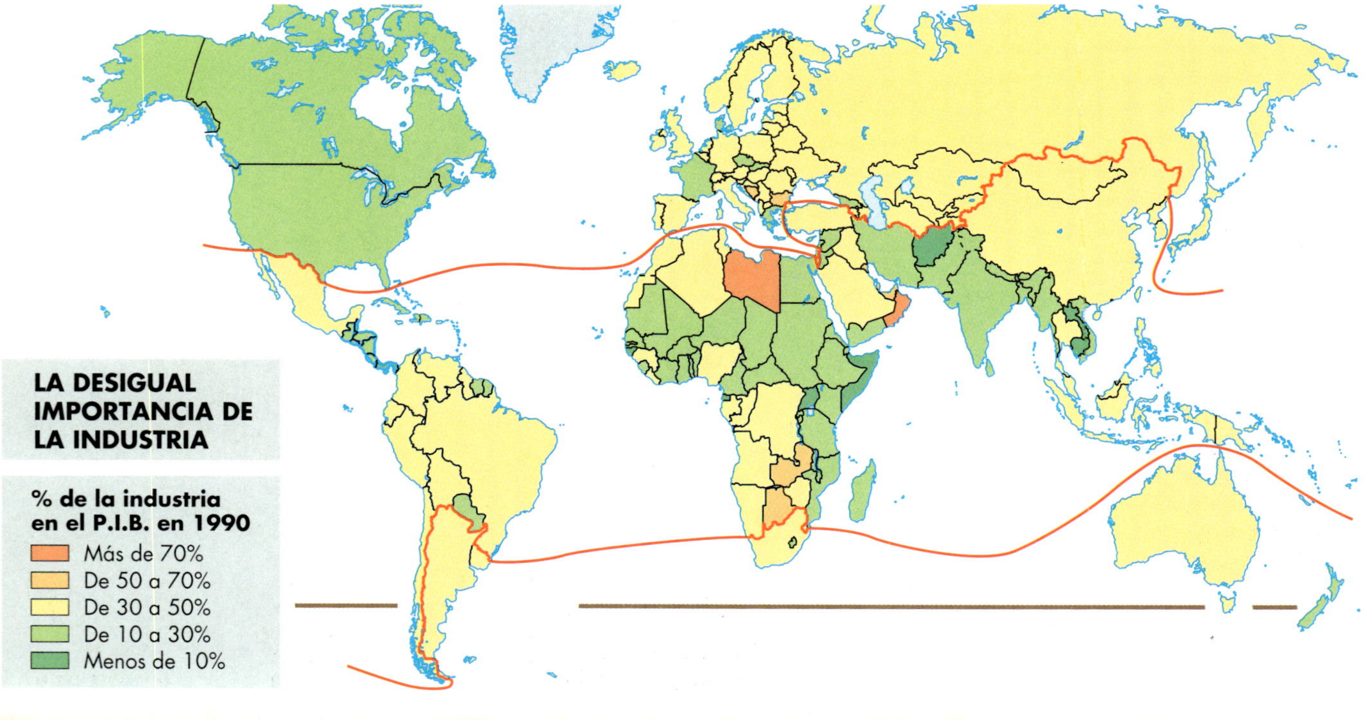
LA DESIGUAL IMPORTANCIA DE LA INDUSTRIA
% de la industria en el P.I.B. en 1990
Más de 70%
De 50 a 70%
De 30 a 50%
De 10 a 30%
Menos de 10%

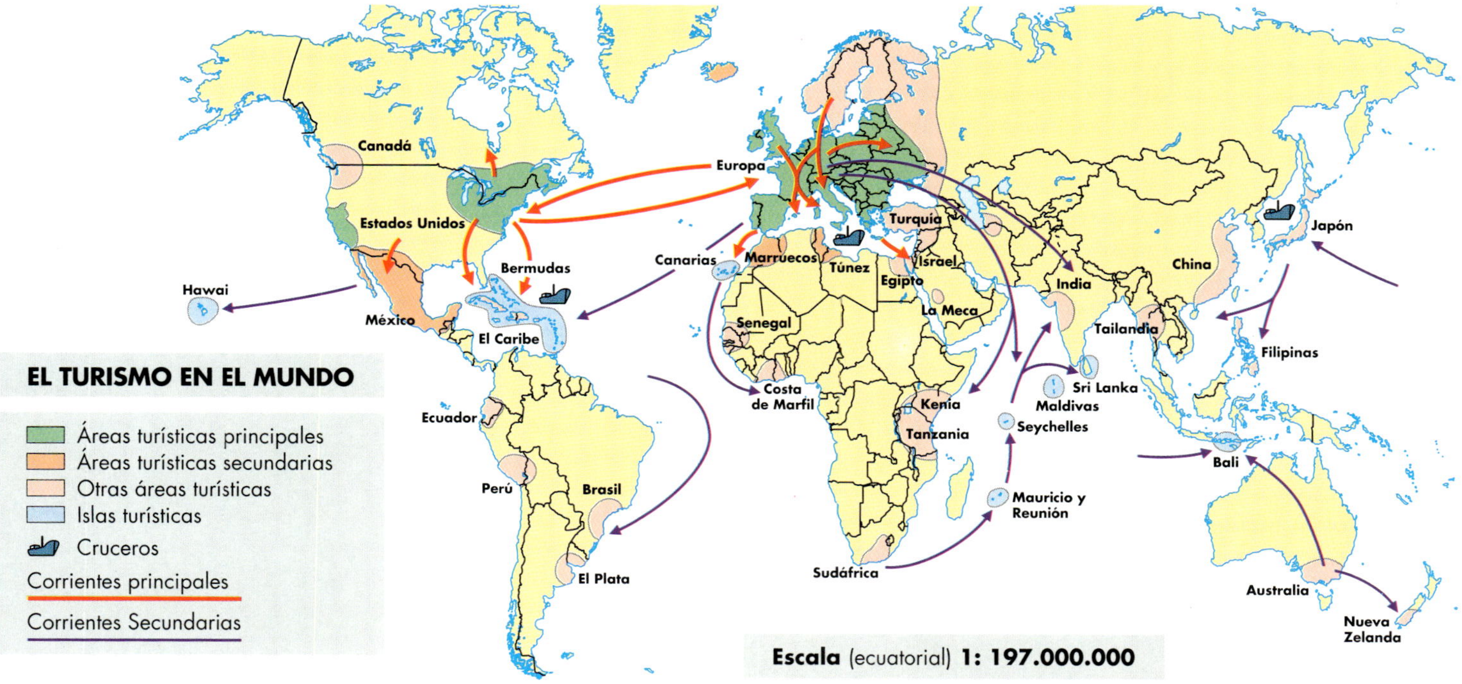

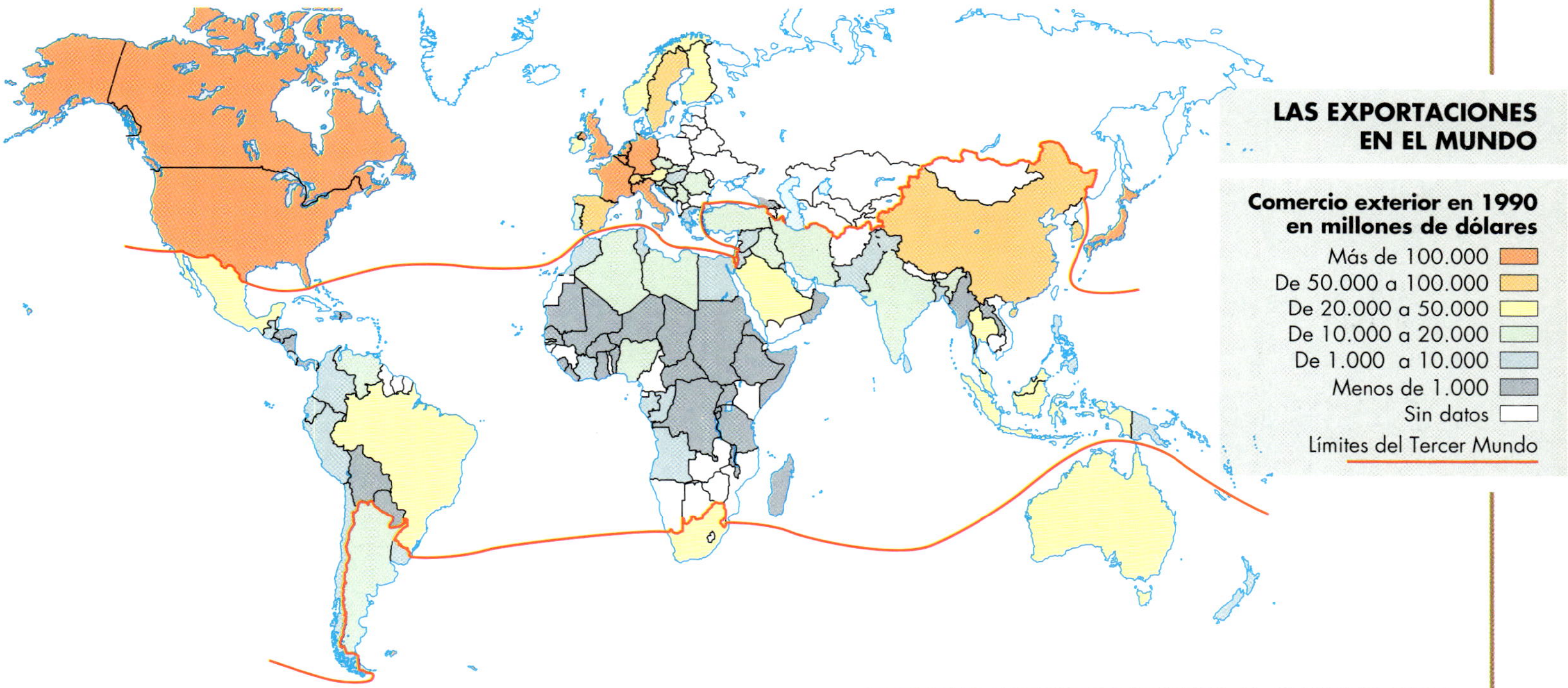

LAS GRANDES POTENCIAS DEL COMERCIO MUNDIAL (1991)

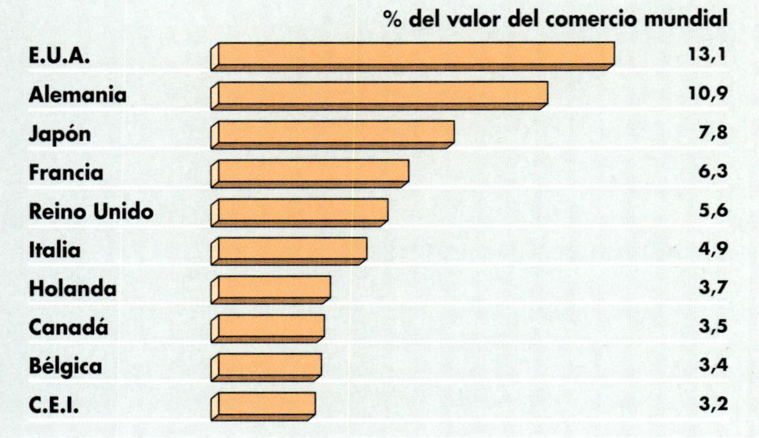

VALOR DE LAS EXPORTACIONES POR GRANDES REGIONES (1991)

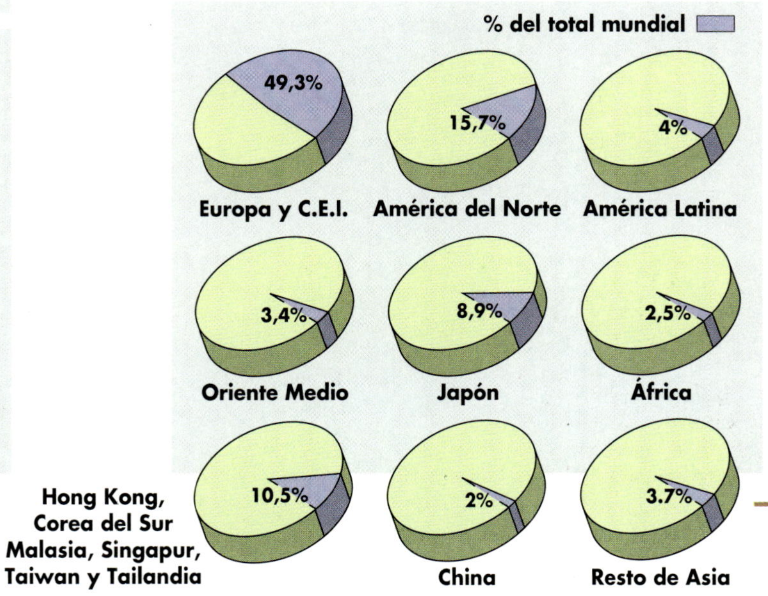

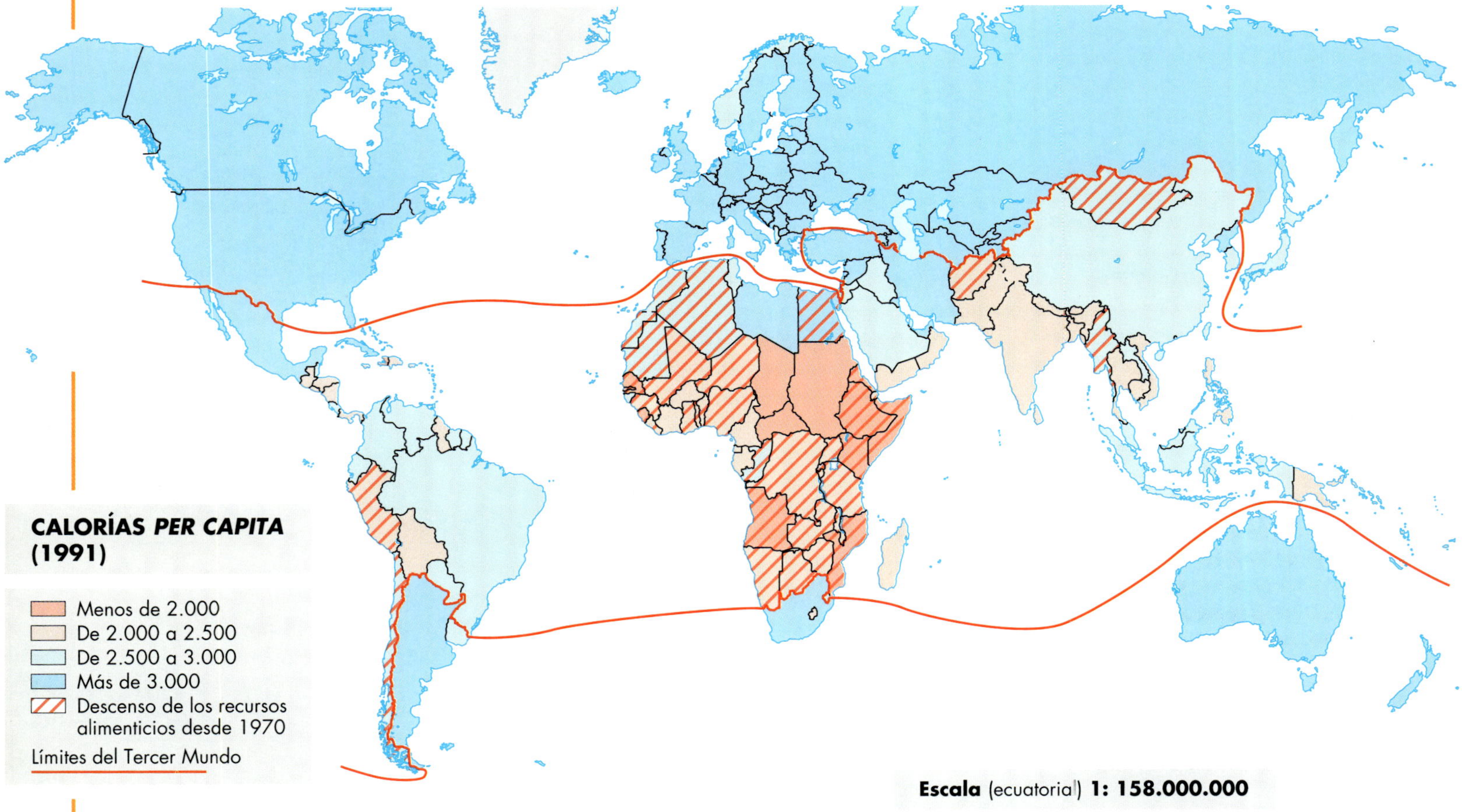
CALORÍAS *PER CAPITA* (1991)
Menos de 2.000
De 2.000 a 2.500
De 2.500 a 3.000
Más de 3.000
Descenso de los recursos alimenticios desde 1970
Límites del Tercer Mundo
Escala (ecuatorial) 1: 158.000.000

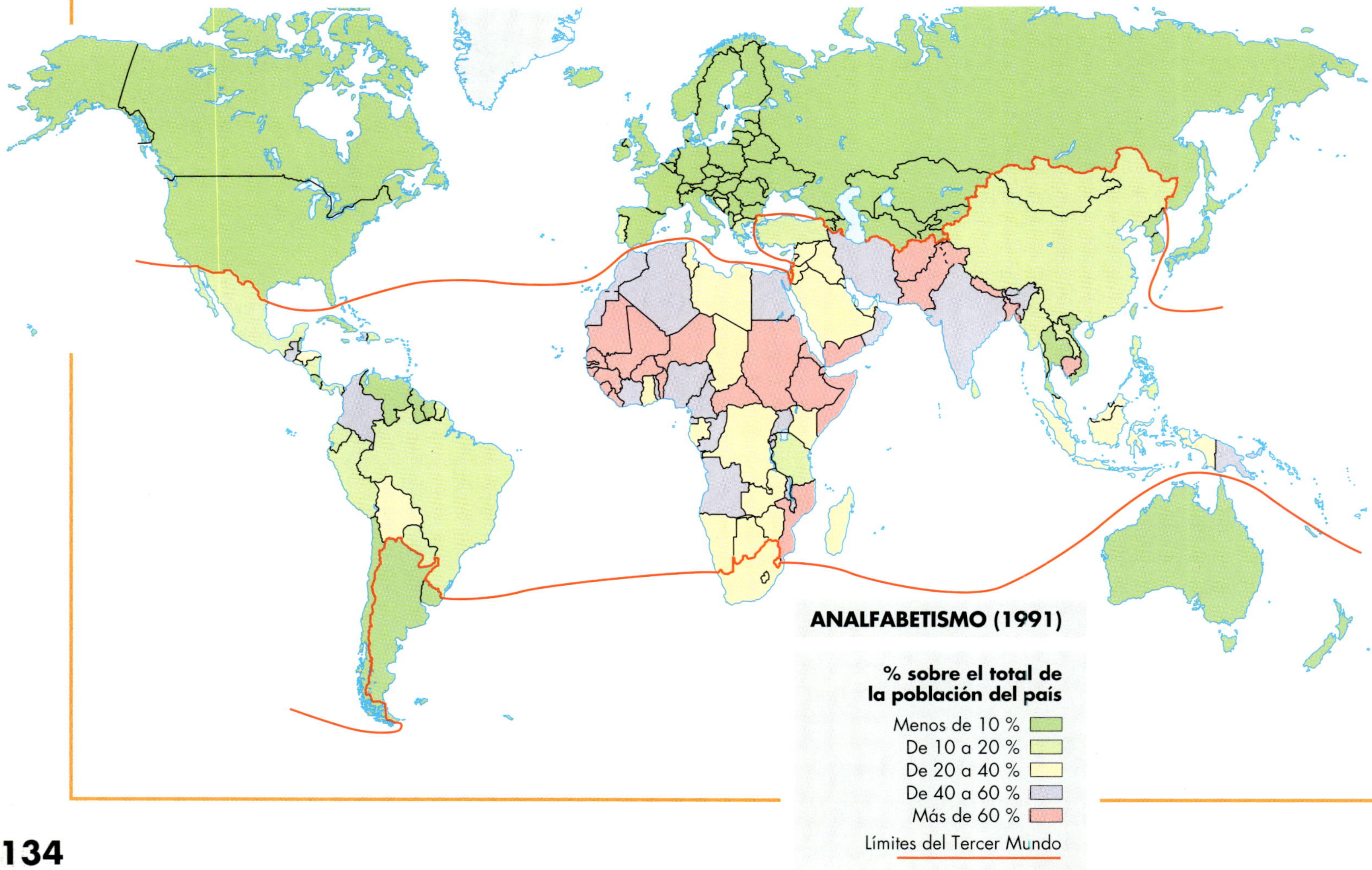
ANALFABETISMO (1991)
% sobre el total de la población del país
Menos de 10 %
De 10 a 20 %
De 20 a 40 %
De 40 a 60 %
Más de 60 %
Límites del Tercer Mundo

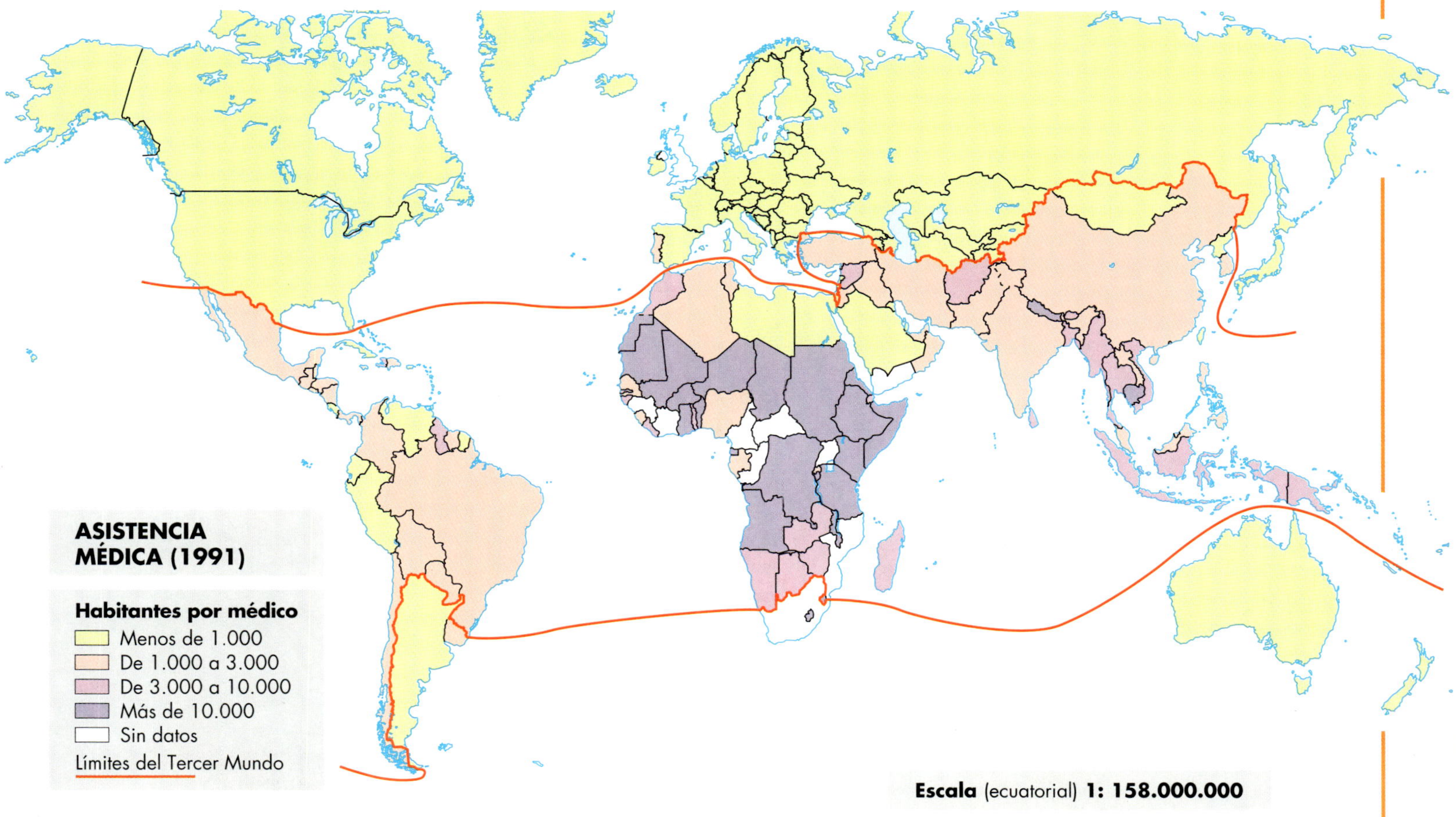
ASISTENCIA MÉDICA (1991)
Habitantes por médico
Menos de 1.000
De 1.000 a 3.000
De 3.000 a 10.000
Más de 10.000
Sin datos
Límites del Tercer Mundo
Escala (ecuatorial) 1: 158.000.000

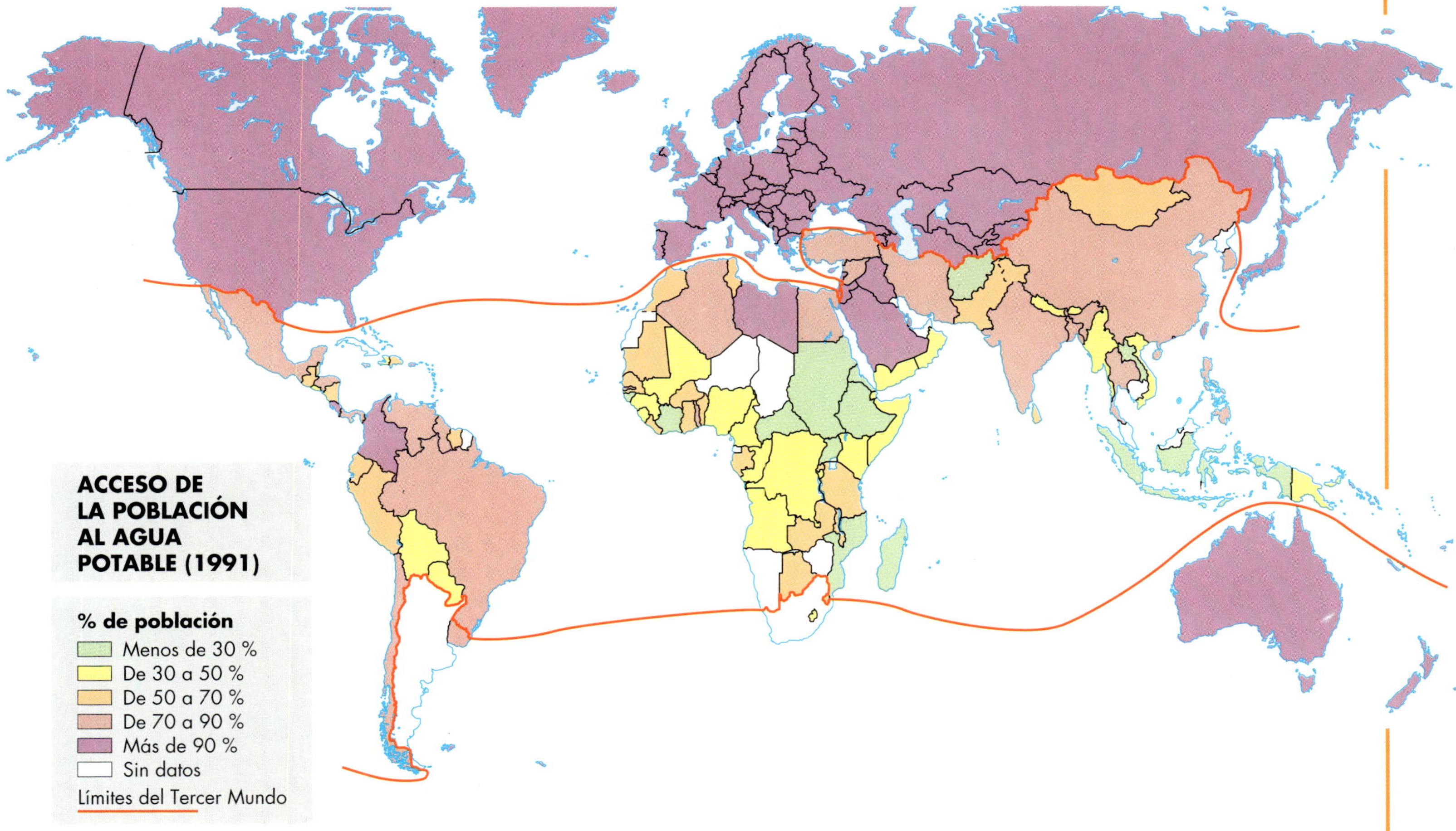
ACCESO DE LA POBLACIÓN AL AGUA POTABLE (1991)
% de población
Menos de 30 %
De 30 a 50 %
De 50 a 70 %
De 70 a 90 %
Más de 90 %
Sin datos
Límites del Tercer Mundo

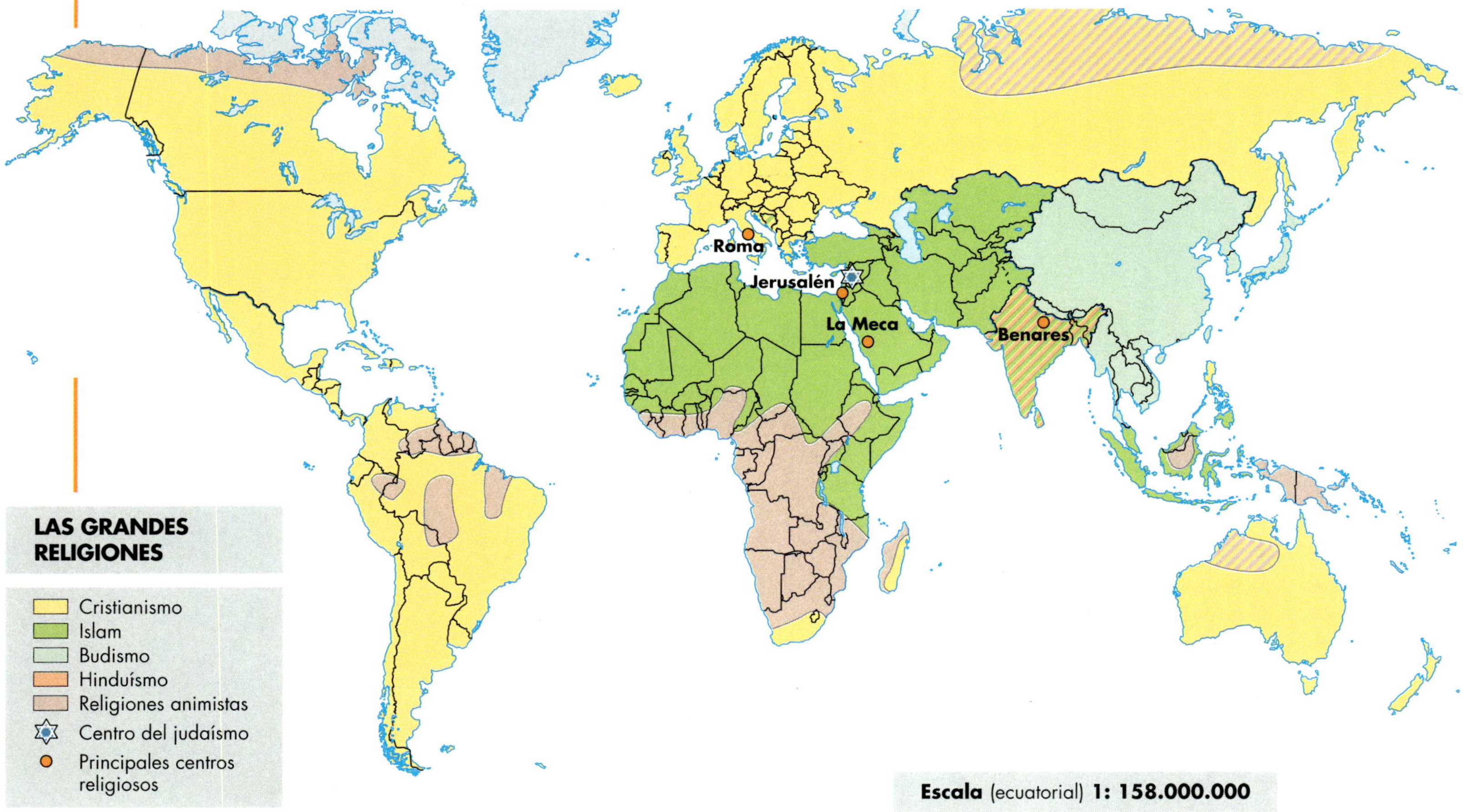
LAS GRANDES RELIGIONES
Cristianismo
Islam
Budismo
Hinduísmo
Religiones animistas
Centro del judaísmo
Principales centros religiosos
Roma
Jerusalén
La Meca
Benares
Escala (ecuatorial) 1: 158.000.000

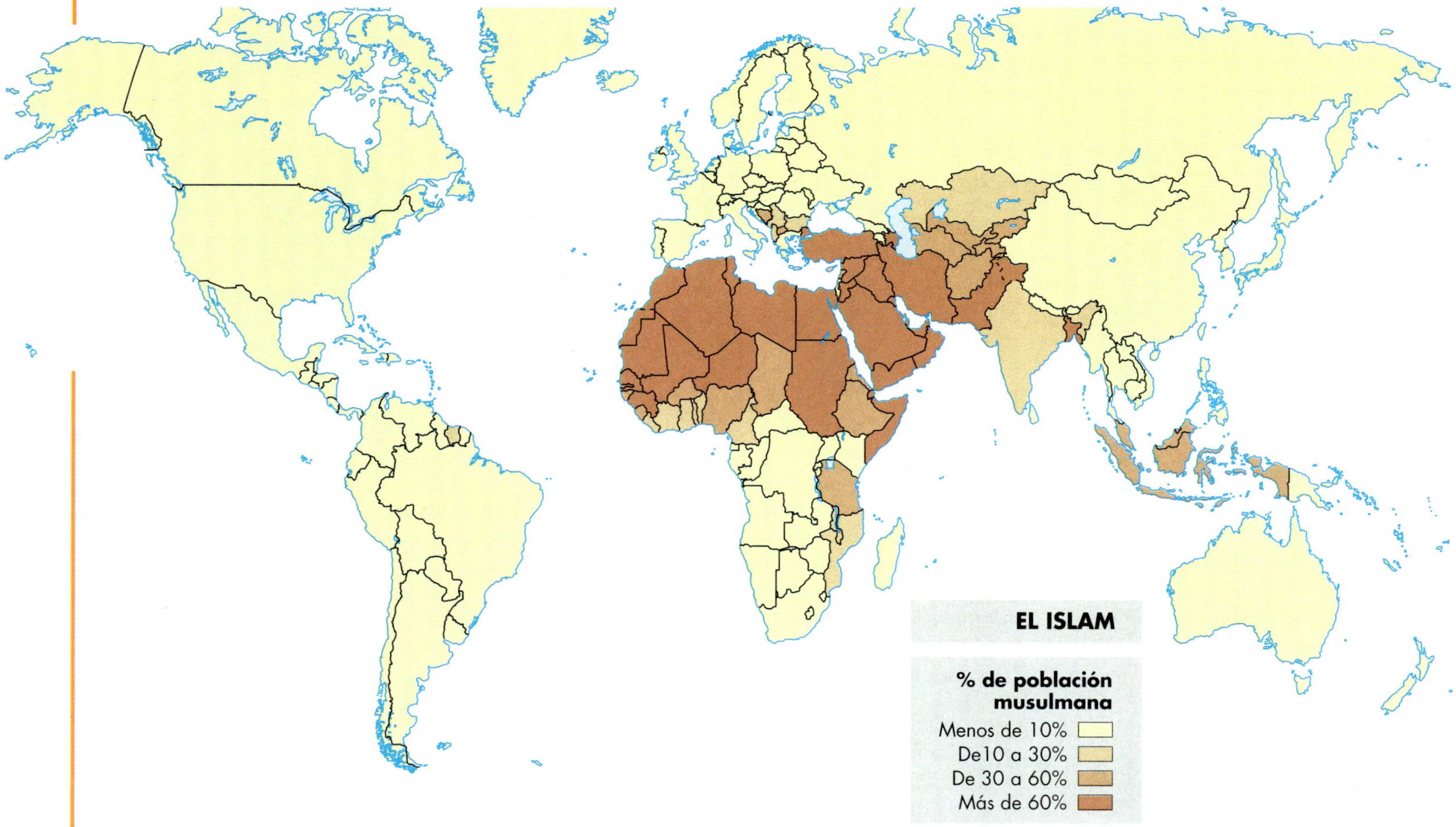
EL ISLAM
% de población musulmana
Menos de 10%
De10 a 30%
De 30 a 60%
Más de 60%

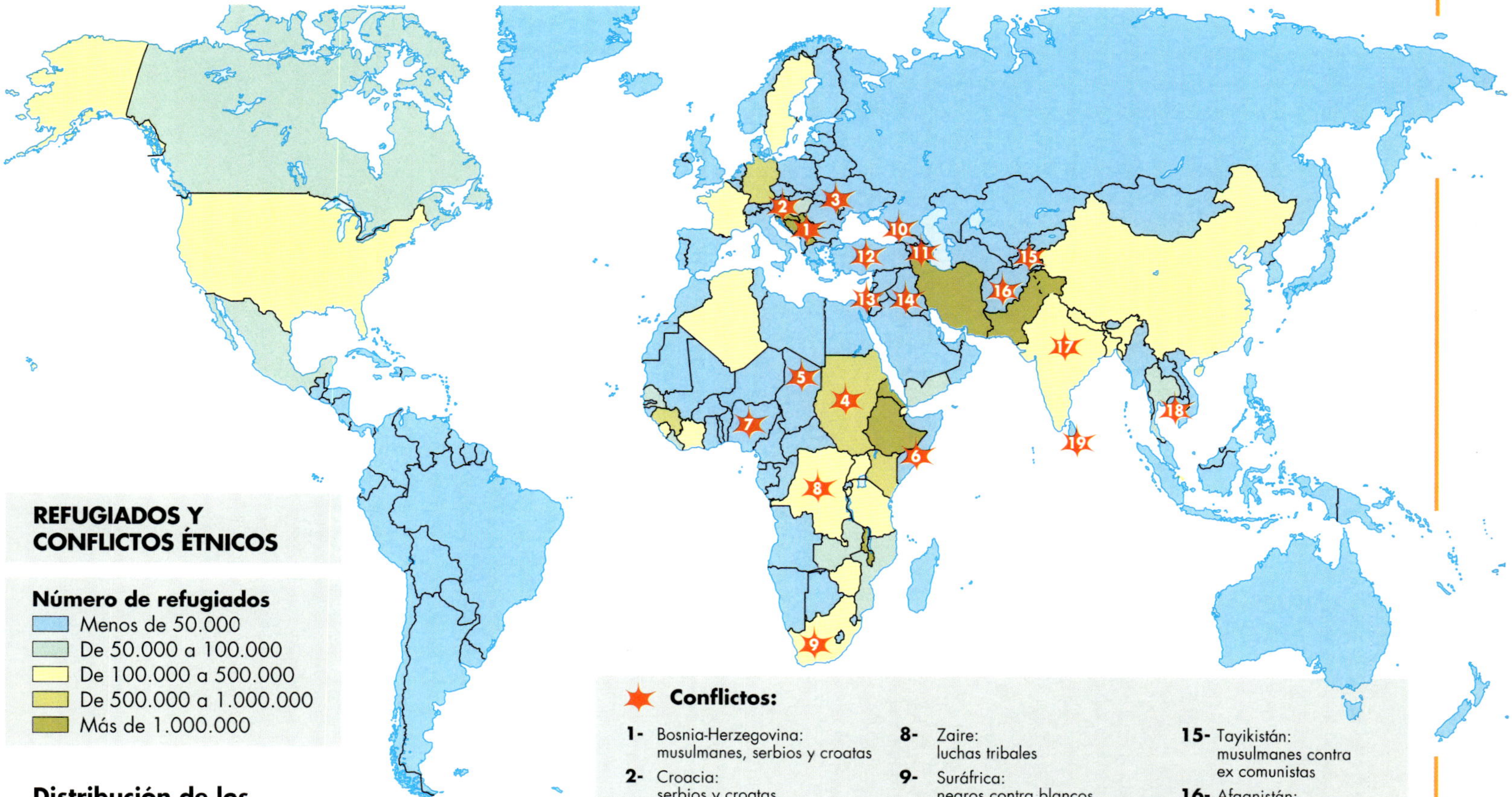

REFUGIADOS Y CONFLICTOS ÉTNICOS

Número de refugiados
- Menos de 50.000
- De 50.000 a 100.000
- De 100.000 a 500.000
- De 500.000 a 1.000.000
- Más de 1.000.000

Conflictos:

1- Bosnia-Herzegovina: musulmanes, serbios y croatas
2- Croacia: serbios y croatas
3- Moldavia: moldavos contra rusos
4- Sudán: cristianos contra musulmanes
5- Chad: luchas tribales
6- Somalia: luchas tribales
7- Nigeria: luchas tribales
8- Zaire: luchas tribales
9- Suráfrica: negros contra blancos
10- Georgia: abjazos y osetios contra rusos
11- Azerbaiyán: azeríes contra armenios
12- Turquía: kurdos conta turcos
13- Israel: judíos contra palestinos
14- Irak: Husein contra kurdos y shiíes
15- Tayikistán: musulmanes contra ex comunistas
16- Afganistán: luchas étnicas entre grupos islámicos
17- India: musulmanes contra hindúes
18- Camboya: Ataques a vietnamitas
19- Sri Lanka: tamiles contra cingaleses

Distribución de los refugiados en el mundo

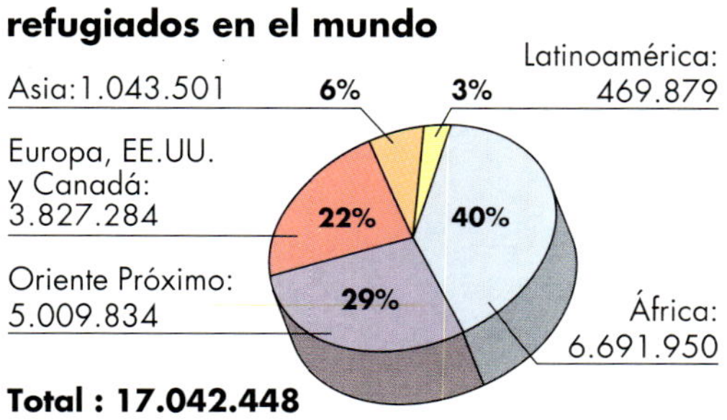

Total : 17.042.448

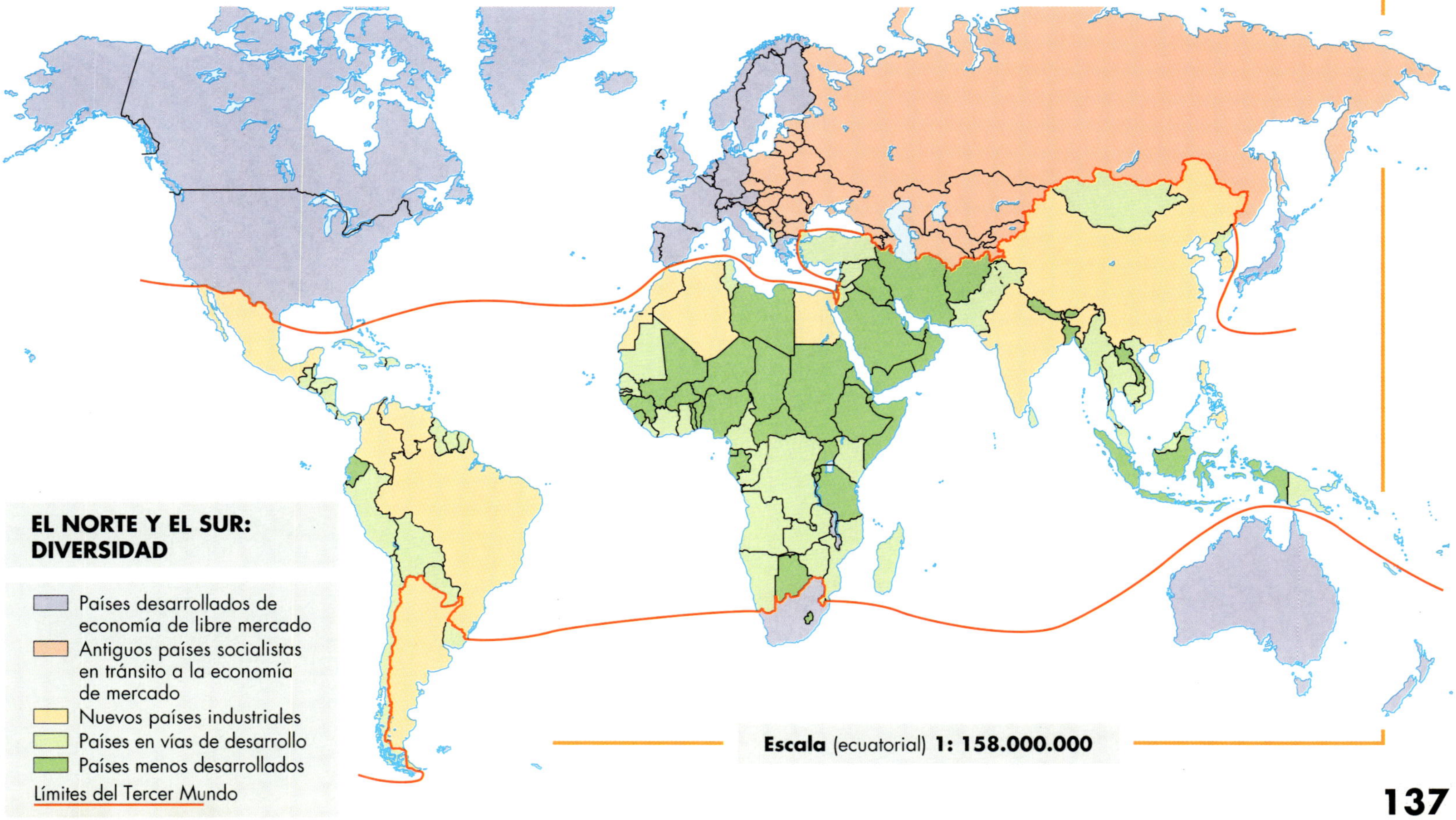

EL NORTE Y EL SUR: DIVERSIDAD

- Países desarrollados de economía de libre mercado
- Antiguos países socialistas en tránsito a la economía de mercado
- Nuevos países industriales
- Países en vías de desarrollo
- Países menos desarrollados
- Límites del Tercer Mundo

Escala (ecuatorial) **1: 158.000.000**

Arrozales en Asia

El cultivo intensivo del arroz, incluso en condiciones difíciles, explica las enormes densidades de población del sureste asiático

Mercado latinoamericano

En los altiplanos andinos, las sociedades indígenas mantienen vivas costumbres y formas de vida tradicionales como los mercados

Marraquech. Marruecos

El mercado y la mezquita son elementos centrales que organizan las ciudades del mundo Islámico

Vista de Caracas

Rascacielos y chabolas expresan en Caracas la explosión urbana del Tercer Mundo y las contradicciones de sus sociedades

ÍNDICE ALFABÉTICO DE TOPÓNIMOS

LISTA DE ABREVIATURAS

Andorra	And.	Embalse	*emb.*	Llanura	*ll.*	Plataforma de hielo	*p. hielo*
Archipiélago	*arch.*	Enclave	*encl.*	Macizo	*mac.*	Población	*pobl.*
Bahía	*b.*	Ensenada	*ens.*	Máximo	*máx.*	Provincia	*prov.*
Cabo	*c.*	España	Esp.	Meseta	*mes.*	Puerto	*pto.*
Canal	*canal*	Estrecho	*estr.*	Monte	*mt.*	Región	*reg.*
Cataratas	*cat.*	Estuario	*est.*	Montes	*mts.*	Reino Unido	R. U.
Círculo	*círc.*	Estados Unidos de América	E.U.A.	Oasis	*o.*	Rivera/río	*r.*
Comarca	*com.*	Golfo	*g.*	Parque Natural	*P. N.*	Sierra/serranía	*s.*
Continente	*cont.*	Isla	*i.*	Parque Nacional	*P. Nac.*	Trasvase	*tras.*
Cordillera	*cord.*	Islas	*is.*	Península	*pen.*	Trópico	*tróp.*
Depresión	*dep.*	Lago	*l.*	Peñón	*peñón*	Valle	*v.*
Desierto	*des.*	Laguna	*la.*	Pico	*mt.*	Volcán	*volc.*
Dinamarca	Din.	Lagunas	*las.*	Planisferio físico	*plan. fís.*		

A

B

C

Ch

D

E

F

G

M

N

O

P

Z

CORRESPONDENCIA DE TOPÓNIMOS OFICIALES EN CASTELLANO CON LOS TOPÓNIMOS EN LENGUAS AUTONÓMICAS Y SUS NOMBRES OFICIALES

CATALUÑA

CASTELLANO	CATALÁN	OFICIAL
Barcelona	**Barcelona**	
Badalona	Badalona	Badalona
Barcelona	Barcelona	Barcelona
Castelldefels	Castelldefels	Castelldefels
Cornellá	Cornellà de Llobregat	Cornellà de Llobregat
Gavá	Gavà	Gavà
Granollers	Granollers	Granollers
Hospitalet	l'Hospitalet de Llobregat	Hospitalet de Llobregat
Igualada	Igualada	Igualada
Manresa	Manresa	Manresa
Mataró	Mataró	Mataró
Mollet	Mollet del Vallès	Mollet del Vallès
Prat de Llobregat	el Prat de Llobregat	el Prat de Llobregat
Rubí	Rubí	Rubí
Sabadell	Sabadell	Sabadell
San Adrián de Besós	Sant Adrià de Besòs	Sant Adrià de Besòs
San Cugat del Vallés	Sant Cugat del Vallès	Sant Cugat del Vallès
San Feliú de Llobregat	Sant Feliu de Llobregat	Sant Feliu de Llobregat
San Sadurní de Noya	Sant Sadurní d'Anoia	Sant Sadurní d'Anoia
Santa Coloma de Gramanet	Santa Coloma de Gramanet	Santa Coloma de Gramanet
Sitges	Sitges	Sitges
Tarrasa	Terrassa	Terrassa
Vich	Vic	Vic
Villafranca del Panadés	Vilafranca del Panadès	Vilafranca del Panadès
Villanueva y Geltrú	Vilanova i la Geltrú	Vilanova i la Geltrú
Gerona	**Girona**	
Bañolas	Banyoles	Banyoles
Blanes	Blanes	Blanes
Figueras	Figueres	Figueres
Gerona	Girona	Girona
Lloret de Mar	Lloret de Mar	Lloret de Mar
Olot	Olot	Olot
Palafrugell	Palafrugell	Palafrugell
Palamós	Palamós	Palamós
Puigcerdá	Puigcerdà	Puigcerdà
Ripoll	Ripoll	Ripoll
Salt	Salt	Salt
San Feliú de Guixols	Sant Feliu de Guíxols	Sant Feliu de Guíxols
Lérida	**Lleida**	
Balaguer	Balaguer	Balaguer
Lérida	Lleida	Lleida
Mollerusa	Mollerussa	Mollerussa
Seo de Urgel	la Seu d'Urgell	la Seu d'Urgell
Tárrega	Tàrrega	Tàrrega
Tarragona	**Tarragona**	
Amposta	Amposta	Amposta
Calafell	Calafell	Calafell
Cambrils	Cambrils	Cambrils
Reus	Reus	Reus
Salou	Salou	Salou
San Carlos de la Rápita	Sant Carles de la Ràpita	Sant Carles de la Ràpita
Tarragona	Tarragona	Tarragona
Tortosa	Tortosa	Tortosa
Valls	Valls	Valls
Vendrell	el Vendrell	el Vendrell

COMUNIDAD VALENCIANA

CASTELLANO	VALENCIANO	OFICIAL
Alicante	**Alacant**	
Alcoy	Alcoi	Alcoy/Alcoi
Alicante	Alacant	Alicante/Alacant
Almoradí		Almoradí
Altea	Altea	Altea
Aspe	Aspe	Aspe
Benidorm	Benidorm	Benidorm
Calpe	Calpe	Calpe
Callosa de Segura	Callosa de Segura	Callosa de Segura
Cocentaina	Cocentaina	Cocentaina
Crevillente	Crevillent	Crevillente
Denia	Denia	Denia
Elche	Elx	Elche/Elx
Elda	Elda	Elda
Ibi	Ibi	Ibi
Jávea	Xàbia	Jávea/Xàbia
Jijona	Xixona	Jijona/Xixona
Monóvar		Monóvar
Novelda	Novelda	Novelda
Orihuela	Orihuela	Orihuela
Petrel	Petrer	Petrer
San Juan de Alicante		San Juan de Alicante
Santa Pola	Santa Pola	Santa Pola
San Vicente Raspeig		San Vicente Raspeig
Torrevieja		Torrevieja
Villajoyosa	la Vila Joiosa	Villajoyosa/la Vila Joiosa
Villena	Villena	Villena
Castellón	**Castelló**	
Almazora	Almassora	Almazora/Almassora
Benicarló	Benicarló	Benicarló
Benicasim	Benicàssim	Benicasim/Benicàssim
Burriana	Burriana	Burriana
Castellón de la Plana	Castelló de la Plana	Castellón de la Plana/Castelló de la Plana
Morella	Morella	Morella
Nules	Nules	Nules
Peñíscola		Peñíscola
Segorbe		Segorbe
Vall de Uxó	la Vall d'Uixó	Vall de Uxó/la Vall d'Uixó
Villarreal	Vila-real	Villarreal/Vila-real
Vinaroz	Vinaròs	Vinaròs
Valencia	**València**	
Alacuás	Alaquàs	Alaquàs
Alboraya	Alboraia	Alboraya
Aldaya	Aldaia	Aldaia
Alfafar	Alfafar	Alfafar
Algemesí		Algemesí
Almusafes	Almussafes	Almussafes
Alcira	Alzira	Alzira
Burjasot	Burjassot	Burjassot
Canals	Canals	Canals
Carcagente	Carcaixent	Carcaixent
Carlet	Carlet	Carlet
Catarroja		Catarroja
Cullera	Culera	Cullera
Gandía		Gandía
Liria	Llíria	Llíria
Manises	Manises	Manises
Masamagrell	Massamagrell	Massamagrell
Mislata	Mislata	Mislata
Moncada	Moncada	Moncada
Oliva	Oliva	Oliva
Onteniente	Ontinyent	Ontinyent
Paterna	Paterna	Paterna
Requena		Requena
Sagunto	Sagunt	Sagunto/Sagunt
Silla	Silla	Silla
Sueca	Sueca	Sueca
Tabernes de Valldigna	Tavernes de la Valldigna	Tavernes de la Valldigna
Torrente	Torrent	Torrent
Utiel		Utiel
Játiva	Xàtiva	Xàtiva

GALICIA

CASTELLANO	GALLEGO	OFICIAL
Coruña, La	**A Coruña**	
Arteijo	Arteixo	Arteixo
Betanzos	Betanzos	Betanzos
Boiro	Boiro	Boiro
Cambre	Cambre	Cambre
Carballo	Carballo	Carballo
Coruña, La	A Coruña	A Coruña
Ferrol	Ferrol	Ferrol
Muros	Muros	Muros
Noya	Noia	Noia
Órdenes	Ordes	Ordes
Ortigueira	Ortigueira	Ortigueira
Outes	Outes	Outes
Padrón	Padrón	Padrón
Puentes de García	As Pontes de García	As Pontes
Puerto del Son	Porto do Son	Porto do Son
Rianjo	Rianxo	Rianxo
Santa Comba	Santa Comba	Santa Comba
Santiago de Compostela	Santiago de Compostela	Santiago de Compostela
Lugo	**Lugo**	
Cervo	Cervo	Cervo
Chantada	Chantada	Chantada
Lugo	Lugo	Lugo
Monforte de Lemos	Monforte de Lemos	Monforte de Lemos
Ribadeo	Ribadeo	Ribadeo
Sarria	Sarria	Sarria
Villalba	Villalba	Villalba
Vivero	Viveiro	Viveiro
Orense	**Ourense**	
Barco de Valdeorras, El	O Barco de Valdeorras	O Barco de Valdeorras
Carballino	O Carballiño	O Carballiño
Orense	Ourense	Ourense
Ribadavia	Ribadavia	Ribadavia
Verín	Verín	Verín
Viana del Bollo	Viana do Bolo	Viana do Bolo
Ginzo de Limia	Xinzo de Limia	Xinzo de Limia
Pontevedra	**Pontevedra**	
Bueu	Bueu	Bueu
Cambados	Cambados	Cambados
Cangas de Morrazo	Cangas de Morrazo	Cangas de Morrazo
Grove, El	O Grove	O Grove
Guardia, La	A Guardia	A Guardia
Lalín	Lalín	Lalín
Marín	Marín	Marín
Moaña	Moaña	Moaña
Nigrán	Nigrán	Nigrán
Pontevedra	Pontevedra	Pontevedra
Porriño	O Porriño	O Porriño
Puenteareas	Ponteareas	Ponteareas
Redondela	Redondela	Redondela
Sangenjo	Sanxenxo	Sanxenxo
Vigo	Vigo	Vigo
Villagarcía de Arosa	Vilagarcía de Arousa	Vilagarcía de Arousa

ISLAS BALEARES

CASTELLANO	CATALÁN	OFICIAL
Alcudia	Alcúdia	Alcúdia
Calviá	Calvià	Calvià
Ciudadela de Menorca	Ciutadella de Menorca	Ciutadella de Menorca
Ibiza	Eivissa	Eivissa
Felanitx	Felanitx	Felanitx
Inca	Inca	Inca
Luchmayor	Lluchmajor	Llucmajor
Mahón	Maó	Maó
Manacor	Manacor	Manacor
Palma	Palma	Palma
Pollensa	Pollença	Pollença
Puebla, La	sa Pobla	sa Pobla
Santa Eulalia del Río	Santa Eulària des Riu	Santa Eulària des Riu
Soller	Sóller	Sóller
Valdemosa	Valldemosa	Valldemosa

NAVARRA

CASTELLANO	EUSKERA	OFICIAL
Alsasua	Altsasu	Alsasua/Altsasu
Burlada		Burlada
Cintruénigo		Cintruénigo
Corella		Corella
Estella	Lizarra	Estella
Olite		Olite
Pamplona	Iruña	Pamplona
Sangüesa	Zangoza	Sangüesa
Tafalla		Tafalla
Tudela		Tudela
Vera de Bidasoa	Bera	Vera de Bidasoa/Bera
Villava	Atarrabia	Villava

PAÍS VASCO

CASTELLANO	EUSKERA	OFICIAL
Álava	**Araba**	
Amurrio	Amurrio	Amurrio
Llodio	Laudio	Llodio
Salvatierra	Agurain	Salvatierra
Vitoria	Gasteiz	Vitoria-Gasteiz [1]
Guipúzcoa	**Gipuzkoa**	
Andoain	Andoain	Andoain
Azcoitia	Azkoitia	Azkoitia
Azpeitia	Azpeitia	Azpeitia
Beasain	Beasain	Beasain
Vergara	Bergara	Bergara
Éibar	Eibar	Eibar
Elgoibar	Elgoibar	Elgoibar
Hernani	Hernani	Hernani
Fuenterrabía	Hondarribia	Hondarribia
Irún	Irun	Irun
Lasarte	Lasarte	Lasarte
Mondragón	Arrasate	Arrasate o Mondragón
Pasajes	Pasaia	Pasaia
Rentería	Errenteria	Rentería
San Sebastián	Donostia	Donostia-San Sebastián [1]
Tolosa	Tolosa	Tolosa
Zarauz	Zarautz	Zarautz
Zumárraga	Zumarraga	Zumárraga
Vizcaya	**Bizkaia**	
Baracaldo	Barakaldo	Barakaldo
Bilbao	Bilbo	Bilbao
Durango	Durango	Durango
Guecho	Getxo	Getxo
Lejona	Leioa	Leioa
Munguía	Mungia	Mungia
Ondárroa	Ondarroa	Ondarroa
Portugalete	Portugalete	Portugalete
Santurce	Santurtzi	Santurtzi
Sestao	Sestao	Sestao

PRINCIPADO DE ASTURIAS

CASTELLANO	BABLE	OFICIAL
Aller	Ayer	Aller
Cangas del Narcea		Cangas del Narcea
Cangas de Onís	Cangues d'Onís	Cangas de Onís
Gijón	Xixón	Gijón
Grado	Grau	Grado
Langreo	Llangréu	Langreo
Luarca	Lluarca	Luarca
Llanes	Llanes	Llanes
Mieres	Mieres	Mieres
Pravia	Pravia	Pravia
Ribadesella	Ribesella	Ribadesella
Tineo	Tinéu	Tineo
Villaviciosa	Villaviciosa	Villaviciosa

[1] El guión indica que el nombre oficial es todo ello.

FUENTES PRINCIPALES UTILIZADAS EN ESTE ATLAS

Almanaque Mundial, 1992 y 1993.

Alto Comisionado de las Naciones Unidas para los refugiados (A.C.N.U.R.), 1993.

INSTITUTO NACIONAL DE ESTADÍSTICA: *Anuario Estadístico de España,* 1992 y 1993.

Anuario «El Mundo», 1993.

Anuario «El País», 1992 y 1993.

Atlas Seco, 1993.

BANCO BILBAO VIZCAYA: *Renta Nacional de España y su distribución provincial,* 1991-1993.

BANCO MUNDIAL: *Informe sobre el Desarrollo Mundial,* 1991 y 1993.

Calendario Atlante De Agostini, 1992 y 1993.

C.E.P.A.L. Naciones Unidas: *Anuario Estadístico de América Latina,* 1990.

COMISIÓN DE LAS COMUNIDADES EUROPEAS, 1992.

El Estado del Mundo, 1992 y 1993. Akal.

EUROSTAT: *Cifras de la Comunidad Económica Europea,* 1993.

Eurostat, 1993.

EUROPA PUBLICATIONS: *World of Learning,* 1991.

Images économiques du monde, 1992-1993.

INSTITUTO NACIONAL DE ESTADÍSTICA: *Encuesta de la Población Activa.*

INSTITUTO NACIONAL DE ESTADÍSTICA: *Censo de Población y Viviendas,* 1991.

INSTITUTO NACIONAL DE ESTADÍSTICA: *Rectificación del Censo 1986.*

O.N.U.: *Annuaire Démographique,* 1990.

MINISTERIO DE AGRICULTURA, PESCA Y ALIMENTACIÓN, 1990.

MINISTERIO DE INDUSTRIA Y ENERGÍA, 1990.

MINISTERIO DE OBRAS PÚBLICAS Y TRANSPORTES: *Los transportes y las comunicaciones,* 1991.

SECRETARÍA GENERAL DE TURISMO, 1993.

UNITED NATIONS: *World Population Chart,* 1990.

World Resources, 1992-1993.